형개의 《경략어왜주의》 역주

명나라의 정유전쟁

2

반격과 종전

형개의 《경략어왜주의》 역주

명나라의 정유전쟁

2

반격과 종전

구범진 · 김창수 · 박민수 · 이재경 · 정동훈 역주

일러두기 및 범례

○ 저본
- 『經略禦倭奏議』: 薑亞沙 外編, (中國文獻珍本叢書)『禦倭史料匯編』4-5, 北京: 全國圖書館文獻縮微複製中心, 2004.
- 서문: 李光元, 『市南子』卷6, 「太保邢公東征奏議序【代】」.
- 어왜도설: 王圻, 『續文獻通考』(北京大學圖書館 소장본) 卷234, 四裔考, 日本, 萬曆 28年, 「恭進禦倭圖說疏」.
- 부록1: 葉向高, 『蒼霞續草』(四庫禁燬書叢刊 集部 125) 卷11, 「光祿大夫柱國少保兼太子太保南京兵部尙書參贊機務崑田邢公墓志銘」.
- 부록2: 萬斯同 編, 『明史』卷332, 列傳 卷183 「邢玠」.

○ 원문의 오류
- 원문의 오류는 원문에서 각주를 통해 밝히고, 번역본에서는 오류를 정정하여 번역한다.

○ 문서 번호 및 문서 제목 위치 표기
- 『經略禦倭奏議』는 문서 제목 위에 각 권(卷)과 문서 순서를 기준으로 문서 번호를 표기한다.
  예) 4-1
- 문서 제목 아래에는 문서의 원문 제목과 권수 및 쪽수를 표기

한다.

  예) 申飭五鎭沿海春汛疏 | 권4, 3a-7b

  - 서문, 어왜도설, 부록 1·2는 문서 번호를 표기하지 않는다.

○ 문서 해설

  - 문서 제목 다음에 해당 문서에 대한 해설을 삽입한다.

  - 문서 해설은 날짜, 내용, 관련자료로 구성한다.

○ 문서의 인용 표시

  - 제1인용 = " ", 제2인용 = ' ', 제3인용 = 「 」으로 표기한다.

  - 인용된 문서의 분량이 많은 경우에는 문단 좌측에 여백을 주어 구분한다.

○ 한자 표기

  - 한자가 필요한 경우 한글과 한자를 병기한다.

    예) 형개(邢玠)

  - 번역문과 원문이 다를 경우 [ ]로 표기한다.

    예) 순안어사[按院]

○ 일본 인명 표기

  - 일본어 인명과 한자 표기가 일치하는 경우에는 ( ) 안에 한자를 병기한다.

    예) 고니시 유키나가(小西行長), 유키나가(行長)

  - 일본어 인명과 한자 표기가 다른 경우에는 [ ] 안에 한자를 병기한다.

예) 고니시 유키나가[平行長]

○ 숫자 표기

  - 만 단위를 기준으로 나누되 우리말 "만"을 표시해 주고, 나머지 숫자는 붙여 쓰도록 한다.

  예) 4만 5500석

○ 문장의 주어

  - 문장의 주어가 축약되었거나 3인칭인 경우 정확한 대상으로 번역한다.

  예) 形軍門 → 경략 형개 / 該部 → 병부 또는 병부상서

○ 문서의 투식

  - 문서의 행이(行移) 과정을 보여주는 어구(語句)는 인용부호로 대체하며 번역하지 않는다.

  예) 等因, 等情, 欽此, 備咨到臣, 備咨前來, 送司, 到部, 案呈到部

○ 관부 문서의 종류와 번역

  - 상주문: 신료가 황제에게 올리는 문서로 제본(題本), 주본(奏本) 등이 있다. 종결어는 경어체로 처리하였다.

  - 상행문: 하급기관에서 상급기관에게 보내는 문서이다. 정문(呈文), 품(稟) 등이 있다. 종결어는 경어체로 처리하였다.

  - 평행문: 발신자와 수신자가 통속관계가 없을 때 보내는 문서이다. 자문(咨文)이 있다. 종결어는 경어체로 처리하였다.

  - 하행문: 상급기관에서 하급기관에게 보내는 문서이다. 표문(票

文), 패문(牌文), 차문(箚文), 차부(箚付) 등이 있다. 종결어는 평서체로 처리하였다.

○ 각주 형식
- 각주의 표제어가 문장인 경우 …… 말줄임표로 표기한다.
  예) 국론은 …… 몰랐으니
- 명 실록은 '명+왕호+실록', 조선 실록은 '왕호+실록'으로 표기한다.
  예) 『명신종실록』, 『선조실록』

차례

經略禦倭奏議
권6

經略禦倭奏議

『경략어왜주의』 권3 (결)

권3 결권 해제

『경략어왜주의』 권2와 권4 수록 상주들의 작성 일자들을 감안하면, 권3은 만력 25년(1597) 9월 말에서 12월까지 형개가 만력제에게 올린 상주들을 수록했을 것으로 판단된다. 이 시기 일본군은 남원을 함락시킨 이후 삼남 지방을 휩쓸고 북상하다가 9월 초 직산 전투를 마지막으로 공세를 마무리하고 다시 남해안으로 내려갔으며, 명군은 직산 전투를 계기로 일본군의 공세를 꺾었다는 판단 하에 전력을 대거 동원하여 12월 하순에서 이듬해 정월 초까지 조선군과 함께 울산 전투를 감행했다가 많은 피해를 보고 철퇴했다.

이렇듯 이 시기는 전선이 남북으로 크게 움직인 긴박한 국면이었으며, 직산 전투와 울산 전투라는 중요한 전투들이 벌어진 시기이기도 했다. 또한 형개 자신도 11월 29일 서울에 도착하여 울산 전투에 나서는 경리 양호와 제독 마귀를 독려하며 전선을 직접 관장한 시기이기도 했다. 그러나 안타깝게도 이 기간을 다룬 『경략어왜주의』 권3이 결권이므로, 이 시기 형개의 활동과 생각을 알기 위해서는 다른 자료들에 의지할 수밖에 없다. 이 기간 『명신종실록』에 간략하게라도 인용되었거나 존재를 확인할 수 있는 형개의 상주는 다음의 9건이다.

1) 천진병비부사(天津兵備副使) 허수은(許守恩)[1]을 탄핵하는 상주

『명신종실록』 만력 25년 9월 23일에는 형개가 천진병비부사 허수은에게 해방(海防)·해운(海運)·수선(修船)의 세 가지 일로 공문을 보내 조사하여 논의하도록 명령했으나, 허수은이 시간을 끌고 응하지 않으면서 천진은 방어할 필요가 없고 해운은 결코 행할 수 없으며 조선(造船)을 해도 쓸 수 없을 것이라는 불성실한 대답을 했기에 형개가 그를 탄핵했고, 이에 따라 허수은을 체포하여 북경에 연행해서 신문(訊問)했다는 기사가 있다.[2] 따라서 형개는 정식으로 허수은을 탄핵하고 관련 경위를 설명하는 상주를 올렸을 것이다.

2) 사천 병력과 수군의 빠른 이동을 재촉하는 상주

『명신종실록』 만력 25년 10월 1일에는 형개가 상주를 올려 직산 전투의 승전 이후 군대의 위세가 조금 진작되었으니 사천 병력을 독촉하여 기한을 정해 산해관(山海關)에 도착하도록 하고, 수군역시 외양(外洋)으로 요동에 이르도록 해서 급히 쓸 수 있도록 해 줄 것을 요청했다는 기사가 있다. 이에 만력제는 사천의 순무(巡撫)와 순안(巡按)이 태만하다고 판단하여 각각 벌봉(罰俸) 1년에 처하고, 병부에 명령하여 기간을 정해 독촉하되 다시 늦어지면 총병(總兵)이나 감군(監軍)이 아뢰도록 했다.[3]

....

1   허수은(許守恩): ?~?. 명나라 사람이다. 자는 군사(君賜)이고 섬서 서안부(西安府) 경양현(涇陽縣) 출신이다. 만력 8년(1580) 진사가 되었다.
2   『명신종실록』권314, 만력 25년 9월 23일(신해), "逮天津兵備副使許守恩, 至京卽訊. 初經略邢玠, 以海防、海運、修舡三事, 行守恩查議. 守恩遷延不應, 具揭稱, '天津不必防, 海運必不可行, 造舡必不可用.' 至是, 經略劾其阻撓惧事, 故逮."

3) 직산 전투 승리까지의 조선 형세 및 자신의 조치와
그 효과를 보고하고, 수군의 동원과 천진 해운의 필요성을
상기시키는 상주

『명신종실록』 만력 25년 10월 4일에 요약되어 있는 상주에 따르
면, 형개는 현재까지의 정세와 자신의 조치를 다음과 같이 보고했
다. 남원 함락 이후 명군은 물러나 서울을 지키면서 배를 만들어 한
강을 방어하고 강가의 요해처를 지켜 일본군의 습격을 막았으며, 나
아가 군대를 직산·천안에 보내 수비하도록 하고 경리 양호가 몸소
서울에 나가 사수할 뜻을 밝히니 인심이 비로소 안정되었다. 9월에
직산 및 청산(靑山)에서 일본군을 격퇴하여 수급 152급을 얻자 군대
의 사기가 조금 올랐다. 형개는 압록강·임진강·청천강·가산강(嘉山
江) 등에 별장(別將)을 파견하여 수비하도록 하고 낭중(郞中) 동한유
(董漢儒)[4]를 의주에, 해방도(海防道) 소응궁(蕭應宮)을 평양에 주둔시
켰으며, 남북 수륙 병마 70만을 동원했으며 복건·광동·절강·남직
례의 수군이 직접 일본을 칠 것이라는 소문을 퍼뜨렸다. 이 소문을
들은 일본군은 진격을 멈추고 고니시 유키나가는 정읍(井邑)으로,
가토 기요마사는 경상도로 도망쳤다.

형개는 이어서 현재 급한 것은 수군이며 그중에서도 일본 군선
을 격파할 수 있는 창선(蒼船)이 긴요하니 외양을 거쳐 조선에 도착

....

3 『명신종실록』 권315, 만력 25년 10월 1일(무오), "經略邢玠奏言, 自稷山截殺後, 兵威稍
   振, 請催發川兵, 勒限抵關, 水兵須蒼舡由外洋抵遼, 以便急濟. 上以四川撫·按官怠玩, 各奪
   俸一年, 令該部立限催趣, 如復舣舲, 總兵監軍官, 明白具奏."
4 동한유(董漢儒): 1562~1628. 명나라 사람이다. 만력 25년(1597) 정유재란이 발발하자
   흠차관리비왜양향 호부산동청리사낭중(欽差管理備倭糧餉戶部山東淸吏司郎中)으로 조
   선에 와서 원정군의 군량을 관장했다. 만력 27년(1599) 명나라로 돌아갔다.

하게 해 줄 것을 요청하고, 천진·산동·회안에서 관민의 어선과 상선 200~300척을 모아 1~2차 운송하여 눈앞의 수요를 해결하도록 해 줄 것을 요구했다. 이에 만력제는 공을 세운 장사들을 격려하고 수군과 군량 운송을 논의대로 속히 보내 줄 것을 지시했다.[5]

본문에 "이어서 이번 9월[嗣是九月]"이라는 표현이 있는 것으로 보아, 실제 본 상주가 작성된 시점은 9월이었던 것으로 보인다.

4) 자신이 탄핵한 허수은이 상주를 올려 변명하자 이를 반박하고 자신의 파면을 요청하는 상주

『명신종실록』 만력 25년 10월 22일에는 형개가 9월에 탄핵한 허수은이 상주로 자신의 입장을 변명하고 형개를 공격하자, 형개가 역시 상주를 올려 일의 본말을 갖추어 진달하고 자신을 파면시켜 줄 것을 요청했다는 기사가 있다. 이에 만력제는 허수은과 소응궁을 체포한 것은 만력제 스스로의 결단이며 형개가 뜻을 펼 수 있도록 한 조치였으니, 참소를 두려워하여 자리를 피할 생각하지 말고 열심히 임무를 수행할 것을 촉구했다. 또한 간사한 참소가 있더라도 자신은

---

5 『명신종실록』 권315, 만력 25년 10월 4일(신유), "經略邢玠奏報倭情言, 朝鮮形勢, 王京爲八道之中, 東隔爲鳥嶺, 忠州, 西隔爲南原, 金州, 中間道路相通, 自南原失事, 東西皆倭. 我兵因退守王京, 王京之險在漢江. 臣慮倭長驅江干, 斷絶糧道, 檄麻帥造舡筏, 通我師往來, 分守上下哨口, 防倭暗襲. 又發兵守稷山, 天安, 經理卽身赴王京, 諭以死守, 人心始定. 嗣是九月, 副將解生中等, 挫倭于稷山, 參將彭友德等, 追倭至青山, 共獲級一百五十二顆, 軍聲漸振. 臣乃遣別將, 分守鴨綠, 臨津, 淸川, 嘉山等江, 移郞中董漢儒屯義州, 海防道蕭應宮屯平壤, 又聲言調南北水陸兵七十萬, 且暮至, 福, 廣, 浙, 直水兵, 直擣日本. 倭聞風, 遂不敢進, 行長奔井邑, 離王京六百里, 淸正奔慶尙, 離王京亦四百里. 今日急需在水兵, 水兵惟蒼舡, 可以犁蕩倭舡, 宜徑由外洋, 抵朝鮮. 海運宜于天津, 山東, 淮安各處, 摻求官民漁商舡二三百隻, 總運一二次, 以救目前之急. 疏聞, 上令獎率將士, 收功萬全, 舟師糧餉, 如議速發."

동요하지 않을 것임을 강조했다.[6]『사륜록(絲綸錄)』에는 이때 만력제의 성지 원문이 실려 있으며, 이에 따르면 형개가 올린 상주의 제목은 "명망이 가볍고 재능이 빈약하여 중임(重任)을 감당할 수 없다는 일[望輕才綿, 不堪重任等事]"이었던 것으로 보인다.[7]

5) 동원한 병력의 빠른 도착을 재차 요구하는 상주

『명신종실록』 만력 25년 11월 10일 기사에 따르면 형개가 일본군이 부산으로 퇴각했음을 보고하자, 병부에서는 이번 겨울에 공격하는 것이 천시(天時)와 인사(人事)에 마땅하겠으므로 사천·절강의 병력 및 각 지역의 수군을 재촉하여 동원하고 있으며, 군량 역시 도착하는 대로 보태어 지급하겠다고 논의하여 상주했다. 이에 만력제는 여러 차례 독촉한 사천 병력이 아직도 도착하지 못했다는 데 불만을 표하고 기한을 정해 도착할 수 있도록 하는 한편, 수군 동원에도 만전을 기할 것을 지시했다.[8] 해당 기사에는 형개가 상주를 올렸

....

6　『명신종실록』 권315, 만력 25년 10월 22일(기묘), "經略尙書邢玠, 以被逮參議許守恩, 奏辯借詆, 上疏具言本末, 幷求罷免. 得旨: 用兵大事, 全在賞罰分明. 若各相推諉, 互相遮護, 以後誰肯出力. 今拏許守恩及蕭應宮, 出自朕斷, 正要申明法紀, 使卿得展布. 卿宜盡心竭力, 任勞任怨, 上緊滅賊, 以副眷倚, 不得憂讒畏譏, 欲求避位. 若有護奸讒害者, 朕自明鑒, 不爲搖惑."

7　周永春, 『絲綸錄』 兵, 76b-77a, "(萬曆二十五年)十月二十二日, 薊遼總督邢玠一本, 望輕才綿, 不堪重任等事. 奉聖旨: 用兵大事, 全在當罰分明. 若各相推委, 又互相遮護, 豈忠臣不欺之義, 以後誰肯出力. 今拏許守恩及蕭應宮, 皆推諉愒事之人, 出自朕斷, 正要申明法紀, 使卿得以展布. 卿亦宜盡忠竭力, 任勞任怨, 上緊滅賊, 以付眷倚, 不得憂讒畏譏, 欲求避位. 若有護奸讒害的, 朕自明鑒, 不爲搖惑. 該部知道."

8　『명신종실록』 권316, 만력 25년 11월 10일(정유), "經略邢玠奏報, 倭賊焚舍棄寨, 退守釜山. 部議: 倭奴進退詭秘, 或因冬寒, 暫示鷙伏. 大兵相繼進剿, 斯天時人事之宜者. 惟是原調川兵, 馬上馳催, 浙兵計將抵關, 各省, 直水兵, 已起行在途, 續調浙, 福水兵, 亦將督發, 廣東水、陸兵, 已發行兩月, 淮、揚募兵, 恐彼處錢糧不敷, 儘見兵量給濟用, 俟到軍前補給. 得旨:

다는 명시적 서술은 없지만 병부의 논의는 형개의 상주에 근거하여 이루어졌을 것이므로, 형개가 일본군의 부산 퇴각을 보고하는 것과 함께 동원했으나 그때까지 도착하지 않은 각 지역의 병력 현황을 열거하며 빠른 도착을 재차 촉구하는 상주를 올렸을 것으로 추정해도 무리가 없을 것으로 보인다.

6) 10만 병력에 대한 1년치 군량 80만 석을 마련할 방도에 관한 상주

『명신종실록』 만력 25년 11월 15일에는 형개가 일본군이 부산으로 도망쳤으므로 10만 병력을 동원하여 이번 겨울에 진격하여 토벌할 것이며, 내년에 쓸 군량 80만 석 가운데 10만 석은 조선에서 마련하도록 하고, 70만 석은 산동·요동·천진 세 곳에서 운송하도록 하겠다고 상주했다는 기사가 있다. 이는 병부의 검토를 거쳐 만력제의 윤허를 받은 것으로 보인다.[9]

7) 양조령(梁祖齡)·양위(楊位)·서중소(徐中素)[10]에 대한 인사를 요청하는 상주

『명신종실록』 만력 25년 11월 17일에는 형개가 상주로 요청한

....

倭犯朝鮮, 首調四川兵馬, 又屢旨催取, 如何不到. 還著馬上立限, 及時進剿, 如違, 通行重究. 其浙江等處, 亦著催促, 毋誤.”

9   『명신종실록』 권316, 만력 25년 11월 15일(임인), “經略尚書邢玠, 以倭夷遯據釜山, 擬調兵馬十萬, 于今冬進剿, 計來歲用糧八十萬石, 以十萬石取辦朝鮮, 七十萬石酌派山東遼東天津三處. 部覆, 得旨: 令督發接濟.”

10   서중소(徐中素): ?~?. 명나라 사람이다. 만력 23년(1595)에 진사가 되었다. 정응태(丁應泰)를 대신하여 감군하다 부친상을 당해 만력 26년(1598) 7월에 명나라로 돌아갔다.

바에 따라 영전병비도첨사(寧前兵備道僉事) 양조령을 요양해방병비
도(遼陽海防兵備道)로 임명하고, 총독 표하의 찬획(贊畫)인 병부원외
랑(兵部員外郎) 양위를 산동첨사영전병비도(山東僉事寧前兵備道)로 승
진시키며, 병부주사(兵部主事) 서중소를 총독 표하의 찬획으로 삼는
다는 기사가 실려 있다.[11]

8) 병과우급사중(兵科右給事中) 후경원(侯慶遠)[12]이 조
선이 싸울 뜻이 없다고 비난한 데 대해 변명하는 조선의
입장을 전달하는 상주

칠천량해전 및 남원 함락 직후인 만력 25년 8~9월에는 명군 지
휘부 및 명 조정에서 조선에 대한 비난 여론이 형성되었다.[13] 그 가
운데 병과우급사중 후경원은 조선이 스스로 지킬 마음이 있는지 명
백히 물어 봐서 그 여하에 따라 지원 여부를 결정해야 한다고 주장
했다. 이에 만력제는 조선에 자문을 보낼 것을 지시했고, 이를 받은
형개는 조선에 싸울 각오가 있는지 따져 묻는 자문을 보냈다.[14] 이에

....

11 『명신종실록』 권316, 만력 25년 11월 17일(갑진), "以寧前兵備道僉事梁祖齡, 補調遼陽
海防兵備道, 以總督標下贊畫、兵部員外郎楊位, 陞山東僉事寧前兵備道, 以兵部主事徐中素,
充標下贊畫, 從經略邢玠奏請也."

12 후경원(侯慶遠): 1554~?. 명나라 사람이다. 산동 연주부(兗州府) 등현(滕縣) 출신이다.
자는 공선(公善), 호는 악암(樂庵)이다. 만력 11년(1583) 진사가 되었으며 병과우급사중
(兵科右給事中), 형과도급사중(刑科都給事中), 태상시소경(太常寺少卿) 등을 역임했다.

13 예를 들어 『명신종실록』 권314, 만력 25년 9월 2일(경인), "時經理楊鎬奏, 朝鮮隱匿糧
物, 險陂可虞. 部覆, 該國窮蹙已極, 主持無人, 國王、大臣, 未必知此, 旣與同事, 更當明白開
諭. 凡事悉聽經理調度, 勿懷疑阻. 得旨: 朝鮮連年疲敝, 不能自振, 以致欺隱糧物, 全無擧
察, 情有可憐, 非盡險詐. 朕亦推誠不疑. 但如此愚計, 豈堪頓亂邦之道. 該部便行督、撫, 明諭
國王, 念我以大恤小之仁, 當効同舟共濟之義, 集合兵餉, 協力平倭, 毋懷疑貳, 自取敗亡."

14 『선조실록』 권92, 선조 30년 9월 14일(신축);『事大文軌』 卷23,「總督薊遼保定等處軍務
兼理糧餉經略禦倭邢(玠)咨朝鮮國王[邢軍門緊急倭情]」, 만력 25년 9월 12일, 40b-42b.

조선 조정에서는 적에게 항복할 생각이 전혀 없음을 밝히고 정유재란 초기 실책들에 대해 변명하는 회자(回咨)를 형개와 양호에게 보내고,[15] 같은 취지의 주문(奏文)과 자문을 만력제 및 예부·병부에 보냈다.[16]

『명신종실록』만력 25년 12월 5일 기사에 따르면 형개는 조선으로부터 받은 회자의 내용에 따라 조선이 전쟁 초반에 어쩔 수 없이 도주에 골몰했으나 일본에 진심으로 붙은 것이 아님을 설명하고, 지금 명군이 청산(青山) 등지에서 여러 차례 승전하여 기세를 떨쳤으니 조선에 같은 마음으로 협력할 것을 촉구하도록 하자는 상주를 올렸다.[17] 해당 상주 전반부의 내용은 조선의 자문 내용을 간략히 요약하고, 후반부에는 조선에 유시할 내용이 제시되었을 것으로 보인다.

9) 서울에 도착하여 진격 전략을 논의하고 병력 편성을 보고하는 상주

『명신종실록』만력 25년 12월 30일 기사는 형개가 11월 28일[18]

....

15 『선조실록』권93, 선조 30년 10월 2일(기미); 李廷龜, 『月沙集』卷23, 咨, 「回咨邢軍門楊經理」; 『事大文軌』卷23, 「朝鮮國王咨經理邢(玠)經理楊(鎬)[回咨]」, 만력 25년 9월, 42b-45b.

16 『事大文軌』卷23, 「朝鮮國王奏」, 만력 25년 9월 25일, 45b-49b, 「朝鮮國王咨禮部兵部[禮部兵部咨]」, 만력 25년 9월 25일, 49b-53a.

17 『명신종실록』권317, 만력 25년 12월 5일(신유), "先是, 兵科右給事中侯慶遠, 論朝鮮君無堅志, 臣有避心, 宜令督臣, 明問國王, 若勉力圖存, 有進無退, 中國不惜財力以赴, 若自輕其社稷, 不羞竄伏, 中國即當還師, 不與倭爭, 其速審擇, 毋持兩端。至是, 總督邢玠, 據其回咨奏言, 朝鮮君臣, 先以賊勢重大, 故上下逃奔, 屈于力之不逮, 亦非甘心于倭者, 今我兵于靑山等處, 屢戰屢捷, 有轉虛爲强之勢, 乞憐殘破之苦, 令其臣民共期雪恥, 庶同心戮力, 可無員再造之恩矣。旨下部知。"

18 『선조실록』에 따르면 29일이다.

서울에 도착하여 진격을 논의하고, 동원한 선부·대동·연수·절강의 병력이 도착하자 세 부대로 나누어 좌협(左協)을 이여매(李如梅), 우협을 이방춘(李芳春)·해생(解生), 중협을 고책(高策)이 지휘하도록 하고, 제독 마귀와 경리 양호가 통솔하여 가토 기요마사를 공격하도록 했음을 서술한 뒤, 이어서 울산 전투가 종결되기까지의 상세한 경과를 기록했다.[19] 따라서 실제 출병 이전 진격 전략 및 부대 편성에 대해 형개가 상주를 올려 만력제에 보고하는 절차가 있었을 것으로 추측된다.

실제 『양조평양록』에는 형개 등이 진격 경로를 논의하고 부대를 편성한 경과를 상세히 설명하면서 "계획이 이미 정해지자 상소를 올려 아뢰어 보고했다[計議已定, 上疏奏報]."라고 했으므로, 명군의 편성 및 전략 목표가 이때 올린 상주에 정리되어 있었으리라 판단된다.[20] 『양조평양록』의 해당 부분에는 좌협·중협·우협의 지휘관 목록 및 병력수, 명군의 장비 등이 열거되어 있다. 다만 『양조평양록』은 형개의 계획과 당시 상황을 종합하여 서술하고 있어, 어디까지가 형개가 당시 올린 상주의 내용이었는지를 명확히 구분해 내기는 어렵다.

....

19 『명신종실록』 권317, 만력 25년 12월 30일(병술), "先是十一月乙卯, 經略邢玠抵王京, 議進勳, 而所調宣大延浙之兵並至, 乃分三協, 左李如梅, 右李芳春, 解生, 中高策, 並以副總兵分將, 令大帥麻貴, 同經理楊鎬, 督左右協, 自忠州馬嶺, 向東安, 趨慶州, 專攻淸正, 恐行長自金山來援, 令中協馬兵, 近宜城東援, 兩協西拒援倭, 又于三協中, 摘馬兵千五百, 與朝鮮合營, 由天安·全州·南原而下, 大張旗鼓, 詐攻順天等處, 以牽行長."

20 諸葛元聲, 『兩朝平攘錄』卷4, 日本 下, 20b-25a. 해당 문장은 21b. 다만 진격 경로 논의 부분 가운데 20b-21b는 만력 25년 7월 하순에 올린 2-2 〈申明進止機宜疏〉의 내용을 신고 있어, 당시의 형세와 정확히 일치하지 않는다.

經略禦倭奏議

권4

4-1

연해에 봄철 조수가 일 때가 되었으니 방어를 정비하도록 다섯 진에 신칙해야 한다는 상주

申飭五鎭沿海春汛疏 | 권4, 3a-7b

날짜 만력 26년(1598) 정월 9일

내용 산동 이북 연해 지역에 군사 배치를 조정하여 수비를 강화할 것을 건의하는 상주이다. 이 무렵 봄철 조수가 일고 남동풍이 부는 때가 되어 일본군이 그 지역을 직접 공격할 우려가 있다는 이유에서였다. 천진(天津) 총병 주우덕(周于德)은 2월 중순을 기한으로 여순(旅順)으로 이동하여 만일의 경우 조선으로 출진할 수 있도록 준비하게 하고, 산동총병 이승훈(李承勛)은 장산도(長山島) 북쪽으로, 보정총병 예상충(倪尙忠)은 천진으로 이동하여 방비를 갖추게 할 것을 건의했다. 병부 및 만력제는 형개의 건의를 모두 재가했다.

관련문서 『명신종실록』 만력 26년 정월 9일에는 형개가 주우덕·이승훈 및 보정총병의 이동을 요청하는 상주를 올렸고, 이를 병부에 내렸다는 기사가 실려 있다.[1] 본문에 언급된 통령수병부총병(統領水兵副總兵) 양문(楊文)[2]의 임명은 2-5 〈增調宣大薊遼兵馬覓調閩海商船疏〉를 통해 이루어진 바 있다.

....

1 『명신종실록』 권318, 만력 26년 정월 9일(을미).
2 양문(楊文): ?~?. 명나라 사람이다. 만력 25년(1597)에 형개의 건의에 따라 통령수병부총병(統領水兵副總兵)에 임명되었다.

대군이 남쪽으로 나섰으며 봄철 조수(潮水)가 일어날 때가 되었으니, 방어군과 응원군을 나누어 포진시켜 불우한 사태에 대한 경계로 삼고 아울러 그 김에 수군을 총괄할 대장(大將)을 위임하여 수고와 비용을 덜 일을 삼가 논의하는 제본(題本).

살피건대, 왜노(倭奴)가 조선의 남해를 훔쳐 차지하고서 동서로 800~900리에 이어져 있으며, 군영(軍營)이 있는 곳마다 모두 배들이 개미떼처럼 대기하고 있습니다. 이미 신 등이 군사를 출동시켜 진격해서 힘써 토벌하고 있으니, 지금부터 북을 한 번 울리고 쓸어버리면 바다 물결이 잠잠해질 것이고, 그러면 속국(屬國)은 보전되고 내지 또한 평안해질 것이며 연해 지방 또한 근심이 없게 될 것입니다. 다만 왜노는 성질이 지극히 교활하고 용병하는 것이 매우 공교합니다. 만약 우리의 큰 위세가 저들에게 가까이 닥쳐오고 자기네 힘이 지탱할 수 없음을 알면 수군을 내지로 불러들여 우리가 반드시 구원해야 할 곳을 공격할 것이니, 그렇다면 사전에 방비를 갖추지 않을 수 없습니다.

또한 봄철 조수가 일고 동남풍이 많이 부는 때이므로 눈을 돌려보면, 정서쪽으로는 산동(山東)의 성산(成山) 등이 침범당할 수 있고, 조금 서남쪽으로는 문등(文登)·즉묵(卽墨)·영산(靈山)·안동(安東)·일조(日照) 등 여러 성의 형세가 모두 흔들리게 될 것이며,[3] 서북쪽으로는 등주(登州)·내주(萊州), 다시 북쪽으로는 여순(旅順)에 이르

....

3 산동(山東)의 …… 것이며: 성산은 산동반도의 최동단 지역으로, 성산에서부터 산동반도의 남쪽 해안을 서쪽으로 쭉 따라가면 문등, 즉묵, 영산, 안동, 일조를 지난다.

게 됩니다.[4] 등주와 내주에서 남쪽 해안을 따라 서쪽으로 가면 왕하영(王河營)·왕서채(王徐寨)·조하채(皂河寨)·어아포(漁兒浦)·당두채(塘頭寨)를 거쳐 천진(天津)에 이르기까지[5] 모두 침범당할 수 있는 곳이어서, 모두 응당 방어해야 하는 곳입니다. 여순에서 북쪽 해안을 따라 서쪽으로 가면 금주(金州), 복주(復州)의 망해과(望海窩)와 청미과(靑米罣), 영전(寧前)의 철산양(鐵山洋)과 지마만(芝麻灣), 순천(順天)의 산해(山海)·영평(永平)·노룡(盧龍)·난주(灤州)·보지(寶坻)를 거쳐[6] 천진에 이르기까지 또한 모두 침범당할 수 있는 곳이어서, 모두 응당 방어해야 하는 곳입니다.

그러나 대세를 자세히 들여다보면 여순·등주·내주는 천진의 문호(門戶)이자 삼진(三鎭: 요동·산동·천진)을 병풍처럼 막는 곳입니다. 지금 천진의 순무 만세덕(萬世德)[7]이 제본을 올리기를, 총병(總兵) 주우덕(周于德)[8]을 여순으로 옮겨 주둔하게 하여 봄철 조수[春汛]를 타고 올 수 있는 왜군을 방어하게 하자고 했으며, 산동 순무(巡撫)·순안(巡按) 만상춘(萬象春)[9] 등이 제본을 올리기를, 총병이 등주와 내주

....

4   서북쪽으로는 …… 됩니다: 성산에서 산동반도의 북쪽 해안을 따라 서쪽으로 가면 등주와 내주가 나오며, 요동반도의 최남단인 여순이 내주를 마주 보고 있다.

5   왕하영(王河營) …… 이르기까지: 내주에서 서쪽으로 해안을 따라가면 왕하영, 왕서채, 조하채, 어아포, 당두채를 지나 천진에 이른다. 본문에서 남쪽 해안이라 한 것은 발해의 남쪽을 가리키는 것으로 생각된다.

6   금주(金州) …… 거쳐: 여순에서 해안을 따라 서쪽으로 가면 금주, 복주, 영전, 순천을 거쳐 천진에 이른다. 본문에서 북쪽 해안이라는 것은 발해의 북쪽을 가리키는 것으로 생각된다.

7   만세덕(萬世德): 1547~1602. 명나라 사람이다. 자는 백수(伯修), 호는 구택(邱澤)이며 산서 편관현(偏關縣) 출신이다. 융경 5년(1571) 진사가 되었다. 만력 26년(1598) 양호(楊鎬) 대신 조선에 파견되어 조선의 방비와 전후 후속처리 논의를 담당했다. 사후 태자태보 병부상서(太子太保兵部尙書)로 추증되었다.

8   주우덕(周于德): ?~?. 명나라 사람이다. 천진(天津) 총병에 재임했다.

를 진수(鎮守)하는 것을 고쳐서 험지를 틀어막고 요충지를 지키게 하며 상유(上遊)[10]에 주둔하게 하자고 했으니, 진실로 지극한 계책입니다. 다만 조수의 시기를 따져서 사태가 벌어지기에 앞선 방어책으로 삼자면 여순·등주·내주가 모두 시급합니다. 화의 근본을 따져서 눈앞의 계책으로 삼자면 조선이 가장 시급합니다.

살피건대, 앞서 신이, 전후로 동원하고 모집한 수군을 총령할 장수가 없으면 피차가 서로 이어지고 소속됨이 없어, 급박한 일에 어찌 사력을 다해 싸울 수 있을까 싶어 특별히 수군을 통령(統領)할 부장(副將) 1원(員)을 두어 그 무리를 총괄하게 하자고 논의하여 청했으니, 해당 부(部)에서 제본을 올려 양문(楊文)을 보임한 바 있습니다.[11] 지금 그가 죽은 후 마땅한 인물을 얻기 어렵고 또 동정(東征)의 역(役)에 관원을 둔 것이 이미 많아 그 비용이 적지 않습니다. 지금 주우덕이 이미 여순에 도착했으니, 마땅히 전후로 동원하고 모집한

9 만상춘(萬象春): ?~1612. 명나라 사람이다. 남직례 상주부(常州府) 무석현(無錫縣) 출신이다. 만력 5년(1577) 진사가 되었다. 정유재란 발발 당시 산동순무(山東巡撫)로서 연해 지역의 민심을 수습하고 명군의 군량을 공급하는 역할을 수행했다. 사후 우도어사(右都御史)로 추증되었다.

10 상유(上遊): 강의 상류로, 여기서는 국가의 중요한 지역을 의미하는 말로 쓰였다. 항우가 "옛 제왕들은 땅이 사방 천 리인데 반드시 강의 상류에 기거했습니다."라고 한 바가 있다. 『사기(史記)』 권7, 「항우본기(項羽本紀)」 "古之帝者, 地方千里, 必居上遊."

11 살피건대 …… 있습니다: 앞서 형개는 이미 모집된 수군 병력을 신속히 여순으로 이동시키고 새로 복건의 상선을 모집하여 수군 병력을 늘리는 동시에 수군을 총괄하여 통솔할 부총병 1명을 둘 것을 요청했다. 병부는 검토 주문을 통해 복건·광동의 장령을 역임하고 당시 형개의 표하에서 청용하던 원임 부총병 양문과 역시 복건·광동 등지에서 경험을 쌓았고 능력이 뛰어나다고 평가받던 진린 두 장수 중 이미 추천을 받은 바 있던 양문을 수병부총병(水兵副總兵)으로 임명하자고 건의했고 만력제는 이를 허락하여 양문을 총령수병부총병에 임명했다. 해당 문서는 본서 2-5 〈增調宣大薊遼兵馬覓調閩海商船疏〉에 수록되어 있다.

수군을 즉시 그로 하여금 가까운 곳에서 통령하게 하는 것이 좋겠습니다. 만약 왜적이 당장에 수군을 내지로 불러들인다면 그는 여순 항구를 담당 지역으로 삼고 천진의 수군을 통령하여 기회를 보아 토벌하게 해야 합니다. 만약 왜적이 그대로 조선에 주둔하면서 우리 군사와 서로 대치한다면 그는 신의 동원 명령에 따라 한산도(閑山島) 등으로 와서 각처의 수군을 통령하여 수상과 육상에서 협공하게 해야 하겠습니다. 다만 여순 항구 또한 방어하는 군사가 없어서는 안 될 것이며 또한 조선 후방의 응원군이 되어야 할 것이니, 이미 동원해 둔 각 성(省)과 직례(直隸)의 수군 가운데서 한 갈래를 적당히 차출하여 여순에 머물러 지키게 하며 등주와 내주의 수군과 함께 군영을 합쳐 함께 정탐하게 해야 하겠습니다.

주우덕이 동원되어 조선으로 간다면 산동 총병 이승훈(李承勛)[12] 또한 마땅히 수군을 통령하여 장산도(長山島)[13] 이북으로 출진하여, 한편으로는 등주와 내주의 문호를 지키고 한편으로는 여순을 지원하도록 준비해야 하겠습니다. 아울러 조선의 형세를 북돋우며 급한 일이 있으면 또한 신의 동원 명령에 따르도록 해야 하겠습니다. 천진과 같은 곳은 신경(神京)[14]의 문호로서 역시 주장(主將)을 두어 방

....

12 이승훈(李承勛): ?~?. 명나라 사람이다. 왜구에 대한 방어가 긴요해지자 만력 23년 (1595)에 북방의 중요 수비지역이었던 산동총병관 겸 도독첨사(山東總兵官兼都督僉事)에 추천되어 수륙의 관병을 제독했다. 정유재란이 마무리될 무렵 명군 제독 총병관(總兵官)으로 조선에 파견되어 서울에 머무르며 전쟁의 뒤처리를 담당했다.
13 장산도(長山島): 산동반도의 내주 북쪽에는 발해와 황해를 가르는 묘도군도(廟島群島) 또는 장산열도(長山列島)라고 불리는 일군의 섬이 있다. 이 섬은 발해의 문호로 예부터 중요한 군사 요충지였다. 장산열도의 섬 중 가장 규모가 큰 섬은 남장산도(南長山島)와 북장산도(北長山島)이다.
14 신경(神京): 경사(京師)를 가리킨다.

어하지 않을 수 없을 것인데, 보정(保定) 총병의 변방 업무가 아직은 느긋하므로 잠시 관할 관병을 거느리고 천진으로 옮겨 주둔하게 함으로써 내지(內地)를 공고히 하고 또한 여순·등주·내주의 지원군이 되게 한다면 계책상 매우 편리하겠습니다. 이상 각 관원이 사용할 장비와 배, 돈과 쌀, 포상 등을 위한 은은 각각 해당 순무가 서둘러 마련해서 지급함으로써 기한에 임박해서 어긋나는 일이 없게 해야 할 것입니다.

엎드려 바라건대, 병부에 칙을 내리시어, 천진 총병 주우덕으로 하여금 즉시 전후로 동원하고 모집한 수군을 총령하여 2월 중순까지는 여순 항구에 이르게 하고, 신이 기회를 살펴 명령을 내리면 조선 한산도 등으로 가서 왜군을 협공하여 소탕하게 해 주십시오. 또한 동원하고 모집한 수군 가운데 한 갈래를 적당히 선발하여 여순에 남아 지키게 해 주십시오. 이전에 설치한, 수군을 총령하는 부장은 추가로 보임하지 않아도 될 것이니 그로써 공급하는 비용을 덜 수 있을 것입니다. 산동 총병 이승훈은 본처의 병선을 거느리고 장산도 등의 북쪽으로 출진하여 오가면서 정탐을 하고 방어하여 여순과 서로 지원할 수 있도록 해 주십시오. 보정 총병 예상충(倪尙忠)[15]은 잠시 천진으로 옮겨 방어하다가 봄철 조수가 끝나기를 기다렸다가 철수하게 하며, 안일함을 좇아 관망하다가 군기(軍機)를 그르치는 일이 없도록 해 주십시오. 또한 천진·보정·산동·순천(順天)·요동의 각 순무아문(巡撫衙門)에 문서를 보내 각각 소속 병비관(兵備

15 예상충(倪尙忠): 1550~1609. 명나라 사람이다. 선부부총병(宣府副總兵), 협수대동부총병(協守大同副總兵) 등을 거쳐 진수보정총병(鎭守保定總兵)으로 승진했다.

官)과 장령(將領) 및 연해의 주(州)·현(縣)·위(衛)·소(所)의 장인(掌印) 등 관원에게 엄히 지시하여 각자 봉후(烽堠)를 엄격히 관리하고 병선을 정비하여 더욱 방비를 신중하게 하라고 해 주십시오. 각 해방도(海防道)와 병비도(兵備道)[16]는 수시로 소속 연해 지방을 순찰하여, 긴급 상황이 발생하면 각 지방의 상황을 살펴서 관병을 감독하고 통솔하여 오가면서 응원하여 소홀해지지 않게 하라고 해 주십시오. 또한 근래에 제본을 올려 군대와 장수를 추가로 배치한 데 따라 나누어 포진하고 방어함으로써 만전을 기하도록 해 주십시오. 지금은 봄철 조수가 일어나는 때이니, 이는 또한 진군할 만한 기회이기도 합니다. 신은 통솔하는 지방을 감독하여 이와 같이 미리 계획을 세우고 대처하지 않을 수 없습니다.

성지를 받들었는데, "병부에 알리라."라고 하셨습니다.

병부에서 검토하여 논의한 내용은 다음과 같았습니다.

살피건대, 왜노(倭奴)가 부산(釜山)에 견고하게 자리를 잡고서 음모를 꾸며 예측할 수 없으나, 왕사(王師)가 승세를 타고 진격, 섬멸하여 군사의 위엄을 멀리까지 떨쳤습니다. 만일 왜적이 조선에서 뜻을 이루지 못하고 돛을 달고서 내지로 건너온다면 등주와 내주, 여순 등 연해 일대 모두를 방어해야 할 것입니다. 경략(經略)이 말한 총병 주우덕은 그에게 해상 전쟁 업무를 전담하도록 책임을 맡긴 바 있었으나 주차(駐箚)하는 곳은 원래 정해 두지 않았습니다. 앞서 병부에서 제본을 올려 밝히고서 성지를 받아

....

16 병비도(兵備道): 명대에는 각 성(省)의 요충지에 병비(兵備)를 전담하는 도원(道員)을 두고 이를 병비도라 했다. 주로 군사를 감독하는 임무를 맡았으며, 작전행동에 직접 참여하기도 했다. 일반적으로 안찰사(按察使) 혹은 안찰첨사(按察僉事)가 맡았다.

그에게만 내리는 칙서를 발령한 바 있으니, 마땅히 그대로 삼가 준행하여 주어진 명령에 부응하게 해야 할 것입니다. 또한 천진 순무 만세덕이 제본을 올린바, 수군 1만 명과 사선(沙船)¹⁷과 호선(唬船)¹⁸ 등 280척을 증강하고, 주우덕을 여순으로 옮겨 주둔하게 하여 지원하는 일을 편리하게 하자고 한 데 대해서는 이미 준행하고 있습니다. 지금 총독의 의논을 받아 보니 동원하고 모집한 수군을 모두 주우덕에게 소속시켜 나누어 포진시키고 기한을 정해 담당지로 가게 했다가, 그의 명에 따라 기회를 살펴 동원, 파견함으로써 수륙 협공의 계책을 펼칠 수 있게 해 달라고 했습니다. 살피건대, 이는 이전의 제본과 서로 부합하는 것이며, 총령부장 임명에 따른 비용은 절감할 수 있을 것입니다. 군사와 장수를 적당히 남겨 두어 해구의 요해지를 방어하게 하고, 산동 총병을 장산도로 이동하게 하고, 보정 총병이 천진을 지키게 하며, 봉후(烽堠)를 엄격히 관리하고 방비를 신중히 하자는 건의는 모두 병가의 올바른 계책이니 마땅히 논의에 따라야 할 것이라 제청합니다.

칙명을 내리시면, 본 병부는 주우덕에게 차문(箚文)을 보내 그로 하여금 현재 천진 해구에 도착한 병선을, 얼음이 풀리기를 기다렸다가 순무와 함께 독려하여 바다로 나가 나누어 포진시켜 전투하고 수비하도록 하겠습니다. 그에게 2월 중순을 기한으

17 사선(沙船): 바닥이 평평한 평저선(平底船)으로, 얕은 바다를 항행하는 데 적합했다. 명대에는 장강 이북의 해양에서 군선으로 활용되었다.

18 호선(唬船): 팔라호선(叭喇唬船)이라고도 한다. 명·청대 절강(浙江)과 복건(福建) 해안에서 사용된 소형 군선으로, 바닥이 뾰족한 첨저선(尖底船)이다. 주로 신속한 기동이 필요한 정탐이나 추격에 활용되었다.

로 여순구로 서둘러 이동해서, 제본에서 말씀드리고 칙서로 분부한 내용을 준수하여, 경략의 지휘에 따라 만약 긴급한 일이 발생하면 스스로 사졸들보다 솔선하여 기회를 보아 적을 토벌하라고 하겠습니다. 산동 총병 이승훈은 산동성의 병선을 거느리고 장산도 등의 이북으로 출진하여 여순과 서로 응원군이 되게 하겠으며, 보정 총병 예상충은 위의 내용에 따라 관할 군병을 거느리고 잠시 천진으로 옮겨 방어하다가 봄철 조수가 끝나면 본진으로 돌아가도록 하겠습니다. 필요한 전량과 장비 등은 순무들에게 함께 문서를 보내 논의하여 처리하게 하겠습니다. 또한 천진·보정·산동·순천·요동의 각 순무 아문에 문서를 보내 제본의 논의에 따라 도(道)·장(將)·주(州)·현(縣)·위(衛)·소(所)의 장인(掌印)[19] 등 관원에게 엄히 지시하여 봉후를 더욱 엄격하게 관리하고 병선을 정비하며 해당 지방의 긴급한 일을 알리고 서로 응원이 되게 하며, 누구도 안일함을 좇아 관망하다가 군기를 그르치는 일이 없게 하겠습니다. 부장 양문의 자리가 비게 된 것은 자리를 없애고 보임하지 않도록 하겠습니다.

성지를 받들었는데, "그렇다. 동정(東征)에 관하여 현재 군사를 진격시켰다. 이 수군은 서둘러 바다로 나가 총독(總督)의 명령을 듣게 할 것이며, 담당 지역에 구애되며 안일함을 좇아 관망하다가 군기를 그르치는 일이 없게 하라."라고 하셨습니다.

....

19 장인(掌印): 장인관(掌印官)은 사전적으로 인신(印信)을 담당하는 관원을 뜻하지만, 문맥상 지현(知縣)·병비도(兵備道) 등 특정 지역의 총 책임을 맡은 정규 관원을 가리킨다.

4-2

도산에서 철병한 것에 대한 상주

島山撤兵疏 | 권4, 8a-15b

날짜 만력 26년(1598) 2월 5일

내용 경리 양호(楊鎬)는 전년 12월부터 가토 기요마사(加藤淸正)가 주둔한 울산을 공격하여 1200여 명을 참수하는 전과를 거두고 그를 도산성(島山城)에서 포위하여 함락 직전까지 몰아넣었으나, 일본군 구원병의 도착으로 철군하지 않을 수 없었다. 양호는 자신의 전공을 강조하고 어쩔 수 없이 철군했음을 밝히면서 사후 대책으로 일부 부대를 안동에 주둔시키고 전라도·경상도 지역에 성을 쌓는 방안을 제시했다. 또한 실패의 책임을 지고 스스로 물러나겠다는 뜻을 밝혔다.

이에 형개는 양호의 보고를 기초로 전공을 심사하고 축성 등의 대책을 시행할 방책을 논의하겠다고 하면서, 울산 전투를 몸소 주도한 양호의 전공을 강조하고 그의 사직을 받아들이지 말 것을 만력제에게 요청했다. 만력제는 형개·양호·마귀의 노력을 가상히 여기고 앞으로 더욱 힘쓸 것을 촉구하는 성지를 내렸다.울산 전투를 승전으로 보고하려 한 양호·형개 등 당시 명군 지휘부의 시각을 직접적으로 드러내는 자료로서, 이후 정응태(丁應泰)의 탄핵과 대비하여 볼 필요가 있다.

관련문서『명신종실록』만력 26년 정월 27일에는 양호가 질병을 이유로 사직을 요청했으나 허가하지 않았다는 기사가 있고,[20] 2월 5일에는 본

....

20 『명신종실록』권318, 만력 26년 정월 27일(계축), "経略楊鎬, 以疾求去, 不允." 여기서 "經略"은 "經理"의 잘못이다.

상주의 내용과 만력제의 성지가 간략히 요약되어 있다.[21] 또한『선조실록』선조 31년 2월 16일에는 양호가 올린 제본 및 그에 대한 만력제의 성지가 전재되어 있고, 2월 19일 기사에는 형개가 올린 제본의 내용이 실려 있는데,[22] 이들 제본의 내용은 본문과 거의 동일하다. 다만 형개의 제본에 대한 만력제의 성지는『선조실록』에 실려 있지 않다.

적의 우두머리를 거의 사로잡게 되었는데 바깥에서 구원병이 갑자기 들이닥쳤으므로, 일단 군사를 물려 휴식하다가 재차 공격할 것을 도모하고 바다와 국가를 평안하게 할 일을 삼가 논의하는 제본.

경리조선군무 도찰원우첨도어사(經理朝鮮軍務都察院右僉都御史) 양호(楊鎬)[23]의 게(揭)를 받았는데, 그 내용은 다음과 같았습니다.

만력(萬曆) 25년(1597, 선조 30) 12월 4일에 총독과 함께 군사를 출동시켜 울산(蔚山)을 공격했습니다. 울산은 서생포(西生浦)와 연결되어 동해(東海)를 등지고 있으면서 경상도(慶尙道) 좌계(左界)를 곧바로 집어삼킬 수 있는 곳으로 가토 기요마사(加籐淸正)[24]

....

21 『명신종실록』권319, 만력 26년 2월 5일(경신).
22 『선조실록』권97, 선조 31년 2월 16일(신미), 19일(갑술).
23 양호(楊鎬): ?~1629. 명나라 사람으로 하남 귀덕부(歸德府) 상구현(商丘縣) 출신이다. 자는 경보(京甫), 호는 풍균(風筠)이다. 만력 25년(1597) 6월에 흠차경리조선군무 도찰원우첨도어사(欽差經理朝鮮軍務都察院右僉都御史)로 조선에 왔다. 울산에서 벌어진 도산성(島山城) 전투에서 크게 패했는데, 이를 승리로 보고했다가 탄핵을 받고 파면되었다.
24 가토 기요마사(加籐淸正): 1562~1611. 어려서부터 도요토미 히데요시를 섬기다 히고국(肥後國)의 영주가 되었다. 임진왜란 때 1만 명의 병사를 이끌고 함경도로 진격하여 조선의 두 왕자를 사로잡았다. 정유재란 때도 참전하였다가 울산에 성을 쌓고 장기간 농

가 새로이 점거한 소굴입니다. 들건대, 그가 서생포와 기장(機張)의 병력을 이곳에 크게 집결시키고서 바로 올해 정월에[25] 안강(安康)과 영일(迎日) 등으로 침범해 들어와서는 강원도와 함경도로 조금씩 진격하여 잠식하고, 왕경(王京)까지도 차지하려 한다고 합니다. 그들 세력이 기세를 떨치게 놔둔다면 우리의 전후좌우는 모두 구원하기 어려워질 것이니, 백만 대군이라 하더라도 손 쓸 수 없게 될 것이었습니다.

가토 기요마사는 호방하고 사나우며 자만심이 큰 데다가 또한 관백(關白)이 중요한 임무를 맡기고 의지하고 있으니, 고니시 유키나가(小西行長)[26] 등 우두머리들도 그가 있는 곳을 바라보며 의지하러 가는 사람입니다. 바다를 건너온 지 수년임에도 그를 겨우 조금 꺾어 직산(稷山)에서 차단하고 청산(靑山)에서 쫓아냈을 뿐이니,[27] 고니시 유키나가가 평양(平壤)에서 무너지면서 천병

성하였다.

25 정월에: 『선조실록』에 수록된 동일 문서에는 정월이 아니라 7월이라고 기록되어 있다. 그러나 양호의 게를 받아 형개가 쓴 제본에 "가토 기요마사는 경상도의 주·현에 격문을 보내 신정(新正)을 기하여 미친 듯이 날뛰겠노라고 하고 있으니(而淸正檄慶尙州縣, 期于新正狂逞)"라고 한 것을 보면 7월이 아니라 정월로 보는 것이 타당하다.

26 고니시 유키나가(小西行長): 1555~1600. 일본 사람이다. 상인 출신으로 도요토미 히데요시의 수하로 들어간 후 신임을 얻어 히고(肥後) 우토(宇土) 성의 성주가 되었다. 임진왜란 때에 선봉장이 되어 소 요시토시(宗義智)와 함께 부산진성을 공격하고 곧바로 진격하여 평양성을 함락했다. 정유재란 때 다시 조선으로 쳐들어와 남원(南原)과 전주(全州) 일대를 장악했다가 조명연합군의 반격을 받고 순천왜성에 주둔했다.

27 직산(稷山)에서 …… 뿐이니: 경리 양호(楊鎬)는 해생 등의 장수에게 남쪽으로 내려가 일본군을 막도록 명했다. 해생은 직산 금오평(金烏坪)에서 군사를 3협으로 나누어 일본군을 맞이할 계책을 세웠고, 9월 5일에 구로다 나가마사(黑田長政), 가토 기요마사 등이 이끄는 일본군과 전투를 벌였다. 명군은 만 하루에 걸친 전투 끝에 대승을 거두었다. 이에 일본군은 북상을 멈추고 경상도로 후퇴하게 되었다. 명군은 곧 일본군 추격에 나섰고 참장 팽우덕(彭友德)이 이끄는 일군이 청산까지 일본군을 추격하여 수급 116급을 얻었

(天兵)은 대적할 수 없음을 분명히 안 것과는[28] 다릅니다. 그를 한 번 먼저 공격하지 않는다면, 어떻게 황상의 위엄을 널리 알려 그들의 흉측한 예봉(銳鋒)을 꺾을 수 있었겠습니까.

다행인 바는 장병들이 용기를 내어 곧바로 저들의 성루(城壘)로 들이닥쳐 40여 리를 박살내고 견고한 성과 큰 목책(木柵) 여러 곳을 격파한 것이었습니다. 불에 타거나 물에 빠져 죽어서 그 수를 셀 수 없는 자를 제외하고도 사로잡거나 목을 벤 장교(將校)들만 헤아려도 이미 1200여 명이나 됩니다. 그들이 평소에 쌓아둔 물자들과 여러 해 동안 지어 놓았던 건물들을 하루아침에 완전히 쓸어버렸으며, 가토 기요마사는 겨우 자기 몸만 빼서 도산(島山) 위로 도망쳤습니다. 우리 군사들이 다시 공격하면 총탄에 상할까 두려워하며 끝내 긴 둘레를 치고서 지킨 지 이미 열흘이 되었으니, 적은 더욱 군색하고 다급하게 되었습니다.

성에서 나와 항복한 자들과 성에 매달렸다가 포로로 잡힌 자들이 모두 말하기를, 성을 지키는 자들은 3000명이 못 되는데 우리의 대포와 화살에 맞아 죽은 자와 굶주리고 목말라 죽은 자들의 쓰러진 시체가 언덕을 이루었으며, 겨우 조총수 200명만이 하루에 쌀 1홉씩을 먹고 있을 뿐 나머지는 모두 간당간당하게 죽기만 기다리고 있다고 합니다. 가토 기요마사 또한 여러 번 통사(通事)를 불러 품첩(稟帖)을 보내 고니시 유키나가의 사례에 따

─────

다. 가토 기요마사는 결국 서생포왜성까지 후퇴했다.

28 고니시 …… 것과는: 만력 21년(1593) 정월, 본격적으로 참전한 명나라 군대는 평양성을 점거하고 있던 고니시 유키나가를 공격해 크게 무찔러 평양성을 탈환했다. 고니시 유키나가는 남은 군대를 이끌고 남쪽으로 도주하여 서울로 후퇴했다.

라 돌아갈 수 있도록 놓아준다면[29] 여러 섬의 군사들을 모두 철수하도록 힘쓰겠다고 하며 매우 간절히 빌었습니다. 저는 이를 허락하지 않고 서신을 성안으로 쏘아 보내 내란을 일으켜 보려고 했습니다. 제 망령된 생각으로는 2~3일 내에 그를 생포하여 궐하(闕下)에 바치고, 부산 서쪽도 곧 힘들이지 않고 점령할 수 있을 것이라고 여겼습니다.

그런데 수륙으로 구원병 수만 명이 일제히 들이닥쳤습니다.[30] 그러나 우리 군사와 말들은 피곤에 지쳐서 그들과 다시 결전을 벌이기는 어려웠습니다. 하루라도 지체하면 더 불리해질까 우려하여 결국 포위를 풀고 군사를 정돈하여 돌아오지 않을 수 없었습니다.[31] 생각하건대, 이 적들이 비록 다행히도 머리를 내놓을

....

29 고니시 …… 놓아준다면: 경략 송응창(宋應昌)은 평양, 개성을 탈환한 후 서울 진격을 지시했으나 벽제관 전투에서 패하여 더이상 나아가지 않고 고니시 유키나가와 협상을 시작했다. 송응창은 유키나가에게 선유(宣諭)를 보내 철수를 권유했다. 송응창(宋應昌), 『경략복국요편(經略復國要編)』[구범진·김슬기·김창수·박민수·서은혜·이재경·정동훈·薛戈 역주, 『명나라의 임진전쟁 2: 평양 수복』(송응창의 『경략복국요편』 역주), 사회평론아카데미, 2020] 「7-16 宣諭平行長 권7, 30b-32a」. 심유경(沈惟敬)과 유키나가를 통해 명나라와 일본 사이에 강화 협상이 진행되었고 결국 4월 18일에 유키나가가 이끄는 일본군은 서울에서 철수하게 되었다.

30 그런데 …… 들이닥쳤습니다: 고바야카와 히데아키, 모리 히데모토 등의 장수가 가토 기요마사를 구원하기 위해 서생포왜성에 집결했다. 일본 구원군은 정월 2일에 본격적으로 행동을 개시하여 1만 3000여 명의 병력을 이끌고 서생포왜성을 나서 태화강 건너편에 진을 쳤다. 정월 3일에는 순천왜성의 고니시 유키나가, 부산의 우키타 히데이에, 양산왜성의 구로다 나가마사 등도 도착했다.

31 결국 …… 없습니다: 정월 4일, 조명연합군은 도산성에 대한 마지막 공격을 감행했으나 도산성 내의 일본군이 필사적으로 방어하여 성을 함락시키지 못했고 동시에 일본 구원군이 조명연합군을 포위하기 시작했다. 이에 양호는 이날 밤에 파새 등에게 후위를 맡기고 경주로 후퇴했다. 일본군은 조명연합군이 퇴각하는 것을 알아채고 추격에 나섰고 조명연합군은 큰 피해를 당하게 되었다.

시기를 조금 늦출 수는 있으며 이 틈을 타서 혼백(魂魄)을 조금 안정시킬 수는 있을 것이나, 심장과 간담은 이미 손상되었을 것이며 또한 머리를 감싸고 서생포로 도주했습니다.

제가 제독(提督) 마귀(麻貴)[32]와 함께 만전의 계책을 숙고해 보았으나, 군사와 말이 오랫동안 바깥에서 지냈으므로 즉시 꼴과 군량을 먹이며 관사(館舍)에 머물게 하지 않으면 그 기력을 기르기에 부족할 것이라 판단했습니다. 경주(慶州)의 북쪽 200여 리에는 안동부(安東府)라는 곳이 있는데 저장한 곡식이 제법 많아서 왜적들이 군침을 흘리고 있는 곳인데, 본토 사람들이 우리가 철군하는 것을 보고는 서로 놀라며 흩어지고 있습니다. 한 갈래의 군사를 머물러 두지 않으면 그들의 마음을 묶어 두고 진정시킬 수 없을 것입니다. 이에 노득공(盧得功)[33]의 기병(騎兵)과 보정영(保定營)의 보병을 잠시 이곳에 주둔시키고 동원 명령을 따르도록 하겠습니다. 그 나머지 군영의 기병과 보병은 그대로 왕경으로 돌아가게 하면 동쪽이든 서쪽이든 대응할 수 있을 것입니다. 군졸을 모집하고 선발하는 일이나 장비를 수리하고 보완하는 일 또한 왕경이 아니면 처리할 수 없습니다. 곧이어 여순의

....

32 마귀(麻貴): ?~1618. 명나라 사람이다. 정유재란이 발발하자 흠차제독남북관병어왜총병관 후군도독부도독동지(欽差提督南北官兵禦倭總兵官後軍都督府都督同知)로 대동·선부의 병사 1000명을 이끌고 조선에 왔다. 울산 도산성의 왜군을 포위 공격했으나 크게 패하여 후퇴했고, 이듬해 재차 도산성을 공략했으나 성공하지 못했다. 만력 27년(1599) 명나라로 돌아갔다.

33 노득공(盧得功): ?~1598. 명나라 사람이다. 만력 25년(1597) 흠차통령삼영둔병유격장군 도지휘첨사(欽差統領三營屯兵遊擊將軍都指揮僉事)로 마병 3000명을 이끌고 조선에 왔다. 이듬해 시월 사천(泗川)에서 동일원(董一元)의 휘하에서 싸우다가 총탄에 맞아 전사했다.

수군이 와서 합류하고 남북의 육군이 계속 집결하여 재차 한산과 부산을 엿보는 것이 지금 당장 할 일입니다.

제가 적의 소굴을 두루 다니면서 적의 세력을 몸소 살펴보니, 가토 기요마사의 경우는 앞서서는 기장에 근거하고 재차 진격한 후에는 서생포에 근거하고 다시 재차 진격한 후에는 울산에 근거하면서, 진격할 때마다 반드시 성을 견고하게 하고 모든 성은 반드시 산과 바다에 기대어 만듦으로써 나아가고 물러남에 편리하게 하고 군량 걱정을 없게 했으니, 이는 한 해 만에 이룬 공적이 아니었습니다. 고니시 유키나가가 서쪽으로 전라도를 침범하면서 반드시 해도(海島)를 옆에 끼고 했던 것은 대개 또한 분명히 이 수를 썼던 것이니, 두 해가 못 되어 조선은 양 옆구리가 모두 해를 입게 될 것이며, 사람이 주머니 속에 들어 있는 것과 같아서 속수무책으로 저절로 궁지에 빠지게 될 것입니다. 우리는 천 리나 떨어진 폐허로 군사를 이끌고 왔으므로 오래 지탱하기 어려운데, 어찌 쉽게 완전히 마무리할 수 있겠습니까. 이번에는 승리하고 돌아간다고 해도 얻는 것이 많지 않을까 걱정입니다.

여러 번 경략 군문(軍門)의 자문(咨文)을 받았는데, 전라도와 경상도, 충청도에서 둔전(屯田)을 할 계책을 강구해 보라고 하셨습니다. 저는 경상좌도와 경상우도, 전라도에 총 세 군데 성을 쌓고 각각 기병과 보병을 더하여 둔병(屯兵)을 호위하게 하며, 동해 쪽에서는 영일과 같이 울산에서 가까운 곳에도 성을 하나 쌓아 동쪽의 왜적에 대응하게 하고, 서해 쪽에서는 영광(靈光)과 같이 순천(順天)에서 가까운 곳에도 성을 하나 쌓아 서쪽의 왜적에 대응하게 하며,[34] 또한 각각에 군량 운반선과 전함을 붙여 주자고 했습니다. 둔전을 하고 남는 시간에는 때때로 날랜 기병들로써 왜적의 소굴을 공격하여 저들의 취락을 불사르거나 몇 안 되는 적들은 토벌하기도 하면서 갑자기 사라졌다가 갑자기 나타나기를, 마치 북로(北虜)가 우리 변경 지역을 소란스럽게 하는 것처럼 해야 하겠습니다.

저들이 만약 소규모로 침범해 오면 서로 연락하여 구원하고, 만약 대규모로 침범해 올 경우 뒤에서 대군을 출진시켜 공격한다면, 우리는 가슴과 어깨가 모두 당당하고 배와 등에 걱정이 없게 될 것이며 저들은 노략질할 곳도 없는 데다가 또 쉴 수도 없게 될 것이니, 그러면 저들이 또한 어찌 기꺼이 해마다 바다를 건너 스스로 군량을 수송하면서 빈 산에 앉아 지키려고 하겠습니까. 이에 아마도 여유가 생기고 실로 저절로 원대한 계책이 될 것입니다. 아침저녁으로 왜적을 평정하려면 역시 계책을 이렇게 써야만 비로소 사후 대책으로도 좋을 것입니다. 다만 조선이 또다시 자신들의 힘으로는 성을 쌓을 수 없다고 핑계를 댈 뿐, 가토 기요마사가 도산에 쌓은 성도 작년 섣달에 쌓기 시작했음에도 견고하고 험악해서 지킬 만하여 조선 팔도에 그만한 것이 없다는 것을 모를까 걱정입니다. 이 문제는 해방도와 감군도(監軍道)가 도착하는 날 전라도와 경상도에 나누어 처리하게 해야 하겠습니다.

저는 매우 용렬하고 나약합니다만, 근래에는 천자의 명령을 드날리지 못할까 두려워 밤낮으로 몸소 화살과 돌을 무릅쓰면

34 동해 …… 하며: 울산은 가토 기요마사가, 순천은 고니시 유키나가가 주둔하고 있었으므로 각각 영일과 영광을 후보지로 제시한 것이다.

서 진격할 때는 감히 뒤처지지 않으려 하고 물러날 때는 감히 앞서지 않으려 하고 있습니다. 제 마음속 괴로운 심정을 남북의 장병들은 알고 있을 것입니다. 다만 지혜가 작아 큰일을 도모할 수 없어 결국 수레바퀴 자국에 괸 물 속 붕어를 다시 서강(西江)의 물에 놓아 주어 여유롭게 살아남게 해 버리고 말았습니다.[35] 제 역량으로는 진실로 미칠 수가 없었던 것입니다. 화공(火攻) 장비를 갖추고서 막 거사를 치르려 하던 차에 하늘에서 갑자기 구름이 일고 비가 내리더니 이틀 밤낮으로 이어져 가련한 장병들이 진흙 속에서 쩔쩔맸습니다. 제가 울면서 기도했으나 응답이 없었습니다. 다시 3일 후에는 서북풍이 미친 듯 불어 다시 섶을 성 모퉁이에 쌓아 놓고 화공을 기도했으나, 채 불을 붙이기 전에 바람이 다시 잦아들었습니다. 저 해를 가리고 바람을 되돌린 자는 대체 누구란 말입니까.

저는 이 때문에 울화가 치밀어 피를 토하고 피로가 쌓였으며, 생기는 것이라고는 다만 병뿐으로 죽고 싶었습니다. 살이 빠지고 뼈가 녹으며 피는 여전히 그치지 않습니다. 다시는 말을 달릴 수 없게 되었음을 정벌에 따라온 여러 사람이 모두 목도했습

....

35 수레바퀴 …… 말았습니다: 『장자(莊子)』에서 유래한 고사로, 매우 위급하거나 옹색한 상황을 뜻한다. 학철부어(涸轍鮒魚), 철부지급(轍鮒之急), 학철지부(涸轍之鮒) 등으로 쓰이기도 한다. 장자가 감하후(監河侯)에게 곡식을 빌리러 갔다가 나중에 세금을 거두어 돈을 꾸어 주겠다는 대답을 듣자 물고기의 비유를 들어 자신의 상황을 설명했다. 수레바퀴 자국에 고인 물속에 있던 붕어가 자신은 동해 해신의 신하인데 물을 한 말만 가져다 구해 달라는 요청을 하자 이를 수락하고는 곧 오나라와 월나라에 가서 서강(西江)을 터놓으면 되겠는가 하고 답을 하니 붕어가 그럴 거면 자신을 건어물 가게에서 찾으라며 화를 냈다는 것이다. 본문에서는 이 고사가 오히려 역설적으로 인용되었다. 『장자』 제26편 「외물(外物)」.

니다. 저는 뜻은 있으나 재주가 없어 제 몸을 해칠 뿐 나라에 보탬이 되지 못했음에 스스로 상심하고 있으니, 어찌 이 동방에서의 일을 마무리할 수 있겠습니까. 하물며 경략과 총독이 가까운 지역에서 기강을 세우고 있고 감군어사(監軍御史)는 군중에서 감찰을 행하고 있으며, 새로 온 사(司)와 도(道), 찬획(贊畫) 등 여러 사람이 계책을 펼쳐 놓고 있으니 지혜와 힘이 모여드는 것이 지난번 인재가 부족했던 때와는 결코 다릅니다.

저는 마땅히 파직되어 돌아가야 할 것입니다. 아울러 바라건대, 맡은 바를 다하지 못한 죄로써 저를 다스려 주십시오. 다만 빌건대, 여생 동안 고향 땅에 돌아가 생을 마침으로써 이역(異域)에서 골짜기에 메워져 끝내 부모님께 시신을 안겨 드리는 한이 생기지 않게 해 주시길 빕니다. 별도로 재능 있는 자가 와서 정벌하는 일을 전담하면 군오(軍伍)의 기색도 다시 새로워지고 바다 건너 기운을 깨끗이 쓸어버리는 일도 어렵지 않을 것입니다.

이를 받고 또한 게보(揭報)를 받았는데, 황상의 위엄을 받들고 군사를 출동시켜 승전을 거두었으니, 장병들의 마음을 삼가 본받고 군중에 드러난 상황을 하나하나 상신함으로써 격려하고 권장하는 뜻을 밝히는 일이었는데, 그 내용은 울산의 태화당(太和堂)·반구정(半鷗亭)·성황당(城隍堂)·도산 등을 공격하여 취한 데서부터 청산(靑山)·직산(稷山)의 전투까지에서 각 장수와 관원들의 용맹함과 나약함, 공적과 죄과의 대략을 기록한 것이었습니다.

연이은 전투 보고에서 왜적을 가로막고 공격하여 목을 베거나 사로잡거나 손상을 입히는 데 있어서 각각의 크고 작은 장수·관원들이 누가 용맹했고 누가 겁약했는지, 공적과 죄과가 얼마나 가볍고 얼마나 무거운지, 기병과 보병이 적의 목을 베는 데서 누가 주도하고 누가 이들을 따랐는지, 상의 등급은 어떻게 올려 주어야 할지 등에 대해서는 순무의 판단을 위주로 하고 전투 보고에 담긴 경위를 참조로 하여 경리(經理) 무신에게 문서를 갖추어 보내 해방도에 전달해서 하나하나 엄격히 심사하고 자세히 조사하여 확정하도록 했습니다. 함께 올릴 제본의 초고가 도착하는 날 주소(奏疏)를 올려 감히 성지를 청하고자 합니다. 방어시설을 수리하고 요새를 설치하며 군사를 나누어 포진시켜 수비하게 하며, 그들로 하여금 머무는 곳마다 집을 짓고 보루(堡壘)들이 서로 바라보게 하여 점점 왜적을 몰아붙이고 궁지에 몰아넣어 도리어 주객이 전도되게 해야 합니다. 아울러 도(道)를 나누고 관원에 책임을 맡기며 둔전을 경작하고 군량을 비축하는데, 군사들에게 농사를 맡기는 방법에 대해서는 신이 작년에 연이어 무신과 자문으로 상의했으니, 왕경에 도착하면 얼굴을 마주하고 자세히 방안을 강구하겠습니다. 지금 해방도 양조령(梁祖齡)[36]이 이미 왕경에 도착했고, 사천의 각 도·부의 여러 신하들도 오래지 않아 도착할 것이니, 신 등이 이들을 배치하여 거행하겠습니다.

살펴건대, 앞서 신은 경리 순무와 함께 살펴보니, 왜의 우두머리가 남해에 주둔하면서 머무는 곳에 성을 쌓고 요새를 지으며 유격

---

36 양조령(梁祖齡): ?~1622. 명나라 사람이다. 사천 성도부(成都府) 온강현(溫江縣) 출신으로 만력 14년(1586) 진사가 되었다. 만력 26년(1598)에 파직된 소응궁(蕭應宮)을 대신하여 흠차정칙요양관전등처해방병비겸리조선동중이로군무(欽差整飭遼陽寬奠等處海防兵備兼理朝鮮東中二路軍務)로 조선에 와서 군대를 감찰했다. 만력 42년(1614)에 하남좌포정사 도찰원우첨도어사(河南左布政 都察院右僉都御史)가 되었고 만력 45년(1617)에 치사했다.

대가 날마다 진출하며 북상하여 분탕질하고 약탈하며 인심을 다시 거두어들이고 있으며, 가토 기요마사는 경상도의 주·현에 격문을 보내 신정(新正)에 공격할 것을 기필하니, 미친 듯 날뛰는 짓과 못된 음모는 더욱 말하기 어렵습니다. 만약 저들이 미처 준비하지 못한 틈을 타서 그 예봉을 꺾지 않으면 적의 큰 세력이 북쪽으로 뻗쳐 와서 앞으로는 남쪽으로 몰아낼 수 없을 것이었습니다. 게다가 가토 기요마사는 교만하고 사납고 멋대로 날뛰는 자이며 군사 또한 강력하니, 이 왜적을 한 번 꺾으면 나머지는 와해될 것이었습니다. 이것이 지난겨울 울산을 공격하는 데 집중하지 않을 수 없었던 이유입니다.

지금 다행히 황상의 위엄에 힘입어 한 번 북을 울려서 한 곳의 견고한 성을 빼앗고 한 명의 왜장(倭將)을 사로잡고 세 곳의 큰 요새를 깨뜨렸으며, 크고 작은 적장 100여 명을 목 베어 죽이고 태워 죽이고 물에 빠뜨려 죽였으며, 머리 1200여 개를 베었으며, 물길과 불길에 휩싸여 죽은 자는 그 수를 헤아릴 수 없었습니다. 또한 가토 기요마사 등을 도산으로 몰아넣은 지 10여 일이나 되었습니다. 저들이 빗물을 마셔 가며 살려 달라 애걸하기에 이르렀으니, 적의 세력이 궁핍하고 힘이 다된 것이 극도에 달했습니다. 이는 하늘이 차츰 난리를 싫어하기 때문이니, 저 가토 기요마사 또한 어디에서 머리가 부서질지 알 수 없었습니다. 그런데 무슨 까닭인지 비바람에 길이 막히고 군사와 말은 오랫동안 지친 데다 또 수륙으로 적의 구원병이 모두 이르렀으니, 이런 상황에서 포위를 풀지 않을 수 없었고 군사를 물리지 않을 수 없었습니다. 순무와 총병이 임시변통으로 군사를 거두어 돌아오기로 한 것은 매우 좋은 견해였습니다. 대개 장수와 병사들 가운데 병든 자와 다친 자는 응당 잠시 휴양해야 할 것이고, 화약 무기와 장비 가운데 손상된 것과 고장 난 것은 응당 잠시 수리해야 할 것입니다. 이 기회에 정력을 보양하고 굳센 기세를 비축해 두었다가 남북의 군사가 모두 도착하고 수륙의 군대가 모두 결집하기를 재차 기다렸다가 다시 토벌할 것을 도모해도 늦지 않을 것 같습니다. 비록 원흉(元兇)은 아직 살아 있지만 적들의 간담은 이미 서늘해졌을 것이기 때문입니다.

이 싸움에서 용맹을 떨치며 앞을 다투어 싸워서 승리하고 공격해서 빼앗은 것은 여러 장병들이 힘을 다한 덕분입니다. 복병을 설치하고 유인책을 펼치며 정공법을 썼다가 기습 작전을 썼다가 한 것은 제독 마귀가 고심해 낸 것이었습니다. 그러나 무엇보다 순무 양호가 말을 달려 사졸들에 앞장서서 갑옷을 두르고 친히 전장에 나서며 계획을 세우고 실행에 옮긴 데 힘입은 것이니, 한 가지 일도 그의 생각을 거치지 않은 것이 없고 한 가지 조치도 그의 지휘에 기대지 않은 것이 없었습니다. 화살과 돌을 무릅쓰는 것을 마다하지 않고 밤낮을 가리지 않고 쉬지 않으면서 군사를 독려하고 적을 무찌르기를 도모하기를 시종 한결같이 했으니, 이는 사람으로서 매우 하기 어려운 일이었습니다. 그런 까닭에 정정당당하게 이러한 기적 같은 승리를 달성했던 것이니, 그의 공이 매우 크다고 하겠습니다. 지금은 피로에 지쳐 병을 앓고 있으나 하늘이 충량한 사람을 돌봐준다면 곧 나을 것입니다. 만약 그가 끝내 휴양하기를 바란다면 국가의 대사를 다시 누구에게 맡길 수 있겠습니까. 엎드려 바라건대, 천자께서 말씀해 주시어 만류해 주시고 잠시 조리했다가 다시 싸우고 지키는 일을 도모하게 해 주십시오.

만약 신이 왕경에 있게 된다면 동쪽을 돌아보고 서쪽을 살피며 남쪽을 재촉하고 북쪽에 운송하게 하느라 감히 한숨도 돌릴 수 없을 것입니다. 그러나 우리 속의 호랑이가 다시 뛰쳐나오고 솥 안의 물고기가 다시금 떠나 버린다면 구궤(九簣)의 공[37]을 끝내 이루지 못할 것이니, 실로 만전의 계책을 어그러뜨리는 일이 될 것입니다. 화근을 일찌감치 제거하지 않는다면 중원은 편히 쉴 수 없게 될 것이며, 신은 진실로 그 책임을 면할 수 없게 될 것입니다. 이에 즉시 신을 파면해 별도로 재주와 명망이 있는 자를 선발하여 이곳으로 와서 신의 임무를 대신하게 해 달라고 하고 싶었습니다. 다만 바다의 재앙이 진정되지 않았으므로 어려운 일을 미룬다고 할까 걱정이니, 이에 재삼 주저하며 감히 청하지 못했던 것입니다. 이제 삼가 대죄(戴罪)[38]하면서 힘써 후사를 도모하고자 하며, 조용히 성명(聖明)의 처분을 따르겠습니다.

성지를 받들었는데, "용병한 이래 누차 명을 내려 기회를 살펴서 진격하거나 멈추거나 하라고 했다. 이번에 두 차례에 걸쳐 견고한 적을 공격하여 많은 적을 베고 나라의 위엄을 크게 드날렸으며 정예를 길러 두 차례 거사를 치루었으니 진실로 만전의 계책을 이루었다고 하겠다. 이들 문무 장병의 공적의 등급은 즉시 감군어사로 하여금 조사하여 상주하게 하라. 먼저 제본에서 말했듯 형개(邢玠)가

....

37 구궤(九簣)의 공: "공휴일궤(功虧一簣)"라는 고사에서 나온 말로, 아홉 길 높이의 산을 쌓는 데 공이 한 삼태기의 흙이 모자라는 데서 한꺼번에 무너진다는 뜻이다. 거의 완성되었어도 마지막 한 삼태기의 흙이 모자란다면 산이 되지 못하기에 마지막까지 처음과 같이 삼가야 한다고 한다. 『서경(書經)』 「주서(周書)」 여오(旅獒).
38 대죄(戴罪): 죄를 선고받은 관원이 그대로 직무를 맡아 보는 것을 이른다.

감독하고 이끌며 충성과 근면함을 보인 것, 양호가 친히 화살과 돌을 무릅쓴 것, 마귀가 군사들의 용기를 고취시키고 솔선한 것 등은 모두 짐이 그들을 선발하여 맡긴 뜻을 저버리지 않은 것이다. 공을 이루기를 기다렸다가 우대하여 서용할 것이니 더욱 기운을 내서 적을 쓸어버려야 할 것이다. 전투하고 수비하는 일체의 사무는 모두 편의에 따라 처리하도록 허락한다. 해당 부는 다시 한 번 군사를 재촉하고 군량을 재촉해서 전선으로 보내 적절히 활용할 수 있게 할 것이며 게으름을 피우거나 느긋하게 굴어 일을 그르쳐서는 안 된다."라고 하셨습니다.

동정에 나선 장수와 관리를 교체하자는 상주

議易東征將官疏 | 권4, 16a-19b

날짜 만력 26년(1598) 2월

내용 울산 전투에 대한 양호의 전공 보고에 의거하여 잘못을 범한 장수를 교체할 것을 청하는 주소이다. 노계충(盧繼忠)과 이화룡(李化龍)을 탄핵하고 그들을 대신하여 진잠(陳蠶)과 학삼빙(郝三聘)에게 각각 오군사영(五軍四營)과 보정영(保定營)의 군사를 통솔하게 할 것, 대연춘(戴延春)·왕국주(王國柱)·사도립(師道立) 등을 형개 자신의 표하(標下) 지휘관으로 충임해 줄 것을 요청하는 내용이다.

왜군을 정벌하는 데 장수가 매우 시급하게 필요하니, 삼가 논의하여 불초한 자를 배척하고 재주와 용맹이 있는 자를 등용해서 전투와 수비를 보충하는 일로 올리는 제본.

살피건대, 동서의 왜노(倭奴)들은 가토 기요마사가 꺾인 이후로 소굴로 물러나 머물면서 감히 북쪽으로 나오지 못하고 있습니다. 그러나 봄바람이 점차 일어나면 저들의 교활한 성정은 예측하기 어렵습니다. 우리로서는 기회를 살피며 전투하고 수비함에 모두 장령(將

領)이 필요합니다. 지난번에 동정의 전투에 있어서 각 장수들의 공적과 죄과에 대해서는 이미 경리순무 양호가 몸소 전투에 임하고서 주소에 그 대략을 써서 올린 바 있습니다. 그러나 그 상세한 내용에 대해서는 신이 다시 순무에게 자문을 보내 해방도에 전달하게 하여 하나하나 엄격히 조사해서 증빙을 갖추어 별도로 제본을 올리는 것 외에, 용렬하고 나약하며 불초함이 심한 자들에 대해서는 하루라도 빨리 조처하지 않으면 군영의 대오가 하루씩 더 무너지고 나태해질 것입니다.

그 가운데서도 현임 관남병오군사영(管南兵五軍四營) 유격장군(遊擊將軍) 노계충(盧繼忠)³⁹은 시종일관 죄만 있고 공은 없습니다. 관보정영병기병(管保定營兵騎兵) 유격(遊擊) 이화룡(李化龍)⁴⁰은 계속 두려워하기만 하며 위엄을 떨치지 못했습니다. 두 장수는 모두 털끝만큼도 보탬이 되지 못했으며, 노계충은 더욱이 일을 그르치기만 했습니다. 이에 대해서는 순무가 이미 말씀드렸으니, 신이 감히 다시 보태지는 않겠습니다. 순무와 총병에게 문서를 보내 한편으로는 거느리고 있는 기병과 보병을 관원에게 맡겨 보내 별도로 서리하게 하며, 한편으로는 죄의 경중을 조사하기를 기다려 처분을 정할 것인데, 마땅히 우선 해임해야 하겠습니다.

·······

39 노계충(盧繼忠): ?~?. 명나라 사람이다. 절강 처주위(處州衛) 출신이며 호는 앙운(仰雲)이다. 만력 26년(1598)에 남병(南兵)을 이끌고 조선에 왔다가 양호(楊鎬)의 탄핵을 받아 이듬해에 해임되었다.

40 이화룡(李化龍): ?~?. 명나라 사람이다. 호는 뇌문(雷門)이고 보정중위(保定中衛) 사람이다. 만력 25년(1597)에 흠차통령보정병유격장군(欽差統領保定兵遊擊將軍)으로 마병 2500명을 이끌고 참전했으나 도산(島山) 전투에서 적극적이지 않았다는 이유로 탄핵되어 혁직되었다.

또한 살피건대, 노계충이 거느린 것은 남병(南兵)으로 반드시 지모(智謀)와 용맹함을 갖춘 남병 장수를 얻어 통령하게 해야만 할 것입니다. 조사해 보니 현임 계진서로남병유격(薊鎭西路南兵遊擊) 진잠(陳蠶)[41]은 재능이 지모와 용맹함을 겸비했고 식견이 『육도(六韜)』와 『옥검편(玉鈐篇)』[42]을 암송하며, 병법을 이야기하면 쌀을 모아 지도를 그리고[43] 승부를 낼 때는 마치 좌권(左券)을 쥐고 있는[44] 것과 같고, 전장에 임해서는 창을 휘두르고 말을 달리며 몸을 던져 적의 예봉을 막을 만하니, 노계충의 임무를 대신 감당할 만합니다. 이화충이 거느린 것은 북병(北兵)으로, 반드시 지모와 용기를 갖춘 북병 장수를 얻어 통령하게 해야만 할 것입니다. 조사해 보니 현임 보정춘반유격(保定春班遊擊) 학삼빙(郝三聘)[45]은 변방에서 나고 자라 오랫동

....

41 진잠(陳蠶): ?~?. 명나라 사람이다. 호는 견당(見塘)이며, 절강 금화위(金華衞) 사람이다. 만력 26년(1598)에 흠차통령오군사관남병유격장군(欽差統領五軍四管南兵遊擊將軍)으로 조선에 와서 진린의 휘하에서 수군을 지휘했다. 이듬해에 명나라로 돌아갔다.

42 『육도(六韜)』와 『옥검편(玉鈐篇)』: 『육도』와 『옥검』은 모두 강태공(姜太公)이 지었다고 전해지는 병서로, 둘을 병칭하여 도검(韜鈐)이라고 일컫는다. 도검은 일반적으로 병법, 병서를 의미한다.

43 쌀을 …… 그리고: 후한 건무(建武) 8년, 광무제(光武帝)가 외효(隗囂)를 공격하기 위해 친정에 나섰는데 여러 장수들이 조심스러워 하며 계책을 내지 못했다. 이에 광무제가 마원(馬援)을 불렀고 마원은 어전(御前)에서 쌀을 가지고 산과 골짜기의 모양을 만들고는 작전 계획을 설명했다. 다음날 광무제는 외효에게 대승을 거두었다. 『후한서(後漢書)』 권24 「마원열전(馬援列傳)」.

44 좌권(左券)을 …… 있는: 옛날에 계약을 맺을 때 권(券)이라고 불리는 부신(符信)을 두 조각으로 나누어 쌍방이 한 조각씩 가지고 훗날의 증거로 삼았다. 좌권(左券)을 쥐고 있다는 것은 승부에서 이길 확실한 증거를 가지고 있다는 뜻으로, 자신이 있다는 의미의 관용 문구로 쓰인다.

45 학삼빙(郝三聘): ?~?. 명나라 사람이다. 대동부(大同府) 평로위(平虜衞) 출신이다. 만력 26년(1598)에 흠차통령대령도사입위춘반유격장군(欽差統領大寧都司入衞春班遊擊將軍)으로 마병 1000명을 이끌고 조선에 왔는데 사천(泗川) 전투에서 도망쳤다는 이유로 탄핵을 받았다.

안 항오(行伍)를 돌아다녔으며, 재주가 노련하고, 기운이 마치 매가 날아오르는 것 같으며, 용모가 장대하고 힘이 더욱 날래고 굳건하니, 이화룡의 임무를 대신 감당할 만합니다.

엎드려 빌건대, 병부에 칙을 내리시어 노계충과 이화룡을 해임하고 심문하게 해 주십시오. 진잠을 오군사영유격장군(五軍四營遊擊將軍)으로 고쳐 남병을 통령하게 해 주시고, 학삼빙을 보정기영유격장군(保定騎營遊擊將軍)으로 고쳐 보정영의 군사를 통령하게 해 주십시오. 명령을 시행함에 대신할 자를 기다릴 필요 없이 신속히 배속지로 가게 하여 정벌하기 편하게 하시고 늦어져 그르치는 일이 없게 해 주십시오.

또한 살피건대, 왜군을 정벌할 군사와 장수들은 모두 한꺼번에 남북에서 모아 집결시켰으므로 장수 가운데 용감한 자와 겁 많은 자가 섞여 있고, 군사 가운데 강한 자와 약한 자가 섞여 있는 것은 또한 형세상 어쩔 수 없는 일입니다. 이런 까닭에 지난겨울에 진군할 때 각 협(協)의 장령들을 신 등이 헤아려서 나누어 재배치했던 것입니다. 그럼에도 그 중간에 군사와 장수들 가운데 적합하지 않은 자가 여전히 있습니다. 그러나 한 사람을 바꾸려면 한 사람을 얻어 그를 대신하게 해야 하는데, 신이 그때그때 행하기에는 매우 어렵습니다. 지난 일을 살펴 앞날을 알 수 있으니, 만약 일찌감치 마련해 두었다가 쓰임에 대비하지 않고, 때를 당하여 인재를 찾는다면 이미 늦을 것입니다.

조사해 보건대, 현임 계진서협부총병(薊鎭西協副總兵) 대연춘(戴延春)[46]은 위명(威名)이 아주 빛나고 무공이 매우 큽니다. 군사를 기르면 장막에 범 같은 군졸들을 가득 채우니, 계문(薊門)이 바야흐로 그의 재주에 의지했고, 군사의 일을 의논하면 손바닥 위에 바람과 구름을 부려 바다 바깥이 그의 책략에 힘입게 되니, 재단(齋壇)에서 절묘하게 가려낸 인물이요, 최고의 절월(節鉞)[47]을 맡길 만한 자입니다. 선부유격(宣府遊擊) 왕국주(王國柱)[48]는 산악과 같은 풍채와 도량에 호랑이나 표범과 같이 웅대한 모습으로 양쪽 팔에 활을 끼고 명중시키니 날아다니는 장수라고 할 만하며, 팔방으로 뛰어난 재목으로 군사의 우두머리를 맡길 만합니다. 대동수구보수비(大同守口堡守備) 사도립(師道立)[49]은 재능이 뭇사람들을 부릴 만하고, 용맹함은 군사들 가운데 으뜸이며, 활을 당기면 화살 열에 아홉이 과녁을 벗어나지 않으며, 적을 만나면 창 한 자루로 앞장서서 나갑니다. 이상 세 명의 신하는 모두 왜군을 정벌하는 데 선발할 만합니다.

또한 빌건대, 병부에 칙을 내려 대연춘에게 경략부(經略府)의 직함을 적당히 더해 주시어 신의 표하(標下)의 정왜협수부총병(征倭協守副總兵)으로 충임하여 대장으로 선발할 일을 대비하게 해 주십시오. 왕국주는 원래의 관직으로 하고, 사도립에게는 도사(都司)의 직함을 적당히 더해 주시어 각각 신의 표하의 정왜비장(征倭裨將)으로

....

46 대연춘(戴延春): ?~?. 명나라 사람이다. 섬서 영강위(寧羌衛) 출신이며 호는 소천(小泉)이다. 만력 26년(1598) 중군도독첨사(中軍都督僉事)로 형개를 따라 조선에 왔다가 이후 그와 함께 명나라에 돌아갔다.

47 절월(節鉞): 부절(符節)과 부월(斧鉞)을 뜻한다. 옛날 출정하던 장수에게 주어 병사 조발 및 형벌 집행에 전권을 부여했다.

48 왕국주(王國柱): ?~?. 명나라 사람이다. 만력 26년(1598) 선부유격(宣府遊擊)으로 형개 표하의 정왜비장(征倭裨將)으로 충임되었다.

49 사도립(師道立): ?~?. 명나라 사람이다. 대동우위(大同右衛) 출신이다. 만력 26년(1598)에 형개(邢玠) 표하의 흠차통령우액병유격장군(欽差統領右掖兵遊擊將軍)으로 보병 2480명을 이끌고 조선에 왔다가 만력 27년(1599) 11월에 사천 전투에서 패배하여 달아난 것으로 인해 파직되어 명나라로 돌아갔다.

충임하여 모두 기한을 준수해서 명령을 수행하여 서둘러 와서 신이
내리는 그때그때의 명을 따르게 해 주십시오. 남아 있는 그들 각 관
원들의 빈자리는 별도로 추천해서 보충해 주십시오. 이상 각 관원이
데리고 있는 정예의 가정(家丁)들에게 소용되는 안가은(安家銀)·포
상과 말, 그리고 행량(行糧)과 월량(月糧) 등은 각각 해당 순무가 즉
시 알아서 지급하고서 내역을 갖추어 상주해서 지출, 보상하게 해
주십시오. 남병 장수는 왜군을 정벌하는 데 더욱 필요하니 신 표하
에 긁어모은 관원들을 이미 연달아 추천하여 쓰고 있습니다. 아울러
바라건대, 병부에 지시하시어 등용할 만한 자들을 심사하여 관원 둘
을 신의 표하에 보내 불시의 쓰임에 대비하게 해 주신다면 장수의
재목으로 적당한 사람을 얻어 왜환(倭患)은 평정할 것도 없을 것입
니다.

성지를 받들었는데, "병부에 알리라."라고 하셨습니다.

병부에서 검토하여 논의한 내용은 다음과 같았습니다.

대연춘·왕국주·사도립은 이미 동원하여 등용했고, 노계충·이화
룡은 각각 이미 해임했으며, 아울러 필요한 두 장수는 별도로 선
발했으니 모두 논의할 것도 없는 외에, 살피건대, 장수는 삼군(三
軍)의 사명(司命)으로 마땅한 사람을 얻는 것이 중요하며, 그런
이후에야 남병과 북병을 통령할 수 있고, 군사와 장수가 서로 의
지하여야 싸워서 승리하고 공격하여 빼앗는 효과를 거둘 수 있
습니다.

위에 말한 노계충과 이화룡은 이미 탄핵하여 해임했고, 독신
(督臣)이 진잠과 학삼빙의 이름을 적어 제본을 올려 보임하자 했
으니, 분명 그 재주와 용맹함이 쓸 만할 것일 것이므로 마땅히

그의 의논에 따라 제청해야 하겠습니다. 명을 내리시길 기다려, 진잠을 오군사영유격장군으로 고쳐 남병을 통령하게 하고, 학삼빙을 보정기영유격장군으로 고쳐 보정영의 군사를 통령하게 하며, 대신할 자를 기다릴 필요 없이 속히 계요경략총독(薊遼經略總督)의 군전으로 가서 그의 명에 따라 정벌하게 하십시오. 본 병부에서는 각 관원의 원래 맡았던 책임과 새로 맡길 책임을 조사하여, 칙명을 청할 자에 대해서는 칙명을 청하고, 차문을 지급할 자에 대해서는 차문을 지급해서 문서를 보내 각 관원으로 하여금 삼가 준행하여 사무에 임하게 하겠습니다. 그들이 쓸 부험(符驗)과 기패(旗牌)는 전례에 따라 즉시 교체해 주겠으며, 사유를 갖추어 회주(回奏)하겠습니다. 남겨진 빈자리는 별도로 추천해서 보충해야 하겠습니다.

성지를 받들었는데, "그렇게 하라."라고 하셨습니다.

4-4

분수요해동녕도 장등운을 유임시킬 것을
요청하는 상주

留用遼陽守道疏 | 권4, 20a-23b

날짜 만력 26년(1598) 2월 19일

내용 분수요해동녕도(分守遼海東寧道) 장등운(張登雲)을 변호하며 그를 유임시킬 것을 요청하는 상소이다. 장등운은 오랑캐가 요동 지역을 침입했을 때 제대로 수비하지 못했다는 이유로 정기 인사고과에서 1급을 강등하는 처분을 받았다. 이에 형개 등은 조선에서 일본군과 전쟁을 벌이느라 여력이 부족한 상황에서 오랑캐의 대거 침입에 작은 피해를 입은 것은 불가항력이었음을 강조하고, 장등운이 대군의 군수물자를 마련하고 수송하는 등 후방에서 중요한 역할을 맡아 큰 공을 세우고 있다고 해명했다. 그러면서 그를 1급 강등하더라도 현재 직임에 유임시켜 줄 것을 주청했다. 이에 만력제는 장등운의 강등을 취소하고 분수요해동녕도의 직임을 계속 수행하도록 지시했다.

관련문서 『명신종문서』 만력 26년 2월 19일에는 형개가 장등운을 변호하고 그의 유임을 요청하여 허가를 받았음이 간략히 기록되어 있다.[50]

....

50 『명신종실록』권309, 만력 26년 2월 19일(갑술). "經略邢玠題, 留大計, 降一級調用分守遼海東寧道右參議張登雲, 仍守原任地方, 盖以軍興一切諸務, 悉藉料理, 特以本官執法平施, 故有羣小所怨, 然爲地方計, 必不可使其去也. 從之."

조선에서의 용병(用兵)이 매우 급박한데 요양도(遼陽道)의 책임자를 교체하는 일은 우려할 만하니, 성명(聖明)께서 명을 내려 주시어 이곳에 머물게 함으로써 변경 바다를 비보(裨補)하는 큰 계책이 되게 해 주실 것을 간절히 비는 일로 올리는 제본.

근래에 저보(邸報)[51]를 받아, 이부(吏部)에서 올린 조근(朝覲)에 관한 주소(奏疏)를 보았는데 그 내용에, "분수요해동녕도 하남포정사사우참의(分守遼海東寧道河南布政使司右參議) 장등운(張登雲)[52]은 재주와 역량이 미치지 못하니 한 품급(品級)을 강등하여 기용하십시오."라고 했으며, 제본을 올려 성지를 받들었다고 합니다.

신이 순무요동지방찬리군무겸관비왜 도찰원우첨도어사(巡撫遼東地方贊理軍務兼管備倭都察院右僉都御史) 장사충(張思忠),[53] 경리조선군무 도찰원우첨도어사(經理朝鮮軍務都察院右僉都御史) 양호, 감찰요해조선군무 겸순안산동감찰어사(監察遼海朝鮮軍務兼巡按山東監察御史) 진효(陳效)[54]와 함께 논의해 보건대, 이 관원은 직무가 변방 방비

······

51 저보(邸報): 전한(前漢) 무렵부터 간행된 일종의 관보(官報)이다. 전통시대의 중국 지방 관들은 수도에 '저(邸)'를 두고 이곳에서 황제의 유지(諭旨: 명령)와 조서(詔書), 그리고 신하들이 올린 주요 상주문 등 각종 정치 정보를 정리하여 지방 관아로 보내도록 했다. 이러한 제도는 청대까지 지속되었고, '경보(京報)'라 부르기도 했다.

52 장등운(張登雲): 1542~1639. 명나라 사람이다. 자는 반룡(攀龍)이고 산동 연주부(兗州府) 영양현(寧陽縣) 사람이다. 융경 5년(1571) 진사가 되어 출사했다. 봉양부지부(鳳陽府知府), 섬서부사(陝西副使) 등을 역임했으며 만력 25년(1597)에는 분수요해동녕도 하남포정사사우참의(分守遼海東寧道河南布政使司右參議)로 재직했다.

53 장사충(張思忠): 1536~?. 명나라 사람이다. 직례 광평부(廣平府) 비향현(肥鄉縣) 출신으로 가정 44년(1565) 진사가 되었다. 이과급사중(吏科給事中), 섬서우참의(陝西右參議), 호광부사(湖廣副使), 섬서우포정사 분수서녕도(陝西右布政使分守西寧道) 등을 역임했다.

54 진효(陳效): 1552~1599. 명나라 사람이다. 사천 성도부(成都府) 정연현(井研縣) 출신

를 전담하는 것이니, 주민들을 보호하면서 그들로 하여금 생업을 잃지 않게 했다면 이는 그 직무를 수행함에 결점이 없는 것이며 재주와 역량이 충분하다고 할 만한 것입니다. 지난번 대로(大虜)가 요심(遼瀋)을 침입해 왔을 때, 큰 성과 큰 보(堡)는 비록 각기 보전했으나 양창채(羊剕寨) 등은 손상을 입었습니다. 이를 문제로 삼아 그의 재주가 미치지 못한다고 평가하여 강등하여 기용하려고 한다는데, 누가 마땅하지 않다고 했습니까. 그 관원 또한 즉시 여러 번 휴직을 청하며 지방에서 떠나려고 했습니다만, 신 등이 지방을 위해 깊이 헤아린바 결코 그를 떠나게 할 수 없었습니다. 이는 그의 임무가 오랑캐를 막는 일뿐만 아니라 왜군에 대한 대비를 겸하여 관장하고 있기 때문입니다. 그가 오랑캐를 막음에 있어서 올라탈 만한 형세였음에도 맥이 풀려 떨치지 못했으며, 그가 왜적에 대비함에 있어서 마땅히 행해야 할 일임에도 흐느적거리며 진전시키지 못했더라면 신 등은 백간(白簡)[55]을 써서 그의 후임에 대해 논의했을 일이지, 어찌 감히 재차 억지로 유임시키자고 했겠습니까.

이제 살피건대, 요심의 고현채(孤懸塞) 바깥은 삼면이 적을 마주하고 있으니, 과거 군사와 군마가 한창 왕성했던 때였더라도 매우 고되어 지탱하기 어려웠을 것입니다. 하물며 해마다 소모되고 동정

....

이며 만력 8년(1580) 진사가 되었다. 만력 25년(1597) 9월에 흠차어왜감찰요해조선등처군무감찰어사(欽差禦倭監察遼海朝鮮等處軍務監察御史)에 임명되어 동정중인 명나라 군사들의 공적과 죄과를 조사하기 위해 이해 12월에 조선에 파견되었다. 만력 27년(1599) 정월에 조사를 마무리하고 서울로 왔다가 2월에 갑자기 사망했다.

55 백간(白簡): 탄핵하는 상소문을 이른다. 『진서(晉書)』권47「부현열전(傅玄列傳)」에서 부현이 탄핵을 아뢸 일이 있으면 하얀 죽간(竹簡)을 준비하고 의관을 정제하여 아침이 밝기를 기다렸다는 고사에서 유래했다.

(東征)에 차출 동원되어 온 지방이 텅 비어 있는데, 큰 세력을 가진 오랑캐가 10만여 기(騎)를 이끌고 구름처럼 둘러싸고 밀려왔으니, 해도(該道: 장등운)가 힘을 다해 지탱하며 동쪽을 훑어보고 서쪽을 돌아보지 않았다면 요심이 어떤 상황이 되었을지는 알지 못하겠으며, 어찌 양창채 등 요새와 보루가 입은 피해만으로 그쳤겠습니까. 해당 지방이 비록 손실을 입기는 했으나 실제로는 형세상 어쩔 수 없었고, 힘이 지탱할 수 없었던 데서 비롯된 바이니 그 정상에는 진실로 용서할 만한 데가 있습니다. 이런 까닭에 신 등이 앞서 올린 주소에서 입을 모아 글을 올려 그에게 관대한 처분을 내려 주십사 비는 일을 꺼리지 않았던 것입니다.

또한 동쪽을 정벌하러 가는 대사(大事)는 그 목숨과 맥박이 온전히 요양에 달려 있으니, 조선의 화약무기와 장비, 병마(兵馬)와 전량(錢糧) 등은 크건 작건 무엇 하나 요양도에서 처리하고 마련하며 독려하고 발송하지 않은 것이겠습니까. 군량에 관한 일 한 가지만 하더라도, 비록 산동(山東)과 천진(天津)에서 운반해 온다고 하지만 물살이 급해 도착하지 못하고 있습니다. 가을부터 겨울까지 조선에 있는 4~5만 관군에게 지급할 군량은 절반 넘게 요양도에서 나왔습니다. 그러나 그것을 운반함에 있어서라면 노새와 말을 사고 수레와 소를 빌리며, 초료를 처리하고 급료와 식량을 계산하며, 수고스러운 일과 편안한 일을 균등하게 하고, 부족하고 넉넉한 것을 심사하며, 안장을 얹고 주머니를 매달며, 수입을 계산하고 지출을 계산하는 등 백 가지 천 가지 온갖 일을 처리하느라 아문이 저잣거리와 같습니다. 물품을 제작하는 일에 있어서라면 재료와 물자, 인부와 장인(匠人), 월급과 양식, 급료와 식량, 지시하고 가르치며 조사하고 점검하며, 재촉하고 독려하며 옮기고 나르는 일 등을 몇 번이나 거친 이후에야 완성이 됩니다. 군사를 동원하는 일에 있어서라면 나이와 용모를 심사하고 요패(腰牌)를 기재하며, 장부를 작성하고 지급품을 처리하며 장비를 보충하는 등, 매번 군대가 통과할 때마다 아문은 온통 무과 시험장[武場]이 됩니다. 일체의 장부와 문서에 기한을 맞추느라 밤낮으로 쉴 수 없습니다. 그의 고충과 수고는 이루 다 말하기 힘듭니다. 지금 하루아침에 교체하여, 설사 새로 보임된 관원이 있다고 한들 언제 도임할 수 있을지 알지 못하며, 그가 도임하고 그가 현명하다 하더라도 위 사안들의 핵심에 대해 잘 이해해서 손을 쓰더라도 대처가 잘 이루어진다고 기필할 수 없을 것입니다.

지금은 공격하여 점령한 후로서, 마초와 식량 가운데 급하게 비는 것, 장비 가운데 부서지고 잃어버린 것은 요양이 아니면 마련할 수 없습니다. 신 등이 바야흐로 그에게 책임을 맡겨 조치를 취하게 하려는 차이니 저 동정의 여러 업무에 대해 한시도 일손을 멈춰서는 안 될 것인데, 그가 어찌 하루라도 해당 지역을 벗어나서야 되겠습니까. 더구나 본관은 원래 좌천시킬 예정이었으니, 결국에는 제수하여 보임해야 합니다. 신 등은 설사 그를 강등시키더라도 본도(本道: 요해도)에 보임시켜야 한다고 생각했는데, 공적 있는 자를 기용하는 것보다 과오가 있는 사람을 기용하는 것이 나을 것이며,[56] 이로

<hr>

56 공적 …… 것이며: 후한(後漢) 삭노방(索盧放)의 고사에서 유래한 말로, 공적이 있는 사람을 기용하는 것보다 과오가 있는 사람을 기용하여 그로 하여금 분발하여 노력하게 함으로써 장차 공을 세워 이전의 과오를 만회할 수 있도록 하는 것이 더 낫다는 뜻이다. 삭노방은 동군(東郡) 사람인데 어사가 동군을 감찰하다 태수에게 죄가 있어 참형을 내리려 하자 공적 있는 사람을 부리는 것은 죄를 범한 사람을 부려 공로로 죄를 갚도록 하는 것보다 못하다고 어사를 설득했다. 『후한서(後漢書)』 권81 「독행열전(獨行列傳)·삭노방

써 오랑캐를 방어하고 왜군을 방어할 수 있을 것이니, 이는 '일거양득'이라 이를 만하니, 이보다 손쉬운 계책이 없을 것입니다. 또한 신 등과 문무 각 관원들 가운데 그가 어질다는 것을 모르는 이가 없으며, 그의 처지가 불행함을 아까워하지 않는 이가 없습니다.

다만 무관들이 양곡을 사서 운반을 독려하는 것을 단속하지 않아 법을 무시하는 일이 많았습니다. 그는 범죄를 저지르는 자가 있으면 즉시 징계하며 털끝만큼도 봐주지 않았습니다. 이에 그 지방의 호족들과 아문들이 더욱 교활해져서 종종 그들의 당여(黨與)가 성사(城社)[57]를 이루고 있음을 믿어, 종래 관사에서는 감히 한 명의 역인(役人)도 파견하지 못하고 한 명의 차관(差官)도 보내지 못했습니다. 그는 군사를 일으키고 수송할 때 원망과 비방을 꺼리지 않고, 법을 집행함에 공정하게 하여, 저들을 서민(庶民)과 같은 예로 다루었습니다. 이에 유독 이 무리들이 즐거워하지 않았으며, 그가 즉시 인끈을 풀고[58] 가 버리게 하지 못함을 한스러워했습니다. 그러나 소인들의 원망은 바로 신 등이 취하고자 하는 바입니다.

또한 살펴건대, 그는 도임한 이래 바로 해안 방어에 결원이 생기고 조선으로 건너가는 때를 맞이했으나, 일을 처음 시작함에 토대를 쌓은 것이 자못 많아, 반년 안에 동쪽으로 강을 건너 운반해 보낸

....

(索盧放)」.

57 성사(城社): 성호사서(城狐社鼠)를 가리킨다. 성에 사는 여우와 사묘(社廟)에 사는 쥐라는 뜻으로, 몸을 안전한 곳에 두고 나쁜 짓을 하는 사람, 특히 임금 곁에 있는 간신을 의미한다. 제환공(齊桓公)이 나라를 다스림에 가장 우려해야 하는 것이 무엇인가 묻자 관중(管仲)이 사묘의 쥐라고 대답하며 임금에 의지하여 조정 밖에서 권세를 부리는 측근을 비판했다. 『한비자집해(韓非子集解)』 제34편 「외우설(外儲說)·우상편(右上篇)」.

58 인끈을 풀고: 관직에서 물러나는 것을 의미한다.

쌀과 콩이 5~6만여 석이고, 운반하고 제조한 크고 작은 장비와 화전(火箭)·대전(大箭)·연철자(鉛鐵子) 등이 백만 단위로 헤아려집니다. 선박을 건조하고 뗏목을 만든 것도 여러 가지로 기록할 만합니다. 오늘날 동정에서 거둔 기적 같은 승리는 그의 노력에 힘입은 것이 매우 많습니다. 이에 신 등은 그를 강등하더라도 유임시켜 달라고 하는 것이니, 이러한 조치는 관원에 대한 근무 평가나 동쪽을 정벌하는 사안과 병행해도 사리에 어긋남이 없을 것입니다.

엎드려 바라건대, 이부(吏部)에 칙을 내리시어 장등운을 원래 관직에서 한 품급 강등함으로써 고과(考課)를 매기는 큰 법전을 밝히시고, 일단 그곳에 유임시켜 기용하심으로써 변경 바다를 비보하는 큰 계책이 되게 해 주십시오. 그렇게 하면 중간에 새 관원을 영접하고 옛 관원을 환송하는 데 드는 비용을 아끼는 것이 적지 않을 것이고, 익숙한 길을 경쾌한 수레로 지날 것이니 위급함을 구제하는 것이 작지 않을 것이므로, 이 지방에도 매우 다행이겠으며 신 등에게도 매우 다행이겠습니다.

성지를 받들었는데, "요양은 오랑캐를 방어하고 왜군을 정벌하는 데 사람을 쓰는 것이 매우 시급하다. 너희가 모두 말하기를, 장등운이 힘들게 수고하면서 법을 집행하고 있으며 문무 각 관원이 그가 어짊을 모두 알고 있다고 한다. 그렇다면 어찌하여 고과를 한 결과 강등시켜 기용하라고 한 것이며, 공론(公論)은 어디에 있는가. 장등운은 원래 관직으로 그대로 기용하여 그로 하여금 더욱 힘써 직무를 수행하게 하라. 이부에 알리라."라고 하셨습니다.

추가로 동원한 병마를 속히 출발시킬 것을 요청하는 상주

催發續調兵馬疏 │ 권4, 24a-31b

날짜 만력 26년(1598) 4월 2일

내용 왜군이 장기전을 준비하고 있으며 반격할 우려가 있으니 군사를 추가로 동원하여 대비할 것을 건의하는 주소이다. 현재 4만 2000명의 군대가 조선에 주둔 중이며, 추가로 절강·복건·광동·사천 등에서 수군과 육군 약 5만 명을 동원했는데, 이들 가운데 조선으로 오는 중인 군대는 서둘러 도착하도록, 아직 출발하지 않은 군대는 서둘러 출발하도록 독려하여 늦어도 5월 말까지는 모든 부대가 조선에 도착할 수 있도록 촉구하고 있다. 이를 받은 병부에서는 병부가 파악하고 있는 부대의 이동 상황을 보고하고 형개의 요청에 따라 이동을 독려하는 한편, 수군 부총병으로 등자룡(鄧子龍)을 기용하겠고 심무(沈茂)를 육군으로 전환하겠다고 보고했다. 만력제는 이를 모두 윤허하고 형개의 요청에 따라 병력을 독촉하라고 지시했다.

만력 26년 3월 시점에서 명군이 동원한 전체 병력의 구성과 규모, 명군 가운데 조선에 있는 병력의 숫자, 이동 중인 부대의 현재 위치 등을 전체적으로 파악할 수 있는 중요한 사료이다.

관련문서 본 문서가 작성된 정확한 날짜는 표시되지 않았으나 형개가 봄 기운이 무르익었음을 강조하고 있으므로 3월이 지나기 전에 작성된 것으로 보인다. 본문에서는 허국위(許國威)의 부대가 개성에 곧 도착할 것이라고 했는데, 『선조실록』에 따르면 그는 3월 9일 파주의 마산역(馬山

驛)에 도착했다고 했으므로,[59] 이를 감안하면 본문이 작성된 시점을 3월 초순으로 좁힐 수 있다. 한편 『명신종실록』 만력 26년 4월 2일 기사에는 병부가 올린 검토 제본의 내용이 간략하게 요약되어 실려 있는데, 수군의 지휘관 임명 관련 부분이 주로 실려 있고, 형개의 제본에 대한 언급은 없다.[60] 따라서 병부의 검토와 만력제의 재가가 이루어져 본 문서의 내용이 모두 갖추어진 시점은 4월 2일이다.

추가로 동원한 병마를 서둘러 출발시켜 동정의 시급한 쓰임에 도움이 될 일로 올리는 제본.

살피건대, 만력(萬曆) 25년(1597) 12월 7일에 병부의 자문(咨文)을 받았는데, 강을 건넌 일자와 정벌에 참여하는 병마의 실제 수효를 삼가 보고하는 일과, 아울러 이듬해 봄에 소용될 군량을 예측 계산하여 뜻밖의 상황을 막자는 일이었습니다.

이에 대해 신이 검토 제본을 올렸는데, 그 내용은 다음과 같았습니다.

조사해 보건대, 동정에 나선 병마는 현재 조선에 있는 4만 2000명을 제외하고 절병(浙兵:절강의 군사) 4000명, 복건(福建)·오송(吳淞)·낭산(狼山)의 각 수병(水兵) 가운데 순서대로 길에 오른 것이 모두 6800여 명입니다. 추가로 동원한 복건·절강·광동(廣

....

59 『선조실록』 권98, 선조 31년 3월 9일(갑오).
60 『명신종실록』 권321, 만력 26년 4월 2일(병진).

東)의 수군과 육군이 모두 1만 2000여 명으로 이들은 모두 허수가 아닙니다. 천병(川兵: 사천 군사) 1만 역시 차례에 맞춰 출발할 것입니다. 양천윤(梁天胤)[61]의 수군 5000명, 마ㅁ(麻ㅁ)의 사병(沙兵)[62] 3000명, 팽익화(彭翼化)의 토병(土兵) 4000명은 보고를 올린 것과 그 수효가 같은지 알지 못하겠습니다. 마땅히 재차 각 해당 총독·순무에게 문서를 보내서 현재 있는 수효 전체를 서둘러 선발하라고 해야 하겠습니다.

또한 조사해 보건대, 남공영(南贛營)[63]의 군사 3000명은 이미 1000명을 정선하고서 관원을 임명하여 훈련시켜 동원되도록 했습니다. 마땅히 해당 순무 아문에 문서를 보내 정예하고 건장하여 싸움을 감당할 만한 자들을 1000명이든 2000명이든 구애받지 말고 선발하여 그들을 원래 통령하던 장수·관원에게 책임을 맡겨 거느리고 조선으로 가서 명을 받아 진군하여 정벌하게 해야 하겠습니다.

선부(宣府)와 대동(大同)에서 동정에 나설 병마는 이미 해당 총독이 제본을 올려 건의하여 모두 소집해서 보충하도록 했습니다. 비록 오랑캐에 대비하고 왜를 평정하는 것이 머지않아 해결되지는 않을 것이라 하더라도 수천을 미리 준비해 두고 연이은

....

61 양천윤(梁天胤): ?~?. 명나라 사람이다. 호는 염천(念泉)이고 직례 회안부(淮安府) 대하위(大河衛) 사람이다. 만력 26년(1598) 흠차통령남직수병유격장군(欽差統領南直水兵遊擊將軍)으로 수병 2000명을 이끌고 조선에 왔다가 이듬해에 명나라로 돌아갔다

62 사병(沙兵): 사병은 사선(沙船)을 운용하는 병사를 말한다. 사선은 얕은 바다를 항행하는 데 적합한 평저선(平底船)으로 당나라 때 장강 하류에서 처음 만들어졌고 명대에는 장강 이북의 해양에서 군선으로 활용되었다.

63 남공영(南贛營): 순무남공정소등처지방제독군무(巡撫南贛汀韶等處地方提督軍務)의 절제를 받았다. 지리적으로 현재의 강서성에 속한다.

쓰임에 대비한다 해서 안 될 것은 없을 것입니다. 마땅히 해당 총독·순무에게 문서를 보내 진(鎭)마다 각각 수효 내에서 2000명을 선발하여 동원 명령이 내려지면 즉시 출발할 수 있게 해야 하겠습니다.

　절강에 군사를 집결시켜 놓은 곳에 대해서는 그대로 파격적으로 전량을 논의해서 처리하고 육군 4000명을 재차 모집해서 동원해 보내는 것에 대비해야 하겠습니다. 계진(薊鎭)에서 별도로 모집한 군사 6000명은 해안 방비를 전담할 군사입니다. 만약 왜노가 부산(釜山)에서 병력을 합친다면 또한 이들을 끌어다 동쪽을 원조하게 할 수 있을 것입니다. 천진(天津)의 순무·총병에 대해서는 그들이 정예 장정을 불러 모을 수 있도록 허락하고, 만약 내지(內地)에 별일이 없으면 수군이든 육군이든 구애받지 말고 출발하여 함께 싸우도록 해야 하겠습니다.

이에 성지를 받들었는데, "왜노를 정벌하는 일은 때를 놓쳐서는 안 된다. 군사를 충당하고 군량이 충족되며 연달아 응접해야만 공을 거둠에 만전을 기할 수 있을 것이다. 이동 중에 있어 아직 도달하지 않은 각 군사들에게 너희 부에서는 즉시 기한을 엄중히 정하고 총독·순무에게 문서를 보내 서둘러 출발시켜 올해 안에 모두 도달할 수 있도록 힘쓰라고 하라. 이어서 군사를 준비해서 쓰자는 것은 역시 모두 서둘러 정돈하고 단속해 두어 발송에 대비하도록 하라. 문서가 도달하는 날 즉시 개시하라."라고 하셨습니다. 이를 자문으로 신에게 보내왔습니다.

살피건대, 왜노들은 울산(蔚山)에서 크게 꺾인 후에 감히 경거망동하지는 못하고 있으나, 날마다 성을 수축하기를 일삼으며 오래 버티려는 계책을 세우고 있습니다. 가토 기요마사는 이 일을 깊이 한스러워하며 분명 관백(關白: 도요토미 히데요시)에게 가서 군사를 청하여 보복을 도모할 것입니다. 게다가 봄기운이 무르익고 바람이 편안하니 저들은 20일이면 도달할 수 있을 것입니다. 만일 교활한 왜군의 우두머리들이 수로와 육로로 동시에 침범하면 우리는 어디서든 전투하고 수비해야 할 것인데, 현재 조선에 있는 4만 수천의 무리로 어찌 이곳저곳에 두루 나누어 포진시킬 수 있겠습니까. 이에 신이 작년 10월에 강을 건너는 날짜를 삼가 보고하면서 주소를 올려 10만의 군사를 청하면서도 또한 왜노를 아침저녁 사이에 진멸할 수 없으리라 도리어 걱정하면서 오늘날의 쓰임에 대비하자고 했던 것입니다.

지금 병부에서 자세한 사항을 따져 여러 가지로 방책을 마련하여, 현재 동원한 자들은 기한을 엄중히 정해 재촉, 독려하고, 부족한 부분은 각 방면으로 나누어 뽑아 동원하고 있으니, 이미 도착한 자들과 아직 도착하지 않은 자들의 수효를 합치면 육군은 7만여 명을 얻을 수 있고 수군은 2만여 명을 얻을 수 있을 것입니다. 이들을 과연 한번에 모두 집결시켜 수로와 육로에 나누어 포진시킨다면 전투하고 수비할 만할 것입니다. 다만 올봄에 추가로 도착한 것은 절강 남방위(藍芳威)[64]의 군사 4800명밖에 없으며, 그들은 이미 공주(公州)로 보내 주둔하며 방비하게 했습니다.

사천 군사 1만 명은 지금 요양에 임박했다 하고, 허국위(許國威)[65]

....

64　남방위(藍芳威): ?~?. 명나라 사람이다. 강서 요주부(饒州府) 강서현(江西縣) 출신이며 호는 운붕(雲鵬)이다. 남병(南兵)을 이끌고 조선에 와 제독 유정(劉綎)의 휘하에서 직산, 남원 등지에 주둔했다.

의 복병(福兵: 복건의 군사) 1000명은 개성에 임박했다고 합니다. 그 나머지, 육군 가운데는 광병(廣兵: 광동의 군사) 5000명과 남공영의 군사 1500명, 수군 가운데는 오송의 2000명과 복건의 1000명, 남경(南京)의 2200명과 절강의 3000명, 광병 3000명과 낭산의 1500명, 양천윤의 3000명 등은 모두 각각 오는 길인데, 언제 조선에 도착할 수 있을지 알지 못합니다. 이미 동원해 두었으면서도 아직까지도 출발하지 않은 자도 1만 4000여 명입니다. 오는 길에 있는 군사들은 비록 선후의 차이는 있더라도 모두 시일을 따져 도착할 수 있을 것입니다. 그러나 아직 출발하지 않은 군사는 각각 멀고 가까움이 다르니 어찌 수효대로 올 수 있겠습니까.

만약 지난겨울 신 등이 고집을 부려서 기회를 잡아 먼저 출발시키지 않고, 4만여 무리가 왕경(王京)에서 하는 일 없이 밥만 먹으며 올해 4~5월 군사가 모두 집결한 이후 거사를 일으킬 때까지 줄곧 기다렸더라면, 이때 새로 온 자들의 힘도 오히려 피로해지고 예전부터 있던 자들의 기운은 이미 쇠약해졌을 것입니다. 하물며 한여름은 군사를 부리는 때가 아니니 우리 측은 군량만 헛되이 소비하고 왜군은 방비를 더욱 굳건히 갖추었을 것입니다. 지금에 와서 옛일을 돌아보니 지난겨울에 진군한 것은 적절한 계책이었던 것 같습니다. 위에 언급한, 아직 도착하지 않은 관군을 지금까지도 재촉하지 않는다면 비단 올봄에 나누어 포진시키는 데 부족할 뿐만 아니라 장차

---

65 허국위(許國威): ?~?. 명나라 사람이다. 호는 원진(元眞)이고 복건 진강현(晉江縣) 출신이다. 만력 11년(1583)에 무진사(武進士)가 되었다. 만력 26년(1598) 흠차통령복영유격장군(欽差統領福營遊擊將軍)으로 보병 1160명을 이끌고 조선에 왔다. 경리 양호(楊鎬)와 친하여 정응태(丁應泰)가 양호를 탄핵하자 장수들을 이끌고 주본을 올려 적극적으로 그를 변호했다. 만력 27년(1599)에 명나라로 돌아갔다.

있을 큰 움직임에서도 일을 그르치게 될 것입니다. 이미 신이 정월에 병부에 자문을 보내 각 방면으로 재촉해 달라고 했으나 병부에서는 신이 이미 각처에 문서를 보내 재촉했다고 짐작했습니다.

다만 신은 어리석으나마 오늘의 왜군 정벌은 늦고 빠른 국면이 함께 지속될 것이며 전투하고 수비하는 계책을 거듭 펼쳐야 할 것이라고 생각합니다. 만약 천시(天時)와 지리(地理)를 얻지 못하면 한편으로는 농사를 짓고 한편으로는 성보를 쌓으며, 한편으로는 전투하고 한편으로는 수비하여, 왜군이 진격해도 약탈하지 못하고 퇴각해도 땅을 얻지 못하게 함으로써, 왜군이 우리를 괴롭히는 방식대로 왜군을 괴롭게 만들어야 하겠습니다. 만약 남북(南北)의 우리 군사가 집결하고 동서(東西)에 있는 왜군의 불화를 이용할 수 있다면, 수로와 육로로 협공하고 길을 나누어 함께 밀고 내려가 왜군으로 하여금 동서를 살필 수 없게 하고 머리와 꼬리가 호응하지 못하게 하여, 북을 한 번 울려 모두 쓸어버리는 공을 거둘 수 있을 것입니다.

그러나 신이 작년 4월에 이미 군사를 동원하고 군량을 재촉하고서 지금까지 1년이 되었는데도, 여전히 군사는 모이지 못했고 군량은 이어지지 못해서 늦어지고 서두르는 사이에 응수할 수 없게 되었습니다. 이런 까닭에 황상을 번거롭게 해 드리는 것을 무릅쓰면서도 재차 청하지 않을 수 없습니다. 엎드려 빌건대, 병부에 칙을 내리시어 추가로 동원한 오송·복건·절강·광동·낭산 및 양천윤 등의 각 군사들 가운데 출발했다고 이미 보고한 자들에게 즉시 각 방면으로 사람을 보내 재촉하여 빨리 조선으로 오게 해 주십시오. 또한 남공·광동·절강·선부·대동·계진에서 추가로 논의해서 선발하여 정벌에 동원하기로 한 군사는 기한을 엄중히 정하여 재촉해서 가까운 곳에 있는 자들은 4월 안에, 먼 곳에 있는 자들은 5월 말까지 모두 조선으로 올 수 있도록 힘쓰게 해 주십시오.

다만 살피건대, 계진에는 원래 해안 방비를 전담하는 군사가 없으니 수효대로 모두 동원하기는 어려울 것입니다. 하물며 새로 배치한 6000명은 모두 북병 가운데 보병으로, 다만 담당 지역을 방어할 수 있을 뿐 아직 전장에 배치할 수는 없습니다. 6000명 가운데 3000명은 순천(順天)의 순무에게 문서를 보내 관원을 차정하여 절강으로 보내고, 절강의 남병으로 대체해서 소집하여[66] 즉시 부총병 오광(吳廣)[67]에게 주어 통령해서 조선으로 와서 정벌에 참여하게 하고, 3000명은 그대로 머물러 해안을 방비하게 하면 양쪽 모두 실제 쓰일 수 있을 것이며, 이렇게 하면 이는 또한 임시변통으로 급한 일을 구제하는 방법이 될 것입니다. 선부와 대동에서 동원된 병마는 수효대로 독려하여 출발시켜 즉시 신이 최근에 제본을 올려 기용했던 그 진의 장령인 왕국주(王國柱)·사도립(師道立)으로 하여금[68] 통솔해서 조선으로 오게 해 주십시오. 천진에 신설한 수군과 육군 관군 또한 순무·총병에게 문서를 보내 현재 있는 자들 가운데 절반은 현지에 남겨 그곳을 방어하게 하고, 절반은 독려해서 조선으로 오게 하여 정벌의 동원 명령에 따르게 해 주십시오. 이렇게 하면 병력은 충족되

....

66 6000명……소집하여: 3000명은 절강으로 보내고, 절강의 남병 3000명을 조선으로 보내자는 뜻이다.

67 오광(吳廣): ?~?. 명나라 사람이다. 광동 소주부(韶州府) 영덕현(英德縣) 출신이다. 만력 26년(1598)에 흠차통령운귀광동한토관병부총병(欽差統領雲貴廣東漢土官兵副總兵)으로 낭토(狼土)의 군사 5500명을 이끌고 조선에 왔다.

68 신이……하여금: 형개는 앞서 2월에 선부유격(宣府遊擊) 왕국주, 대동수구보수비(大同守口堡守備) 사도립을 경략 표하 정왜비장(征倭裨將)으로 임명해 줄 것을 제청하여 승인받은 바 있다. 본서 4-3 〈議易東征將官疏〉 참조.

고 섬 오랑캐를 진정시킬 수 있을 것이며 속국(屬國)도 보전할 수 있
을 것입니다.

성지를 받들었는데, "병부에 알리라."라고 하셨습니다.

병부에서 검토하여 논의한 내용은 다음과 같았습니다.

살피건대, 병가(兵家)에서는 온전한 것으로써 승리를 취하니, 반
드시 병력이 충족된 이후에라야 온전한 승리를 도모할 수 있습
니다. 총독의 건의를 받아 보니, 왜군을 정벌할 군사는 수군과 육
군 합계 9만여 명으로, 이미 도착한 부대를 제외하고 현재 가는
도중으로 아직 도달하지 않은 부대와, 동원되었으나 아직 출발
하지 않은 부대도 여전히 많으니, 원근을 분별하여 기한을 정해
가게 함으로써 큰 거사에 대비해야 할 것이라고 합니다. 아울러
논의하기를, 계진과 선부·대동·천진의 군사도 모두 독려하여 출
발시켜 달라고 했습니다.

살피건대, 추가로 도착한 육군 가운데 진린(陳璘)[69]이 통솔한
광병 5100명은 이미 3월 21일에 장가만(張家灣)[70]을 거쳐 출발했
습니다. 부양교(傅良橋)[71]가 통솔한 남공영의 군사 2022명은 해

....

69 진린(陳璘): 1532~1607. 명나라 사람이다. 광동(廣東)의 군사를 이끌고 부총병으로 임
진왜란에 참전했으며, 정유재란 때 다시 파견되어 어왜총병관(禦倭總兵官)으로서 조선
의 이순신과 함께 노량해전에서 전과를 올렸다. 이후에도 귀주(貴州)와 광동에서 무관
으로 활동했다.

70 장가만(張家灣): 순천부(順天府)에 위치한 만으로 운하로 천진까지 연결되어 있었다. 동
남쪽에서 북경으로 가는 물류가 모두 모이는 요충지였으며 통주위창(通州衛倉)이 장가
만에 설치되어 있었다.

71 부양교(傅良橋): ?~?. 명나라 사람이다. 만력 8년(1580) 무진사가 되어 복건북로수비(福
建北路守備)로 관직 생활을 시작했다. 만력 26년(1598)에 흠차통령남장정소병유격장군
(欽差統領南戇汀詔兵遊擊將軍)으로 보병 2000명을 이끌고 조선에 도착했다. 만력 27년
(1599) 9월에 명나라로 돌아갔다.

당 순무 이여화(李汝華)[72]가 제본을 올려 보고하기를, 정월 9일에 노정에 올랐으며, 지금 보고하기를, 이미 천진에 도착했다고 합니다. 절강에서 추가로 동원한 4000명은 해당 순무 유원림(劉元霖)[73]이 제본을 올리기를, 원임 부총병 장방(張榜)[74]이 모집하여 통솔한다고 합니다. 이들에 대해서는 병부에서 검토 제본을 올리고 황상께 승인을 받아 5월 하순을 기한으로 정하여 조선으로 가게 했습니다.

수군 가운데 오송의 2000명은 근래에 이천상(李天常)[75]이 대신 통령하여 2월 24일에 바다로 나갔다고 보고했습니다. 남경의 2280명은 만방부(萬邦孚)[76]가 통령하여 2월 28일에 천진에 도착했습니다. 복건의 1320명은 백사청(白斯淸)[77]이 통령하여 이미

....

72 이여화(李汝華): ?~1621. 명나라 사람이다. 귀덕부(歸德府) 수주(睢州) 출신으로 만력 8년(1580) 진사가 되었다. 통정사사 우통정(通政使司右通政), 도찰원우첨도어사 남공순무(都察院右僉都御史南贛巡撫), 호부좌시랑(戶部左侍郞) 등을 거쳐 만력 44년(1616)에는 호부상서(戶部尙書)가 되었다.

73 유원림(劉元霖): 1556~1614. 명나라 사람이다. 직례 임구현(任丘縣) 출신으로 만력 8년(1580)에 진사가 되어 태상시소경(太常寺少卿), 공부우시랑(工部右侍郞) 등을 역임했다. 관직은 공부상서(工部尙書)에 이르렀으며 사망 후에 태자태보(太子太保)를 추증받았다.

74 장방(張榜): ?~?. 명나라 사람이다. 절강 출신이며 흠차통령절병비왜(欽差統領浙兵備倭)로 보병 4600명을 이끌고 만력 27년(1599)에 조선에 왔다가 이듬해 명나라로 돌아갔다.

75 이천상(李天常): ?~?. 명나라 사람이다. 자는 유경(惟經) 호는 영봉(靈峯)이며 절강 소흥부(紹興府) 산음현(山陰縣) 사람이다. 무진사(武進士) 출신이다. 정유재란 시 흠의천총(欽依千總)으로 수병 2700명을 이끌고 참전하여 진린(陳璘)의 지휘를 받았다. 노량해전에서 공을 세워 유격으로 승진했고 만력 28년(1600)에 명으로 돌아갔다.

76 만방부(萬邦孚): ?~?. 명나라 사람이다. 절강 영파부(寧波府) 근현(鄞縣) 출신으로 호는 서암(瑞岩)이다. 만력 27년(1599) 흠차통령남병유격장군(欽差統領南兵遊擊將軍) 서도지휘첨사로 수병 2200명을 이끌고 조선에 나왔다. 만력 28년(1600) 명나라로 돌아갔다.

77 백사청(白斯淸): ?~?. 명나라 사람이다. 자는 가상(可相), 호는 아징(我澄)이며 복건 천

천진에 주둔하고 있으며 배가 완성되기를 기다렸다가 바다로 나
갈 것입니다. 절강의 3154명은 심무(沈茂)[78]가 통령하여 작년 12
월 26일에 출발하여 지금 이미 덕주(德州)를 지났다고 보고했습
니다. 광동의 3000명은 장양상(張良相)[79]이 통령하여 역시 이미
출발하여 가는 길에 있습니다. 낭산의 1500명은 복일승(福日升)[80]
이 통령하여 봉양(鳳陽) 순무 저부(褚鈇)[81]가 자문으로 보고하기
를, 정월 26일에 배가 산동 영산위(靈山衛) 경계에서 바람을 기
다리고 있다고 합니다. 양천윤의 사병(沙兵) 3000명은 정월 20일
에 외곽에서 바다로 나가 전진할 것입니다. 이들은 모두 이동 중
인 실제 숫자이며 계속해서 급히 재촉했습니다.

팽익화의 토병 4000명은 스스로 출정하여 황은에 보답하겠
다고 한 자들이었으나 재촉이 늦어지면서 이미 해산했다고 보고
했으니 재차 논의할 필요가 없습니다. 오직 선부·대동 두 진에

주위(泉州衛) 출신이다. 흠차통령복건수병어왜유격장군(欽差統領福建水兵禦倭遊擊將
軍)으로 수병 1600명을 이끌고 만력 27년(1599)년에 조선에 왔다가 이듬해에 명나라로
돌아갔다.

78　심무(沈茂): ?~?. 명나라 사람이다. 정유재란이 발발하자 절강의 수병 3000명을 이끌고
　　조선에 왔다.

79　장양상(張良相): ?~?. 명나라 사람이다. 항주우위(杭州右衛) 출신으로 만력 27년(1599)
　　에 수병 1500명을 이끌고 조선에 들어왔다. 남해에 진주하며 남해안에 숨어 있는 일본
　　군 잔당을 소탕하고 부산으로 이동하여 일본군의 재침을 방비하는 업무를 맡았다. 남해
　　군 남해읍에 장양상이 세운 「동정마애비(東征磨崖碑)」가 남아 있다.

80　복일승(福日升): ?~?. 명나라 사람이다. 직례 양주위(楊州衛) 출신이다. 만력 26년
　　(1598)에 흠차통령산동직례수병유격장군(欽差統領山東直隸水兵遊擊將軍)으로 수병
　　1500명을 이끌고 조선으로 왔으나 9월에 작전 기한을 맞추어 오지 못했다는 이유로 논
　　박을 받고 백의종군하게 되었다. 노량해전에서 직책을 돌려받았다.

81　저부(褚鈇): 1533~1600. 명나라 사람이다. 자는 민위(民威), 호는 애소(愛所)이며 산서
　　태원부(太原府) 유차현(楡次縣) 사람이다. 가정 44년(1565)에 진사가 되어 관직에 진출
　　한 후 여러 관직을 역임하고 호부상서(戶部尙書)로 치사했다.

서는 각각 2000명을 미리 준비하여 동원 명령이 있으면 즉시 출발시키기로 원래 논의했습니다. 건의에 따라 동원을 재촉하여야 하겠으니, 마땅히 해당 진의 총독·순무에게 문서를 보내 즉시 수효에 따라 선택해서 왕국주·사도립에게 책임을 맡겨 각각 원래 관원으로 하여금 통령하게 해서 서둘러 계요경략총독(薊遼經略總督)의 군전(軍前)으로 가서 동원되도록 해야 하겠습니다. 계진은 원래 총독의 전담 관할로, 신설한 6000명 중 다시금 남병 3000명을 소집하여 즉시 오광으로 하여금 통령해서 적에게 가게 해야 하겠습니다. 이상에 대해서는 모두 병부에서 차문(箚文)을 보내 삼가 성지에 따라 임무를 수행하게 해야 하겠습니다.

이상의 각 군사에 대해서는 절강에서 추가로 모집한 4000명에게 이미 성지를 받들어 기한을 정해 준 외에, 그 나머지는 모두 올해 5월을 기한으로 하여 요동으로 가서 강을 건널 것이며 늦어져서는 안 된다고 해야 하겠습니다. 천진에서 수군을 추가로 모집한 일에 대해서는 아직 완성되었다는 보고가 병부에 이르지 않았습니다. 마땅히 해당 순무가 조사를 완료하면 출발을 독려하여 바다로 나가게 해야 할 부대는 즉시 출발을 독려하고, 현지에 머물러 요해처를 방어해야 할 부대는 사의(事宜)에 따라 머물러 방어하게 하면서 기한이 되면 상주하게 해야 하겠습니다.

또한 살피건대, 오늘날의 전역(戰役)은 징발하고 동원한 것을 헤아리면 많지 않은 것이 아니고, 전투하고 수비함에 공급한 것이 부족하지 않습니다. 많은 수를 쓰고 적은 수를 쓰는 묘책과 수상전을 행하고 육상전을 행하는 기묘함, 그 기의(機宜)는 병사에게 있지 않고 장령에게 있습니다. 지금 세 장수가 육지로 함께 달려가 이미 솥발같이 벌여 서는 형세를 이루었으며, 각 군영의 부장과 협수(協守) 또한 인재가 부족하지 않습니다. 오직 수영(水營)만은 비록 주우덕(周于德)이 총괄하고 있으나 협수가 다 갖추어지지 않았으니 끝내 형국을 완수하지 못하고 있습니다. 앞서 해당 독신이 말하기를, 양문이 병을 앓은 이후로 오랫동안 사람을 골라 대신하게 해 줄 것을 건의했으나 아직 적당한 자를 구하지 못했습니다. 대개 근래의 장수와 관원들이 육상전에 마땅한 자는 많으나 수전에 마땅한 자는 적은데, 사람은 각기 잘하는 일이 있으니 억지로 못하는 일에 쓸 수 없기 때문일 따름입니다.

근래에 청용(聽用)한 원임 부총병 등자룡(鄧子龍)[82]의 보고를 받았는데, "평생을 수전으로 일관해 오며 공을 세운 것도 절반은 큰 바다에서였습니다. 또한 바다를 휩쓸고 다니며 허를 찌를 것이니, 저와 적이 모두 살아남지는 않겠다는 뜻으로 맹세합니다." 라고 했습니다. 그를 양문의 빈자리에 보임하는 것이 마땅할 것 같습니다. 그를 그대로 대죄한 채 임관하여 여순 등의 수영 부총병의 일을 관할하게 하고, 총독·순무·총병 아문에 문서를 보내 정예롭고 굳센 병사와 배를 선발하도록 책임을 지워 그로 하여금 통령해서 바다로 나가 적절히 적의 소굴을 소탕하고 군량 공급을 끊어 버리며, 틀어막고 요격하며, 육군과 함께 서로 협조하면서 흉적을 제거하고 설욕하는 공을 거둠으로써, 조정에서 파

....

82 등자룡(鄧子龍): 1528~1598. 명나라 사람이다. 강서 남창현(南昌縣) 풍성(豊城) 출신으로 가정 37년(1558) 무과에 급제했다. 정유재란이 발발하자 만력 26년(1598) 비왜부총병 서도독첨사(備倭副總兵署都督僉事)로 조선에 파견되었다. 일흔이 넘은 나이에 진린(陳璘)을 보좌하여 노량해전에서 싸우다가 전사했다.

격적으로 과오가 있는 이를 기용한 은전에 부합하도록 힘쓰게 해야 하겠습니다. 그가 사용할 기패(旗牌)는 전례에 따라 지급해야 하겠습니다.

또한 총독이 말한 절강에서 관령하는 수병에 대해서는 원임 유격 심무가 보고하기를, "문서를 받들고 등용되면서 선병(船兵)을 이끌고 왔습니다."라고 했고, 또 말하기를, "평생 산과 숲을 넘고 강과 못을 지나면서 육지에서 결투했으니, 수전보다는 조금 나을 것 같습니다."라고 했습니다. 그의 기량과 능력의 장점과 단점을 대체로 알 수 있습니다. 다만 병부에서 대면하여 조사하지 않고 갑자기 임무를 고치기는 어려울 것입니다. 근래에 경략독신이 남병 장수 한두 관원을 징발하여 표하에 두고 불시의 쓰임에 대비하게 해 달라고 건의했습니다.[83] 그가 그 선발에 딱 들어맞습니다. 마땅히 천진 해무(海務) 순무에게 함께 문서를 보내 심무가 독려한 병사가 진에 도착하는 날을 기다려 재차 직접 시험해 보고서 과연 누선(樓船)[84]에 장기가 없고 육상전의 기예에 장기가 있다면 즉시 육군으로 고쳐 기용하여 밤낮으로 경략의 표하로 달려가서 지휘에 따라 육군을 관령하게 해야 하겠습니다. 적당한 직함은 의논을 정해 병부에 자문을 보내면 그에 근

....

83 근래에……했습니다: 형개는 앞서 2월에 유격 노계충(盧繼忠)을 해임하고 그를 대신하여 진잠(陳蠶)을 오군사영유격장군(五軍四營遊擊將軍)에 임명하여 남병을 통솔하도록 해 달라고 제청했다. 본서 4-3 〈議易東征將官疏〉 참고.

84 누선(樓船): 춘추전국시대에 출현한 전함의 일종으로 갑판 위에 여러 층의 루(樓)가 세워져 누선이라 불리게 되었다. 크기가 큰 선박으로 최대 2000명의 병사를 실었고 선상에서 말을 달릴 수 있었다는 기록이 있다. 먼 항해에 적합하지 않았고 주로 강이나 바닷가 어귀에서 전투를 벌일 때 사용되었다.

거하여 주청하겠습니다. 그가 이끌고 온 선병은 즉시 등자룡에게 주는 것 또한 편리하겠습니다. 이상의 사안에 대해서는 명을 내려 주시기를 기다렸다가 신 등이 두루 봉행하겠습니다.

성지를 받들었는데, "동정의 일에 대해서 근래에 어째서인지 오랫동안 소식을 듣지 못했다. 전투하고 수비함에 만전을 기할 수 있도록 힘쓸 것이며 왜노의 교활한 계책에 빠지지 말도록 하라. 너희 병부에서는 총독·순무에게 문서를 보내 알리라. 각 수군과 육군 가운데 도착하지 않은 부대에는 서둘러 사람을 보내 재촉하여 가게 하라. 선부와 대동에 군사를 미리 준비해 두자는 사안에 대해서는 동원하는 것을 허락하고, 계진에 신설한 부대에 대해서는 그 절반을 남병과 바꾸어 소집하는 것을 허락하며, 이들 모두는 기한에 따라 강을 건너야 할 것이며 늦어져서는 안 된다. 등자룡은 임관하여 여순 등 수영 부총병의 일을 관할하게 하고, 대죄한 채 바다로 나가 편의에 따라 적을 죽이게 하라. 그 나머지도 모두 의논한 대로 하라." 라고 하셨습니다.

4-6

비왜관량동지 진등이 사직을 청하는 제본

題陳同知乞休疏 │ 권4, 32a-37b

날짜 만력 26년(1598) 3~4월경
내용 비왜관량동지(備倭管糧同知) 진등(陳登)이 사직을 청하므로 그에게 포상을 내리고 후임을 정해 줄 것을 요청하는 제본이다. 진등은 만력 25 년부터 조선으로 와서 보급 업무를 담당하면서 큰 공적을 세웠는데 병이 깊어 사직할 것을 청하므로, 그를 정4품의 지부(知府)로 승진시켜 치사하게 해달라고 했다. 그의 후임으로 삼하현지현(三河縣知縣) 한초명을 하간부동지(河間府同知)로 승진시켜 보임해 줄 것을 청했다. 이부는 전례를 검토하여 형개의 요청을 모두 재가해 달라고 요청했고, 만력제는 이를 허가했다. 명 후기 관원의 은퇴 요청과 후임 임명에 관한 규정 및 절차를 구체적으로 보여주는 사료이다.
관련문서 본문이 작성된 정확한 시점은 나타나지 않는다. 『상촌집(象村集)』에 따르면 진등이 명으로 돌아간 시점은 만력 26년 6월이고, 한초명이 조선에 온 시점은 8월이다.[85]

지병이 더욱 깊어져 직무를 수행할 수 없으므로 은혜를 내려 사직

....

85 신흠(申欽), 『상촌집(象村集)』 권57, 「天朝詔使將臣先後去來姓, 名記自壬辰至庚子」, 35a,
"陳登, 以管糧原任同知, 丁酉十月出來, 戊戌六月回去. 韓初命. 字康侯, 號見宇, 山東萊州府
掖縣人, 己卯擧人. 戊戌八月, 以管糧同知出來, 庚子十月回去."

하게 해 주시기를 비는 일로 올리는 제본.

경리조선군무 도찰원우첨도어사 양호로부터 신과 함께 올릴 주소의 초고를 받았는데, 그 내용은 다음과 같았습니다.

정칙요양관전등처해방병비 산동포정사우참의 겸안찰사첨사(整飭遼陽寬奠等處海防兵備山東布政使司右參議兼按察司僉事) 양조령(梁祖齡)의 정문(呈文)을 받았는데, 그 내용은 다음과 같았습니다.

총독군문 감군찰원(總督軍門監軍察院) 및 양호가, 조선비왜관량동지(朝鮮備倭管糧同知) 진등(陳登)[86]이 올린 위 사안에 관한 정문에 대해 내린 비답(批答)을 받았는데, 본 도(道)에 문서를 보내 조사하여 보고하라고 한 것이었습니다. 비답을 받고 즉시 비왜통판(備倭通判) 도양성(陶良性)[87]에게 문서를 보내고서 그로부터 회답을 받았는데, 그 내용은 다음과 같았습니다.

조사해 보건대, 비왜관량동지 진등은 나이 58세로 산서(山西) 태원부(太原府) 청원현(清源縣) 사람입니다. 은공(恩貢)으로 만력 4년(1578) 2월 24일에 섬서(陝西) 연안부(延安府) 부주(鄜州)의 판관(判官)에 제수되었고, 여러 번 승진하여 직례(直隸) 하간부(河間府) 동지(同知)까지 올랐는데, 임지가 모두 중요한 곳이고 임무가 복잡했던 까닭에 피로가 쌓여 병이 되었습니다. 마침 퇴직을 청하려던 참에 동원

....

86 진등(陳登): ?~?. 명나라 사람이다. 관량원임동지(管糧原任同知)로 만력 25년(1597)에 조선에 왔다가 이듬해에 명나라로 돌아갔다.

87 도양성(陶良性): ?~?. 명나라 사람으로 절강 처주부(處州府) 진운현(縉雲縣) 출신이다. 호는 양오(養吾)이다. 임진왜란 시에는 송응창(宋應昌) 휘하에서, 정유재란 시에는 형개 휘하에서 행정 업무를 담당했다.

명을 받들어 지금의 직무를 맡게 되었습니다.

그는 군수(軍需)에 관련된 긴급한 의무를 맡아 편히 쉴 겨를이 없이 병을 무릅쓰고 서둘러 달려왔습니다. 만력 25년 4월에 곧바로 조선으로 와서는 수송 선박을 마련하고 창고를 지으며 군량 운송을 독려하고 문서를 처리하면서, 마음은 뒤얽힌 일을 처리하느라 지치고 힘은 복잡한 일을 조정하느라 다 써 버렸습니다. 또한 노숙을 하고 들에서 지내며 추위를 떨치고 더위를 무릅쓰느라 음기(淫氣)가 살과 뼈에 스며들고 몸은 여위고 초췌해지며 팔다리에 쥐가 나고 가슴이 울렁거리는 등 안팎으로 모두 병든 것이 전보다 더 심해졌습니다. 여러 번 의관 장세방(張世芳)[88]과 엄기주(嚴期周)[89]를 불러다가 아침저녁으로 약을 조제했으나 효과를 보지 못했습니다. 또 현재 군사를 일으켜 전량이 중대한 상황이니 누워서 치료하기도 어려워 정문을 올려 귀향하기를 빌지 않을 수 없습니다. 이 진술한 내용과 경위는 사실입니다.

의관 장세방과 엄기주가 각각 별도로 작성한 증서를 문권에 첨부하는 외에, 살피건대, 비왜관량동지 진등은 20여 년 관직을 역임하면서 110여 차례나 표창을 받았으며 가는 곳마다 공적이 현저했으니 그의 어짊과 뛰어남을 칭송하지 않는 사람이 없습니다. 지금 괴수가 아직 섬멸되지

....

88 장세방(張世芳): ?~?. 명나라 사람이다. 군중 의관(醫官)이었다.

89 엄기주(嚴期周): ?~?. 명나라 사람이다. 어사 진효(陳效)의 의관(醫官)으로 경리 양호(楊鎬)의 아문에 있었다.

않았고 의로운 군대가 재차 일어났으니, 그가 적을 섬멸하고자 하는 생각은 비록 간절하지만 병세가 위태로워 반쯤 죽을 정도가 되었습니다. 이는 그의 힘으로 어찌할 수 없는 일입니다.

또한 살피건대, 작년에 그의 임기가 만료되었을 때 총독·순무가 함께 제본을 올려 그를 유임시키면서 운동(運同)[90]의 직함을 더해 주자고 했습니다.

이에 대해 성지를 받들었는데, "이부에 알리라."라고 하셨습니다.

지난번에는 외국으로 서둘러 가느라 공적 서류를 올리지 못하고 지연하다가 여태 검토 보고를 올리지 못했습니다. 지금 마침 울산에서의 승첩에 대해 서훈해 달라고 주본을 올리는 때이니, 그는 전례에 따르자면 마땅히 우대하여 서용해야 할 것인데 갑자기 귀향하여 병을 치료하겠다고 애원하는 사정이 있습니다. 정4품의 직함을 더해 주고 치사(致仕)하는 것을 허락하여 20년의 어진 공로에 보답하며, 이로써 남겨진 빈자리는 별도로 추천하여 보임하도록 하는 것이 좋을 것 같습니다.

살피건대, 동지 진등은 마음 쓰고 생각하는 것이 세밀하고 재주가 노성합니다. 군량 문제를 처리하면 한 눈금만큼도 전혀 소홀하지 않고 출납을 반드시 분명히 하며, 업무를 맡아서는

....

90 운동(運同): 도전운염사사(都轉運鹽使司) 소속의 종4품 관직인 동지(同知)를 가리킨다. 진등은 당시 정5품 하간부 동지로 임기가 끝난 상태였는데 유임을 시키면서 종4품 직함을 더해 주자고 건의한 것이다.

크고 작고 정밀하고 거친 것이 모두 이치에 딱 맞아떨어졌습니다. 외국에서 부지런히 근무하여 실적도 가장 뛰어났으며 여러 관사에서 그에게 의지한 것이 가장 컸으니, 이제 공을 논함에 당연히 우대하여 서용해야 할 것인데, 병이 날마다 깊어 가니 억지로 유임시키기 어렵습니다. 그가 수고하며 애썼으며 큰 공을 세운 것을 생각하여, 앞서 논의했던 대로 같은 임무에서 승진시키고 아울러 정4품의 직함을 더해 주어 치사하도록 허락함으로써 특별히 우대하는 뜻을 보이고 충성스럽고 근실함을 권장하며, 남겨진 빈자리는 별도로 추천하여 보임하는 것이 어떻겠습니까.

신이 경리조선군무 도찰원우첨도어사 양호 및 감찰요해조선등처군무 감찰어사 진효와 함께 의논하건대, 동지 진등은 품행이 매우 단정하고 일을 꾀하는 것이 매우 노련했으니, 신 등이 그의 어짊을 모두 잘 알았으므로 작년에 그의 임기가 만료되었을 때 제본을 올려 그를 유임시키고 직함을 더해 줄 것을 청했던 것입니다. 이미 성지를 받들어 이부에 명을 내리시었으니, 이는 그가 보좌하는 힘을 끝까지 보태기 바라고 그가 점검하는 공을 함께 거두기를 기대했기 때문이었습니다. 그 또한 우대에 감격하여 충성을 다해 힘써 임무를 수행하며 제 몸을 돌보지 않고 해이하지 않았으며 갈수록 더욱 수고를 했으나, 점차 오른손을 쓰지 못하고 반신(半身)이 마비되기에 이르렀습니다. 신 등이 여러 번 가련히 생각하고 위로했더니 그는 비로소 고칠 수 없는 병증임을 토로하면서도 감히 사직하겠다는 뜻을 말하지 못했습니다. 그런데 이제 해당 도(道)에서 그의 병세가 매우 심각함을 파악하고는, 근무 성적이 유독 탁월하니 정4품 직함을 더해 주고 치사하게 해 달라고 건의했습니다.

신 등이 다시 조사해 보건대, 그는 조선으로 달려와서 전후 1년 동안 역임하며 재촉해서 마련한 군량이 50만여 석이고, 마초(馬草)가 550만여 속(束)이며, 독려해서 제작한 새 선박이 43척이고 광량(廣梁),[91] 강화(江華)의 미곶보(彌串堡)[92] 등에 지은 창고가 150여 칸이며, 수입 지출한 공로 상금이 은 10만여 냥입니다. 그 밖에 위임받은 대로 마련되는 대로 사안마다 처리한 것이 다 기록할 수 없을 정도이니, 또한 어찌 병이 심해져 버티기 어렵지 않을 수 있었겠습니까.

지금 울산에서의 공적을 서훈함에 압록강을 건너온 문신들에 대해 바야흐로 논의하자면, 그의 공적을 최고로 쳐야 할 것인데 겸양하여 사직하며 먼저 휴직하기를 빌고 있습니다. 이는 대개 그가 가벼운 말과 세세한 행동까지도 반드시 법도를 지켜 가며 끝내 안팎으로 조금도 꾸미는 것이 없이 실로 군자의 덕을 가졌으며 재주만 충분한 것이 아니기 때문입니다. 마땅히 그의 병을 가엽게 여겨 치사하고 본적으로 돌아가 편한 대로 요양하게 하며, 그의 공로를 기록하여 특별히 지부(知府)의 직함을 더해 줌으로써 각별히 우대하는

....

91 광량(廣梁): 현재 평안남도 용강군 삼화면에 위치한 대동강 하구의 포구이다. 광량은 평안도와 황해도 사이에 위치하고 물길이 굽이져 배를 정박하기 편리하여 해운과 하역 작업에 적합했다. 명나라에서 해운을 통해 조선에 보낸 군량은 광량과 강화에서 하역되었다. 선조 30년(1597) 6월 13일 조에 수록된 선조가 경리 양호(楊鎬)에게 보낸 자문에 조선의 수운에 대해 자세하게 설명하고 있어 참조할 만하다. 『선조실록』89권, 선조 30년 6월 13일 임신.

92 미곶보(彌串堡): 미곶보는 강화도 남서부에 위치한 성보이다. 명나라에서 해로로 운송한 군량은 강화도에서 하역 작업을 한 후 서울, 충주, 전주, 공주 등으로 나누어 보내졌다. 『선조실록』89권, 선조 30년 6월 13일 임신; 선조실록 102권, 선조 31년 7월 7일 경인 참고.

뜻을 보여야 하겠습니다. 그렇게 하면 교화하고 권장하는 것이 동정에 나선 장수와 관리들이 모두 몸을 떨쳐 적을 섬멸하고자 하게 만들 뿐만 아니라 중외의 모든 관원들이 다 함께 몸 바쳐 나라에 보은할 생각을 품게 만들 것입니다.

또한 살피건대, 외국에서 군량과 마초를 독려하여 마련하는 일은 재주가 있는 이가 아니면 접제(接濟)할 수 없고, 군전에서 은냥을 출납하는 일은 청렴한 자가 아니면 깔끔하게 할 수 없으며, 분주하게 계획하고 집행하는 일은 나이가 젊고 힘 있으며 지모를 갖춘 자가 아니면 면밀하게 해낼 수 없습니다. 또 창과 방패가 난무하고 사변을 예측할 수 없는 곳에서는 담력과 용기를 겸비하고 전술에 밝은 이가 아니면 또한 쉽게 감당해 내지 못할까 걱정입니다. 신 등이 다시 조사해 보건대, 현임 삼하현 지현(三河縣知縣) 한초명(韓初命)[93]은 위의 장점을 아울러 갖추었고 또 두 직임을 여러 해 맡으면서 여러 번 표창을 받았으니 마땅히 가까운 곳의 하간부 동지(河間府同知)로 승진시켜 제수하고 서둘러 와서 조선 군량 관련 사무를 인수해서 관장하게 하며, 공적을 이루기를 기다렸다가 파격적으로 발탁 기용한다면 군사를 일으키는 데 그르치는 일이 없고 군정에 적절히 보급을 시행하여 오랫동안 편리할 것입니다. 엎드려 빌건대, 해당 부에 칙을 내리시어 재차 검토 논의하게 해서, 만약 신 등이 말씀드린 바에 잘못이 없다면 검토 의견을 올려 성지를 청해 시행하게 해

---

93 한초명(韓初命): ?~?. 명나라 사람이다. 자는 강후(康侯) 호는 견우(見宇)이며 산동 내주부(萊州府) 액현(掖縣) 사람이다. 만력 7년(1579)에 거인이 되었다. 만력 26년(1598)에 관량동지(管糧同知)로 조선을 방문했다가 만력 28년(1600)에 명나라로 돌아갔다. 사람됨이 탐욕스럽고 그가 폐를 끼치고 요구하는 일을 사람들이 감당하지 못했다는 평을 받았다.

주십시오. 신 등은 명을 내려 주시기를 간절히 기다리겠습니다.

성지를 받들었는데, "이부에 알리라."라고 하셨습니다.

이부에서 검토하여 논의한 내용은 다음과 같았습니다.

살피건대, 이부에서 현재 시행 중인 사례에 따르면 스스로 퇴직하겠다고 원하는 관원과 병이 있는 자는 나이를 따지지 않고 모두 치사하는 것을 허락합니다.

또한 살피건대, 가정(嘉靖) 44년(1565) 9월에 이부에서 제본을 올리기를, "금후로 각 아문에서 휴직하기를 원하는 관원이 있을 경우, 만약 그가 과연 공로와 실적이 오랫동안 현저했고 여론이 모두 그를 떠받들면 관계(官階)를 높이고 관직을 승진시키는 예에 따릅니다. 만약 평범하게 관직을 수행했으며 성실하여 과오가 없으면 원래 관직의 예에 따릅니다." 했더니, 세종(世宗) 황제의 성지를 받들었는데, "금후로 휴직하기를 원하는 관원은 모두 논의한 바에 따라 분별하여 시행하라."라고 하셨습니다.

또한 살피건대, 만력 24년(1596) 6월에 선대총독(宣大總督)·순무·안찰이 제본을 올리기를, 직례하간부관선진동지(直隸河間府管宣鎭同知) 강일명(姜一鳴)이 병을 앓아 휴직하기를 원하므로, 직함을 승진시키거나 혹은 산관(散官) 복색(服色)을 더해 주자고 한 연유로, 이부에서 검토 의견을 올리고 성지를 받들어 4품 복색을 주어 치사하게 한 바 있습니다.

또한 살피건대, 만력 25년(1597) 3월에 선대총독·순무·안찰이 제본을 올리기를, 대동부동로관량동지(大同府東路管糧同知)였다가 당시에 진부좌장사(秦府左長史)[94]로 승진한 왕양우(王良佑)가 병을 앓아 휴직하기를 원하므로 그대로 동지, 혹은 새로 승진시킨 직함에다가 4품 복색을 더해 주었으면 좋겠다고 했는데, 이부에서 검토 의견을 올리고 성지를 받들었는데, "왕양우는 새로 승진한 직함에다가 4품 복색을 더해 주어 치사하게 하라."라고 하셨습니다.

이제 위의 사안을 살펴보니, 휴직을 청하면 직함을 올려 주는 것은 국가에서 빛나게 권장하는 특전입니다. 두루 조사해 보니, 부좌(府佐) 등 관원의 경우 다만 복색을 더해 주었을 뿐 직함을 더해 주지는 않았던 것은 그것을 신중히 했던 것이었습니다. 다만 비왜관량동지 진등은 요동 먼 지역에서 임무를 부여받고 수륙 운수의 업무를 매우 바쁘게 처리하면서 온 힘을 다해 힘쓰면서도 감히 노고를 알리지 않았는데, 한번 병들더니 거의 죽게 되었습니다. 3년 전에 임기가 만료되었으나 총독·순무가 제본을 올려 유임시키면서 운동(運同)의 직함을 더해 주자고 했으나, 공적 서류를 올리지 못하여 여태 검토 보고를 올리지 못하고 있었습니다. 그러니 강일명이 평온하게 직무를 수행한 것이나 왕양우가 이미 왕료(王僚)로 승진한 것과는 전혀 같지 않습니다.

현재는 동방 모퉁이에서 군사를 일으킨 때로서 문무 관원들이 목숨을 바치고 있는 때이니, 마땅히 노고를 한 신하를 특별히 장려함으로써 격려하고 권장하는 뜻을 보여야 하겠습니다. 그에 관해서는 이미 총독·순무·순안 등 여러 신하들이 공동으로 제본을 올려 왔으므로 마땅히 검토하여 제청합니다. 명을 내려 주

....

94 진부좌장사(秦府左長史): 왕부장사사(王府長史司)에 좌·우장사 각 1인이 두어진다. 관품은 정5품이다.

시기를 기다려 그에게 정4품을 더해 주어 지부의 직함으로 치사
하게 하겠습니다. 남겨진 빈자리는 서둘러 인선하여 보임하겠습
니다.

성지를 받들었는데, "그렇게 하라."라고 하셨습니다.

또한 이부에서 검토하여 논의한 내용은 다음과 같았습니다.

살피건대, 삼하현지현 한초명은 2년여를 봉직했으므로 아직 승
진할 기한에 미치지 못합니다. 다만 왜군과 관련된 일은 일상적
인 상황이 아니니 전례에 구애되어서는 안 될 것입니다. 이미 총
독·순무·순안 등 여러 신하들이 제본을 갖추어 올려 왔으므로
마땅히 검토하여 제청합니다. 한초명을 직례하간부동지로 승진
시키고, 명을 내려 주시기를 삼가 기다렸다가 이부에서 증빙을
지급하여 그로 하여금 서둘러 조선으로 가서 일체 비왜전량의
사무를 전담 관할하고, 총독·순무·사(司)·도(道) 등 관원의 감찰
과 명령을 받게 하는 것이 어떻겠습니까. 다만 다른 성(省)과 직
례(直隸)는 이를 끌어와 전례를 삼아 요행의 단서를 열게 해서는
안 될 것입니다. 남겨지게 되는 삼하현의 빈자리에 대해서는 별
도로 인선하여 보충하겠습니다.

성지를 받들었는데, "그렇게 하라."라고 하셨습니다.

4-7

3로의 둔전과 수비에 대한 상주

議三路屯守疏 | 권4, 38a-殘缺

날짜 만력 26년(1598) 3~4월경

내용 조선 도처에 전개된 명군의 편성을 정비하고 주둔지를 확정할 것을 건의하는 상주이다. 울산 전투 이후 일본군이 남해안에서 장기전을 이어가려 하였다. 각지에서 결집한 명군은 통솔 관계가 뚜렷하게 정해지지 않은 상황이었기에 육군과 수군의 배치를 재정비하여 장기적으로 주둔할 대책을 마련하자는 내용이다. 육군은 동로, 중로와 서로로 나누어 각각 경상좌도와 경상우도, 전라도 등을 관할하게 할 것, 수군은 압록강을 기준으로 상로와 하로로 나눌 것을 건의했다. 또한 군량의 확보와 운송 방법과 둔전 설치, 성곽 수축, 역참 개설, 그리고 조선 측과의 협력 방안 등을 종합적으로 언급했다. 해방병비도(海防兵備道) 양조령(梁祖齡)이 경략 형개, 경리 양호, 감군어사 진효의 지시를 받아 제독 마귀 및 조선국왕 선조에게 공문을 왕복한 뒤 향후 계획을 정리하여 건의하는 구조로 이루어져 있다.

문서 후반부 원문에 빠진 부분이 많아 최종적으로 결정된 내용의 전모를 정확히 알 수 없으나, 형개를 비롯한 명군 지휘부의 정유재란 후기 전략 구상과 지휘·병참·통신 계획을 명확히 보여주는 중요한 사료이다. 이때 정해진 병력 배치 구상은 8월 이후 명군과 조선군이 사로병진(四路竝進)을 통해 일본군과 전면적 교전을 벌일 때까지 기본적으로 지속되었다.

관련문서 본 문서의 작성 시기는 정확하지 않으나 『선조실록』 선조 31년 3월 29일 기사에는 양호가 조선국왕에게 보내는 자문을 수록하고 있는데, 해당 자문에는 본문의 논의 내용을 반영하여 삼로(三路)로 병력을 나누어 내려보내는 내역이 첨부되어 있으며, 본문에서 결정된 수군 지휘에 대해서도 이미 제본을 올렸다고 되어 있다.[95] 또한 3월 22일에도 삼로로 군사를 나누어 보내는 내용에 관한 양호의 자문 내용에 대해 군량 수송 대책을 논의하는 기사가 있다.[96] 따라서 본 문서가 작성된 것은 늦어도 3월 29일 이전으로 추정된다. 다만 본 문서에 대한 병부의 검토 및 만력제의 재가가 내려진 시점은 빨라야 4월이었을 것이다.

교활한 왜군이 이미 꺾였으나 수비를 더욱 굳건히 하고 있으니, 둔전군과 수비군으로 나누어 책임을 전담시켜 적을 제어하는 장기적인 대책을 도모할 것을 삼가 논의하는 일로 올리는 제본.

경리조선군무 도찰원우첨도어사 양호로부터 신과 함께 올릴 주소의 초고를 받았는데, 그 내용은 다음과 같았습니다.

　해방병비참의(海防兵備參議) 양조령(梁祖齡)의 정문을 받았는데, 그 내용은 다음과 같았습니다.

　　총독경략군문의 헌패(憲牌)[97]를 받들었는데, 그 내용은 다음

....

95 『선조실록』 권98, 선조 31년 3월 29일(갑인).

96 『선조실록』 권98, 선조 31년 3월 22일(정미).

97 헌패(憲牌): 명대에는 명령을 하얗게 분칠한 나무 패에 새겨서 신표(信標)로 삼았는데 이를 백패(白牌) 혹은 신패(信牌)라고 불렀으며, 백패를 종이에 인쇄한 것을 지패(紙牌) 혹은 표(票)라고 했다. 백패는 공무의 독촉, 죄인의 체포, 군령의 전달, 역체(驛遞)의 이용 등 광범한 목적을 위해 발급된 하행문서로서, 명 중기 이후에는 종이로 된 지패가 주

과 같았습니다.

살펴건대, 왜노는 울산에서 패배하고서 비록 크게 꺾이기는 했지만 고니시 유키나가나 가토 기요마사 같은 우두머리들이 여전히 전라도와 경상도에 웅거하면서 산을 등지고 바다에 기대며 서로 연결되어 성을 굳게 지키면서 시간을 끌면서 우리를 괴롭히고 있다. 우리 또한 마땅히 마주하여 대응해야 할 것이니, 한편으로는 성보를 쌓고 한편으로는 수비하며, 한편으로는 농사를 짓고 한편으로는 전투하여 오래 버티는 계책을 펼치면서 점차 남쪽으로 밀고 내려감으로써, 왜노들이 이전처럼 거리낌없이 농사짓고 성을 쌓으며 공격하고 약탈하지 못하게 하면 저들의 계책은 자연히 군색해질 것이다. 이것이 오늘날 긴요한 한 수이다.

다만 왕경 남쪽의 각 도는 동서로 1000리에 걸쳐 뻗쳐 있어 지방이 매우 넓다. 남북의 네 대장(大將)이 어깨를 나란히 하고 함께 움직이면서 양쪽이 서로 뒤처지지 않으려 하고, 편장(偏將)들은 곁에서 관망하고 틈새를 엿보며 형세를 살피면서 따라간다. 아울러 기병과 보병, 수군과 육군이 들쑥날쑥하게 흩어져 있으니 대장은 길을 정하지 못하고 편장은 소속을 정하지 못하고 있다. 땅을 나누어 수비를 전담하고 임무를 나누어 성공하도록 책임 지워야 하는

....

로 사용되었다. 그 가운데 도찰원(都察院)의 관함(官衘)을 띠고 지방에 파견된 총독(總督)·순무(巡撫)·순안어사(巡按御史) 및 포정사(布政使)·안찰사(按察使) 등이 발급하는 신패는 헌패(憲牌)·헌표(憲票)로 불렸다. 阿風,「明代的"白牌"」,『安徽史學』, 2018-4.

데, 칼자루를 양쪽에서 잡으면 다투게 되고, 권한을 하나로 모으지 않으면 어지럽게 된다. 의논이 많으면 공을 이루기 어려우니, 내부를 정돈하는 것이 언제 끝날 것이며 적을 섬멸하는 것은 어찌 기대나 할 수 있겠는가. 중간에 감시하고 검사하며 명령을 받들고 처리하는 것이 각각 한 도(道)와 한 부(府)로 나뉘지 않으니 또한 감독하고 감찰하며 성적을 매길 수도 없다. 앞서 이미 조사하고 의논했으니, 마땅히 재차 상세하게 기록하여 적절히 논의해야 하겠다.

이를 위하여 패문(牌文)을 보내니 바라건대, 그대[양조령]는 즉시 제독·총병관과 함께, 각 문무 관원 및 조선의 배신 이덕형(李德馨)[98]·이원익(李原翼)[99] 등과 더불어 왕경 남쪽 각 도를 동로·중로·서로 3로로 나누도록 조사하고 논의하라. 수로(水路)는 각각 극동과 극서에 있고 서로 연속되지 않는다. 서로에는 병선이 전부 갖추어져 있으나, 동로에는 조선 병선이 비록 한두 척 있다고는 하지만 유명무실하니 모두 대처하지 않을 수 없다. 각 대장에 대해서는 동일원(董一元)[100]은 내가 제본을 올려 표하(標下)의 참찬

....

98 이덕형(李德馨): 1561~1613. 조선 사람이다. 본관은 광주(廣州)이며 선조 13년(1580) 별시 문과에 급제해 삼사(三司)의 관직을 두루 거쳤다. 임진왜란 발발 직후 명에 사신으로 파견되어 원군 파병을 요청했다. 이후 이여송(李如松)의 접반관(接伴官)이 되어 평양 수복을 함께 했다. 정유재란 시에도 주로 명군과 동행하며 전투를 독려했다.

99 이원익(李元翼): 1547~1634. 조선 사람이다. 임진왜란이 발발하자 평안도관찰사 겸 순찰사가 되어 왜병 토벌에 공을 세웠다. 정유재란 때는 도체찰사로서 군사 행정 전반을 총괄했다. 원문에는 "이원익(李原翼)"으로 표기되어 있다.

100 동일원(董一元): ?~?. 명나라 사람이다. 만력 25년(1597) 흠차제독중로어왜총병 중군도독부좌도독 태자태보(欽差提督中路禦倭總兵中軍都督府左都督太子太保)로 조선에 왔다.

(參贊)을 전담하게 했으니 군사는 거느리지 않고 지방에서의 일에 참여하지 않는 외에, 마귀(麻貴)는 동로에, 유정(劉綎)[101]은 서로에 있게 하며, 중로는 여전히 대장 한 자리가 비어 있다.

지금 비록 진린이 있지만 각 로의 공격에는 모두 기병과 보병을 아울러야 한다. 진린은 과거 천진을 수비하여 수전에 매우 익숙하지만 북병에 대해서는 그다지 익숙하지 않을 수도 있다. 서북쪽 해도는 수천 리에 달하지만 바람과 파도를 예측할 수 없으니, 만약 한 명의 대장이 총괄 통솔한다면 앞을 살피다가 뒤를 잃게 될 것이며 머리와 꼬리 또한 서로 호응하기 어려울 것이다. 나는 이를 상로(上路)와 하로(下路)로 나누고자 하니, 압록강 서쪽은 하로로 삼아 주우덕에게 맡겨 방어하는 데 전념하면서 동원 명령에 따르게 하라.[102] 압록강 동쪽은 상로로 삼아 진린에게 맡겨 정벌하는 데 전념하게 한다. 주우덕과 진린에게 각각 수군을 나누어 관할하게 하고, 대장 자리가 빈 중로에 대해서는 응당 누구를 대장으로 하여 함께 지키도록 할지 논

....

이듬해 제독으로서 중로(中路)의 병력을 이끌고 왜적과 맞섰으나 사천(泗川)에서 크게 패했다. 이 때문에 태자태보 직을 삭탈당하고 관품이 강등되었으나 이후 회복했다. 만력 27년(1599) 명나라로 돌아갔다.

101 유정(劉綎): 1553~1619. 명나라 사람이다. 도독 유현(劉顯)의 아들로서, 음서로 지휘사(指揮使)의 관직을 받았다. 임진왜란 때에는 어왜총병관(禦倭總兵官)으로 참전했으며 나중에 후금(後金)과의 전쟁에서 전사했다.

102 서북쪽 …… 하라: 선조 31년 4월 3일 선조와 제독 마귀(麻貴) 사이의 대화에 따르면 주우덕은 여순구(旅順口)에서부터 강화 이서까지, 진린은 강화부터 호남과 영남 이남까지를 맡아 방어하게 되었다. 『선조실록』 99권, 선조 31년 4월 3일(정사).

의해야 한다.

세 대장이 3로에 나누어 주둔함에, 아무개는 어느 곳에 주차하고 각각 어디를 경계로 삼을 것이며, 로 내의 소속 주현은 어디어디인지 하나하나 상세하게 기록한다.

하나. 3로에 세 대장을 배치하고 또 편장을 나누어 포진시키며 각자 담당 지역에서 전투하고 수비하게 한다면 권한을 다투거나 책임을 미루는 일을 면할 수 있을 것이다. 응원하는 일은 매우 중요하니 이 역시 마땅히 임무를 나누어 책임을 맡겨야 하겠다. 예컨대 동로에 긴급한 일이 생기면 중로에서 어떻게 응원할지, 서로에 긴급한 일이 생기면 중로에서 어떻게 응원할지, 중로에 긴급한 일이 생기면 동로와 서로가 어떻게 응원할지 정해야 한다. 각 로에서 서로 응원하는 일이 중대하니, 본로에 왜적이 없으면 이웃 경계의 대장이 어떻게 정예 군사를 친히 통솔하여 응원할지 정해야 한다. 이미 책임을 나누어 맡았으니 만약 시일에 임박해서도 주저하면서 응원하지 않거나, 비록 응원하러 갔더라도 느긋하게 굴어 사안에 맞추지 못함으로써 긴급한 지역에서 사안을 그르치게 된다면 응원한 장수와 관원 일체를 논죄할 것이다. 대장은 무거운 쪽으로 탄핵할 것이고 편장은 즉시 참수할 것이다. 만약 전라도를 먼저 빼앗으면 적의 무리는 모조리 동쪽으로 몰릴 것이니 서로의 군사 또한 차례에 맞추어 동쪽으로 출발하고, 중로와 동로를 먼저 빼앗으면 역시 이 사례에 따라 시행하며, 모두 의논해서 정한 대로 즉시 시행하도록 하라.

하나. 3로에는 3도를 나누어 예속시키고 3명씩 부(府)급 관원을 붙이되, 유사시나 무사시에 각각 어느 로의 어느 곳에 주둔시켜 어떤 도 어떤 부를 나누어 관할할지 정해야 한다.

하나. 성을 쌓는 일은 북쪽에서 남쪽으로 시행하여, 어느 로 어느 곳을 먼저 쌓고 어느 곳을 다음으로 쌓으며, 어느 로에 몇 군데에 군사를 포진시키고, 어느 장수는 어느 곳에 주둔시켜 제1선을 맡기고, 어느 장수는 어느 곳에 주둔시켜 제2선을 맡기며, 어느 군대가 때로 절반은 성을 쌓고 절반은 전투할지 정해야 한다. 조선의 어느 장수, 어느 배신(陪臣)이 각각 병사와 인부 얼마를 거느리고 어느 곳에 힘을 보태 수비하고, 어느 곳에 힘을 보태 수축하게 할지 정해야 한다.

하나. 어느 군영의 어느 장령이 어느 주현의 주민을 보호하여 농사짓게 할지 정해야 한다.

하나. 어느 곳의 황폐해진 논과 밭은, 어느 장수의 군영 군사들로 하여금 절반은 농사짓게 하고 절반은 전투하게 할지 정해야 한다. 소먹이와 곡식 종자는 어떻게 마련할지 정해야 한다.

하나. 동서 양쪽의 수로는 대장과 편장이 어느 섬에 정박하고 바닷가 어느 주현에 나누어 주둔함으로써, 해안 주현의 농사짓는 백성들을 보호하고 수로를 통한 전투의 길목을 틀어막아 응당 육군 장수들이 성을 수축하고 둔전하는 것처럼 해야 할지 정해야 한다.

하나. 군사들이 주둔하는 곳에서는 각 군사들이 영방(營房)에서 거주하도록 함으로써 비바람을 피하게 하고 또 주민들을 동요시키지 않게 해야 한다.

하나. 수로와 육로로 군량을 운송하는 일은, 어느 로에서는 마땅히 조선의 어느 대신, 어느 배신으로 하여금 총괄 감독하고, 나누어 감독하게 할 것이며 중국에서도 어느 관원을 파견하여 총괄 감독하고 나누어 감독하게 할지 정해야 한다.

하나하나 더욱 상세하게 논의하고 합당히 결정하여, 나와 경리도원(經理都院) 및 감군찰원(監軍察院)에게 상세하게 보고하여 함께 제본을 올리는 데 증빙으로 삼게 하라.

또한 경리도찰원(經理都察院)의 헌패를 받들었는데, 그 내용은 다음과 같았습니다.

살펴건대, 내[양호]가 울산에서 군사를 돌이키면서 이미 그대[양조령]에게 문서를 보내 전라도·경상도·충청도 등에서 둔전을 하고 역참을 설치하며 성보를 쌓고 수비하는 군사를 두는 등의 일에 대해 의논한 바 있다. 군문의 자문에서 논의한 바를 받아 보니 뒤이어 배신 이덕형에게 문서를 보내 지도를 그려 조목을 적어 놓은 것이었다. 조선에서 시행할 둔전 지역과 종자, 농우와 농구 및 역참을 설치한 거리, 수비하는 군사를 배치한 지방, 그리고 관할하는 관원과 역인(役人)에 대하여 상세하게 갖추어 게첩(揭帖)으로 작성하여 다시 그대에게 보내 검토하고 조사하도록 한 바 있었다.

그 후 우리의 외지를 방어하는 군사들이 바야흐로 곳곳에 무리지어 둔전하고 있으며, 동서 연해 지역에서 또한 각지에서 선박을 건조하여 방비를 강화해 가고 있으니 형세가 널리 펼쳐지고 규모가 대략이나마 갖추어지는 것 같았다. 그런데 근래에 나가서 수비하는 각 군영들 가운데 간혹 밥만 축내면서 험애지를 완전히 막지 못하는 곳이 있다. 이후에 사천(四川)과 광동의 군사가 도착하면 남병과 북병이 섞여 살게 되면서 통솔이 온전해지지 못하게 될 것이다. 이에 감원(監院)은 전라도와 경상도 지방에 두 명의 제독(提督)으로 임무를 나누자는 이야기를 했다.

근래에 저보(邸報)를 보니 광동의 진린 부장은 이미 총병의 직함을 더했다고 하는데, 어떤 이들은 말하기를, 진린의 재주가 특히 수전에 장기가 있으니, 제독 유정(劉綎)과 함께 서쪽에서 수륙으로 서로 바라보게 하는 것이 좋겠다고 한다. 이렇게 하면 전라도의 형세가 웅장해져서 자연히 걱정이 없게 될 것이다. 오직 경상도 지방은 동서로 넓게 펼쳐진 600여 리에 적의 소굴이 매우 많고 우리 군영이 쇠잔하고 파괴된 것이 매우 심하다. 일찍이 낙동강(洛東江)으로 좌우 경계를 나누었으며, 근래에 또 국왕에게 자문을 보내 좌도(左道)는 관찰사(觀察使) 윤승훈(尹承勳)[103]에게 맡겨 의성(義城)에 주둔하게 하며 그 처리를 전담하게 했

103 윤승훈(尹承勳): 1549~1611. 조선 사람이다. 본관은 해평(海平)이다. 선조 6년(1573) 한 해에 사마시와 식년 문과에 급제했다. 임진왜란 발발 후 무유어사(撫諭御史), 선유사(宣諭使), 조도사(調度使)등의 임무를 맡아 활약했다.

고, 우도(右道)는 도사(都事) 조즙(趙濈)[104]에게 맡겨 관찰사의 명색으로 성주(星州)에 주둔하면서 그 처리를 전담하게 했다. 우리 군사들 가운데 경상도에 있는 자들 또한 좌도와 우도로 나누어 소속시킴으로써 전라도와 함께 솥발처럼 세 진(鎭)으로 세우는 것이 좋지 않겠는가.

수륙의 병마를 적절히 헤아려 정하고, 정박할 지방을 나누어 정하며, 각각 사(司)와 도(道)로써 부(府)·좌(佐) 관원을 감독하여 나누어 처리하게 함으로써 책임을 맡기고, 그들로 하여금 둔전하고 성을 수축하며 전투하고 수비하면서 서로 의지하고 응원이 되게 하며, 초소를 세워 방어하면서 서로 연락을 하게 하면, 직무상의 권한이 대체로 총괄되어 책임을 지우는 일이 혼란스럽지 않을 것이다. 왜군이 비록 교활하다고는 하지만, 싸우면서는 멀리까지 신속히 진군할 수 없고, 수비만 해서는 오래 버티지 못할 것이니, 퇴각할 때 저들을 쫓아 버린다면 좋은 계책이 될 것이다.

이를 위하여 패문을 보내니 바라건대, 그대는 여러 번 보낸 패문의 내용에 따라 서둘러 적절히 논의하여 경략군문과 감군찰원에 상세하게 보고하여 함께 제본을 올리는 데 증빙으로 삼게 하라.

감군어사 진효(陳效)의 헌패를 받았는데, 그 내용은 다음과

....

104 조즙(趙濈): 1568~?. 조선 사람이다. 본관은 풍양(豊壤)이고 자는 덕화(德和), 호는 화천(花川)이다. 선조 24년(1591)에 생원시 및 증광문과에 급제했다. 여러 관직을 거쳐 인조 2년(1624)에는 동부승지가 되었다. 『명종실록(明宗實錄)』의 개수에 참여했다.

같았습니다.

　살피건대, 앞서 사나운 왜군 우두머리를 포위했다가 왜군 구원군 때문에 포위를 푼 일로 내가 이미 제본을 올려 알렸는데, 거기서 이르기를, "대군이 운집하여 군량을 운송하기 어려우므로, 마땅히 전라도·경상도·충청도 사이의 직산(稷山)·조령(鳥嶺)·임실(任實)·영일(迎日) 등에 둔전을 열고 방어 시설을 설치하여 한편으로는 조선 백성들이 농사짓는 것을 보호하고 한편으로는 저들로 하여금 우리가 오래 버틸 것임을 알게 하는 것이 좋겠습니다. 또한 적의 군영을 살펴보니, 동쪽으로는 경상도를 포괄하고 서쪽으로는 전라도를 병탄하여 그 기세가 매우 창궐하고 있습니다. 왕경의 성지(城池)는 방어를 감당할 수 없으니, 논의하건대, 마(麻) 제독은 동로의 병마를 지휘 통솔하고 유(劉) 제독은 서로의 병마를 지휘 통솔하며 동(董) 총병은 왕경의 방어와 훈련을 전담해서 주관하며 요진(遼鎭)의 이(李) 총병(總兵)은 군사를 거느리고 강변으로 출병하여 호응하게 하는 것이 좋겠습니다."라고 했다. 병부에서 검토 제본을 올리고 성지를 받들었는데 그 대략에 "다시 문서를 보내 총독과 함께 심사숙고해서 움직여 온전한 승리를 거두도록 하라."라고 하셨다.

　그러나 큰 계책은 비록 갖추어졌으나 구체적인 계책은 아직 상세하지 않으니, 즉시 준비하여 이것저것 고려하며 의논해야 하겠다. 이를 위하여 패문을 보내니 그대는 제본을 올리고 성지를 받든 내용에 따르도록 하라. 동 총병은 이미 경략 군문을 따라 방어하고 훈련하고 있는 외에 동로와 서로로 나누어 파견한 대장은 마땅히 어느 곳의 긴요하고 적당한 지방에 주둔하면서 움직이며 피차에 경계할 일이 있으면 어떻게 응원하여 토벌할 것인지, 평소에는 수비를 정돈하면서 어떻게 순찰하고 검열하여 위풍과 기세를 이어가고, 의지와 기개를 널리 퍼뜨려 기각(犄角)을 이루도록 힘쓸 것인지, 부장(副將)·참장(參將)·유격(遊擊)·비왜(備倭)의 병마를 나누어 포진시키는 데 있어서는 더욱 꼼꼼하게 지형의 가파르고 완만함을 따지고 재주를 헤아려서 책임을 맡겨 어느 곳을 제1선으로 삼아 어느 장수가 거느린 군사를 파견하여 틀어막게 할 것인지, 어느 곳을 제2선으로 삼아 어느 장수가 거느린 군사를 파견하여 진을 치고 방어하게 할지 검토하도록 하라. 또한 각각 초가집을 쌓아 거주하게 하여 민가를 침해하지 못하게 하라. 서둘러 왕경 남쪽 각 도 군진의 배신들에게 알려 각 해당 지방에 버려진 전토가 대략 얼마나 있는지, 징발해야 할 군사와 인부가 몇 명인지를 하나하나 조사해서 시기에 맞추어 개간하고, 종자곡과 농우(農牛)·농기구는 어디에서 지급할 것이며 어느 관원에게 맡겨 나누어 처리하게 할 것인지 검토하도록 하라.

병마가 오래 주둔하기 위해서는 방어 시설을 설치하는 것이 상책이다. 어느 곳에 원래 옛 성이 있어 보수해서 쓸 만한지, 어느 곳에는 성이 없어 별도로 책(柵)을 쌓고 참호를 파서 병력을 동원하여 윤번을 돌려 가며 휴양하게 할 것인지를 조사하라. 조선의 토병(土兵)은 농사를 겸해도 무방하니, 한편으로는 훈련하고 한편으로는 경작함으로써 수비하는 것을 전투로 삼게 하고, 동원이 되면 나가서 토벌하며 걸음 걸음마다 가호를 이루어, 손님이 도리어 주인이 되는 형국이 되도록 힘쓰며, 쉬면서 적이 지치게 만드는 계책을 펼칠 수 있도록 하라.

왜군은 교활하고 사나우나 치욕을 되갚아 주기는 어렵지 않다. 이는 그대가 더욱 신경 써서 생각해야 할 것이다. 그밖에 현재 강화(江華)의 수군과 동원되어 온 주(周) 총병, 진(陳) 총병, 유격 허국위(許國威) 등 각지의 수군에 대한 일과 같은 것은 모두 조사해서 논의하여 통속 관계와 책임, 정박지 등을 나에게 보고하고 또한 총독군문·경리무원에게 상세히 통보하여 함께 제본을 올리는 데 증빙으로 삼게 하라. 지연시키거나 간략히 처리하여 불편한 일이 없도록 하라.

삼가 받들어 마 총병에게 문서를 보내고 조선국왕에게 자문을 보내 조사하고 논의하게 했습니다.

그 후 국왕의 자문을 받았는데 그 내용은 다음과 같았습니다.

자문의 내용에 따라 이원익·이덕형·김수(金睟)[105] 등을 독려하여 각 사안에 대해 하나하나 파악하고 처리하여 합당

---

105 김수(金睟): 1547~1615. 조선 사람이다. 자는 자앙(子盎)이고, 호는 몽촌(夢村)이다. 경상도관찰사에 재직 중일 때 임진왜란이 발발하자 전라도관찰사, 충청도관찰사와 함께 근왕병을 일으켰다. 이후 전라도와 충청도에서 군량미를 징수하여 명나라 군사에게 공급했다.

하게 해결하며 봄철 농사를 그르치지 않도록 힘쓰게 했습니다. 파악하고 처리한 내용을 문서로 갖추어 적어 보고하는 외에, 삼가 살피건대, 각 부(部)·원(院) 및 당신[양조령]께서 소방(小邦)을 위해 노고를 하시고 염려를 하고 계시니, 반드시 적절하게 처치하고 착실하게 거행하겠으며, 당직(當職: 조선국왕)은 더욱 절절하게 감사히 여기고 있습니다.

또한 배신 이원익·이덕형·김수 등이 각각 정문(呈文)을 올려 말하기를, "저희는 부·원의 분부를 받들었는데, 둔전, 역참 설치, 선박 건조, 축성 등 각 사안에 대해 회의하라고 했습니다. 또한 양조령을 만나 직접 각 사안에 대한 지휘를 받았으니, 감히 온 마음을 다하지 않을 수 있겠습니까."라고 했습니다.

이에 사안별로 회답을 보내왔는데, 그 내용은 다음과 같았습니다.

경상도는 파종한 논이 9360무(畝)로 벼를 416석(石) 심었고, 밭은 1170무로 콩을 78석 심었습니다. 검토하고 관리하는 위관은 김여율(金汝嵂)[106] 등 8원입니다.

전라도는 파종한 논이 1만 3500무로 벼를 600석 심었고, 밭은 1500무로 콩을 100석 심었습니다. 검토하

......

106 김여율(金汝嵂): 1551~1604. 조선 사람이다. 선조 25년(1592) 척후장(斥候將)으로서 군사를 거느리고 있었는데 임진강에서 왜군과 전투가 일어난 것을 보고서 도망쳤다. 풍천부사(豊川府使)·진주목사(晉州牧師) 등을 역임했으나 재물을 탐한다는 이유로 번번이 파직되었다.

고 관리하는 위관은 홍창세(洪昌世)[107] 등 11원입니다.

충청도는 파종한 논이 7560무로 벼 336석을 심었고, 밭은 1718무로 콩 76석 5두를 심었습니다. 검토하고 관리하는 위관은 이봉(李逢)[108] 등 10원입니다.

논 10무당 경우(耕牛) 1마리, 인부 4명씩이, 밭 5무당 경우(耕牛) 1마리, 인부 4명씩이 필요합니다. 논 10무를 3차례 제초하는 데 인부 30명이 필요하고, 밭 5무를 3차례 제초하는 데 인부 20명이 듭니다.

농우는 이미 각처에서 모집해 두었다가 경상도·전라도·충청도 3도로 나누어 보낸 것이 총 850여 마리입니다.

이 밖에 또한 본도로 하여금 각 고을 가운데 물력이 조금 여유로우며 농사짓는 것이 많은 곳에서는 소 20마리, 15마리, 10마리를 사용하게 하고, 잔파되고 농사짓는 것이 적은 곳에서는 소 5~6마리, 3~4마리를 쓰도록 분정했습니다. 각 고을 가운데 백성의 소를 빌려 개간을 하고 백성의 힘으로 제초하는 곳에서는 그 호(戶)에서 부담해야 할 요역(徭役)을 적절히 감해 주고,

....

107 홍창세(洪昌世): ?~?. 조선 사람이다. 본관은 남양(南陽)이며 무관이다. 선조 26년 (1593) 연일현감(延日縣監)으로 재직 중 군공을 세운 바가 있고 선조 30년(1597) 금산군수(錦山郡守)로서 왜적이 경내에 들어오자 도망갔다가 관아로 돌아온 죄로 탄핵을 받았다. 이후 여러 외관직을 두루 역임했으나 탐욕스러운 성품으로 백성을 괴롭게 한다는 이유로 여러 차례 탄핵받았다.

108 이봉(李逢): ?~?. 조선 사람이다. 본관은 한양(漢陽)이다. 임진왜란이 발발하자 조헌(趙憲) 등과 함께 의병을 일으켰고 그 공으로 옥천군수(沃川郡守), 괴산군수(槐山郡守)에 임명되었다. 정유재란이 발발하자 요해처를 지켜 일본군의 침입을 저지했다.

원하는 데 따라 일수를 계산하여 시행하도록 해야 하겠습니다. 소 한 마리당 5일경을 쓰고, 인부 1명당 15일의 역을 담당하게 해야 하겠습니다. 농기구 또한 농우의 사례에 따라 분배해야 하겠습니다. 각 고을은 종자곡을 스스로 마련하고 각 고을에서 알아서 파종하되, 마땅히 토산의 종자로 해야 하지만 만일 그 고을에 종자가 고갈되었다면 다른 고을에 저장해 놓은 것을 옮겨 지급하여 파종하게 해야 하겠습니다. 근래에 전라도관찰사 황신(黃愼)[109]의 보고를 받았는데, "전라도의 보리 종자가 부족하여 이미 경기도 강화 등의 보리 종자 500석을 운반해 들여다가 나누어 주었습니다."라고 했습니다.

농민군은 또한 다른 고을에서 동원되었는데, 군대에서 방어 임무를 수행하지 못하는 노약한 군병은 농사를 지으러 가게 하겠습니다. 유랑민들 가운데 모집된 자들 또한 한데 모아서 농사를 짓게 해야 하겠습니다. 그러나 이들 모두 관량(官糧)으로 먹여 살려야 할 것인데 곡식이 무르익기 전에는 계속 공급할 대책이 없으므로 한편으로는 진대(賑貸)[110]를 해서 살리고 한편으로는 그들에게 삯일을 하게 하여 품삯으로 먹고살

....

109 황신(黃愼): 1560~1617. 조선의 문신이다. 본관은 창원(昌原)이다. 선조 21년(1588) 알성 문과에 장원으로 급제하여 여러 관직을 역임했다. 임진왜란 발발 후 송응창의 접반사가 되었고 명나라 사신이 도요토미 히데요시를 일본국왕으로 책봉하는 일로 일본에 갈 때 통신사(通信使)로 차출되어 따라갔다.
110 진대(賑貸): 춘궁기나 흉년에 백성들에게 양곡을 대여해 주는 제도이다.

I00 • 명나라의 정유전쟁 2: 반격과 종전

게 해야 하겠습니다. 훗날 유랑민을 얼마나 불러 모았
는지를 조사하여 상과 벌을 주어야 하겠습니다. 연해
각 고을은 그들로 하여금 염호(鹽戶)를 모집하여 소금
을 찌게 해서 농민의 곡식에 보탬이 되게 해야 하겠습
니다. 경주·대구·합천(陜川)·남원(南原)·나주(羅州) 등
유병(留兵)의 주둔처에서 염탐하고 수비하는 정예군을
제외하고 나머지 군사들을 동원해서 농사를 짓게 하
되, 현재 아직 그 수효를 정하지는 않았습니다.

아울러 논의한바, 왕경 이남에 도로의 거리를 헤아려 관사(館
舍)와 역참(驛站)을 설치해서 왕래가 통할 수 있게 하겠다고
했습니다. 또한 성을 수축하고 선박을 건조하는 일, 감독과 위
관(委官)의 직위와 이름을 적어서 보내왔습니다. 저는 한편으
로는 국왕에게 자문을 보내 여러 로의 배신들을 엄히 독려하
여 시기에 따라 처리하고 봄철 농사를 그르치지 않도록 힘쓸
것을 주문하고, 한편으로는 더욱 적절하게 논의하여 정문으
로 회답 보고를 올리려는 가운데 위의 지시를 받았습니다.

이에 따라 함께 논의해 보건대, 왜노가 바다를 건너 조선
을 침략했으니 서둘러 전투하는 것이 이익일 것인데, 지금 구
덩이를 깊이 파고 망루를 높이면서 험요지를 막으며 굳건히
지키려 하고 있습니다. 이는 아마도 울산에서 패배하여 콧대
가 꺾여 방어하고 수비하는 것을 더욱 엄격히 하려는 것일 텐
데, 명군이 멀리서 왔으니 형세상 오래 주둔하기 어려울 것
이라 생각하여 벽을 굳건히 함으로써 우리를 피곤하게 하면
서 점차 우리 세력을 잠식하려는 모의일 뿐입니다. 우리가 만

약 급하게 공격한다면 이는 바로 저들의 계책에 빠져드는 것이니, 마땅히 오래 버텨 손님이 도리어 주인이 되려는 모습을 보인다면, 싸우지 않고서도 저들을 꺾을 수 있을 것입니다.

위에서 말씀하신 둔전하고, 성을 쌓으며, 선박을 건조하고, 역참을 설치하는 등 일체의 수비를 정비하는 사안은 과연 눈앞의 중요한 과제입니다. 다만 왜노가 연해 일대에 웅크리고 들어앉아, 동쪽으로는 울산·기장에서부터 서쪽으로는 순천·홍양(興陽) 등에 이르기까지 군영이 이어진 것이 900여 리가 됩니다. 왕경 남쪽에 적이 들이받지 않을 곳이 없습니다. 우리가 만약 한 갈래 군사로 저들을 방어한다면, 우리가 그 동쪽을 방비할 때 적은 서쪽에서 튀어나올 것이고, 우리가 그 왼쪽을 걱정한다면 적들은 그 오른쪽을 가릴 것입니다. 이렇게 하면 비단 사람과 말이 명을 받아 바삐 움직이느라 피로해질 뿐만 아니라 둔전하는 일은 어느 곳도 안전을 보장할 수 없을 것이고 수비를 정비하는 일은 산만하여 성공을 거둘 수 없어 적을 섬멸하기를 기대할 수 없을 것이니, 이는 좋은 계책이 아닙니다. 지금 의논하건대, 군사를 셋으로 나누고 각각 대장이 통솔하게 하여, 한편으로는 적의 세력을 갈라놓아 울타리를 굳건하게 하고, 한편으로는 장수의 권한을 하나로 하여 관망하는 일을 끊어 버린다면 계책으로 이보다 더 좋은 것이 없을 것입니다.

살피건대, 왕경 남쪽은 오직 3로가 가장 긴요합니다. 1로는 죽령(竹嶺)으로부터 용궁(龍宮)·안동(安東)을 거쳐 울산에 이르는 길로, 경상좌도에 속합니다. 1로는 조령으로부터 문경

(聞慶)·함창(咸昌)·상주(尙州)를 거쳐 사천(泗川)에 이르는 길로, 경상우도에 속합니다. 1로는 전주에서 남원을 거쳐 순천에 이르는 길로, 전라도에 속합니다. 이 3로는 모두 적이 반드시 침범할 곳이자 우리가 반드시 지켜야 하는 곳입니다.

　다만 왕경에서 적의 소굴까지 모두 700~800리 떨어져 있습니다. 그 중간 지방은 잔파된 곳이 매우 많지만, 그러나 또한 인민과 가축이 있으니 적들도 군침을 흘리고 있습니다. 이제 만약 군사의 주둔지를 너무 먼 곳으로 하면 이를 버리고 적에게 주는 것으로 적에게 우리가 겁먹었음을 보이는 일이 될 것입니다. 주둔지를 너무 가까운 곳으로 하면 후방의 응원이 이어지지 않아 적에게 틈을 보이게 될까 걱정입니다. 제 생각으로는 앞뒤가 서로 이어지고 머리와 꼬리가 서로 호응하여 세력이 상산(常山)의 뱀[111]과 같게 한다면 좋은 계책이라고 할 수 있을 것입니다. 주둔하는 데 있어서는 제1선에는 지모와 용기가 출중한 남북의 장수 각각 1명씩을 뽑아 기병과 보병 두 갈래를 거느리고 협력하여 방어하게 해야 하겠습니다. 그 나머지도 순서에 따라 주둔병이 응원을 준비해야 하겠습니다. 대장은 반드시 요충지에 출진하면 동원 명령을 내리기에 편리할 것입니다.

　동로의 경우 영천(永川)·신녕(新寧) 사이가 남쪽으로 경주의 요충지와 떨어져 있어 수비하지 않을 수 없으니, 마땅히

....

111 상산(常山)의 뱀: 상산에 사는 뱀인 솔연(率然)은 머리를 치면 꼬리가 달려들고 꼬리를 치면 머리가 달려들고 허리를 치면 머리와 꼬리가 함께 달려든다고 한다. 손자(孫子)는 용병에 능한 자는 솔연처럼 병사를 지휘한다고 했다. 『손자(孫子)』 「구지(九地)」.

이곳에 성책을 수축하고 참장 왕국동(王國棟)[112]과 강급부장 (降級副將) 오유충(吳惟忠)[113]에게 명하여 수비하게 해야 하겠 습니다. 그 동쪽 50리에 있는 영일의 근처는 형산강(兄山江)이 산에 기대고 바다가 옆에 있어 수군을 통행시킬 만하니, 유격 허국위에게 명하여 복건의 수군 2000명 및 아직 도착하지 않 은 왕원주(王元周)[114]·이천상(李天常)의 오송의 군사 2000명을 거느리고 울산과 기장의 적 세력을 견제하게 해야 하겠습니 다. 제독 마귀는 안동부에 주둔해야 하겠습니다. 이 로의 지 방 가운데 의흥(義興)·의성(義城)·안강(安康) 등은 모두 유병 이 연이어 있으니, 원임 부장 해생(解生)[115]과, 원임 참장 양등 산(楊登山),[116] 유격 진인(陳寅)[117]·파귀(頗貴)[118]·파새(擺賽)[119]·

....

112 왕국동(王國棟): ?~?. 명나라 사람이다. 호는 충암(忠菴)이고 섬서 연안부(延安府) 수덕 위(綏德衞) 출신이다. 만력 26년(1598) 흠차통령연수전영참장(欽差統領延綏前營參將) 으로 마병 2120명을 이끌고 조선에 왔다가 이듬해에 명나라로 돌아갔다.

113 오유충(吳惟忠): ?~?. 명나라 사람이다. 만력 20년(1592)에 흠차통령절병유격장군(欽差 統領浙兵遊擊將軍)으로 보병 1500명을 이끌고 조선에 와서 평양성 전투에 참여했고 만 력 22년(1594)에 명나라로 돌아갔다. 만력 25년(1597) 흠차비왜중익부총병 원임도독첨 사(欽差備倭中翼副總兵原任都督僉事)로 보병 3990명을 이끌고 다시 조선에 와서 충주 에 주둔하고 영남을 왕래하면서 일본군을 토벌했다. 만력 27년(1599)에 명나라로 돌아 갔다.

114 왕원주(王元周): ?~?. 명나라 사람이다. 호는 경남(敬南)이고 소주부(蘇州府) 태창위(太 倉衞) 출신이다. 진린(陳璘)의 표하유격(標下遊擊)으로 수병 2000명을 이끌고 만력 26 년(1598)에 조선에 왔다. 고금도(古今島)에 머물다 이순신(李舜臣)과 함께 순천 공격에 가담했다. 이듬해에 명나라로 돌아갔다.

115 해생(解生): ?~?. 명나라 사람이다. 선부전위(宣府前衞) 출신의 몽골족 장수이다. 만력 25년(1597) 흠차비왜좌익부총병(欽差備倭左翼副總兵)으로 마병 2500명을 이끌고 조선 에 왔다. 용맹하기로 이름난 사장(四將) 중 한 명으로, 직산 전투에서 일본군의 북상을 저지하는 데 큰 공을 세웠고 도산성 전투에서도 용맹을 떨쳤다. 만력 27년(1599) 7월에 명나라로 돌아갔다.

116 양등산(楊登山): ?~?. 명나라 사람이다. 자는 개명(愷明)이고 선부(宣府) 회안위(懷安

진잠, 도사(都司) 설호신(薛虎臣)[120] 등으로 하여금 각각 관령하게 하고 모두 마귀의 지휘에 따라 나누어 포진하게 해야 하겠습니다.

서로의 경우 남원·곡성(谷城)·구례(求禮)·운봉(雲峰) 등이 모두 요충지인 가운데 남원이 가장 중요하고 수리해야 할 성이 있으니, 원임 부장 이방춘(李芳春)[121]과 유격 남방위(藍芳威)에게 명하여 수비함으로써 순천과 왜교(倭橋)의 세력을 견제하게 해야 할 것입니다. 그 나머지 지방은 모두 유병이 연이

....

衛) 출신이다. 무관직을 세습하고 무진사가 되었다. 흠차협수동로참장(欽差協守東路參將)으로 만력 25년(1597)년에 마병 1200명을 이끌고 조선에 왔다가 만력 27년(1599)에 명나라로 돌아갔다. 용맹함으로 이름이 높았으며 파귀(頗貴)·파새(擺賽)·해생(解生)과 함께 4장으로 일컬어졌다. 추후 관직이 총병(總兵)에 이르렀다.

117 진인(陳寅): ?~1621. 명나라 사람이다. 절강 온주부(溫州府) 금향위(金鄕衛) 출신으로 만력 25년(1597)에 흠차통령계진영평첨방남북관병유격장군(欽差統領薊鎭永平添防南北官兵遊擊將軍)으로 보병 3850명을 이끌고 조선에 와서 도산(島山) 전투에 참여했다. 만력 27년(1599) 명나라로 돌아간 직후 양응룡(楊應龍)의 난 진압에 투입되었다.

118 파귀(頗貴): ?~?. 명나라 사람이다. 선부우위(宣府右衛) 출신의 몽골족 장수이다. 만력 25년(1597)년에 흠차통령선대조병원임유격장군(欽差統領宣大調兵原任遊擊將軍)으로 마병 2800명을 이끌고 조선에 왔다.

119 파새(擺賽): ?~1598. 명나라 사람이다. 대동우위(大同右衛) 출신의 몽골족 장수였다. 만력 25년(1597)년에 흠차통령선대초모이병유격장군(欽差統領宣大招募夷兵遊擊將軍)으로 마병 3000명을 이끌고 조선에 와서 직산 전투, 도산 전투 등에 참여했다. 이듬해에 진중에서 병사했다.

120 설호신(薛虎臣): ?~?. 명나라 사람이다. 직례 보정부(保定府) 정흥위(定興衛) 사람이다. 만력 25년(1597) 흠차진정영좌관관(欽差眞定營坐管官)으로 마병 3000명을 이끌고 조선에 왔다. 마귀(麻貴) 휘하의 동로군에 편제되었다. 만력 27년(1599)에 명나라에 돌아갔다.

121 이방춘(李芳春): ?~?. 명나라 사람으로 직례 대명부(大名府) 평로위(平虜衛) 출신이다. 이성량(李成梁)의 가정(家丁)으로, 뛰어난 용맹으로 유명했다. 만력 20년(1592) 흠차통령계진준화참장(欽差統領薊鎭遵化參將)으로 마병 2000명을 이끌고 조선에 왔었고 만력 25년(1597)에 총병으로 다시 왔다.

어 있으니, 부장 조희빈(曹希彬)[122]과 원임 참장 이녕(李寧),[123] 유격 사무관(司懋官)[124]·우백영(牛伯英)[125]·부량교·왕지한(王之翰)[126] 등으로 하여금 관령하게 하고 모두 유정의 지휘에 따라 나누어 포진하게 하며, 유정은 전주에 주둔하게 해야 하겠습니다.

중로는 고령(高靈)과 성주(星州) 사이가 가장 요충지이므로 이곳에 성책을 수축하고 유격 모국기(茅國器),[127] 원임 유격 노득공에게 명하여 수비함으로써 진주(晉州)와 의령(宜寧)의 적의 형세를 견제하게 해야 하겠습니다. 그 대장으로는 일

....

122 조희빈(曹希彬): ?~?. 명나라 사람이다. 자는 자후(子厚) 호는 남회(南懷)이며 사천 성도 후위(成都後衛) 사람이다. 만력 26년(1598)에 흠차통령천귀관병부총병(欽差統領川貴官兵副總兵)으로 보병 2890명을 이끌고 조선에 왔다가 이듬해에 명나라로 돌아갔다.

123 이녕(李寧): ?~1598. 명나라 사람으로 요동 철령위(鐵嶺衛) 출신이다. 이성량의 가정 출신이며 용력(勇力)으로 이름났다. 만력 25년(1597)에 흠차통령보정영병비왜부총병 서도독첨사(欽差統領保定營兵備倭副總兵署都督僉事)로 마병 2000명을 이끌고 남하했는데 만력 26년(1598) 4월 거창(居昌) 지역에서 일본군과 전투하다 사망했다.

124 사무관(司懋官): ?~?. 명나라 사람이다. 흠차통령건창도사영병유격장군(欽差統領建昌都司營兵遊擊將軍)으로 보병 3100명을 이끌고 만력 26년(1598)에 조선에 왔다.

125 우백영(牛伯英): ?~?. 명나라 사람이다. 보안위(保安衛) 출신이다. 만력 25년(1597) 흠차통령계진표하삼둔중우영유격장군(欽差統領薊鎭標下三屯中右營遊擊將軍)으로 마병 600명을 이끌고 조선에 왔다. 만력 27년(1598) 12월에 누르하치가 몽골과 연합하여 요동을 공격한다는 소문이 돌자 형개(邢玠)는 우백영에게 요동으로 돌아가 방어하도록 했다.

126 왕지한(王之翰): ?~?. 명나라 사람이다. 호는 석암(石岩)이고 사천 보안위(普安衛) 출신이다. 만력 26년(1598)에 흠차호북천동필랑영병유격장군(欽差湖北川東畢郞營兵遊擊將軍)으로 사천의 보병 4000명을 이끌고 조선에 왔다가 이듬해 4월에 명나라로 돌아갔다. 예교(曳橋) 전투에서 사무관(司懋官)과 함께 달아났다.

127 모국기(茅國器): ?~?. 명나라 사람이다. 절강 소흥위(紹興衛) 출신으로 만력 16년(1588) 무진사가 되었다. 만력 25년(1597) 흠차통령절승영병유격장군 도지휘동지(欽差統領浙勝營兵遊擊將軍都指揮同知)로 보병 3100명을 이끌고 조선에 왔다. 사천(泗川) 전투에서 패배한 후 참모 사세용(史世用)을 내세워 왜군과 철수교섭을 전개하기도 했다.

처리에 있어 지모와 용기가 출중한 자를 뽑아 승진 임용하여 상주 지방에 주둔하게 해야 하겠습니다. 문경·선산(善山)·함창 등에는 모두 유병이 연이어 있으니, 부장 장방(張榜), 원임 부장 이녕, 유격 학삼빙(郝三聘)·사도립(師道立)·섭방영(葉邦榮)[128] 등으로 하여금 관령하게 하고 모두 대장의 지시에 따라 나누어 포진하게 해야 하겠습니다.

여러 장수들에게 기왕 관할지를 정해 주었으니, 각각 형세를 살펴 안동·의흥·전주·상주 등과 같이 성을 쌓을 수 있는 곳에는 군사들을 독려하고 통솔하여 서둘러 성을 수축하도록 해야 하겠습니다. 그 나머지 지역은 성을 쌓을 수 없으니, 안으로는 목책을 줄지어 세우고 바깥으로는 참호를 더 깊이 파서 높은 데 의지하여 험요지를 막음으로써 전투하고 수비하는 데 보탬이 되게 해야 하겠습니다. 각 군사들은 모두 여러 차례 내린 금지령에 따라서 초가집을 지어 거주하며 민가를 점탈하지 못하게 해야 하겠습니다. 경내의 농경지에 대해서는 주인이 있는 곳은 조선에서 스스로 농사짓도록 허락하는 외에 그 나머지 버려진 땅은 모조리 조사해서 모두 군사들에게 나누어 지급하여 면적을 계산해서 농사짓게 함으로써 군량에 보탬이 되게 해야 하겠습니다. 일체의 농기구와 소, 종자 등의 물건은 유격 남방위가 이미 시행한 사례에 따라 요청하여 지급하고, 가을이 되면 수입의 많고 적음을 조사해서 포

128 섭방영(葉邦榮): ?~?. 명나라 사람이다. 만력 21년(1593) 통령절병유격장군(統領浙兵遊擊將軍)으로 마병 1500명을 통솔했다. 만력 25년(1597)에 절강 군사 1500명을 이끌고 조선에 다시 왔다.

상하고 징계할 것을 분별해야 하겠습니다.

조선의 병사와 말은 많지도 않고 또 모두 약합니다. 그들 가운데 전라도와 경상도 등 3도에 있는 자들은 각 대장이 나누어 포진시켜 방어하는 일을 보좌하게 하거나 혹은 성지를 수축하는 일을 돕게 하여 우리의 병력을 아끼게 해야 하겠습니다. 포진하는 것이 정해졌으니 각각 관할하는 경계에 따라 파발을 설치하고 봉수대를 두어야 하겠습니다. 만약 앞길에 경계할 일이 있으면 후방 부대가 차례대로 전진하여 힘을 합쳐 적을 막아서고 토벌해야 할 것입니다.

3로의 권한은 비록 나누어 소속되게 했지만 그 우의는 한배를 탄 것과 같습니다. 만약 적이 동로를 침범하면 중로에서 군사를 파견하여 달려가 응원하고, 서로에서는 군사를 이끌고 적의 소굴을 두들겨 견제해야 할 것입니다. 적이 서로를 침범하면 중로에서 군사를 파견하여 달려가 응원하고, 동로에서는 군사를 이끌고 적의 소굴을 두들겨 견제해야 할 것입니다. 적이 중로를 침범하면 동로와 서로에서 한쪽은 군사를 파견하여 달려가 응원하고, 한쪽은 군사를 이끌고 적의 소굴을 두들겨 견제해야 할 것입니다. 과연 적의 명성과 위세가 무겁고 크다면 이웃 경계의 대장이 친히 정예 군사를 통솔하여 왕래하면서 협동 작전하여, 한마음으로 힘을 다하고 함께 계책을 합치도록 힘쓴다면 팔과 손가락의 관계처럼 긴밀한 형세를 이룰 수 있을 것입니다. 만약 머뭇거리면서 관망하며 응원하러 가지 않거나, 응원하러 가더라도 시기를 놓쳐 일을 그르치게 한 자는 일체 논죄하여, 대장은 무거운 쪽으로 탄핵하고 편장은 즉시 참수한다면 법령이 엄숙해져서 사람들이 감히 어기지 못하게 될 것입니다.

해도(海道)에 대해서는 압록강 서쪽을 하로(下路)로 삼아 총병 주우덕의 관할에 속하게 하여 남경의 수군 2200명과 천진 일대의 수군을 통령해서 여순에 주둔하여 내지를 보호해야 하겠습니다. 압록강 남쪽을 상로(上路)로 삼아 새로이 총병 진린으로 하여금 계금(季金)[129]·장양상(張良相)·심무(沈茂)·복일승(福日昇)·양천윤(梁天胤) 등의 군영을 통령하여 군산도(群山島)·진도(珍島) 등에 정박하여 기회를 보아 진군하여 토벌하게 해야 하겠습니다. 그가 원래 거느렸던 광병(廣兵) 5000명은 스스로 부장을 선택하여 나누어 거느리게 하도록 허락하고, 즉시 근처 해안 나주 주둔군 진영에서 기세를 도움으로써 동쪽에서 3로를 지원하도록 해야 하겠습니다. 왜군의 모의가 교활하다 할지라도 우리가 그 뒤를 밟을 것을 우려하여 감히 결코 돛대를 펼치고 직접 들어오지는 못할 것입니다.

우리의 성 수비가 완성되고 군량이 충족되기를 기다렸다가 안동의 대장은 경주로 진출하여 주둔하고, 상주의 대장은 진주(晉州)로 진출하여 주둔하고, 전주의 대장은 순천으로 진출하여 주둔하며, 각 로의 병마들이 비늘처럼 잇달아 진격하면서 직접 적의 보루를 압박해 감으로써 그들의 세력을 위축

....

129 계금(季金): ?~1598. 명나라 사람이다. 정유재란이 발발하자 흠차통령절직수병유격장군(欽差統領浙直水兵遊擊將軍)으로서 복건(福建)의 수병(水兵)을 이끌고 조선에 왔다. 총병 진린(陳璘)의 휘하에서 활동하면서 그를 도와 노량해전에서 왜군을 물리치는 데 큰 공을 세웠다.

시켜야 하겠습니다. 적이 만약 군사를 나누어 우리와 싸우러 나오면 우리 또한 길을 나누어 저들을 공격하면서, 견고한 적은 놔두고 약한 적을 공격하고, 빈틈을 타서 기병(奇兵)을 출동시키면 적의 머리와 꼬리가 구원하고 응원할 틈이 없어 자연히 쓰러지고 엎어지게 될 것입니다. 만약 적들이 부산으로 도망쳐 모여들면 우리 서로의 수군이 승세를 타서 재빨리 한산(閑山)을 취하고, 육군은 옆길로 협공해야 할 것입니다. 한산을 일단 수복하면 안골도(安骨島)를 거쳐 동진하며, 동로의 수군은 울산으로 진격하여 습격하고 서생포(徐生浦)를 거쳐 남진하여 부산에서 모일 것을 기약한 후 적진을 휘저어야 할 것입니다. 그렇게 하여 왜적이 앞뒤로 적군을 맞이하면 형세가 분명 낭패를 보게 될 것입니다. 만전을 기하는 계책이 이보다 더 좋을 수 없을 것입니다.

다만 걱정스러운 것은 군량뿐입니다. 이는 운반선이 광량(廣梁)을 거쳐 강화로 들어와서 겨우 왕경과 충주(忠州)에 이를 수 있기 때문입니다. 이 밖에 육상 운송은 매우 어려우며 항상 제대로 충분하지 못해 힘듭니다. 앞서 배신 이덕형이 문서로 보고하기를, "전라도의 쌀과 콩 총 2만 8000여 석과 경상도의 쌀과 콩 총 6만 9700여 석을 모두 이웃 고을에 거두어 쌓아 놓았습니다."라고 했습니다. 이에 앞서 군사를 나누어 곧바로 먹도록 논의했던 것이니, 이는 임시적인 조치였습니다. 이제 각각 담당 지역을 정했으니 기필코 방법을 마련하여 운반해서 전투하고 수비하는 데 이바지하게 해야 하겠습니다. 근래에 조선으로부터 자문을 받았는데 거기에 이르기

를, "배신 병조참판(兵曹參判) 박홍로(朴弘老),[130] 형조참판(刑曹
參判) 홍이상(洪履祥),[131] 부호군(副護軍) 우준민(禹俊民)[132] 등에
게 추가로 임무를 주어 나누어 가서 재촉하고 독려하게 했습
니다."라고 했습니다. 각각에 모두 원래 맡겼던 경력(經歷) 오
서린(吳瑞麟),[133] 수비(守備) 백황(白潢)[134] 등이 있으니 지급하
는 일을 함께 관장하게 해야 하겠습니다.

　선박을 건조하는 일에 대해서는 앞서 경력 왕관생(王觀
生)[135]의 조사 보고를 받았는데, 각 도에서 모두 선박 357척을

130 박홍로(朴弘老): 박홍구(朴弘耉)를 이른다. 1552~1624. 조선 사람이다. 본관은 죽산(竹
　山)이며 선조 15년(1582) 식년 문과에 급제했다. 선조 26년(1593) 전라도에 군량미 납
　입을 단속하기 위한 조도어사(調度御史)로 파견되었다. 이후 충청도관찰사, 전라도관찰
　사, 병조참판, 도승지 등을 역임했다. 인조 2년(1624) 이괄의 난 때 광해군의 복위를 기
　도했다는 혐의를 받아 사사(賜死)되었다가 숙종 17년(1691) 신원되었다.
131 홍이상(洪履祥): 1549~1615. 조선 사람이다. 본관은 풍산(豊山)이고 자는 군서(君瑞)·
　원례(元禮), 호는 모당(慕堂)이다. 초명은 인상(麟祥)이다. 선조 12년(1579) 식년문과에
　장원급제하여 예조좌랑(禮曹佐郎), 정언(正言) 등을 거쳐 이조참의(吏曹參議)가 되었다.
　선조 25년(1592) 임진왜란이 발발하자 선조를 호종하여 서행하다가 평양에서 어머니를
　찾기 위해 어가를 떠났다. 곧 병조참의(兵曹參議)에 임명되었고 선조 27년(1594)에는
　성절사(聖節使)로 사행을 다녀왔다. 호조참판(戶曹參判) 등을 거쳐 대사성(大司成)이 되
　었다. 광해군 즉위 후 북인(北人) 일파에 밀려나 좌천된 후 사망했다. 고양의 문봉서원
　(文峯書院)에 제향되었다.
132 우준민(禹俊民): 1553~?. 조선 사람이다. 본관은 단양(丹陽)이고 자는 계양(季良), 호는
　풍택(楓澤)이다. 선조 12년(1579)에 진사시에 합격하고 선조 15년(1582)에 급제하여
　사헌부 지평, 장령, 사간원 헌납, 성균관 사성 등을 역임했다. 도승지까지 올랐으나 신병
　으로 체차되었고 다시 관직에 복귀하여 호조참 등을 지냈다.
133 오서린(吳瑞麟): ?~?. 명나라 사람이다. 정유재란 발발 후 동로관량경력(東路管糧經歷)
　으로 2년간 임무를 수행했다.
134 백황(白潢): ?~?. 명나라 사람이다. 정료중위지휘첨사(定遼中衞指揮僉事)를 지냈으며
　정유재란 시 군량 운송을 담당하고 있었다.
135 왕관생(王觀生): ?~?. 명나라 사람이다. 요해위경력(遼海衞經歷)이며 정유재란 시 관량
　위관(管糧委官)의 직책을 수행했다.

얻었다고 합니다. 또한 제가 상세히 조사해 보니, 평안도에서 30척을 건조했고 황해도에서 50척을 건조했으며 강원도와 경상도 두 도에서 총 15척을 건조했으므로, 국왕에게 자문을 보내 배신 유근(柳根)[136]·한효순(韓孝純)[137] 등에게 전담시켜 처리하게 했습니다. 또한 주판(州判) 심사현(沈思賢),[138] 전사(典史) 황삼태(黃三台)에게 다시 문서를 보내 선박 건조를 감독하여 시일을 지켜 완성하고 보고하라고 했습니다. 동해의 선박은 현재 파총(把總) 우승은(于承恩)[139]이 건조를 감독하고 있으므로, 다시 유격 허국위에게 명을 내려 좌도관찰사(左道觀察使) 윤승훈(尹承勳)과 함께 독려하고 힘을 합해 서둘러 건조한다면 일을 그르치지 않을 수 있을 것입니다.

만약 병마가 왕래함에 숙식을 하지 않을 수 없는데 관사나 역참이 없다면 어디에 기대어 쉴 수 있겠습니까. 이제 마땅히

....

136 유근(柳根): 1549~1627. 조선 사람으로 본관은 진주(晉州)이다. 선조 5년(1572) 별시 문과에 장원으로 급제했다. 선조 25년(1592) 임진왜란이 발발하자 선조를 호종했다. 선조 30년(1597)에는 해운검찰사(海運檢察使)가 되어 명나라 산동으로부터 군량 수백만 석을 운반해 오는 일을 책임졌다.

137 한효순(韓孝純): 1543~1621. 조선 사람으로 본관은 청주(淸州)이다. 선조 9년(1576) 식년 문과에 급제했다. 선조 25년(1592) 임진왜란이 발발하자 영해부사(寧海府使)로서 일본군과 맞서 싸웠고, 곧 경상좌도관찰사로 임명되어 해안 방비와 군량 조달에 힘썼다. 선조 29년(1596)에는 체찰부사(體察副使)로 임명되어 통제사 이순신의 요청으로 한산도에서 병사를 모집하는 등 수군 양성을 꾀했다.

138 심사현(沈思賢): ?~?. 명나라 사람으로 절강 소흥부(紹興府) 여요현(餘姚縣) 출신이다. 원임 통판(通判)으로 송응창(宋應昌)을 따라 조선에 와서 심유경(沈惟敬)과 함께 왜적의 진영에 들어갔다. 만력 25년(1597)에 어사 진효(陳效)의 표하관(標下官)으로 조선에 와서 군량 조달을 맡았다.

139 우승은(于承恩): ?~?. 명나라 사람이다. 파총(把總)으로 강원도와 경상도 등 동해에서의 선박 건조를 감독했다.

거리를 계산해서 역참을 설치하고서, 역참마다 조선의 통관을 한 명씩 두고 여러 참에 중국의 위관을 한 명씩 두어 언어를 통하게 하며 교역을 공평하게 해야 하겠습니다. 만약 소란을 일으키고 손해를 끼치는 일이 있을 때 법으로 처리한다면 충분할 것입니다.

이상 각 항목의 공정과 병마를 살펴 조사하고 군량과 마초를 모으는 일을 재촉하는 일은 각 도마다 부(府)·좌(佐) 1원씩을 두어 나누어 처리하게 한다면 책임을 맡기기에 편리할 것입니다.

총괄해서 조사하고 감독하는 일에 대해서라면 그 책임이 사(司)·도(道)에 있으나 사안이 번잡하고 임무가 무거워 겸직하기 어려우므로, 각 로에 전담할 1명의 도(道)를 두고, 소속지방에서 편의에 따라 주둔할 수 있도록 해야 하겠습니다. 전라도에서는 수군을 겸하여 관리하여 일체 전투하고 수비하는 사안에 대해서는 대장과 함께 계책을 세우고 의논하여 행해야 하겠습니다. 가장 긴요한 것은 3도가 한마음으로 서로 도움으로써 공을 이루기를 도모하는 데 있으니, 그렇게 하면 세 장수가 서로 권한을 다투지 않게 될 것이고 여러 장수들 또한 진(秦)나라와 월(越)나라가 서로 바라보듯[140] 하지는 않을 것입니다.

신이 경리조선군무 도찰원우첨도어사 양호, 감찰요해조선군무 감

---

140 진(秦)나라와 …… 바라보듯: 진나라와 월나라는 중국 춘추 시대의 두 나라 이름으로 진나라는 서북쪽, 월나라는 동남쪽에 있어 거리가 극히 멀었다. 여기서는 사이가 소원(疏遠)한 것의 비유로 쓰였다.

찰어사 진효와 함께 논의해 보건대, 왜노가 바다를 건너 조선을 침략한 것이나, 우리 군사가 강을 건너 조선을 구제한 것이나 이쪽저쪽이 모두 손님인 상황입니다. 그러나 왜군은 한쪽을 차지하고 버틴 지 이미 7년이나 되었고 세 곳의 소굴을 굳게 마련해 놓았으니 손님 가운데서는 주인인 것 같습니다. 우리는 진격하자니 서둘러 전투를 치를 수 없고 퇴각하자니 오래 버틸 수 없어 손님 가운데서도 손님인 것 같습니다. 만약 수고로움과 안일함을 같지 않게 하지 않는다면 어찌 승패를 비교할 수 있겠습니까. 따라서 왜군을 뽑아내기 어려운 이유는 오직 험준한 곳에 기대 보루를 정비하고서 머리와 꼬리가 충돌할 염려가 있다는 데 있는즉, 우리가 왜를 제어하는 방법으로는 진영(鎭營)을 설치하고 둔전을 열어 수륙으로 기각의 형세를 이루는 것보다 나은 것이 없습니다. 이런 까닭에 무뢰(武牢)에 군영을 치자 정(鄭)나라 사람들이 두려워했고,[141] 동양(東陽)을 지키자 내자(萊子)가 굴복했으며,[142] 오성(五城)을 개축하자 오(吳)나라의 물자가 막혔고, 삼수(三受)를 모두 쌓자 오랑캐의 길이 막혔던 것입니다.[143] 아침저녁의 눈앞의 이익을 가벼이 여기고, 끝내 평정하는 큰

....

141 무뢰(武牢)에 …… 두려워했고: 무뢰(武牢)는 곧 호뢰(虎牢)로 서주(西周)시대 이래 낙양(洛陽) 동쪽을 방어하는 중요한 요충지였다. 당고조(唐高祖)의 아버지 이호(李虎)의 이름을 피휘하여 무뢰라고 부르게 되었다. 노양공(魯襄公) 2년에 노나라, 진(晉)나라 등이 회합하여 호뢰에 성을 쌓아 정(鄭)나라를 토벌하기로 했다. 호뢰에 성이 완공되자 정나라는 결국 진나라와 화친했다. 『춘추좌씨전(春秋左氏傳)』 권4, 노양공 2년 경인.

142 동양(東陽)을 …… 굴복했으며: 노양공 2년, 제(齊)나라의 재상 안영(晏嬰)이 처음 동양(東陽)에 성을 쌓고 노양공 5년에 성을 보수한다는 핑계로 동양에 와서 래(萊)나라를 포위했다. 결국 래나라는 제나라에 의해 멸망당했다. 『춘추좌씨전(春秋左氏傳)』 권4, 노양공 6년 갑오.

143 삼수(三受)를 …… 것입니다: 한나라 때 흉노의 당(唐)나라 경룡(景龍) 2년(708), 삭방군총관(朔方軍總管) 장인원(張仁愿)이 황하 북쪽의 강변을 따라 서수항성(西受降城),

공을 거두어야 합니다.

지금 병비도(兵備道)가 건의하기를, 경상도와 전라도를 3로로 나누고, 동해와 서해를 각 로에 붙여 두 갈래로 나누자고 합니다. 대장은 깃발과 북을 함께 세우고 편장은 각각 요해처를 수비하며 감사는 도의 감찰을 전담하고 부좌는 강역을 나누어 업무를 맡으며, 또한 정중하게 응원하고 한마음으로 협조하자고 했는데, 분석하고 계획한 것이 매우 주도면밀하여 모두 신 등이 심사숙고하여 상세하게 정한 계책과 동일합니다. 병마는 현재 이미 배치했고, 둔전하고 축성하는 일은 현재 거행하고 있는 외에, 대장을 두는 일은 마땅히 그 명호(名號)를 하나로 한 이후에야 직권이 제대로 돌아갈 수 있을 것입니다.

(이하 원본 殘缺로 번역 불가)

....

중수항성(中受降城), 동수항성(東受降城) 등 3개의 성을 쌓아 돌궐의 침입을 방어했다. 『신당서(新唐書)』권111 「장인원열전(張仁愿列傳)」.

4-8

포상을 공경히 사은하는 상주

恭謝欽賞疏 | 권4, 殘缺-60b

날짜 만력 26년(1598) 3월 말~4월 초

내용 울산성 전투의 전과에 대해 황제가 포상을 내린 데 대하여 사은하
는 내용의 상주이다.

관련문서 『명신종실록』 만력 26년 정월 17일에는 울산 전투 승리에 대해
형개·양호·마귀 등에게 차등 있게 은을 내리고, 태복시(太僕寺)의 마가
은(馬價銀) 5만 냥을 지출하여 장사들에게 포상했다는 기사가 실려 있
다.[144] 『선조실록』에는 4월 3일 선조가 양호를 만나서 만력제로부터 상
을 받은 것을 축하했다는 기사가 있으므로,[145] 3월 17일 서울을 떠나 북
상하고 있던 형개가[146] 포상을 받고 본 문서를 작성한 것도 비슷한 시기
일 것이다.

(이상 원본 殘缺로 번역 불가)

....

144 『명신종실록』 권318, 만력 26년 정월 17일(계묘), "東征又以捷聞, 詔賚總督·撫·鎭諸臣邢
玠·楊鎬·麻貴等白金有差, 幷發太僕寺馬價銀五萬兩, 犒將士."
145 『선조실록』 권99, 선조 31년 4월 3일(정사), "上往見楊經理曰, 皇上明燭大人有功於東土,
大加褒賞, 不勝拜賀. 經理曰, 小無功勞, 特蒙獎賞, 不勝慙愧."
146 『선조실록』 권99, 선조 31년 3월 17일(임인).

시간이 촉박하고 형세가 급박하여 준비에 만전을 기울이지 못했습니다. 인사(人事)는 가지런하지 못함을 굳게 알고, 천시(天時)는 잃기 쉽다는 것을 실로 걱정했습니다. 그런데 황상의 무위(武威)를 널리 펴시고 묘당의 도모에 우러러 기대어, 열성조의 신령을 등에 업고 육사(六師)의 공세를 떨쳐, 예정(霓旌)[147]이 올려지자 단단한 성이 누차 격파되었습니다. 비록 교활한 토끼를 구멍 속으로 몰아넣었어도 비바람이 들이닥쳐 화(禍)의 뿌리를 아직 뽑아내지 못했는데, 오히려 배를 삼킬 만큼 큰 물고기를 그물에서 빠져나가게 하여[148] 적을 처리하는 일을 군부께 남겨 드렸으니[149] 근심이 남게 되었습니다. 상을 내려 주실 것이라고는 기대하지도 못했는데, 은혜가 바라던 것보다 훨씬 넘쳐날 줄을 어찌 생각이나 했겠습니까.

이번 전역(戰役)에 있어서 정벌을 도모하기는 함께 모여서 함께 꾀한 덕분이니, 지략은 여러 현자들이 완성했고, 용기를 북돋우기는 먼저 뛰어들고 먼저 오른 덕분이니, 공은 여러 장수들에게 있습니다. 신은 다른 사람들 덕분에 임무를 달성했음이 부끄러운데, 어찌 감히 천자의 공을 탐내 제 자신의 공으로 삼으려 하겠습니까.[150] 두

147 예정(霓旌): 오색의 우모(羽毛)를 단 깃발로, 고대 중국 제왕의 의장(儀仗) 가운데 하나이다. 제왕을 일컫는다.

148 배를⋯⋯하여: '망루탄주(網漏吞舟)'의 고사를 가리킨다. 그물이 헐거워 배를 삼킬 만한 큰 고래도 빠져나갈 수 있다는 뜻으로 곧 법이 관대하여 큰 죄를 지은 사람도 법망을 빠져나간다는 의미이다.

149 적을⋯⋯드렸으니: 후한 건무(建武) 초, 경감(耿弇)이 장보(張步)를 토벌하다 화살에 맞아 전세가 불리해지자 광무제(光武帝)가 경감을 구원하기 위해 친히 출진했다. 경감은 이를 듣고 "황제께서 오실 것이니, 신하로서 소를 잡고 술을 걸러 백관을 대접하여야 하거늘, 도리어 적들을 군주에게 남겨 드리고자 하는가."라고 하며 전투에 나서 적을 격파했다는 고사가 있다. 『후한서(後漢書)』권80, 「경감열전(耿弇列傳)」.

150 어찌⋯⋯하겠습니까: 춘추시대 진문공(晉文公)이 오랜 망명 생활을 마치고 진나라로 돌

터운 은혜가 넓고도 깊으니 환호가 삼군(三軍)에 두루 울려 퍼지고, 황제의 은택이 널리 펼쳐지니 영광이 백 배나 더욱 더해집니다.

신이 감히 견마(犬馬)의 노고를 다하지 못하면서 경예(鯨鯢)[151]를 베어 버린다고 서약했으니, 초심으로 돌아가 더 노력하여, 훗날 효과를 내도록 힘쓰고, 분란을 안정시키는 공적을 이루기를 바람으로써 은혜의 만분의 일이나마 갚고자 합니다. 신은 몹시 감격하여 떠받들고자 하는 지극한 마음을 견딜 수 없습니다.

성지를 받들었는데, "해당 부(部)에 알리라."라고 하셨습니다.

....

아와 군주의 자리에 오른 후 자신을 시종했던 사람들에게 상을 주었는데 이때 개자추(介子推)가 논공에서 빠졌다. 개자추는 "하늘이 주군을 임금으로 세운 것인데 이것이 어찌 몇몇 신하의 공로일 수 있으며, 남의 재물을 훔치는 것도 도둑이라 하는데 하늘의 공로를 탐하여 자신의 공로로 삼는 것이라."라고 탄식하며 어머니와 함께 산에 들어가 은거했다. 『춘추좌씨전(春秋左氏傳)』 희공(僖公) 24년.

151 경예(鯨鯢): 경은 수컷 고래, 예는 암컷 고래로, 경예는 곧 약소국을 병탄하는 의롭지 못한 나라를 비유한다. 여기서는 조선을 침략한 일본을 가리킨다.

4-9

유격 파새에게 휼전을 바라는 제본

題擺遊擊恤典疏 | 권4, 61a-66b

날짜 만력 26년(1598) 5월 1일

내용 유격 파새(擺賽)가 병으로 사망했으므로, 그에게 서훈을 내릴 것을 건의하는 상주이다. 파새는 직산 전투, 울산 전투 등에서 몸소 돌진하여 많은 공적을 세웠으나, 공적에 대한 서훈이 있기 전에 거창으로 진군하다가 3월 26일 병으로 사망했다. 이에 그의 공훈을 기록하여 올리며 그에게 관직을 추증하고 그의 아들에게 음직(蔭職)을 내릴 것을 요청하는 내용이다. 규정상 병으로 죽은 경우에는 휼전을 베푸는 데 제한이 있으나, 파새의 전공과 사정을 참작하여 파격적으로 우대를 베풀 것을 주장하고 있다. 이에 병부에서는 검토 제본을 올려 파새를 부총병으로 증직하고, 그의 아들은 소진무(所鎭撫)에서 정천호(正千戶)로 승진시켜 세습시켜 달라고 요청해 만력제의 허가를 받았다.

관련문서『명신종실록』만력 26년 5월 1일에 파새를 증직하고 아들을 승진시켰다는 기사가 있으므로,[152] 만력제의 성지가 내려와 본 문서의 논의가 마무리된 시점은 5월 1일이었던 것으로 보인다.『선조실록』선조 31년 4월 13일에는 선조가 파새의 상차(喪次)에 가서 조제(弔祭)했다는 기사가 실려 있으나 그의 이름을 파귀(頗貴)와 혼동했고, 파새의 사인을

....

152 『명신종실록』권322, 만력 26년 5월 1일(을유), "贈原任遊擊擺賽副總兵, 子陞本所正千戶, 世襲. 以其西陲勞勳, 東征首功, 應敍也."

> 울산 전투에서 탄환에 맞은 것으로 잘못 기록하고 있다.[153] 『국조보감
> (國朝寶鑑)』에는 파새의 죽음에 대해 선조가 조선 경상(卿相)의 예에 따
> 라 조시(朝市: 조회와 저자)를 정지해야 할지를 예조에 묻고, 예조에서 유
> 격(遊擊) 이상의 상에는 모두 2일 동안 조시를 정지하도록 건의하여 윤
> 허를 받았다는 기사가 있다.[154]

공을 세운 용맹한 장수가 갑자기 병을 앓아 사망했으니, 파격적으
로 우대하는 휼전(恤典)을 베푸시어 인심을 격려하시기를 비는 일
로 올리는 제본.

경리조선군무 도찰원우첨도어사 양호로부터 신과 함께 올릴 주소
의 초고를 받았는데, 그 내용은 다음과 같았습니다.
　해방병비참의 양조령의 정문을 받았는데, 그 내용은 다음과 같
　았습니다.
　　도찰원우첨도어사 양호의 헌패를 받들었는데, 그 내용은 다
　　음과 같았습니다.
　　　제독 총병 마귀의 수본(手本)을 받았는데, "유격 파새가 거

....

153 『선조실록』 권99, 선조 31년 4월 13일(정묘), "上行弔祭於擺遊擊(貴)喪次. (遊擊戰于島
山, 逢丸而死.)"
154 『국조보감(國朝寶鑑)』 권33, 선조묘(宣祖朝) 10, 무술(1598) 31년 3월, 1a-1b, "三月, 遊
擊擺賽卒于軍. 上聞之, 問于禮曹曰, '我國卿相之喪, 亦且停朝市. 天將之卒也, 不可無變常
之節. 從速議處.' 禮曹回啓曰, '此事非平時所宜有, 故國無定制. 今遵聖教, 起義定式, 則足
以感泣亡靈, 激礪將士. 限二日停朝市, 爲當. 然官職高下, 宜有定限. 自今遊擊以上喪, 幷依
此例.' 上從之."

120 • 명나라의 정유전쟁 2: 반격과 종전

창(居昌) 등으로 출발하여 소수의 왜적을 토벌해 죽이려 하다가 병에 걸려 죽었습니다. 그가 동정에서 쏟은 노고와 거둔 공적이 은전(恩典)을 받을 만하니, 이를 그의 아들에게 옮겨 베풀어 산 자나 죽은 자에게 은혜를 고루 입히는 것이 좋을 것입니다.”라고 했다. 그가 관할하던 병마는 이미 원임 부장 해생(解生)에게 헌패를 보내 잠시 대신해서 통령하게 하는 외에 문서를 보내니, 바라건대, 그대는 즉시 유격 파새가 어떤 병에 걸렸는지, 정확히 몇 월 며칠에 어디에서 죽었는지, 그가 실직(實職)은 가지고 있었는지, 동쪽으로 정벌하러 가는 일에 동원된 이래 어느 곳에서 어떤 공적을 세웠는지, 어떤 전례에 따라 휼전을 베푸는 것이 좋을지 등을 하나하나 조사하여 상세히 보고함으로써 함께 제본을 올리는 데 증빙으로 삼을 수 있도록 하라.

곧바로 조사해 보니, 죽은 파새는 원임 대동우위(大同右衛) 우소(右所)에서 실제로 진무의 직임을 제수받았고 유격을 역임했으며, 만력 25년 3월에 왜군을 정벌하는 데 동원되었습니다. 올해 8월에 왜가 전라도를 침범하고 장차 왕경을 압박하자 총독·순무의 명령을 받들어 그는 원임 부장 해상 등과 함께 군사를 거느리고 왜군을 가로막아 직산에서 크게 싸웠습니다. 또한 참장 팽우덕(彭友德)[155] 등과 함께 왜군을 추격하여 청산(靑山) 등에 이르러 대적함에 공을 세웠으니, 왜군은 물러

....

155 팽우덕(彭友德): ?~?. 명나라 사람이다. 절강 항주부(杭州府) 오강현(吳江縣) 출신이다. 만력 25년(1597) 경리 양호(楊鎬)의 표하의 중군부총병(中軍副總兵)으로 조선에 왔다. 아들 팽신고(彭信古)와 함께 많은 전공을 세우고 명나라로 돌아갔다.

나 달아나고 왕경은 보전될 수 있었습니다. 12월에는 울산 등의 요새로 진격하여 토벌함에 그는 앞장서서 적을 유인하여 기적 같은 승리를 거둘 수 있게 되었습니다. 2월 8일에는 왕경으로 개선했습니다. 28일에 이르러 거창 등에 소수의 왜적이 침범한다는 보고가 있자 다시 그를 출동시켜 해생 등과 함께 군사를 거느리고 가서 방비하고 토벌하게 했습니다. 3월 1일에 출발하여 8일에 충주에 이르렀는데, 감기에 걸리고 가래가 끓어 전진하지 못했습니다. 26일에 진위관(振威館)으로 돌아와 사망했습니다.

살펴건대, 그는 여관(旅館)에서 사망했으니 진중(陣中)에서 사망한 것과는 같지 않고, 또한 전투를 행한 시점과는 3개월 떨어져 있으니 군영으로 돌아와 죽은 사례와도 같지는 않습니다. 조항과 전례를 살펴보건대, 원래는 휼전은 없어야 하겠습니다. 다만 그가 이역(異域)에서 정벌에 종사하며 모래벌판 같은 전쟁터에서 힘을 합해 왔습니다. 직산에서 싸울 때에는 적들이 이리처럼 날뛰고 멧돼지처럼 들이받는 형세에서 용맹을 떨쳐 적진으로 돌격하여, 미친 오랑캐들로 하여금 감히 길게 몰아치고 깊이 들어오지 못하게 했습니다. 울산을 공격할 때에는 용소(龍沼)와 호랑이굴 속에서도 앞다투어 싸움을 걸어, 우리 군사들이 협공하여 공적을 이룰 수 있게 했습니다. 지금쯤 공적을 서훈해서 차례를 뛰어넘어 발탁하려고 했는데, 어찌 천조(天朝)의 총애를 입기 전에 먼저 이역의 혼백이 되어 버릴 줄을 생각이나 했겠습니까. 비록 말가죽에 싸여서 죽더라도[156] 진실로 신하 된 자의 평소 염원이겠으나, 공을 알리고 권유함을 보이는 것이 성주(聖主)의 더욱 특별한 은혜일 것입니다. 제본을 갖춰 올려 주시어 추증과 음서(蔭敍)를 더욱 후하게 내려 주신다면 죽은 자는 황천(黃泉)에서 편안히 눈을 감을 수 있고 산 자는 밝은 태양 아래에서 맹세하는 마음을 더욱 굳게 할 수 있지 않을까 합니다.

살피건대, 앞서 제독 총병관 마귀가 보고하기를, "유격 파새가 거창으로 출발하여 적을 토벌하려 하다가 충주에 이르러 병에 걸려 죽었습니다."라고 했습니다. 이미 해방도에게 헌패를 보내 관원에게 맡겨 시신을 수습하고 제문(祭文)을 지어 제사 지내게 했으며, 아울러 그에게 베풀 휼전을 조사하고 논의하게 했습니다. 그 후 지금 위와 같은 문서를 받들었으므로, 신이 경리조선군무 도찰원우첨도어사 양호, 감찰요해군무 순안산동감찰어사 진효와 함께 논의하건대, 국가에서 격려하는 바는 군공(軍功)보다 무거운 것이 없으니, 공을 이룬 자에 대해서는 그 자신에게 영예를 미치게 하고 후세까지 상을 내려 줍니다. 불행히 전장에서 숨을 거둔 자에 대해서는 전례에 그의 후사를 우림(羽林)[157]에 등록시켜 고아를 구제하지 않는 일이 없었으니, 이는 예로부터 그러했던 것입니다.

　그러나 어찌 반드시 전투할 때에 적의 칼에 찔려 쓰러지거나 혹

....

156 말가죽……죽더라도: 후한(後漢)의 복파장군(伏波將軍) 마원(馬援)이 "사나이라면 마땅히 전쟁터에서 죽어 말가죽에 시체를 싸서 돌아와 묻혀야 한다."고 말한 고사가 있다. 『후한서(後漢書)』권24, 「마원열전(馬援列傳)」.

157 우림(羽林): 한나라 태초(太初) 원년에 설치된 금위군(禁衛軍)의 일종으로 우림군(羽林軍), 우림기(羽林騎)라고도 한다. 전쟁에서 죽은 장사들의 자손을 우림군에 편제하여 훈련시켰기에 우림고아(羽林孤兒)라고도 불렸다. 우림에 드는 것은 곧 가문의 영예를 상징하는 것이었다.

은 날아드는 화살이나 돌에 위험을 당했다가 사후에 죽은 자들만을 일컬어 비로소 전사했다고 기록할 수 있겠습니까. 무릇 양 군이 서로 마주하고 수만 무리가 서로 대치하던 가운데, 퇴각하다가 죽은 자에 대해서는 대의를 위해 몸을 바친 의지가 있었다고 할 것까지는 없고, 진격하다가 죽은 자에 대해서는 적을 무찌른 공로가 있었다고 할 것까지는 없습니다. 그러나 그 죽음을 불쌍히 여긴다면 그 사유를 따지지 않고 구휼을 하되 오직 반드시 법령에 따라야 할 것입니다. 하물며 적진 가운데서 분투하고 외국에서 명성을 높여 바야흐로 전투에 참여했다가 갑자기 무덤 속으로 들어간 자라면 말할 것이 있겠습니다. 유격 파새와 같은 자는 비록 병으로 죽은 것으로 적에게 죽임을 당한 것은 아니지만 사명을 다하다가 죽은 것이며, 대의를 위해 몸을 바친 의지나 적을 무찌른 공로 또한 사람들의 눈과 귀에 선명히 맺혔으니 어찌 그에게 우대하는 휼전을 무겁게 베풀지 않을 수 있겠습니까.

조사해 보건대, 그는 원래 대동진(大同鎭)에 귀순한 이정(夷丁)으로,[158] 코르치[火酋][159]를 정벌하는 데 종군하여 공을 세워 소진무로

....

158 대동진(大同鎭)에……이정(夷丁)으로: 『상촌집』 및 『재조번방지』에 따르면 파새는 달장(躂將), 즉 몽골족 출신 장수였다. 신흠(申欽), 『상촌집』 권57 「天朝詔使將臣先後去來姓名 記自壬辰至庚子」 "擺賽號西河. 大同右衛人. 與頗貴, 解生, 楊登山俱是躂將. 而賽最勇."; 신경(申炅), 『재조번방지』 권4. "擺賽號西河. 大同右衛人. 躂將之中. 最爲勇健."

159 코르치[火酋]: 콜로치[火落赤]를 이른다. 콜로치는 몽골 돌론 투메드[多羅土蠻] 부의 유력자였다. 만력 12년(1584) 이전에 청해 지역으로 이주하여 앙화사(仰華寺)를 수호했고, 이후 청해 몽골 가운데 최대의 세력을 거느렸다. 주위의 티베트계 토착민을 복속시키고 명과 잦은 충돌을 일으켰으며, 만력 18년(1590)에는 임조(臨洮)·하주(河州) 등을 공격하여 부총병 이연방(李聯芳)을 비롯한 다수의 명군을 살상하는 "조하(洮河)의 변"을 일으켰다. 이후 정락이 이끄는 명군의 반격을 받아 철수하기도 했으나 지속적으로 명 변경의 위협이 되었으며, 겔룩파를 군사적으로 지원하는 등 티베트 내부의 정치적 사안

승진했고, 보바이[孛賊][160]를 정벌하는 데 종군하여 공을 세워 수비(守備)를 더했으며 도사(都司)로 승진했습니다. 그의 유격 직함은 작년 군사를 거느리고 동정에 나설 때 제본을 올려서 더해 주었으니, 원래 조부와 부친의 실직으로 가졌던 것은 아닙니다. 근래에 직산과 울산에서 전후로 여러 번 승리를 거두어 이름을 날렸고 여러 사람들이 그의 용맹함을 칭찬했습니다. 순무가 정월에 안동으로 회군할 때 그를 파견하여 안성(安城)의 요충지에 주둔하며 방어하게 했습니다. 제독 마귀가 말하기를, "그는 용맹한 장수이며 공이 있는 자이므로, 한 번 왕경으로 불러들여 감군을 만나고, 잔치를 베풀어 군사를 위로하는 자리에 참여시키는 전례를 보이지 않을 수 없습니다."라고 했습니다. 왕경에 들어온 지 한 달이 채 되지 않아 다시 거창에서 전투가 있었는데, 충주에 이르러 병에 걸려 20일쯤 앓다가 사망했습니다.

신과 순무는 마음이 아프고 너무나 슬퍼, 신이 제문을 지어 그를 제사 지냈고 안신(按臣) 또한 글을 지어 그를 애도했습니다. 이는 그가 용맹하고 잘 싸운 것을 가상히 여긴 것이며, 혀만 강렬하고 입만

에도 깊게 관여했다. 그의 출자 및 활동에 대해서는 江國眞美, 「青海モンゴル史の一考察」, 『東方學報』 67(3·4), 1986; 若松寬, 「明末內蒙古土黙特人の靑海地區進出: ホロチノヤンの事跡」, 『京都府立大學學術報告(人文)』 37, 1985; 李文君, 『明代西海蒙古史硏究』, 北京: 中央民族大學出版社, 2008, 113-121쪽을 참고.

160 보바이[哱拜]: 1526~1592. 명나라 사람이다. 원래 몽고 달단부(韃靼部)의 추장이었다가 명에 투항하여 영하(寧夏) 지역에서 많은 전공을 쌓았다. 만력 20년(1592) 2월에 영하 순무 당형(黨馨)과 불화가 생기자 반란을 일으켰다. 반란 세력은 오르도스에 있던 몽골 세력과도 통하여 기세가 왕성했기 때문에, 당초 토벌에 나선 명 군대도 쉽게 제압하지 못하고 오히려 여러 차례 패배했다. 이에 어쩔 수 없이 동북 방면을 지키고 있던 최정예 부대를 멀리 요동으로부터 증원군으로 파견했으며, 지휘관 이여송의 활약에 힘입어 같은 해 9월에 겨우 성을 탈환하고 반란을 제압하는 데 성공했다.

날카로운 것을 믿고 화려하기만 할 뿐 실속이 적은 자들과는 같지 않은, 진짜 싸우는 장수였기 때문이었습니다. 바야흐로 서훈하여 우대해서 승진시키고 부산의 왜군 소굴을 끝내 소탕하게 하려던 참이 었는데, 잠깐 사이에 저세상 사람이 되어 버렸으니, 슬픕니다.

순무가 그의 시신을 어루만지며 관과 염을 살펴보고 그의 가정 (家丁)에게 물으니 유언으로 "오직 적을 섬멸하지 못한 것이 한이로다."라고 했다고 합니다. 또한 그의 아들을 간절히 생각했다 하니, 만약 그의 자식 한 목숨에게 은혜를 입히지 못한다면 어찌 그의 혼 백을 구천(九泉)에 편히 쉬게 할 수 있겠습니다. 이미 해당 도(道)에 게 지시하여 조사하고 의논하게 했으니 그가 누차 전투에서 세운 많은 공을 기록하고 그가 먼 구석에 몸을 뉘인 것을 가련히 여겨 적 절하게 추증하고, 또 그의 아들 한 명에게 우대하는 음서를 내려 세 습하게 함으로써 그의 노고와 공적에 보답해야 합니다. 동정에 나 선 장수와 군사들이, "황상께서 죽은 자를 이와 같이 대우하시니 산 자에게는 어떠하실지 알 수 있으며, 오랑캐 출신을 이와 같이 대우 하시니 한인(漢人) 장수에게는 어떠하실지 알 수 있으리라."라고 하 면서, 서로 이끌어 충성을 떨치지 않는 자가 없을 것입니다. 이 또 한 세상의 기풍을 북돋우고 둔한 자질을 갈고 닦게 하는 길이 아니 겠습니까.

그 군영의 군사들에 대해서는 이미 원임 부장 해생에게 겸해서 일해 줄 것을 위임했고, 현재 안동에 주둔하고 있습니다. 해생은 직 산에서 적을 가로막는 데 공이 가장 컸습니다. 병영에서도 성책을 부수고 솔선하여 올랐으니, 전례에 2계급을 승진시키는 데 해당하 는 공이라, 이미 논의하여 서훈한 바 있습니다. 지금 이미 일을 대리하고 있으니 즉시 부장의 직함으로 승진시켜 제수하여 대동의 병마를 전담하여 거느리게 하면, 직권은 적당한 곳으로 돌아갈 것이고 군무는 잘 다스려질 수 있을 것입니다. 엎드려 빌건대, 병부에 칙명을 내리시어 잘 논의해서 제청하게 하고 신 등에게 문서를 보내 삼가 받들어 시행하게 해 주십시오.

성지를 받들었는데, "병부에 알리라."라고 하셨습니다.

병부에서 검토하여 논의한 내용은 다음과 같았습니다.

군대의 일을 살피건대, 많은 전투들이 진실로 여러 사람들의 힘에 힘입어야 하지만, 사졸들의 앞에 서는 것은 반드시 장령이어야 합니다. 이런 까닭에 필승의 장수가 있은 이후에 필승의 군사가 있는 것입니다. 파새는 항복한 오랑캐 출신으로 일찍이 용맹함으로 이름을 날렸습니다. 그는 서쪽 요새에 있을 때 나서지 않는 전투가 없었고, 동정(東征)에 나서서는 앞장서지 않는 전투가 없었습니다. 그 가운데 가장 중요했던 것은 직산에서 적의 예봉과 부닥친 전투였고, 가장 맹렬했던 것은 울산에서 싸움을 걸었던 공로입니다. 마침 조사를 거쳐서 우대하여 서훈하려고 하는 참이었는데 어찌 병에 걸려 죽을 줄을 생각했겠습니까. 장차 할 일이 많은 때에 이처럼 쓸모가 많은 용사를 잃게 되었으니, 이는 여러 신하들이 깊이 탄식하고 매우 슬퍼하는 바이며, 이에 휼전을 청해 마지않습니다.

조항과 전례를 조사해 보니, 진중에서 사망한 경우에는 두터운 은혜를 내리지만 병으로 죽은 경우에는 제한이 있습니다. 그러나 나랏일을 하다가 죽은 자에 대해서는 일찍이 파격적으로 대우하지 않은 적이 없습니다. 무릇 국내에서 죽은 자에 대해서도 오히려 휼전을 내려 줄 수 있는데, 하물며 이역에서 객사한 파새와 같은 자에 대해서야 어떠하겠습니까. 일을 부지런히 했던 자도 오히려 두터운 보답을 받도록 되어 있는데, 하물며 으뜸가는 공을 세운 파새와 같은 자에 대해서야 어떠하겠습니까. 신 등이 다시 공론의 평가를 모아 보아도, 동쪽으로 정벌하러 가는 곳마다 견줄 사람이 없었던 것은 물론이고, 서쪽에서 방어하는 수 년 동안의 노고에 대해서도 진무나 수비로 승진한 것으로는 모두 충분한 보상이었다고 할 수 없었습니다. 어찌 항복한 오랑캐라고 하여 공적을 가릴 수 있겠습니까. 그의 죽음을 가련히 여기는 심정이 괴롭다면, 또한 그의 생전의 공적을 따지는 것도 배가 되도록 해야 하겠습니다. 만약 더욱 특별히 우대하지 않는다면 덕의(德意)를 밝히고 공을 세우도록 권유할 수 없을 것입니다.

이미 합동 제본이 올라왔으므로 마땅히 검토하여 제청합니다. 명을 내려 주시기를 기다려 유격 파새에게 부총병의 직함을 추증하겠습니다. 또한 전례에 따라 소진무는 본 소의 정천호로 승진시켜 세습하게 하겠습니다. 만약 미진한 바가 있다면 공훈의 순서를 조사한 것이 도착하기를 기다렸다가 아울러 논의하여 추가로 우대하겠습니다. 이 한 번의 조치는 동정에 나선 장병들의 예봉을 분발시키는 힘이 될 수 있고, 장차 우리 봉강(封疆)의 충성스러운 생각을 격동시키는 힘이 될 수 있으니, 관계되는 바가 자못 큽니다. 그러므로 신은 결코 감히 총독·순무·감찰의 견해와 조금도 차이가 있지 않습니다. 또한 살피건대, 해생은 이미 대동의 병마를 거느리도록 위임을 받았으므로 부총병의 직함으로 올려 일을 수행하기 편하게 해야 하겠습니다. 그가 쓸 기패는 전례에 따라 지급해야 하겠습니다.

성지를 받들었는데, "그렇다. 파새는 부총병의 직함을 추증해 주고, 그의 아들에게는 본 소 정천호로 승진시켜 세습하게 하라."라고 하셨습니다.

4-10

동정에 필요한 말을 구매하여 보충하자는 상주

買補東征馬匹疏 | 권4, 67a-75b

날짜 만력 26년(1598) 4~5월경

내용 작년부터 장기간 행군 및 일본군과의 교전 등으로 다수의 말이 소모되었으므로 필요한 군마를 구입하여 보내 달라고 요청하는 상주이다. 현장에 있던 마귀(麻貴)의 보고에 따르면 정유재란에 투입된 명군이 동원한 말과 노새는 총 2만 7639필이었으나, 행군 및 직산(稷山)·울산 등지에서의 전투, 정탐과 매복 과정에서 죽은 숫자가 1만 4173필에 이르러 절반가량이 손실되었다. 여기에는 양원(楊元)이 남원 전투에서 손실한 마필 3400여 필은 포함되어 있지 않았다. 이러한 손실은 기마병을 중심으로 하는 북병(北兵)을 다수 활용하고 있던 명군 전력에 큰 타격이었다. 따라서 경리 양호는 형개에게 1만 필의 말을 보충해 달라고 요구했다.

보고를 받은 형개는 태복시(太僕寺)에서 1000필을 보내고, 선부진(宣府鎭)과 대동진(大同鎭)에서 총 3000필, 순천(順天)·보정(保定)·요동(遼東)에서 총 4000필을 구매해 보냈으며, 모자란 말은 조선에 자문을 보내 조달해 달라고 요청했다. 이를 받은 병부는 태복시의 말 1000필을 보내는 것은 원안대로 하되, 말의 구입은 은 2만 7000냥으로 선부·보정에서 1500필을 구매해 보내도록 숫자를 조정했으며, 이 외에 대동·순천에서도 말을 구매하도록 했다. 또한 조선에서도 말을 조달하고 보병에게 지

급한 말을 기마병에게 돌리는 등의 자구책도 제안했다. 이에 만력제는
병부의 검토 내용을 윤허했다.

본 상주가 작성된 일자는 불분명하지만 작년 5월 압록강을 건너기 시작
한 시점부터 1년이 지났다는 언급이 있고, 선부와 대동에서 말을 구매
할 기한으로 6월과 8월을 제시하고 있으므로, 만력 26년 4~5월 무렵에
작성된 문서로 추정된다.

동정(東征)에 나선 지 이미 오래되어 군영의 말이 쓰러져 죽은 수
가 많은 이유로 급히 구매하여 보충할 것을 논의하여 속히 왜군을
깨끗하게 소탕할 일로 올리는 제본.

경리조선군무(經理朝鮮軍務) 도찰원우첨도어사(都察院右僉都御史) 양
호(楊鎬)의 자문(咨文)을 받았는데, 그 내용은 다음과 같았습니다.

해방병비도 우참의(海防兵備道右參議) 양조령(梁祖齡)의 정문(呈
文)을 받았는데, 그 내용은 다음과 같았습니다.

군문(軍門: 형개)의 헌패를 받들었는데, 그 내용은 다음과 같
았습니다.

살피건대, 각 군영의 말은 지난해 이동해 온 이래 큰 더위
와 큰 추위의 시간을 보내고 오랫동안 산을 오르고 물을
건너는 어려움을 겪으면서, 이국(異國)의 풍토에 죽거나
다치는 것을 면하기 어려워서 쓰러져 죽은 수가 많다는 보
고를 여러 차례 받았다.[161] 조사해 보니 각 군이 신경 써서

....

161 각 군영의 …… 받았다: 정유재란 초기 군마의 손실에 대해서, 만력 25년(1597) 7월 무

말을 살찌워 기르지 않았을 뿐만 아니라 장관(將官) 또한 기꺼이 조사하려 하지 않았다. 이는 순전히 물과 땅이 맞지 않거나 돌림병이 유행했기 때문만은 아니다. 대책을 강구하여 엄히 조사하지 않아 장차 군영의 대오가 한 번 비기라도 하면 급할 때 어디에 의지하겠는가.

패문을 보내니 바라건대, 그대는 각 군영의 말을 엄히 조사하여 원래 얼마나 있었는지, 도중에 쓰러져 죽은 게 얼마인지, 전장에서 죽거나 다친 게 얼마인지, 군영으로 돌아와 병으로 죽은 게 얼마인지, 왕경에 머물러 지키다가 쓰러져 죽은 게 얼마인지, 전라도와 경상도에 보냈다가 매복과 유인을 당해 쓰러져 죽은 게 얼마인지 낱낱이 조사하여 밝히는 데 힘써라. 은닉하거나 빠뜨리지 말라. 지금 얼마나 구매하여 보충해야 할지, 이후 장관은 정해진 예에 따라 어떻게 탄핵할지, 군인은 어떻게 나누어 처벌할지, 하나하나 조사하여 논의하고 보고하여 결정하게 하라.

또한 위의 일에 대한 양호의 헌패를 받들었는데, 그 내용은 다음과 같았습니다.

살피건대, 각 군영의 군병과 말들은 작년 5월에 강을 건넌 이래 직산(稷山) 전투 이후 강적을 여러 번 상대한 적이 없고, 도산(島山) 전투에서 포위할 때는 모두 걸어서 올라가며 공격했다. 그런데 여러 차례 보고한 것에 따르면 쓰러

....

렵 작성된 2-5 〈增調宣大薊遼兵馬覓調閩海商船疏〉는 양원의 진영을 예로 들어 몇 달 사이 쓰러져 죽은 말이 200여 필이나 됨을 밝혔다.

져 죽고 손실된 말이 제법 많다고 하는데, 어찌 순전히 물과 땅이 맞지 않거나 전염병이 유행했기 때문만이겠는가. 조사해 보니 군병이 기꺼이 살찌워 기르지 않고 장관이 부지런히 점검하여 단속하지 않았기 때문에, 그냥 서서 말들이 죽는 것을 지켜본 셈이다. 만약 시급히 명확하게 조사하고 정해진 예에 따라 대책을 강구하지 않고서 훗날 말이 전부 쓰러져 없어지고 나면, 싸우고 지킬 때 어디에 의지하겠는가.

이에 패문을 보내니 바라건대, 그대는 즉시 제독 아문과 함께 동정(東征)하는 각 군영의 말을 두루 조사하여 어느 군영 어느 군영에 원래 강을 건넌 게 몇 필인지, 모년 모월 모일에 병들어 죽은 게 몇 필인지, 전장에서 잃은 게 몇 필인지, 지금 어떻게 처리하여 보충할지, 어느 군영 어느 군영에 현재 몇 필이 있는지, 명령을 내려 어떻게 말을 살찌워 기를지를 조사하라. 말을 타고 조련했던 세월의 오래되고 짧음, 쓰러져 죽은 비율의 많고 적음에 대해서는 또한 모름지기 변진(邊鎭)의 사례를 조금 참조하여 헤아려 논의하고 등급에 따라 처벌을 정하여 보고하라.

이를 받들어 제독 마귀(麻貴)와 함께 조사하고 논의했습니다. 그 후 이어서 수본(手本)으로 회답했는데, 그 내용은 다음과 같았습니다.

조사해 보건대, 원래 각 군영에서 동정(東征)에 동원된 타고 짐 신는 말과 노새는 총 2만 7639필입니다. 만력(萬曆) 25년 5월 등부터 강을 넘기 시작해 11월에 이르기까지 수천 리 먼 길을 바쁘게 달려왔을 뿐만 아니라, 조선의 물과 풀이 맞지 않아 피로해져 병이 들었고, 또한 직산과 청산(靑山)에서 추격에 나섰고 전라도와 경상도에서 정탐하고 매복 방어하면서 밤낮으로 쉬지 못하고 사료가 이어지지 않아 쓰러져 죽은 것이 총 6961필입니다. 12월부터 울산(蔚山)과 도산 등 성채에 진공했을 때 마침 얼음과 눈이 얼고 산봉우리가 가팔라 도중에 왕복하는 두 달 동안 달리다 다치고 쓰러져 죽은 것이 2103필입니다. 전장에서 열흘 동안 탄환을 맞아 다치고 쓰러져 죽은 것이 213필입니다. 올해 2월 이후 추위와 더위가 때에 맞지 않고 전염병이 성행하여 쓰러져 죽은 것이 모두 총 4896필입니다.

또 조사해 보건대, 여러 차례 정벌에 나서 승리를 거두는 데 기마병의 공적은 이미 확인되었습니다. 1년 동안 왜적이 때때로 돌격해 오니 말들은 날마다 바삐 달린 데다가, 사료가 부족하고 외국의 바람과 서리를 맞아 죽고 다치는 것을 피할 수 없었습니다. 지금 동정(東征)이 아직 끝나지 않고 오히려 치열해지는데, 기마병에게 말이 없으면 도리어 보병만도 못합니다. 급히 논의하여 말을 보충하지 않으면, 적진으로 돌격하여 적을 쳐부술 때 군정(軍丁)이 어디에 의지하겠습니까.

이를 받고 제가 살펴보건대, 왜군을 쳐부수는 방법으로 성을 공격하고 복병하는 일은 반드시 보병을 쓰고, 적진으로 돌격하여 적을 추격함에는 기마병이 아니면 안 됩니다. 지금 제독이 쓰러져 죽은 말의 수량과 항목을 보고한 내용에 따르면,

말들은 먼 길을 달리다 죽고 정탐하다가 죽고 전염병에 죽고 적을 소탕하다가 죽었습니다. 거기다 이국의 풍토에 물과 풀이 맞지 않고, 어느덧 1년이나 지났으니 쓰러져 죽은 수가 많음은 형편상 당연합니다. 지금 당장 군사 운용에 말이 급히 필요한데, 북병(北兵)에게 말이 없는 것은 마치 병사가 없는 것과 같습니다. 마땅히 신속하게 제본으로 요청해 주시어 값을 보내 말을 구매하여 보충하게 함으로써 정벌과 전진에 대비하십시오. 죽어 버린 말의 많고 적음에 따라 장령(將領)[162]을 탄핵 처벌하고, 타고 조련했던 기간의 오래되고 짧음을 계산하여 군정을 처벌하는 일에 대해서는 지금 제독이 함께 논의하고 있습니다. 답신이 이르는 날에 따로 보고하겠습니다.

이를 받고 살펴보건대, 활 쏘고 말 달리는 것은 중국의 장기로서 종횡으로 폭풍처럼 내달려 비바람이 들이닥치듯 하니, 왜군이 뛰어오르건 주저하건 능히 버틸 수 있는 바가 아닙니다. 이는 직산에서 왜군을 차단한 것뿐만 아니라, 청산에서 왜군을 추격하고, 울산에서 싸워 이긴 것 등 여러 경우를 꼽아볼 수 있습니다. 근래 적이 머리만 내밀어 보며 감히 나오지 못하고 나오더라도

....

162 장령(將領): 장관(將官)이라고도 하며, 명대 각 지역을 진수(鎭戍)하는 병력을 지휘하는 무관을 총칭한다. 총병(總兵)·부총병(副總兵)·참장(參將)·유격(遊擊)·수비(守備) 등이 있다. 『명사(明史)』 「직관지(職官志)」에 따르면 이들에게는 정해진 품급(品級)이나 정원(定員)이 없었으며, 이들 중 한 방면을 총괄하는 자를 진수(鎭守=總兵), 일로(一路)만을 담당하는 자를 분수(分守), 한 성이나 보(堡)를 각각 지키는 자를 수비, 주장(主將)과 함께 한 성을 지키는 자를 협수(協守)라고 칭했다. 숭정(崇禎) 10년(1637)에 이르러 병부상서(兵部尙書) 양사창(楊嗣昌)이 이들의 관계(官階)를 정리했고, 이는 청대 녹영(綠營)의 품급(品級)으로 계승되었다. 曹循, 「明代鎭戍將官的官階與待遇」, 『歷史檔案』, 2016-3 참고.

족족 섬멸된 것은 모두 말의 힘에 의지한 결과입니다. 그리고 여러 차례 사로잡은 포로들의 진술만 보더라도 왜군이 매우 두려워하며 감히 나서지 못하는 것 또한 오직 말 때문입니다.

그런데 외국으로 멀리 정벌하면서 그 물과 풍토에 맞지 않을 뿐만 아니라 또한 제때 사료를 먹지 못했습니다. 마구간에서 한꺼번에 죽어 버린 말의 수가 오히려 창과 화살에 죽어 모래벌판에 널린 뼈보다 많아도 이상할 것이 없습니다.[163] 동정(東征)이 그칠 날이 없으니 어찌 준마를 사는 돈을 아까워하겠습니까. 응당 함께 논의하기를 청합니다.

이에 마땅히 귀 부원(部院: 형개)에 자문을 보내니 번거롭겠지만 위 항목의 죽은 말들에 대해 형편상 늦출 수가 없고 때를 놓쳐서는 안 됨을 헤아려 조속히 만여 필을 보충하도록 처리하여, 계주(薊州)와 요동(遼東)의 가까운 변경에서 수매하거나 원래의 군영 대오에서 뽑아 쓰게 해 주십시오. 소요되는 금액은 한편으로 여기저기서 빌려 동원하고, 다른 한편으로 제본을 올려 보충하여 지급해 달라고 청하여 엄히 기한을 정해 나누어 재촉하고, 말들을 잘 골라 호송해 와서 각 영에 나누어 지급함으로써 부족함을 보충하게 한다면, 용맹하고 날랜 기운이 북돋아지고 깨끗이 소탕하는 공적이 빨라질 것입니다.

살펴보건대, 동정(東征)을 위해 원래 기마병과 보병을 같이 쓰려고 했습니다. 산길이 가파르고 논길은 진흙에 빠져 기마병이 보병만 못

....

163 한유(韓愈)의 잡설(雜說) 마편(馬編)에 따르면, '백락(伯樂: 말 감정가)이 있고 나서야 천리마가 있는 법으로, 비록 명마라 하더라도 백락이 없으면 제대로 관리되지 않아 평범한 말들과 함께 마구간에서 죽는다.'

합니다. 하지만 순식간에 동에 번쩍 서에 번쩍 패주하는 적을 추격하는 일은 또한 보병이 기마병만 못합니다. 지금 경리순무(經理巡撫: 양호)가 목격한 대로 기마병의 힘이야말로 왜군이 두려워한다는 것을 알았으니, 확실히 왜군을 정벌하는 데에는 말을 꼭 써야 합니다.

하지만 각 군영의 말은 각 진(鎭)으로부터 동원되어 멀게는 5~6천 리, 가까워도 3~4천 리를 이동해 왔고, 원래 또한 대부분 늙고 약했습니다. 계속 독촉하여 보낸 때가 마침 날씨가 찌는 듯이 더운 날이라 먼 길에 무덥고 비가 내렸을 뿐만 아니라 일정을 재촉하여 질주하니, 몹시 지친 것이 이미 극에 달했습니다. 그래서 아직 강을 건너기도 전에 중도에 쓰러져 죽은 경우도 있습니다. 또한, 지난 가을 이래 직산과 청산에서 적을 추격하고 차단했고, 아울러 전라도와 경상도에서 각 로(路)의 파발·정탐·매복·유인에 나서면서 높은 산 깊은 골짜기를 바삐 달리거나, 쌓인 눈과 된서리 속에 머물러 지내기도 했습니다. 또한, 물과 풀이 맞지 않아 전염병이 동시에 일어나서, 목과 배에 종기가 나기만 하면 아무리 건장했던 말들도 며칠 만에 피폐해져 죽었다고 보고하지 않은 날이 없었습니다. 신은 부득이하게 국왕에게 자문을 보내 마신묘(馬神廟)를 세워 기도하게 했습니다.[164] 도산에서 성을 공격할 때는 모두 밤낮으로 여럿이 속박되어 비와 눈 속에서 10여 일 동안 살찌워 기를 수가 없었습니다. 봄에 들어서면서 사료가 부족해지고 전염병이 성하여, 또한 병듦과 죽음을 보고하지 않은 날이 없었습니다. 이렇게 여러 차례 죽고 상한 말이 이미 많습니다.

....

164 『선조실록』 권96, 31년 정월 17일 계묘 4번째 기사 참조.

하물며 가토 기요마사는 평소 오만하고 사납다고 하니 지금 이렇게 큰 좌절을 겪고 나서 반드시 보복을 꾀할 것입니다. 여러 차례 탐색한 결과 그는 성을 수리하고 요새를 쌓으며 점점 병선을 모으고 있다고 하니, 틀림없이 기회를 틈타 미친 듯이 날뛸 것입니다. 고니시 유키나가는 비록 가토 기요마사와 불화하지만, 이 두 두목은 입술과 이처럼 서로 의지하고 간사하게 속이는 것을 헤아리기 어려우니, 그들이 부득불 합세할까 두렵습니다.

지금 왜군이 두려워하는 것은 다름 아닌 말입니다. 지금 말을 구매하여 보충하고서 하루아침에 힘을 합쳐 몰래 기습할 부대를 보내 적을 맞아 싸우고 길을 나누어 추격한다면, 우리의 장기를 잘 발휘할 수 있을 것입니다. 조속히 논의하여 처리함이 진실로 마땅합니다. 이미 경리순무가 자문을 보내왔으니 응당 제본을 올려 청합니다.

엎드려 바라건대, 병부(兵部)에 명하시어 태복시(太僕寺)에 차문(箚文)을 보내 조속히 관원을 파견하여 해당 도와 함께 부(府)·주(州)·현(縣)에서 맡아 기르고 있는 말 가운데 건장한 1000필을 골라 넘기고, 파견한 그 관원이 먼저 가서 말을 호송해 오게 하십시오. 한편으로 선부진(宣府鎭)과 대동진(大同鎭)에 문서를 보내 각각 말 1500필을 구매하게 하여 모두 6월 이전을 기한으로 각각 먼저 1000필을 보내고, 8월 이전에 다시 각각 500필을 보내게 하여 즉시 해당 진에 기마병의 용도에 나누어 지급할 수 있게 하십시오.

구매에 필요한 마가은(馬價銀)[165]은 바라건대, 즉시 지급하여 보

165 마가은(馬價銀): 말값으로 지출하기 위해 책정된 비용이다. 명 초에는 각지에서 말을 길러 변경에서 사용하도록 했으나, 남방에서는 말이 나지 않기 때문에 성화(成化) 연간부터 은을 거두어 태복시에 저장하고 유사시 이를 지출하여 말을 마련하도록 했다.

내 주시기 바랍니다. 기왕 마가은을 써서 싸게 구매할 때는 모름지기 건장하고 커서 쓸 만한 말을 구입하고, 또한 창평도(昌平道)에 위임하여 근처에 가서 점검하고 쓸 만하지 않은 말은 즉시 되돌려 보내며, 쓸 만한 것은 장부를 만들어 함께 보고함으로써 거두어 쓸 때 증빙으로 삼게 하십시오. 또한 바라건대, 재차 마가은을 헤아려 보내 주시어 신이 순천(順天)·보정(保定)·요동(遼東)의 각 순무와 총병 아문에 나누어 보내 각 도와 협(協)[166]의 장관에게 책임 지워 관원을 각 방면으로 나누어 파견하여 조속히 말 4000필을 골라 구매하고 기한을 정해 보내오게 하여, 먼저 군인들이 탈 말부터 지급할 수 있도록 해 주십시오.

짐 싣는 말과 타는 말 가운데 부족한 수량은 신 등이 이미 조선 국왕에게 자문을 보내 각 산을 뒤져 야생마를 취하게 하고, 아울러 마가은을 헤아려 지급하여 민간의 말을 찾아 구매하여 용도에 충당하게 했습니다.[167] 만약 뒤져 찾은 말과 거두어 사들인 말이 부족하면 다시 제본을 올려 청할 수 있도록 해 주십시오.

말을 구매하고 호송하는 관원에 대해서는 일체 거두어 사들이고 호송하는 법을 또한 각 도가 상세히 조사하고 논의하게 하십시오. 구매와 호송을 완료한 날에 사용한 은의 수량을 상주하여 지출 처리를 청하게 하십시오. 말을 구매하고 호송한 위관(委官)이 지체

....

166 협(協): 총병을 진(鎭), 부총병을 협(協)이라 한다. 內藤乾吉 原校, 程兆奇 標點, 程天權 審訂, 『六部成語注解』, 杭州: 浙江古籍出版社, 1987, 102쪽, "鎭協: 總兵官曰鎭, 副將曰協."
167 짐 싣는 …… 했습니다: 형개가 조선에 보낸 해당 자문은 남아 있지 않으나, 『선조실록』에 따르면 말 2000필을 요구하여 조선 조정이 그 조달에 애를 먹었던 듯하다. 『선조실록』 권97, 선조 31년 2월 13일(무진), 권98, 선조 31년 3월 24일(기유), 권99, 선조 31년 4월 11일(을축).

하고 그르쳤는지 여부와 노약한 말로 수량을 채웠거나 도중에 말이
여위어 손실된 바에 대해서는 각 도가 조사한 바에 따라 각 순무에
게 보고하여 나누어 상벌을 내리게 하십시오. 각 관원 중에 진력하
여 부지런히 일한 자는 일이 끝나면 신이 서훈하도록 해 주십시오.
또한 해방도(海防道)가 이후 쓰러져 손실된 말의 많고 적음을 조사
하게 함으로써 장관에 대한 처벌 수위를 결정하게 하십시오. 군대의
전투 때문이 아니라 신경 써서 기르지 않아 말이 죽게 된 경우는 예
에 따라 그 연한이 오래되었는지 짧은지를 조사하고 이에 따라 나
누어 장은(樁銀)[168]을 추징하여 처벌한다면, 말은 건장해지고 병사는
강해져 왜환(倭患)을 평정하기 어렵지 않을 것입니다.

성지를 받들었는데, "병부에 알리라."라고 하셨습니다.

병부에서 검토하여 논의한 내용은 다음과 같았습니다.

살펴보건대, 왜군 정벌을 위한 말과 노새는 각 진과 시(寺)에서
지급한 것이 총 2만 7600여 필로, 기마병과 보병이 함께 쓰도록
했습니다. 지금 총독이 제본을 올려 "쓰러져 죽은 말이 1만 4000
여 필입니다."라고 했는데, 양원(楊元)[169]이 남원 전투에서 잃은
말 3400필은 계산에 넣지 않았습니다. 즉 쓰러져 죽은 말이 이미

----

168 장은(樁銀): 원래는 병사의 말이 관아 마구간의 말뚝을 손상시키면 배상하는 비용을 의
　미했으나, 실제로는 말이 군영에 들어간 이후 1~5년의 연한을 규정하고, 규정된 연한
　내에 말이 사망하면 마병(馬兵) 본인 및 부대와 직속 상관에게 배상하도록 하는데, 이때
　내는 은을 지칭한다. 內藤乾吉 原校, 程兆奇 標點, 程天權 審訂, 『六部成語注解』, 116쪽,
　"賠樁銀: 兵丁之馬, 如損壞官棚之木樁者, 亦應由食料中賠扣."; 許雪姬, 『淸代臺灣的綠營』,
　臺北: 中央硏究院近代史硏究所, 1987, 305~306쪽.
169 양원(楊元): ?~1598. 명나라 사람이다. 임진왜란이 발발하자 좌협대장으로 임명되어, 왕
　유정(王維禎), 이여매(李如梅) 등 여러 명의 부총병과 참장, 유격 등을 인솔했다. 정유재
　란 때 남원성 전투에서 패배하여 탄핵된 후 명나라로 송환되었고, 이후 참형되었다.

절반을 넘습니다. 말을 타고 싸우기는커녕 모두 죽어서 골짜기를 채우고 있으니 참으로 애석합니다.

신 등이 처리하여 지급하기 어려울 뿐만 아니라, 총독과 순무 또한 이미 계획하여 처리하기가 어렵습니다. 지금 아까워서 보내지 않으면, 총독 또한 이르기를, "말은 왜노가 매우 두려워하는 것으로 추격의 성공은 이에 달려 있습니다."라고 하니 그러지 않을 수가 없습니다. 그렇다고 요청에 따라 지급하면, 또한 이르기를, "조선의 물과 풀이 맞지 않고 봄에 들어서면 사료가 부족합니다."라고 하니, 말을 많이 주어도 무익합니다. 이처럼 이러지도 저러지도 못하는 때이니, 오직 민간에 맡겨 기르거나 구매할 바를 각각 헤아려 지급하거나, 전적으로 조선의 토종말을 구하며, 또한 말을 학대하거나 상하게 하는 죄에 관한 법을 엄히 세운다면 그런대로 괜찮을 것입니다. 이미 제본을 갖추어 올려 보냈으니, 응당 헤아려 논의하고 검토하여 다시 청합니다.

마땅히 명령이 내려오기를 기다려 태복시에 차부(箚付)를 보내 근면하고 신중한 시승(寺丞) 한 명을 위임하여 보내 민간에 맡겨 기른 말 가운데 어리고 건장한 말 1000필을 골라 통주(通州)로 이동시키고, 절강(浙江)에서 새로 모집한 남병(南兵)과 참장(參將) 장방(張榜)이 도착하는 날을 기다려 각 병사에게 넘겨 지급하여 그 말을 데리고 총독의 군전으로 가서 이를 기마병에게 넘겨 정벌하게 하십시오. 가는 길이 멀기 때문에 호부(戶部)에 자문을 보내 도중에 있는 군량 관청에 문서를 전달하여 예에 따라 사료를 지급하게 하고 조속히 나아가도록 독촉하겠습니다. 찌는 듯이 더운 날씨와 큰비를 만나면 그 관원이 병사를 감독하여 더욱 신경 써서 휴식을 조절하게 하고, 말을 학대하고 죽게 만든 일이 생기면 배상하게 하겠습니다. 또한 상영고(常盈庫)[170]에서 빌려 동원한 은 가운데 2만 7000냥을 지급하여 보내는데, 1만 8000냥은 위관인 호부의 판사진사(辦事進士)[171] 한국번(韓國藩)[172]에게 넘겨주어 선부순무 아문으로 이송하여 말 1000필을 구매하게 하고, 나머지 9000냥은 위관인 호부의 판사진사 목천안(穆天顔)[173]에게 넘겨주어 보정순무 아문으로 이송하여 말 500필을 구매하게 하되, 모두 각 도와 협에 책임 지워 청렴하고 유능한 관원을 위임하여 보내 키가 크고 어리고 건장한 큰 말을 골라 수매하게 하고, 값을 손해 보거나 둔하고 느린 말로 채워서는 안 될 것입니다. 기한을 6월 내로 정하여 각각 먼저 절반을 이송하게 하고, 8월 내에 모두 완료하게 하겠습니다. 만약 남는 은이 있다면 장부를 만들어 호부에 보고하고, 남겨 두어 다른 용도에 충당하겠습니다.

각 파견된 관원이 이송할 때에는 말 2필당 체운소(遞運所)[174]

170 상영고(常盈庫): 명나라 태복시에 속한 창고로, 각 목감들이 말 기르는 사람들에게 목초지 임대료와 배상금을 받아 보관해 두었다.
171 판사진사(辦事進士): 관정진사(觀政進士)와 같은 말이다. 명대 진사 합격 이후 바로 관직을 제수받지 않고, 육부(六部) 및 구경(九卿) 등의 아문에 파견되어 실무를 견습하는 것을 지칭한다.
172 한국번(韓國藩): ?~?. 명나라 사람이다. 자는 개인(价人)이고 하남 영보현(靈寶縣) 사람이다. 만력 26년(1598) 진사가 되었다. 여러 관직을 거쳐 통정사사 좌통정(通政使司左通政)에 이르렀으나 천계 6년(1626)에 삭탈되었다.
173 목천안(穆天顔): ?~?. 명나라 사람이다. 만력 36년(1608)에 섬서순안어사(陝西巡按御史)에 제수되었다.
174 체운소(遞運所): 명나라 관서명이다. 홍무 9년(1376)년부터 운용된 곳으로 공식 물자와 군수품을 운송하는 기관이었다.

에서 인부 1명을 뽑아 끌고 가게 합니다. 도중에 먹일 사료는 또한 군량 관청에서 노정을 계산하여 지급합니다. 선부진과 대동진에서 구매한 말은 창평병비도[175]에게 가서 검사 받게 하고, 보정에서 구매한 말은 계주병비도에게 가서 검사 받게 하되, 반드시 건장하고 전투를 감당할 만한 경우에만 운(雲)자 낙인을 찍고 비문(批文)을 지급하여 이송해 보내도록 하겠습니다. 말을 구매하고 이송하는 각 관원에 대해서는 말이 좋고 이송이 빠른지, 조사 결과 말을 빼돌리거나 속인 경우가 없는지를 총독과 순무가 호부에 자문을 보내게 하여 이부로 자문을 전달하여 상벌을 기록하게 하겠습니다. 어긴 자는 탄핵하겠습니다.

요동은 현재 구매한 본진(本鎭)의 말의 수가 많기 때문에, 응당 구매를 면해 주어야겠습니다. 총독은 조선국왕에게 자문을 보내 상국(上國)의 말이 조선의 물과 풀에 맞지 않으니 각 도의 민간에서 찾아 구매하거나 또한 산간에 있는 야생마를 널리 모아 조련시켜 온순하게 만들되 모두 예에 따라 값을 치르겠다고 알리십시오. 다시 부족해지면 먼저 보병 군영에 넘겨준 말을 조사하여 총병(總兵) 진린(陳璘)의 군영 사례에 따라 병사 1000명당 말 30필만 지급하게 하고, 나머지는 모두 기마병에게 지급하여 타고 출진하게 하십시오. 또한 저희 호부가 앞서 보낸 자문의 내용에 따라 각 군영의 말 중에 사료를 줄이거나 학대하여 쓰러져 죽은 말의 많고 적음을 두루 조사하여, 장령 등의 관원에 대

---

175 병비도(兵備道): 명대 도원(道員)의 일종으로서 순무(巡撫)를 보좌하여 군무를 담당했다. 안찰사(按察司)의 부사(副使) 또는 첨사(僉事)가 맡아보는 경우가 많았으므로 병비부사(兵備副使)·병비첨사(兵備僉事)라고도 불렸다.

해서는 벌로 급여를 공제하고, 관정(官丁)과 군병은 분별하여 처벌하고 장은을 헤아려 추징하되, 모두 조선에서 말 구매에 지불하는 용도로 남겨 두고 장부를 만들어 호부에 보고하여 검토받게 하십시오. 대동순무와 순천순무가 말을 구매한 값의 은은 태복시가 보낸 은이 도착하는 날을 기다려 따로 제본을 올리게 하십시오.

성지를 받들었는데, "알겠다."라고 하셨습니다.

4-11

총병 동일원에게 원적으로 돌아가 군정과 말을 정돈하여 데리고 오게 하는 일로 올리는 제본

題董總兵回籍整帶丁馬疏 | 권4, 76a-79b

날짜 만력 26년(1598) 4~5월

내용 형개는 작년에 급히 조선으로 오느라 가정(家丁)과 군마를 대동하지 못한 표하참찬(標下參贊) 동일원(董一元)으로 하여금 선부·대동에 가서 병력 및 군마 동원을 감독하고 그가 원래 거느리던 가정과 군마도 수습해 오라고 지시했다. 그런데 동일원이 선부·대동으로 가던 도중에 요동총병으로 있던 이여송(李如松)이 몽골족과 싸우다 전사하자, 명 조정에서는 원래 형개 휘하에서 중로군(中路軍)을 이끌 예정이었던 이여매(李如梅)를 대신 요동총병으로 임명하고, 이여매의 빈자리는 동일원으로 하여금 교대하도록 했다.

이에 동일원은 당장 조선으로 돌아가서 빈손으로 중로군을 이끌기보다는 가던 길을 계속 가서 선부·대동의 병력 및 군마와 자신의 가정을 수습해 올 수 있게 하고, 그동안 중로의 군무는 마귀 혹은 유정(劉綎)이 대리하도록 해 달라고 요청했다. 형개는 동일원의 요청대로 그를 6월 말까지 조선에 귀환하도록 하며, 그 사이에는 유정이 군무를 대행하게 해 달라고 상주하여 만력제의 재가를 얻었다.

관련문서 『명신종실록』 만력 26년 4월 20일에 이여매를 요동총병으로 임명하고, 동일원을 어왜총병관으로 삼는다는 기사가 실려 있다.[176] 또한

....

176 『명신종실록』 권321, 만력 26년 4월 20일(갑술), "以李如梅掛印, 充鎭守遼東兼備倭總兵官. 董一元, 充禦倭總兵官."

형개가 동일원이 선부·대동에 가서 병력 및 군마 동원을 감독하도록 한 것은 4-10 〈買補東征馬匹疏〉의 내용과도 연관되어 있다.

명령을 받들고 받은 보고를 생각해 보건대, 군정과 말이 준비되지 않았으니, 간절히 바라건대, 원래 맡긴 대로 진으로 돌아가 병마를 정돈하여 데리고 옴으로써 보충을 꾀하는 일로 보고하는 제본.

표하참찬 총병관(標下參贊總兵官) 동일원(董一元)이 올린 정문을 받았는데, 그 내용은 다음과 같았습니다.

삼가 살피건대, 저는 원래 병환으로 쉬기를 바라서 성지를 받들어 원적(原籍)[177]으로 돌아가 조리하면서 스스로 깊은 산속에서 휴양하면서 여생을 마치려 했습니다. 따라서 정벌에 함께한 친정(親丁)과 전마(戰馬)는 모두 뿔뿔이 흩어져 남아 있지 않았습니다. 뜻밖에 집에 머문 지 2년도 안 돼 갑자기 본 부원(本部院: 형개)이 제본을 올려 성지를 받들어 저를 참찬(參贊)의 예비 인원으로 삼아 동정(東征)에 데려갔습니다.[178] 이때 비록 옛 병이 조금 낫긴 했지만 탕약을 뗄 수가 없어서 즉시 사정을 빌어 보려 했으나, 나라의 어려움이 막심해지고 군주의 은혜가 두터움을 생각하여 감히 억지로라도 가지 않을 수 없었습니다. 게다가 참찬은

177 원적(原籍): 동일원의 원적은 선부전위(宣府前衛)이다.
178 뜻밖에 …… 데려갔습니다: 형개가 동일원을 참찬으로 기용한 데 대해서는 2-6 〈請加麻貴提督職銜幷取董一元參贊疏〉를 참고.

병마에 대한 전적인 책임이 없는 자리이고, 또한 지난 가을에 왜환이 긴급해서 사람을 보내 재촉함이 매우 급했기 때문에, 이에 가정(家丁)을 미처 수습하여 대동하지 못하고 밤낮없이 군영으로 달려갔습니다.

지금 본 부원의 지시를 받들어 선부진과 대동진에 가서 병사를 독촉하고 말을 구매하며, 아울러 저의 가정들을 불러모아 기한 내에 오게 했습니다. 그런데 도중에 갑자기 저보(邸報)를 받았는데 요동순무 장사충(張思忠)이 올린 제본으로, 총병 이여송(李如松)[179]이 오랑캐를 습격하다 전장에서 죽었다는 내용이었습니다.

성지를 받들었는데, "총병의 결원은 이여매(李如梅)[180]가 밤낮없이 와서 대신하게 하라. 이여매의 결원은 동일원이 그리로 가서 교대하게 하라."[181]라고 하셨습니다. 또한 본 부원이 보낸 차

179 이여송(李如松): 1549~1598. 명나라 사람으로 요동 철령위(鐵嶺衛) 출신이다. 철령위 지휘동지(指揮同知)를 세습했다. 만력 20년(1592) 감숙(甘肅) 영하(寧夏)에서 보바이(哱拜)의 난이 일어나자 반란 진압에 큰 공을 세워 도독(都督)으로 승진했다. 임진왜란이 발발하자 흠차제독(欽差提督)으로 조선에 파병되었다. 평양성을 함락했으나 벽제관(碧蹄館)에서 패배하여 퇴각하고 일본과의 화의 교섭에 주력하다가 그해 말에 명으로 철군했다.

180 이여매(李如梅): ?~1612. 명나라 사람으로 요동 철령위 출신이다. 자는 자청(子淸), 호는 방성(方城)이다. 이여송의 동생으로, 형을 따라 임진왜란에 참전했다. 일본과의 강화 교섭이 진행되고 전쟁이 고착화되자 이여송과 함께 요동으로 돌아갔다가 정유재란이 발발하자 다시 참전했다. 훗날 이여송이 사망하자 형의 관직을 승계하여 요동총병(遼東總兵)이 되어 요동을 방어했다.

181 총병의 …… 교대하게 하라: 이여송의 죽음이 요동순무 장사충에 의해 명 조정에 보고된 것은 만력 26년 4월 13일로 보인다. 『명신종실록』의 해당 기사에는 이여매를 조선에서 불러와 이여송의 자리를 채우도록 했다고만 되어 있고, 동일원에 대한 언급은 없다. 『명신종실록』권321, 만력 26년 4월 13일(정묘), "虜寇遼東, 總兵李如松, 遠出搗巢, 死之, 撫臣張思忠以聞. 上悼惜之, 令卹廕加等, 卽用撫臣議, 以李如梅, 自朝鮮馳還, 代任."

문을 받들어 부임을 명했습니다.

저는 명령을 받들고 놀라 당황하여 나아가지도 물러서지도 못하게 되었습니다. 저는 병으로 몸을 제대로 쓰지 못하는 가운데 성은(聖恩)을 받들어 발탁되었으니 즉시 온몸을 바쳐 보답해야 합니다. 하지만 생각해 보건대, 제가 우두머리 장수가 되어 홀로 한 개 로를 담당하게 되었으니, 표하참찬의 경우와 같지 않습니다. 반드시 몸이 장사들보다 앞서야 돌격하여 적을 쳐부술 수 있고, 반드시 신임하는 가정을 얻어야 용기를 북돋아 앞장설 수 있습니다. 지금 저는 하나도 의지할 바가 없으니, 단신으로 가면 어떻게 일을 처리할 수 있겠습니까. 하물며 중로(中路)의 병마는 배치가 이미 정해져 있고, 현재 굳게 지키며 둔전에 씨를 뿌리고 요새를 수축하고 있으니 병마를 전진시킬 시기가 아직 이릅니다. 게다가 제독 총병 마귀(麻貴)는 현재 그곳에 있고, 유정(劉綎)도 이미 강을 건넜으니 모두 직무를 겸할 수 있습니다. 저는 응당 예전 명령에 따라 밤낮없이 선부진으로 나아가 그 진의 병마를 가려 뽑고, 아울러 제가 여러 해 전에 정벌에 데려갔던 신임하는 가정과 건장한 말을 각 방면에서 나누어 불러 모아 모조리 수습해 온다면, 죽음을 무릅쓴 병사들의 힘을 얻어 밖으로는 왜노(倭奴)를 토벌할 수 있고, 안으로는 뭇 병사들을 통제할 수 있을 것입니다. 이 계획은 매우 중요합니다. 저는 설사 마지못해 복직하여 맨손으로 호랑이를 잡더라도, 제 한 몸은 아까울 게 없으나 일을 그르쳐 나라를 욕보일까 두려우니 죽음으로도 어찌 속죄할 수 있겠습니까.

이를 받고 문서를 조사해 보니, 올해 3월에 신 등이 제본을 올려 논의하기를, 세 로에 병마를 배치하여 싸우고 지키며 둔전에 씨뿌리고 요새를 수축하게 하고, 중로는 이여매를 총병관으로 승진시켜 통솔하게 함에 관해 이미 밝은 성지를 받든 바 있습니다.[182] 또한 조사해 보건대, 신은 이어 제본을 올려 선부진과 대동진의 병마 4000명을 이동시키고, 또한 두 진에서 말 3000필을 구매함으로써 두 진에 원래 있던 동정(東征) 중에 쓰러져 죽은 말을 보충하려고 계획했는데, 말을 골라 구매할 전문 관원이 없어서 노약한 말이 섞이지 않을까 걱정이었습니다.[183]

신은 왕경에서 출발할 때 이미 차문을 보내 표하 총병관 동일원을 위임하여 나아가게 하고, 아울러 그의 가정을 거두어 모으게 했습니다. 지금 요동진의 대장 이여송이 오랑캐를 습격하다가 전장에서 죽자 성지를 받들어 이여매로 대신하게 하고, 이여매의 결원은 즉시 동일원으로 대신하게 했습니다. 이여매는 용감히 싸우고 군사를 잘 알아 오랑캐를 막는 데 쓰고, 동일원은 노련하고 숙련되어 왜를 막는 데 쓰니, 황상께서 사람을 잘 알고 훌륭한 임명을 하심과 먼 변경의 일까지 주의를 기울이심을 우러릅니다. 신은 즉시 성지에 따라 두 신하가 각자 긴급히 일을 맡게 했습니다.

동일원은 원래 신의 표하참찬으로 싸우고 지키는 책임이 없었고, 가정·전마·의복 및 갑옷은 원래 가지고 있던 물자가 많지 않았습니다. 지금 이미 중로에 발탁되었는데, 중로는 수백 리 적의 소굴이 굳게 의지하고 있는 곳이고, 대장 우두머리가 출몰하는 지역입

....

182 올해 …… 있습니다: 4-7 〈議三路屯守疏〉를 지칭한다.
183 또한 …… 걱정이었습니다: 4-10 〈買補東征馬匹疏〉를 참조.

니다. 대장이 몸소 사졸보다 앞서지 않으면 어찌 적을 제압하고 승리하겠으며, 신임하는 가정과 건장한 말이 있지 않으면 깨끗이 소탕하는 공을 책임 지울 수 없을 뿐만 아니라 달랑 장수 한 명이 용맹스러운 군대를 통제할 수 없을 것입니다. 하물며 제가 맡긴 위의 일도 긴요하고 중요한 임무이니, 가까운 곳에서 진으로 돌아가게 하는 것이 또한 서로 편할 것입니다. 게다가 3개 로는 현재 지키고 있으면서 진격하기에는 아직 이르고, 제독 마귀와 유정은 동서로 나누어 지키고 있으니 또한 잠시 맡아 처리할 수 있습니다. 감군어사(監軍御史)[184]와 부(部)·도(道)가 한목소리로 신에게 말하기를, 이는 결코 그만둘 수 없는 일이라고 했습니다.

응당 청한 바에 따라서 대신 제본을 갖추어 올려 진에 도착하는 날에 조속히 군정과 말을 수습하게 하는 외에, 선부진의 병마가 아직 출발하지 않았으면 선발을 마치는 날에 즉시 먼저 오게 하여 6월 말을 기한으로 조선에 도착하여 일을 맡게 하십시오. 중로의 군사 업무는 유정에게 맡겨 대신 서리하게 하여도 일을 그르치지 않을 것입니다.

엎드려 바라건대, 병부에 명하시어 선부순무에게 문서를 보내 동일원의 가정·말·안가은(安家銀),[185] 행량(行糧)[186]을 조속히 논의하여 처리하게 하고, 출발하여 빨리 오게 하며 일이 끝나면 사용한 전량(錢糧)은 호부로 자문을 보내 제본으로 청하여 지출·상환 처리하

---

184 감군어사(監軍御史): 군대에 대한 통제를 강화하기 위해 감찰을 담당한 어사를 파견했는데, 이를 감군어사라고 한다.
185 안가은(安家銀): 규정된 급여 이외에 추가로 지급하는 비용으로 액수가 정해져 있지는 않았다.
186 행량(行糧): 병정이 출정할 때 진영에 지급되는 양식(糧食)이다.

도록 하겠습니다.

성지를 받들었는데, "동일원은 진으로 돌아가 병마를 정돈하여 데
리고 오는 것을 허락하고 기한에 따라 조선으로 가서 일을 맡아라.
병부에 알리라."라고 하셨습니다.

4-12

광병을 통솔하는 부장을 보충해 달라는 상주

補統領廣兵副將疏 | 권4, 80a-83b

날짜 만력 26년(1598) 5월 10일

내용 진린(陳璘) 휘하의 광동(廣東) 병력 5000명이 조선으로 오다가 산해관에서 군량 문제로 소란을 피우자, 명 조정에서는 원래 계주진(薊州鎭)에서 새로 모집한 남병(南兵) 3000명을 통솔해 오는 일을 맡았던 부총병 오광(吳廣)으로 하여금 진린을 도와 광동 병력을 통솔하게 했다. 이에 형개는 진린에게 이미 수군의 통솔을 맡겼고, 오광이 원래 광동 출신으로서 소란을 일으킨 병력과 친숙하므로, 그에게 광동 병력을 정식으로 통솔하게 해서 조선으로 보내 유정의 지휘를 받도록 해 달라고 요청했다. 또한 원래 오광이 데려와야 했던 계주진의 남병 3000명은 조선에 보내 섭방영(葉邦榮)과 진잠(陳蠶)의 부대에 나누어 주도록 했다. 병부와 만력제는 형개의 요청을 모두 재가했다.

관련문서『명신종실록』만력 26년 5월 10일에는 형개가 본 상주를 올려 허가를 받았다는 내용이 간략하게 실려 있다.[187]

....

187『명신종실록』권322, 만력 26년 5월 10일(갑오), "薊遼總督邢玠題, 吳廣領水兵, 屬劉綎節制, 陳璘領水兵, 赴鴨綠江. 從之." 단 실록에서는 오광이 이끌 병력을 "水兵"으로 잘못 기록했다.

광병(廣兵: 광동의 군사)의 주장(主將)을 이미 수로(水路)로 파견하여 본영의 병마 통솔을 전담할 관원이 있어야 하니, 직임을 제수하고 소속을 고쳐 토벌을 편하게 하기를 바라는 제본.

문서를 조사해 보건대, 앞서 제가 제본을 올려 병마를 계속 동원하도록 독촉해야 한다고 했습니다. 계주진에서 새로 모을 병사 6000명 가운데 남병 3000명을 고쳐 모아서 부총병 오광(吳廣)에게 넘겨 통솔하여 오도록 했습니다. 이미 병부가 검토하고 성지를 받들어 두루 따르게 한 바 있습니다.

또한 조사해 보건대, 신 등이 제본을 올려 교활한 왜군의 기세가 이미 꺾였으나 수비를 더욱 굳건히 하고 있으니, 둔전군과 수비군으로 나누어 책임을 전담시켜 적을 제어하는 장기적인 대책을 모색하자고 했습니다. 논의하여 해도(海道)에 대해서는 압록강 서쪽을 하로(下路)로 삼아 총병 주우덕(周于德)의 관할에 속하게 하여 남경(南京)의 수군 2200명과 천진 일대의 수군을 여순(旅順)에 주둔시켜 내지를 보호하게 했습니다. 압록강 남쪽을 상로(上路)로 삼아 새로이 총병 진린(陳璘)이 계금(季金)·장양상(張良相)·심무(沈茂)·복일승(福日昇)·양천윤(梁天胤) 등의 군영을 통솔하여 군산(群山)과 진도(珍島) 등 지역에 정박시켜 기회를 보아 진격하게 했습니다. 나머지 그가 통솔한 광병 5000명은 스스로 부장(部將)을 선택하여 나누어 통솔하게 했습니다.[188] 그러나 신이 생각하기에 광병은 육군인지라 급히 적당한 장수를 얻지 못할 듯하여 잠시 진린의 통솔을 받게 하고, 병

....
188 또한 …… 했습니다: 관련 문서는 다음과 같다. 「4-7 〈議三路屯守疏〉」.

부에 서신을 보내 다시 마땅한 장수를 신중히 골라 대신하게 했습니다. 만약 쓸 만한 장수가 있으면 훗날 또한 유정에게 소속시켜야겠습니다.

이달 18일에 저보를 받아 보면서 병부가 올린 제본을 보았는데, 광병이 군향(軍餉)에 불만을 품고 무리를 모았다는 내용이었습니다. 이에 대해 다음과 같은 성지를 받들었는데, "광병은 멀리 오면서 평안하고 조용했는데 어찌 관문에 도착해서 군향에 불만을 가지는가. 만약 숨은 사정이 있다면 순천순무가 조속히 사(司)와 도(道)에게 맡겨 조사하여 처리하게 하라. 진린은 더욱 힘써 직무를 수행하게 하고, 오광은 서로 도와 일을 처리하고 나누어 각 장령을 통솔하게 하며, 총독과 순무가 논의하고 임용하게 하여 힘써 군사들의 노고를 보살피고 침탈하지 못하게 하라. 만약 군사들이 계속 제멋대로 협박하면, 조사하여 무리를 이끈 진짜 주동자를 체포하여 군전에서 법대로 처벌하라."라고 하셨습니다.[189]

무리 지어 소란을 피운 사정은 순천순무가 명확히 조사하여 상주하게 하고, 조사 결과 횡포하고 방자함이 있으면 신 등이 군법으로 처리하는 외에, 신이 경리조선군무 도찰원우첨도어사 양호와 함께 조사해 보건대, 부하 병사가 군량에 불만을 품고 총대장을 때리고 모독한 일은 군기를 크게 해친 것입니다. 이로 인해 장수를 바꾸는 것은 병사들에게 보검의 자루를 쥐여 주는 꼴이니 차마 그렇게

....

189 이달 …… 하셨습니다: 『명신종실록』의 관련 기사는 다음과 같다. 『명신종실록』 권321, 만력 26년 4월 8일(임술), "總兵陳璘統領廣兵, 至山海關, 各兵挾糧鼓譟, 毆辱旗鼓官. 兵科右給事中侯慶遠請, 行該撫, 遣道臣, 馳詣體勘. 果緣月糧將匱, 不妨再給, 薄責首事示懲, 若別有隱情, 明白具奏, 聽朝廷處分, 仍切責陳璘, 簡偏神, 以佐之. 兵部如議覆請, 以副總兵吳廣, 協同陳璘行事, 以安軍心. 從之."

할 수는 없습니다. 이에 진린을 조사하여 신 등은 이미 먼저 수로(水路)에 파견했습니다. 지금 광병은 이미 전담할 장수에게 맡겼으니, 육군은 해당 로의 대장에게 귀속하는 것이 또한 지당합니다.

조사해 보건대, 오광은 원래 광동의 장수로 평소 이 병사들과 서로 익숙하니, 즉시 그에게 광병을 통솔하는 부총병을 맡게 하겠습니다. 원래 논의한 바에 따라 조선의 전라도 지방으로 가서 총병 유정의 소속으로 바꿔 그의 지휘를 받게 하십시오. 진린은 속히 압록강 이남 지역으로 가 수군을 통솔하여 원래 파견되기로 한 담당 지역인 군산도와 진도 등으로 곧바로 가서 정박하게 하고 기회를 보아 나아가 토벌하게 하십시오. 원래 파견하기로 했던 오광이 애당초 통솔하기로 한 계주진에서 새로 모을 남병 3000명 전부는 순천순무가 관원을 위임하여 절강으로 가서 모두 모아 계주진에 도착하는 날에 즉시 원래 모은 관원이 통솔하게 하여 조선에 이르면 신의 명령에 따라 나누어 보내게 하십시오.

또한 조사해 보건대, 섭방영(葉邦榮)의 군영에는 원래 절병(浙兵) 1600명밖에 없으므로 응당 다시 1400명을 더하여 차출하고, 진잠(陳蠶)의 군영에는 원래 2100명밖에 없으므로 응당 다시 1600명을 더하여 차출해야 하겠습니다. 각각 군영을 합쳐 정벌에 나서게 하고 별도로 장수를 둘 필요는 없습니다. 만약 계주진에 현재 남병이 있다면 즉시 진잠에게 데리고 오게 하십시오. 엎드려 바라건대, 병부에 명하시어 검토하게 하시고, 신 등에게 문서를 보내 삼가 받들어 시행하게 해 주십시오.

성지를 받들었는데, "병부에 알리라."라고 하셨습니다.

병부에서 검토하여 논의한 내용은 다음과 같았습니다.

살펴보건대, 광병이 아직 관문을 나가기 전에 총독은 진린을 수군의 대장으로 바꾸자고 논의했습니다. 앞서 검토하고 성지를 받들어 그대로 시행한 바 있습니다. 얼마 뒤에 병사들이 무리 지어 군량을 가지고 소란을 피웠기에 제본을 올려 오광으로 하여금 힘을 합쳐 일을 처리하게 했습니다. 마침 진린을 이미 수군의 군영으로 바꾸었는데, 이 병사들은 오광이 인솔하지 않으면 그 습속을 압도할 수 없을 것입니다.

지금 제본에서 말한 위 내용을 받고 응당 진린에게 즉시 성지의 내용에 따라 원래 파견되기로 한 군산, 진도의 담당 지역에서 방어하고 토벌하게 하고, 오광은 광병을 통솔하는 부총병을 맡게 하겠습니다. 원래 논의한 바에 배치 사항이 모두 있으니, 오직 병사는 법으로 다스려야 합니다. 군대의 승리는 화합에 달려 있으니[師克在和],[190] 과연 한마음으로 함께 지혜를 모으고 또한 기병(奇兵)을 나누어 쓴다면 어디를 간들 이기지 못하겠습니까. 만약 행적은 같더라도 마음이 다르면 서로 세력을 견주고 일마다 다투게 되니, 무익할 뿐만 아니라 각기 그 능력을 발휘해 승리를 거두지도 못할 것입니다.

지금 천병(川兵)과 광병을 합쳐 일가(一家)로 만들려면 마땅히 마음과 뜻을 연결하여 하나로 하고, 치우쳐 얽매이는 사사로움을 떨쳐 버리고 통제의 마땅함을 밝혀서, 힘을 합치고 지혜를 모아 정병(正兵)은 합치고 기병(奇兵: 적을 기습하는 군대)은 나누어

....

190 군대의 …… 있으니[師克在和]: 군대의 승리는 많은 병사에 달려 있지 않고 내부의 화합에 달려 있다는 의미이다.

함께 성공을 도와야 합니다. 이는 유정과 오광이 각자 충성을 다함에 달렸습니다. 만약 앙심을 품고 서로 저지하여 군기를 그르침에 이른다면, 본래 군령이 있으니 총독·순무·감군어사가 살펴 반드시 사실에 따라 무겁게 탄핵하게 하십시오.

새로 모집한 절병 3000명은 원래 총독이 조선으로 이동시켜 함께 방어를 돕게 하기 위함이었으니, 또한 마땅히 순천순무 아문에 자문을 보내 논의한 바에 따라 별도로 지모와 용맹함을 갖춘 청렴하고 유능한 관원에게 맡겨 병사를 다 모은 날에 그들을 통솔하여 조선에 이르러 총독의 배치에 따르게 하십시오. 계주진에 현재 있는 남병은 즉시 진잠이 데리고 가게 하면 또한 서로 편하겠습니다. 삼가 명령을 기다려 신 등이 삼가 받들어 시행하겠습니다.

성지를 받들었는데, "알겠다."라고 하셨습니다.

토병이 소란을 피운 일에 대해 각 장수를 처벌하고 단단히 타일러 경계하여 처리하는 일로 올리는 상주

土兵喧嚷議處各將申飭處置事宜疏 | 권4, 84a-101b

날짜 만력 26년(1598) 5월

내용 만력 26년 4월 11일 조선으로 가던 도중 요양(遼陽)에 머물고 있던 사천(四川) 출신의 묘족(苗族) 병사들이 요양부총병(遼陽副總兵) 마동(馬棟)을 구타하여 이가 부러지는 중상을 입힌 사건이 발생했다. 이 사건에 대해 피해자인 마동과 요동도사의 실무를 관장하던 이무공(李茂功)이 서로 다른 보고를 올리자, 형개 및 요동순무 장사충(張思忠)·감군어사 진효(陳效)는 분수도(分守道) 장등운(張登雲)에게 사건의 진상을 조사하라고 명령했고, 장등운은 다시 동지(同知) 왕이길(王猗吉)·경력(經歷) 오문재(吳文載)에게 조사를 명령했다.

그들의 보고 및 찬획주사(贊畫主事) 정응태(丁應泰)의 설명에 따르면 이무공은 묘족 병사들과 요동 현지인들의 다툼을 불공정하게 판결하고 자신이 지나가는 길을 묘족 병사들이 막았다는 이유로 곤장을 때려 그들의 원망을 샀다. 묘족 병사들은 마침 광녕(廣寧)으로 길을 떠나던 요양부총병 마동의 가마 앞에 백지 소장을 들고 가서 억울함을 호소하려 했는데, 그 과정에서 마동의 부하들이 묘족 병사들과 충돌했고, 격분한 묘족 병사들이 마동 및 그의 부하들을 마구잡이로 구타했다. 마침 감군도(監軍道) 참정(參政) 왕사기(王士琦) 및 분수도 장등운은 부재중이었고, 묘족 병사들을 관할하는 부총병 조희빈(曹希彬)도 중병으로 누워 있어 변란이 커질 찰나에 마침 성에 있던 정응태가 묘족 병사들을 타일러 안정시켜 병란의 확산을 막았다. 사건 이후 사천 병력을 통솔하는 총병 유정(劉綎)은 주동자 4명을 체포하여 곤장을 때렸으며, 형개의 명령에 따라 그 가운데 1명을 참수하여 효시했다.

형개는 사후 조치로 변란을 일으킨 묘족 병사들을 직접 지휘하는 천총(千總)·파총(把總) 유계명(劉啓明)[191] 등에게 곤장을 때리고, 변란을 야기한 책임자인 요동도사 이무공 및 병력을 제대로 감독하지 않은 중군(中軍) 왕명세(王名世)의 처벌을 주청했다. 또한 병사들이 행군 중에 소란을 일으키지 않도록 지휘관이 단속하고 지방관이 접대에 만전을 기하게 해 달라고 요청했다. 병부에서는 형개의 건의를 모두 받아들였고, 만력제는 이무공 등에게 벌봉(罰俸) 4개월의 처벌을 내렸다.

본문은 당시 정유재란을 위해 대규모 병력을 장거리로 이동시켜야 했던 명의 고충 및 현지에서 빚어진 문제들을 생생하게 확인할 수 있는 자료이다.

관련문서『명신종실록』만력 26년 4월 24일 기사에는 만력제가 사건의 발생을 접하고 총독·순무·순안에게 엄히 조사하여 보고하게 하고 기율의 엄수를 명령했음이 간략히 실려 있다.[192] 하지만 본문의 조사 및 처벌 내용은 언급이 없어, 본문이 작성되어 보고되기 이전의 상황을 전하는 것으로 판단된다. 또한『선조실록』선조 31년 4월 24일 기사에는 형개가 양호에게 보낸 서찰이 전재되어 있는데, 그중 자신이 군사들이 행패를 부리지 못하도록 예방조치를 취했으며, 조선에서 명군에게 비싼 값으로 식사를 판매하고 있다고 지적한 부분은 본문의 내용과 일맥상통한다.[193]

....

191 유계명(劉啓明): ?~?. 명나라 사람이다. 만력 26년(1598) 사천(四川)에서부터 묘족 병사들을 지휘해 왔다.

192 『명신종실록』권321, 만력 26년 4월 24일(무인), "征倭川兵鼓躁, 毆傷副將. 命督·撫·巡按, 查處具奏, 仍諭, '速報, 調兵鼓躁, 諸將紀律安在. 還嚴行戒諭. 再犯者, 重處.'"

토병(土兵)이 부장(副將)을 마구 때렸으니 토병을 즉시 사형〔正法〕
에 처하여 국면을 진정시키고, 삼가 각 관원들의 처벌을 의논하며,
아울러 훗날을 경계하게 함으로써 분란이 일어날 실마리를 막도록
청하는 제본.

분수요해동녕도 우참의(分守遼海東寧道右參議) 장등운(張登雲)이 정
문을 올렸는데, 그 내용은 다음과 같았습니다.

자재주(自在州)[194]의 사무를 관할하는 부(府) 동지(同知) 왕이길(王
猇吉)[195]이 요동도사 경력사경력(遼東都司經歷司經歷) 오문재(吳文
載)[196]와 함께 천병(川兵)이 부장 마동(馬棟)[197]을 때린 내용을 조
사한 문서가 저에게 도착했습니다.

　문서를 살펴보니 올해 4월 19일에 총독경략군문(總督經略軍
門: 형개)의 비답(批答)을 받들었는데, 협수요동동로 부총병(協守
遼東東路副總兵) 마동이 위의 일로 올린 정문에 대한 내용이었습

....

193 『선조실록』 권99, 선조 31년 4월 24일(무인), "不肯己有牌行, 令屯帳城外, 嚴責將領, 約束
一路, 皆分爲三班, 隔數日行走過此. 如有不馴者, 責成大將軍行法. 大將軍不能行, 吾輩不
能行, 吾輩參之. 昨在義州, 不肯過堂, 麗民每飯一碗, 賣銀四分, 各兵垂泣, 裂目秤銀, 不敢出
聲. 此等情狀, 亦可憐也. 以此等待兵, 卽孝子·順孫, 能久受此苦乎. 望其臺下, 亦一囑國王陪
臣, 使出示曉諭, 可也."

194 자재주(自在州): 명나라 시대 주(州) 이름이다. 명 영락 7년(1409)에 설치되었다. 처음
에는 개원성(開原城) 안에 설치했다가, 정통 8년(1443) 요양(遼陽) 노성(老城)의 요동도
사에 배치되어 북방에서 귀순하는 사람들을 받아들였으며, 각 소수민족의 주요 집단 거
주지 중의 하나가 되었다. 천계 원년(1621)에 후금에 함락되었다.

195 왕이길(王猇吉): ?~?. 명나라 사람이다. 자재주(自在州)의 사무를 관할하는 부(府)의 동
지(同知)였다.

196 오문재(吳文載): ?~?. 명나라 사람으로, 남직례(南直隷) 휴녕현(休寧縣) 출신이다.

197 마동(馬棟): ?~?. 명나라 사람이다. 만력 22년(1594)에 요동관전부총병(遼東寬奠副總
兵)으로 임명되었다.

니다. "각 병사가 무슨 이유로 이렇게 흉악한 일을 벌였는가. 부
장(副將) 마동이 중군(中軍) 동명봉(佟鳴鳳)[198]에게 올린 게보(揭
報)에 따르면, '도사(都司) 이무공(李茂功)이 천병을 꾸짖고 때려
분란을 일으켰습니다.'라고 했다. 지금 또한 이르기를, '남병의
전량에 대해 간섭이 있었는지 여부에 분명 원인이 있을 것입니
다.'라고 했다. 분수도(分守道)는 주사(主事) 정응태(丁應泰)[199]와
함께 속히 정확한 내용을 조사하여 급히 보고하라. 이번 일이 각
병사에게 퍼지지 않도록 주동자를 총병 유정과 함께 체포하고
군문으로 압송하여 사형에 처하라. 이 문서는 반납하라."

이날 또한 본 부원(部院: 형개)의 비답을 받들었는데, 천병이
아무 까닭 없이 장관을 때려 다치게 한 일로 올린 요동관국도사
(遼東管局都司) 이무공의 정문을 받고 내린 것이었습니다. "정문
에 따르면, '제독 유정이 병사 300명을 통솔하여 부장 마동에게
달려가 상황을 우기며 전량(錢糧)을 내놓으라고 요구했기 때문
에 구타가 일어났습니다.'라고 한다. 무릇 부장은 전량을 관할하
는 관원이 아닌데, 총병이 도리어 부장에게 가서 전량을 요구했
으니 사리에 맞지 않음이 심하다. 제독 유정이 올린 정문에 따르
면, '도사 이무공이 두 차례 천병을 꾸짖고 때려 이 때문에 부장

....

198 동명봉(佟鳴鳳): ?~?. 명나라 사람이다. 만력 26년(1598)에 천총 지휘(千總指揮)로서
요양 중군(遼陽中軍)의 일을 처리하고 있었다.
199 정응태(丁應泰): 1553~?. 명나라 사람이다. 만력 26년(1598) 군문찬획(軍門贊畫)으로
형개(邢玠)를 따라 조선에 왔다. 도산(島山) 전투가 끝난 후 경리 양호(楊鎬)를 탄핵했는
데 조선이 양호를 비호하자 조선에 화살을 돌려 조선이 오랫동안 일본과 내통해 왔다고
모함했으니 일명 '정응태 무고사건'이다. 조선은 세 차례에 걸쳐 사신을 파견하여 해명
했다. 정응태는 결국 혁직되었다.

마동에게 달려가 호소했는데, 부장이 처리해 주지 않았기 때문에 마구 때렸습니다.'라고 한다. 이들 중 무엇이 진실인가. 분수도는 주사 정응태와 함께 조사하여 보고하라."

이날 또한 본 부원의 비답을 받들었는데, 군사 업무에 관한 일로 올린 제독한토관병 어왜총병관(提督漢土官兵禦倭總兵官) 유정의 정문을 받고 내린 것이었습니다. "분수도는 주사 정응태와 함께 정확한 내용을 조사하여 갖추어 보고하라. 주동자를 무겁게 처벌하여 사형에 처하라. 이 문서는 반납하라. 속히 자세히 보고하라."

이날 또한 본 부원의 비답을 받들었는데, 부장 마동이 천병에게 맞아 다쳤다고 올린 게보에 대해, 요양 중군(遼陽中軍)의 일을 대신 처리하는 천총 지휘(千總指揮) 동명봉이 올린 게품(揭稟)을 받고 내린 것이었습니다. "정문에 따르면 도사 이무공이 천병을 꾸짖고 때렸는데 천병은 어찌 부장을 마구 때릴 수 있는가. 이 가운데 분란을 일으킨 실제 정황이 있을 것이다. 분수도는 주사 정응태와 함께 속히 명백하게 조사하고, 아울러 주동자를 군문으로 압송하여 법으로 처리하라. 이 문서는 반납하라."

이달 20일 또한 본 부원의 헌패를 받들었는데, 그 내용은 다음과 같았습니다.

군무에 관한 일. 그대는 즉시 찬획 주사 정응태와 함께 각 병사가 분란을 일으킨 근본적인 이유를 엄히 조사하라. 원래 어느 장관, 어느 천총·파총 아래의 어느 병사, 누구인지 밝히고, 무슨 이유로 도사가 꾸짖고 때리는 데까지 이르게 되었는지, 후에 각 병사가 이미 부장에게 읍소해 놓고 무슨 이유로 도리어 부장을 구타했는지, 정확히 몇 명의 병사 누구누구가 시작해서 병사 무리를 연루시켰는지, 엄히 주동자를 찾아내어 반복해서 상세하게 심문하여 확실한 진실을 얻도록 하라. 아울러 관할 중군과 천총·파총은 모두 탄핵하고 조사하여 보고함으로써 법을 시행할 때 증빙으로 삼게 하라.

이달 15일 순무요동지방 우첨도어사 장사충(張思忠)의 헌패를 받들었는데, 그 내용은 다음과 같았습니다.

군무에 관한 일. 그대는 즉시 남병이 어느 관원의 지휘를 받는 수가 모두 얼마나 되는지, 모일 모시에 모처에서 무슨 일로 갑자기 부장 마동을 때려 다치게 했는지 조사하라. 문하(門下)의 인역(人役) 중에 또한 맞아서 다친 자가 매우 많다. 남병이 무슨 일로 시끄럽게 변고를 일으켰는가. 해당 관할 장령·중군·천총·파총 아무개가 어찌하여 엄히 단속하지 못했는지, 서로 내통한 폐단은 없었는지 명백히 조사하여 사실에 따라 탄핵하고 상세하게 보고함으로써 제본을 갖추어 시행함에 증빙으로 삼게 하라.

이달 19일에 또한 본 부원의 비답을 받들었는데, 천병이 무리를 모아 아무 까닭 없이 떠들썩하게 부장을 때려 다치게 한 일로 올린 협수요동동로 부총병 마동의 정문을 받고 내린 것이었습니다. "분수도는 위 내용에 따라 모두 명확히 조사하여 상세히 보고하라. 지금 오랑캐의 위협이 매우 급할 때 지방에 관원이 결원이니, 계속 부장 마동이 예전대로 직무를 수행하게 하라. 이 문서는 반납하라."

이날 또한 본 부원의 비답을 받들었는데, 천병이 아무 까닭

없이 장관을 때려 다치게 한 일로 올린 요동관국도사 이무공의 정문을 받고 내린 것이었습니다. "정문의 내용에 따르면, 천병이 아무 이유도 없이 진의 장관을 때려 다치게 하고 멋대로 불법을 저지름이 매우 의아하다. 중국에서도 이와 같을진대 조선이 어찌 견딜 수 있겠는가. 이는 물을 가지고 물에 빠진 자를 구하고, 불을 가지고 불에 타는 자를 구하려 함과 다를 게 없으니 장차 더욱 심해질 것이다. 동정(東征)에 전혀 이롭지 않다. 분수도는 일을 방해한 관원들을 엄히 조사하여 모두 탄핵하고 상세히 보고하라. 이 문서는 반납하라."

이달 20일에 또한 감찰요해조선등처군무 감찰어사(監察遼海朝鮮等處軍務監察御史) 진효(陳效)의 비답을 받들었는데, 천병이 무리를 모아 떠들썩하게 아무 까닭 없이 부장을 때려 다치게 한 일로 올린 협수요동동로 부총병 마동의 정문을 받고 내린 것이었습니다. "분수도는 명확히 조사하여 속히 보고하라."

이날 또한 본 부원의 비답을 받들었는데, 천병이 아무 까닭 없이 장관을 때려 다치게 한 일로 올린 요동관국도사 이무공의 정문을 받고 내린 것이었습니다. "토병이 만 리 밖 근왕(勤王)을 위해 촉(蜀)·초(楚)·양하(兩河)·연(燕)·조(趙)의 군(郡)·현(縣)·위(衛)·소(所)를 지나면서 역체(驛遞)가 수백 곳 이상인데 모두 추호도 범죄 소식을 들은 적이 없었으나, 요동에 이르러서야 비로소 행패를 부렸다. 설사 행패를 부린 토병이 오랑캐인지라 법도를 모른다 해도, 요동 사람들 역시 도리에 어긋나게 행동했다.[200] 제독이 협수와 어찌 원수를 지고, 부장이 군량에 어찌 관여했는가. 백지(白紙)로 고소하는 일은 오랑캐 사람들의 일상사이

니, 이는 억울한 일을 당하고서 그 담당자에게 풀어 주기를 바라
는 것이다.

　이무공은 이유 없이 위세를 부려 분란의 원인을 제공하고 부
장을 다치게 해 놓고는, 오히려 날조하고 꾸며 보고하고 말았다.
만약 아무런 상관이 없다면 누구를 속이려 함인가. 하늘을 속일
수 있겠는가, 다른 사람을 속일 수 있겠는가. 부장 마동이 올린
정문은 중군이 올린 것과 같지 않다. 그대의 정문은 또한 부장이
올린 것과 아예 동떨어져 있다. 일은 하나인데 말은 둘 셋이니,
사리에 맞지 않음을 알 만하다. 흉악한 오랑캐는 철저히 법에 따
라 처리해야 하고, 분란의 원인 또한 반드시 끝까지 밝혀야 한다.
분수도는 명확히 조사하여 속히 보고하라."

이날 또한 본 부원의 헌패를 받들었는데, 그 내용은 다음과 같았
습니다.

　군무에 관한 일. 그대는 즉시 제독 유정에게 자문을 보내 조
정의 위엄과 덕망을 널리 공포하여 힘써 원한을 풀고 은혜에
감사하게 하여 적을 죽이고 나라에 보답하게 하라. 무리에 앞
장서 죄를 범한 병사들은 비록 이미 군법에 따라 결박하고 때
렸으나 아직 죄를 모두 씻지 않았으니 총독 군문의 처분을 기

----

200 『禮記·樂記』의 "무릇 외물이 사람의 마음을 감응하게 함에는 끝이 없는데, 사람의 좋고
　　싫어함에 절제함이 없다면 이는 외물이 이르러 사람이 외물에 의해 물화되는 것이다. 사
　　람이 외물에 의해 물화되는 자는 천리를 없애고 인욕을 다하는 자이다(夫物之感人無窮,
　　而人之好惡無節, 則是物至而人化物也. 人化物也者, 滅天理而窮人欲者也)."라는 구절에서
　　기원한 표현으로, '하늘이 인간에게 부여한 인간의 본성은 본래 고요하지만, 외물에 의
　　해 그 고요한 상태가 움직인다.'는 뜻이다. 형개는 이를 바탕으로 요동인들을 비판하고
　　있다.

다리게 하고, 또한 엄히 부곡(部曲)을 단속하고 대오를 엄정하게 하여 전진하며 배치와 방어·정벌의 명령을 따르게 하되, 지체하거나 소요를 일으켜 사건의 실마리를 만들지 않게 하라. 또한 부장 마동을 몰래 타일러 오랑캐의 기질이 짐승[犬羊]과 같으니 절대 가혹하게 꾸짖어 분란을 일으키지 않도록 그대가 잘 중재하라.

이달 24일에 경리조선군무 우첨도어사 양호의 비답을 받들었는데, 천병이 아무 까닭 없이 장관을 때려 다치게 한 일로 올린 요동관국도사 이무공의 정문을 받고 내린 것이었습니다. "분수도는 조사하여 보고하라."

비답을 받들어 곧바로 주사 정응태에게 문서를 보내고, 아울러 동지 왕이길과 경력 오문재에게 패문을 보내 조사하게 했습니다. 그 후 지금 동지 왕이길 등이 올린 정문을 받았는데, 그 내용은 다음과 같았습니다.

조사해 보건대, 올해 4월 중에 도사 이무공이 묘병(苗兵)이 거리에서 길을 가로막았다는 이유로 죄 지은 병사를 다루는 군졸에게 묘병을 넘겨 서로 고함 지르며 다투는 상황에 이르렀고, 실제로 묘병 중 한 명에게 곤장 10대를 때렸습니다. 전날에 소유아(小劉兒)와 황극거(黃克擧) 등이 서로 때리다가 의복을 잃어 버렸는데, 도사가 의복을 추가로 지급해 주지 않자 뭇 병사들이 분을 가라앉히지 못하고 삽혈(歃血)[201]하고 호소하려 했습니다. 먼저 제독에게 가서 고한 후에 그다음 협부(協

....

201 삽혈(歃血): 피를 마시거나 입가에 바르며 맹세하는 행위를 지칭한다.

府: 마동)에게 가서 크게 고하려 했습니다.

뜻밖에 이달 11일에 요양부총병 마동은 순무의 문서를 받들고 광녕진수(廣寧鎭守)의 사무를 대리하기 위해 묘시(卯時: 오전 5~7시) 무렵에 길을 떠났습니다.[202] 종루(鐘樓) 남쪽에 이르렀을 때 갑자기 이름 모를 묘병 천여 명이 한꺼번에 고함을 치며 다가와 부장 마동이 탄 가마를 막아 세우고 손에는 백지 수십 장을 쥐고 말하기를, "도사 이무공이 이유도 없이 우리 병사들을 때렸기에 이렇게 와서 고합니다."라고 했습니다. 부장 마동이 바로 묻기를, "너희들은 무슨 일로 이러느냐. 시끄럽게 굴지 말고 침착하게 말로 하면 너희를 위해 처리해 주겠다."라고 했습니다. 마침 뒤따르던 관청의 야불수(夜不收: 정찰병)가 이들을 보고 설명을 허용하지 않고 크게 호통치자, 묘병들이 분을 참지 못하고 즉시 돌을 던지고 곤봉을 휘둘러 쏟아지는 비처럼 때리자, 곧 부장 마동은 코와 입술을 맞아 부어올랐고 아래쪽 치아 2개가 부러졌으며 또한 위쪽 치아 4개가 지금까지 흔들리고 있으며, 피가 흘러 온몸을 적셔 정신을 잃고 땅에 쓰러졌습니다. 마침 이름 모를 백성 수십 명이 급히 그를 은장(銀匠)의 집 안으로 끌고 들어와 구했고, 타고 있던 큰 가마 1대는 바로 가루처럼 부서졌습니다. 또한 그를 뒤따르던 관청의 야불수 정정인(鄭廷印)·한국상(韓國相)·장

....

202 뜻밖에 …… 떠났습니다: 요동총병 이여송이 몽골족과 싸우다 전사했기 때문에 후임 요동총병이 결정되기까지 그의 직무를 대리하기 위해 요양부총병 마동이 요동총병의 관아가 있는 광녕으로 출발하려 한 것이다. 4-11 〈題董總兵回籍整帶丁馬疏〉에서 확인되듯이, 이여송의 자리는 결국 그의 동생 이여매가 채우게 되었다.

현(張見)·고망(顧望)·나경(羅敬)·이사십구(李四十九)·김영(金琰)·위방신(魏邦信)·곽문신(郭文信)·이계선(李繼先) 등 10명은 그 주인을 막고 지키느라 각자 맞아 다쳤고, 이에 대해서는 증거가 있습니다.

이때 감군도(監軍道) 참정(參政) 왕사기(王士琦)[203]는 3월 29일에 요양으로부터 먼저 제1운(運)의 병마를 데리고 강을 건너가고 있었습니다. 요양분수도 참의 장등운은 4월 2일에 동쪽에서 진강(鎭江)을 돌며 성보(城堡)의 병마를 조사하느라 아직 돌아오지 않았습니다. 본래 묘병을 관할하는 부장 조희빈(曹希彬)은 병 때문에 자리에 누운 지 이미 10여 일째였습니다. 변고가 막 발생한 그 순간에 다행히 찬획 주사 정응태가 성에 있다가 소식을 듣고 즉시 서로 때린 장소에 친히 이르러 패문을 내어 안정시키고 타이르며 제지하니, 이로써 각 병사가 비로소 해산했습니다.

살펴보건대, 이번 사건에서 분란의 원인은 도사 이무공이 병사를 때린 일로부터 시작되었으니 그 책임을 피하기 어렵습니다. 먼저 병사가 길을 가로막으면 본래 관할하는 장관에게 체포하여 보내거나, 잘 알지 못하고 판단하기 어려우면 그냥 내버려두면 되지 어찌 이러한 일을 일으킬 수 있습니까.

....

203 왕사기(王士琦): 1551~1618. 명나라 사람이다. 절강 태주부(台州府) 임해현(臨海縣) 출신으로 만력 11년(1583)에 진사가 되었다. 만력 26년(1598) 흠차어왜서로감군 산동포정사사우참정(欽差禦倭西路監軍山東布政使司右參政)으로 조선에 와서 유정(劉綎)과 진린(陳璘)의 군대를 모두 감독했다. 순천 예교(曳橋) 전투를 독려하여 조선 조정에 군량 운송을 재촉했다. 도요토미 히데요시의 사망이 전해진 후 고니시 유키나가와 협상하여 고니시가 철수한 후 예교성에 입성했다. 만력 27년(1599) 4월에 명나라로 돌아갔다.

그때 제독 유정은 먼저 주동자 4명을 각각 결박하고 100대를 때렸고, 나중에 본 부원의 패문을 받들어 주동자 묘병 이현(李見)을 참수하여 뭇 병사에게 보여 이미 법에 따라 처리를 완료했습니다. 부장 조희빈이 오랫동안 병으로 자리에 누워 있어 중군의 관원 또한 즉시 수범(首犯)과 종범(從犯) 병사를 군문에 묶어 놓고 제독에게 품문을 보내 처분을 바랐습니다. 본래 관할 관원인 천총과 파총은 제대로 단속하지 못하여 병사들이 부장을 구타하는 지경에 이르렀으니 책임을 피하기 어려워 보입니다. 천총과 파총은 이미 부장 조희빈을 따라 강을 건너간 이후라 저희 주에서 조사하여 보고할 증거가 없으므로, 응당 해당 군영의 장관에게 문서를 보내 조사하여 보고하게 했습니다.

다시 조사해 보건대, 각 병사의 전량은 부장 마동과 추호도 관련이 없으니 모두 핑계의 말들입니다. 평소에 그 병사들을 학대한 적도 없었습니다. 또 조사해 보건대, 소유아는 주삼(周三)·왕주(王舟)·풍육(馮六)과 함께 원래 황극거(黃克擧)·황삼(黃三)과 서로 때렸습니다. 도사 이무공은 황극거·황삼 및 주인집의 뇌삼(雷三)을 각각 곤장 15대로 처벌했고, 잃어버린 은과 물건을 보충하여 준 적이 없습니다. 부장 조희빈은 주사 정응태에게 정문을 올렸고 정응태는 자재주에 비답을 내려 황극거 등 2명을 불응(不應) 죄목으로 판결하고, 이미 은과 의복 등의 항목을 수량대로 보충하여 지급해서 수령해 갔습니다. 또 조사해 보건대, 묘병 하보(何保)와 도호(屠戶: 백정)는 서로 때렸고, 원래 도사 이무공에게 가서 고한 적이 없었습니다.

　삼가 살펴보건대, 각 병사가 소란을 피운 일은 비록 도사 이무공이 그 병사를 꾸짖고 곤장 10대를 친 것에서 시작되었지만 그 자체가 큰일은 아니었습니다. 오히려 부장 마동이 묘병의 백지 고소장을 접수하지 않았기 때문에 묘병이 마침내 그를 마구 때리는 데 이르렀습니다. 제독 유정은 한 명을 참수하고 세 명을 결박하여 때렸는데, 법에 따라 이미 잘 처리한 듯합니다. 부장 마동은 또한 응당 안심하고 직무를 수행하게 해야 하겠습니다. 도사 이무공으로 인해 곤장을 집행한 사람은 응당 죄를 물어 처벌하고, 도사 이무공은 본 부원의 처분을 기다려야겠습니다.

곧이어 저는 찬획 주사 정응태가 보낸 수본 답신을 받았는데, 그 내용은 다음과 같았습니다.

　오랑캐 병사의 소란은 11일에 있었는데, 그 발단은 도사가 멋대로 꾸짖은 일에서 시작되었고, 그 변고는 수행하던 자가 병사를 쫓아 때린 일에서 격화되었습니다. 묘병은 오랑캐 기질로 벽돌을 던지며 저항했으니, 협수(協守: 마동)의 입술과 치아의 부상이 혹 무심결에 잘못 맞은 것은 아닌지 아직 알 수 없습니다. 하지만 협수가 스스로 말한 바에 따르면, "먼저 백지를 들고 한꺼번에 밀어닥쳐서 무릎을 꿇더니 나중에는 마구 벽돌을 집어 던지고 때렸다."라고 했습니다. 협수가 어찌 기꺼이 말을 꾸미겠습니까. 그리고 4명을 결박하여 때리고 한 명을 효수(梟首)한 처벌은 군법상 정당하므로 더 말할 나위가 없습니다.

　부장 조희빈은 상한(傷寒)의 중병에 걸려 바야흐로 생사의 갈림길에 있는데, 어찌 병상에서 내려와 삽혈하는 병사들을 단속할 수 있었겠습니까. 그리고 중군은 또한 어찌 오랑캐 병사들의 변고를 미리 내다보고 이를 그치게 할 수 있었겠습니까. 만약 단속이 엄하지 않았다고 한다면, 이는 평소 병사를 훈련한 장수에게 책임을 물어야 하겠지만, 천총은 도맡아 관리한 지 몇 개월밖에 되지 않았고 분주하게 일하느라 병사들의 면목을 아직 제대로 알아보지 못하는데, 어찌 병사 한 명, 관원 한 명을 친히 따르게 할 수 있었겠습니까.

게다가 요양성 모퉁이에 1만 명의 병사가 모여 있는데, 관원된 자가 공무로 지나가면서 어찌 사람들을 비켜서게 할 수 있습니까. 도사 이무공이 조금만 더 지혜와 도량이 있었더라면 병사가 길을 가로막아도 문제 삼지 않았을 테고, 문제 삼더라도 중군의 관원에게 보냈으면 그만이고 부장 조희빈에게 보냈어도 되었을 텐데, 갑자기 무거운 처벌을 가하여 다리가 찢어지고 피가 흐르니 형벌이 이미 공정함을 잃었습니다. 더군다나 소유아 등이 황극거 등과 다투고 물건을 빼앗긴 일은 상처와 절도의 물증이 있어 명확합니다. 그때 부장 조희빈이 스스로 심문하지 않고 도사에게 압송한 이유는 바로 요동 사람들에게 각자 소속이 있기 때문입니다. 그런데 도사가 황극거에게는 책임을 묻지 않고 도리어 천병과 주가(主家)에게만 책임을 물으니, 병사들이 분노하여 이런 일이 벌어졌습니다.

법은 천하의 공정한 것입니다. 오랑캐 병사건 요동의 병사건 간에, 채인(蔡人)이건 오인(吾人)이건²⁰⁴ 간에 지금 죽은 자는 다시 살아날 수 없습니다. 혹시 살아나더라도 또다시 억울한 죄를 뒤집어써서 이승에서는 다른 사람의 비난을 받을 것이고 저승에서는 귀신의 견책을 받을 것입니다. 이야말로 직접 보고 들은 자의 죄입니다. 하물며 병사들은 각자 지휘 계통이 있고 모든 일의 시작에는 원인이 있습니다. 병사가 소란을 피우면 참수하고 병사가 약탈하면 참수하니, 원인이 있어서 참수하는 것은 법이 행해진 결과입니다. 관원이 빌미를 제공했으면 그 관직을 잃어야 하고, 관원이 격화시켰으면 또한 그 관직을 잃어야 합니다.

지금 오랑캐 병사들을 이미 참수하고 결박하고 곤장을 때렸으며, 천총은 단속을 엄히 하지 못하여 문죄했으니, 헤아려 처벌한 것은 법이 할 바를 다한 것이고 다했으면 더할 나위가 없을 것입니다. 도사가 위에 있으면서 관대하지 못하고 일 처리에 마땅함을 잃었으니 삼가 본 부원의 결정을 기다리게 하고, 곤장을 집행한 사람에게 책임과 죄를 더함으로써 죽은 자의 분노를 풀어 주고 산 자의 소동을 그치게 하여, 법과 감정이 공정해지고 장수와 병사가 편안해져서 아주 공평하고 지극히 바른 모습을 보일 수 있기를 바랍니다.

또한 제가 조사해 보건대, 천병이 부장 마동을 구타한 날, 저는

204 채인(蔡人)이건 오인(吾人)이건: 당(唐)의 재상 배도(裴度)는 채주(蔡州)를 거점으로 반란을 일으킨 회서절도사(淮西節度使) 오원제(吳元濟)를 토벌했는데, 채주에 입성한 이후 채주의 병졸을 아병(牙兵)으로 삼자 반란을 일으킨 지역의 사람이라 하여 경계해야 한다고 말하는 사람이 있었다. 배도는 반란의 주모자가 사로잡혔으니 채인(蔡人)도 오인(吾人), 즉 채주의 사람도 우리 백성이라는 말로 답했다. 이에 채주의 부로들이 감읍했고, 남은 반란 지역의 백성들도 즉시 평정되었다고 한다. 『구당서(舊唐書)』 「배도전(裴度傳)」에 나오는 일화이다.

진강에 순찰을 나가 성보의 병마를 조사하느라 아직 돌아오지 않아서 원래 그 사건을 목격하지 못했고, 친히 각 병사를 대면하여 타일러 안정시킨 사람은 찬획 정응태입니다. 중간의 정황은 모두 이미 명확히 밝혀졌습니다. 부장 마동은 원래 아무 상관이 없는 외에, 지금 제가 살펴보건대 장관의 토병이나 도사의 수하나 옳게 행동한 자가 하나도 없습니다. 무릇 가마와 부딪힌 일은 작은 일이고, 도사가 설사 곤장 10대를 치게 했더라도 무거운 형벌이 아닌데 각 병사는 삽혈하고 이를 고발했습니다. 만약 천총·파총 중 한 명이라도 각 병사를 타일렀거나, 혹은 찬획이나 제독 아니면 제가 성으로 돌아와 친히 처리했다면 토병이 어찌 갑자기 이 지경에 이르렀겠습니까. 부장 마동은 불과 빈 백지 소장을 수리하지 않았을 뿐이니 또한 큰 죄가 없습니다. 어찌 각 병사가 갑자기 분노를 부장 마동에게 옮겨 그의 치아와 얼굴을 상하게 할 수 있단 말입니까. 도사도 토병을 때려서는 안 되는데, 토병이 어찌 부장을 때릴 수 있단 말입니까.

여러 해 전부터 대군이 요양에 주둔한 적이 많은데, 제가 때로 타이르고 조정해서 모두 각자 서로 평안했습니다. 뜻밖에도 제가 며칠 순찰을 나갔던 동안 이러한 일이 발생했습니다. 하물며 본 부원께서 이미 패문을 보내 주동자 한 명을 참수하고, 제독 유정 또한 종범 3명을 결박하여 때렸습니다. 중군과 천총·파총은 잠시 처벌을 면하여 삼가 비답을 기다리게 하고, 도사 이무공으로 인해 곤장을 친 사람은 무겁게 처벌해야 하겠습니다. 도사 이무공은 본 부원의 처분을 기다리게 해야 하겠습니다.

살펴보건대, 앞서 제독 유정, 부장 마동, 도사 이무공, 천총 동명봉이 각각 위의 사안에 대해 올린 정문을 받았습니다. 저는 한편으로 분수도에게 비답을 보내 확실하게 조사하여 상세히 보고하게 하고, 다른 한편으로 총병 유정에게 패문을 보냈는데 그 내용은 다음과 같았습니다.

조사해 보건대, 정벌에 나선 병사들이 소동을 일으키는 것은 누차 성지를 받들어 엄히 금지한 바 있다. 지금 묘병이 비록 도사로 인해 맞았다 하더라도 총병[鎭]이나 분수도[道]에게 가서 고소하면 그만이지, 어찌 멋대로 부장을 구타할 수 있단 말인가. 법으로 어찌 용서하겠는가. 각 병사가 이미 요양에서 분란을 일으켰으니 응당 즉시 사형에 처해야겠다.

패문을 보내니 바라건대, 그대는 현재 감금 중인 주동자에게 원통함이 없는지 다시 심문하고 즉시 저잣거리에서 참수하라. 또한 각 병사를 타일러 다음과 같이 전하라. "본 부원이 사천에 있을 때 각 병사가 충성스럽고 용기가 있어 쓸 만하다는 걸 잘 알고 있어, 만 리 밖에서 데리고 와 갓난아기처럼 소중히 대했다. 지금 부장이 아무 상관도 없는데 큰 길가에서 구타당했으니, 너그럽게 용서하려 해도 법으로 또한 내버려둘 수 없다. 주동자는 이미 사형에 처하기로 했고, 나머지 병사들은 다시 추궁할 필요가 없다. 각 장령과 두목은 각 병사에게 알려서 이후 안심하고 법을 지키게 하라. 만약 원통함이 있으면 즉시 총병이나 분수도에게 고소하여 처리해야지 절대로 다시 무리를 모아 흉악한 일을 벌여서는 안 된다. 만약 다시 위반할 경우에는 반드시 분별하여 효수하거나 결박하여 때리는 등 용서하지 않겠다." 또한 두목은 모두 군법에 따라 처리하고, 심문하고 시행한 결과를 보고해서 검토할 수 있게 하라.

곧이어 총병 유정이 회답했는데, 그 내용은 다음과 같았습니다.

각 병사가 요양에 이르러 장부를 만들고 군량을 수령하기를 기다린 게 어느덧 10여 일이 지났습니다. 이어 총독 군문께서 조선에서는 원래 생산되지 않는다고 하여 각 병사가 편한 대로 방한모[腦包]²⁰⁵와 면갑(綿甲)²⁰⁶을 추가로 구입하게 했고, 이미 모두 갖추어 즉시 앞의 두 군영으로 보냈습니다. 때마침 광녕에서 변고가 생겨 북방 오랑캐의 위협이 동시에 들려오니, 찬획 정응태가 미리 군문에게 정문을 올려 잠시 천병을 머물게 하여 멀리서 지원해 주는 세력으로 삼으려 했습니다.

각 장령, 중군, 천총과 파총이 올린 품문의 내용을 요약해 보면, 앞서 병사 소유아가 우물가에 가서 물을 긷는데, 주민인 황극거 등이 먼저 물을 길으려 다투다가 무리를 이끌고 마구 때려 상처가 깊고 소유아의 눈 한쪽이 망가졌습니다. 고소장을 갖추어 도사 이무공에게 가서 고했으나, 황극거의 편을 들고 자세히 조사하지 않은 채 도리어 병사들만 때리고 내보냈습니다. 또한 병사 하보가 주민에게 맞아 치아가 떨어져 나가서 또한 도사 이무공에게 가서 호소했으나 받아들여지지 않았습니다. 또한 병사 탕속(湯速)은 거리에서 면포를 사고 있는데 도사 이무공이 길을 비키라 하자 성내며 피하지 않았다가 붙잡혀 심하게 맞았습니

---

205 방한모[腦包]: 추울 때 머리에 쓰는 방한구(防寒具)의 일종인 '남바위'는 한자어(漢字語) '腦包(뇌포)'의 중국음(中國音)인 '라오바오'의 변음이다.

206 면갑(綿甲): 두꺼운 면이나 비단 천 속에 쇠미늘을 넣어서 동으로 된 못[銅釘]으로 고정시킨 개갑이다. 거의 전신을 감싸고 있기 때문에 방한에도 뛰어나 중국 북방에서 많이 사용되었다.

다. 이렇게 원래 도사 이무공에게 쌓였던 원한이 무례하게 우발적으로 부장 마동을 범하게 되었습니다. 당장 주동자인 병사 이현을 결박하여 100대를 때렸고, 장충(張忠)·왕정례(王正禮)·왕조(王祖)는 각각 60대를 묶어 놓고 때렸습니다. 이어 본 부원의 패문을 받들어 이현을 사형에 처하고 효시(梟示)했습니다.

지금 위의 사안을 받고 살펴보건대, 요양 토병의 변고에 대해서 도사 측에서는 "제독 유정이 병사 300명을 통솔하여 부장 마동에게 가서 군량을 내놓으라 해서 이로 인해 부장을 때려 다치게 했다."라고 말하고, 마동은 또한 "각 병사가 무리를 모아 1000여 명이 손에 백지를 들고 무슨 일인지 말하지도 않고 이유 없이 때려 다치게 했다."라고 말했습니다. 천총 동명봉은 "화는 도사 이무공 때문에 생겼는데 고의로 부장을 때렸다."라고 말했고, 제독 유정 이하 각 장령은 "여러 차례 도사에게 맞고 나서 부장 마동에게 가서 고소하려 했는데, 또한 아랫사람들에게 내쫓기고 맞자 아랫사람들에게 보복하려다가 부장을 잘못 때렸다."라고 말했습니다. 대략 지방관들은 각 병사의 죄를 부풀리려 하니 그 흉악한 정황을 과장하여 호소하고 있고, 군사를 거느리는 관원들은 각 병사의 죄를 덜어 주려 하니 분란을 일으킨 것에 책임이 있다고 하고 있습니다.

지금 분수도가 올린 정문과 주사 정응태가 판결한 문서를 받고 며칠 동안 방문 조사까지 해 본 결과, 토병이 도사의 계속된 책망으로 분노가 쌓여 부장에게 호소를 구하려 했는데, 부장이 억울함을 풀어 주지 않고 하인들은 또한 꾸짖고 내쫓으려 하니, 이 때문에 벽돌을 들고 마구 때린 것이었습니다. 이것이 분란을 일으킨 원인이요 소란의 실제입니다. 하지만 법에 따라 사형에 처한 이유는 각 병사가 비록 억울하더라도 상사에게 호소하여 억울함을 풀어 달라고 구했어야지, 오히려 무관한 부장을 다치게 했기 때문입니다. 이는 법을 어기고 기강을 해친 것이기 때문에 죄를 용서해 줄 수 없습니다.

해당 제독은 당장 주동자 4명을 결박하여 때렸고, 곧이어 저의 패문을 받들어 사형을 집행했는데, 이현은 처자를 제독에게 부탁하면서 머리를 숙이고 형을 받았습니다. 제독은 늠은(廩銀: 관청에서 받은 식사 수당)을 써서 후하게 관을 사서 염하고 하늘을 우러러 슬퍼했고, 각 병사도 길가에서 소리 내 슬피 우니, 또한 숙연하고 떠들썩하지 않았습니다. 이는 때를 먼저 하고 감정은 뒤로하여 법령을 모두 펼친 것이니, 총병의 위엄과 명령이 평소 어떻게 행해지고 은혜와 신의가 어떻게 베풀어지는지 이를 통해 알 수 있었습니다.

감군 왕사기는 병사를 데리고 강을 건너가, 이미 멀리 있어서 듣지 못했으므로 따로 처벌을 논의할 필요가 없습니다. 조희빈은 해당 부와 도가 이미 말하기를, 우연히 중병에 걸렸다고 전했으며, 변고가 창졸간에 일어났으므로 가혹하게 책임을 묻기 어렵습니다. 또한 조사해 보건대, 해당 군영의 중군 왕명세(王名世)[207]와 토병의 천총·파총인 유계명 등은 먼저 알아채고 미리 단속하지 못했기 때문에 죄를 스스로 면하기 어렵습니다. 또한 살펴보건대, 토병은 오랑캐인지라 본성이 원래 교만하고 사나운데 그 소요가 지방에 미치게 했으니 가볍게 놓아주기 어렵습니다. 만약 길에서 부딪힌 사소한 일

207 왕명세(王名世): 1567~1646. 명나라 사람이다. 절강 영가현(永嘉縣) 출신으로 만력 25년(1597)의 무과에서 향시(鄕試), 회시(會試), 전시(殿試)에 모두 1등을 하여 삼원급제(三元及第)했다. 관직은 금의위 천호(錦衣衛千戶)에 이르렀고 명위장군(明威將軍)에 봉해졌다. 무예, 시사, 서법에 능하여 "삼절(三絶)"이라고 불렸다.

에 그쳤다면 이무공은 책임이 없을 수 있었습니다. 기왕 공손하게 꿇어앉아 호소했으니 이들이 오히려 법도를 안다고 할 수 있고, 마동도 이를 거절하지 말았어야 했습니다. 하지만 도사는 앞에서 이들을 꾸짖고 때렸으며, 부장의 좌우는 또한 뒤에서 이들을 내쫓고 나무랐으니 결국 오랑캐의 본성으로 악행을 저지르게 되었습니다. 이는 스스로 초래하고 자기가 격화시킨 결과입니다. 총병 유정과 주사 정응태가 친히 이르러 타이르고 사형에 처하지 않았다면 큰 변고를 빚었을 테니 모두 책임을 면하기 어렵습니다. 마동은 욕됨을 자기가 초래한 것이 아니므로 응당 추궁을 면해야 하겠습니다. 이무공은 자기가 분란을 일으켜 남에게 해를 입혔으니 응당 중벌에 처해야 하겠습니다.

신은 엄히 총병과 분수도에게 문서를 보내 더욱 명령을 엄하게 내리고, 대오를 엄숙하게 하여 추호도 소란을 피우지 못하게 하면서 계속 동쪽으로 보냈습니다. 주동자인 이현은 이미 효시했고, 장충 등 3명은 모두 이미 결박하여 때렸습니다. 토병의 천총·파총인 유계명 등은 신이 압송하여 군법으로 결박하여 때렸습니다. 도사로 인해 곤장을 집행한 사람은 해당 도에 문서를 보내 처벌하게 한 외에, 엎드려 바라건대, 병부에 명하시어 이무공과 왕명세를 각각 중벌에 처하고, 마동과 조희빈은 각각 잠시 처벌을 면하고 계속 힘써 직무를 수행하게 하여, 법과 기강을 바르게 하여 교만한 병졸이 두려움을 알게 하시고, 무리의 마음을 안정시켜 분란의 빌미가 저절로 사라지게 하십시오.

다시 살펴보건대, 병사들이 소요를 일으킨 일에서 분란의 원인은 두 가지입니다. 무릇 병사가 무리 지어 난폭했던 이유는 장령이 단속하지 않고 그들이 하고픈 대로 내버려두었기 때문이니, 이는 소요를 방임한 것입니다. 단속이 엄했다 하더라도 지방관이 조정하여 처리하지 않고 감당할 수 없는 상황이 되도록 몰아갔으니, 이는 소요를 격화시킨 것입니다. 지금 천병이 사천으로부터 호남으로 갔고 하남과 두 직례를 거쳐 산해관(山海關)에 도달하기까지 까마득한 만리 길을 왔으니 멀지 않다고 할 수 없고, 지나온 주현과 역체(驛遞)가 많지 않다고 할 수 없습니다. 각 장수가 가져와 보낸 "전혀 소요가 없었다."라고 적은 부·주·현의 보증서가 수백 장 이상이고, 가는 도중에 모두 편안하고 고요했다고 말합니다.

신은 병사를 이동시킬 때에 곧 그들이 소요를 일으킬까 우려했습니다. 따라서 병사를 징집하는 상소 안에 총병관 유정을 제독으로 삼고 참정 왕사기를 감군으로 삼기를 청하여, 1만 명을 3영으로 나누어 1영당 3000여 명이 되게 하고, 1영을 3운으로 나누어 1영당 장관 1명, 중군 1명, 부좌(府佐: 지부의 일을 보좌하는 관리) 1명을 두어 가는 도중에 관할하게 했습니다.[208] 명령을 엄히 내려 대오를 정돈하여 엄숙히 행군하게 했고, 거듭 엄하게 단속하여 추호도 소요를 일으키지 못하게 함으로써, 각 병사가 소요를 일으켰는지 여부를 각 관원의 공적과 죄과로 삼았습니다. 그들이 지나는 지방의 사(司)·도(道)·유사(有司) 또한 진나라 사람이 월나라 사람 보듯 무심히 보

---

208 따라서 …… 했습니다: 형개가 사천 병력을 동원하기를 청하는 상주는 『명신종실록』卷 310, 만력 25년 5월 3일(계사)에 요지가 수록되어 있으며, 해당 부분은 다음과 같다. "議選調川東施州衛八司酉陽石砫土司、邑梅平茶二長官司、湖廣永順保靖土司兵一萬名. 不足, 再于敍馬瀘道屬土司、土婦奢世續下選補, 分爲三營, 令參遊吳文傑等三員, 各領一枝, 而以臨洮大將劉綎統之, 以川東副使王士琦監之, 并用府佐吳良璽、李培、汪京三員, 隨營查督. 然土兵必須土官隨行, 如無土官, 必不可入選, 行分作三截, 將官專管約束, 文官稽查虛冒."

지 말고, 필요한 쌀과 소금·땔나무·머물 장소·교역 등의 항목을 얼마나 잘 처리했는지 여부를 공적과 죄과로 삼고자 했습니다. 병부가 저의 상소에 답하여 올렸고 그대로 따르라는 성지를 받들어 이를 신에게 자문으로 보내왔습니다.

곧바로 저는 호광·하남·순천·보정·요동의 각 순무 아문에 자문을 갖추어 보냈습니다. 또한 빈 패문 두 장을 마련하여 하나는 제독 총병 유정에게, 다른 하나는 감군 참정 왕사기에게 주어 대략 다음과 같이 쓰게 했습니다. "각 병사가 일으키는 소요는 대부분 음식·교역·주거·실랑이에서 시작된다. 따라서 파총과 두목을 단속하고 병사를 엄히 통제하는 일은 장령이 책임을 진다. 만약 각 병사가 쌀 한 톨, 반찬 하나라도 강제로 사거나 머릿수를 믿고 단체로 양민을 구타한다면 즉시 결박하고 곤장을 때릴 것이다. 만약 재물을 강탈하거나 강제로 민간의 내실(內室)에 들어가 부녀자를 욕보인 자는 즉시 결박하여 기패(旗牌) 아래로 끌고 가 참수하여 무리에게 보인다. 장관이 은닉하고 편들어 감싸 준 경우는 먼저 중군을 결박하여 때리고 장관은 탄핵하게 한다. 처리하고 안치시키는 일은 지방에 책임을 지워 각 유사 등의 관원이 미리 병사들이 먹을 쌀을 행호(行戶)[209]를 시켜 병사들이 지나는 곳에 늘어놓게 하고 각 위관이 공정한 가격으로 바꾸어 사게 하라. 숙박할 장소는 먼저 사관(寺觀), 묘우(廟宇), 공소(公所)를 치워 놓고 각각 몇 명을 수용하는지 문에다 써서 붙이고, 병사를 거느린 두목이 그 수에 따라 일일이 세고서 들어가게 하라. 영업하는 점포는 전방(前房)[210]을 수습하여 어떤 집에 병사 몇 명을

....

209 행호(行戶): 큰 상점을 의미하지만 여기에서는 문맥상 상인으로 봐야 한다.

수용할 수 있는지 또한 문에다 써서 붙이게 하여 수에 따라 일일이 세고서 들어가게 하라. 만약 실랑이가 생기면 영병관(領兵官)과 함께 각각 처분하라. 해당 도는 반드시 친히 접경 지역으로 가서 감독하고, 또한 지현(知縣)이 체류하면서 호송 업무를 처리하게 하라. 각 해당 행호가 임시로 회피하거나 물가를 높이는 행위를 허락하지 않는다. 만약 위반하는 경우 또한 군법으로 처리한다. 각 병사가 만 리 밖 먼 곳에서 왔으니 그들이 얻어야 할 바를 조정해 주어 그들이 소요를 일으킬 실마리를 잠재우라. 만약 지주(知州)와 지현들이 서로 진나라 사람이 월나라 사람 보듯 하고 또한 삼가 따르지 않는다면, 해당 도가 지명하여 탄핵문을 올리게 하여 즉시 군기(軍機)를 그르친 죄로 체포하여 탄핵하고 처벌하겠다. 해당 도는 또한 어느 주현의 정관(正官: 지주와 지현)·좌관[佐官: 주동(州同)과 현승(縣丞)]의 이름과 직명이 무엇인지, 호송한 병사가 어느 군영의 몇 명인지, 몇 월 며칠에 경계를 넘어 다른 지방으로 갔는지, 병사들이 소요를 일으킨 적이 있는지 없는지, 아울러 제반 사무를 잘 처리했는지 아닌지를 체류하는 주·현의 관원에게 넘긴 후에, 내용을 보고하여 나중에 공적과 죄과를 뚜렷이 나누는 데 증빙으로 삼게 하라. 동정(東征)에서 승리를 거두고 끝나고 난 후에 이 모든 것을 바탕으로 공적을 서훈하거나 탄핵하여 처벌하겠다."

병사들의 소란을 금지하는 것은 엄한 성지를 받든 바 있습니다. 그리고 신이 이를 위해 조정하고 처리했으며, 또한 이미 그 법을 철저하고 정성스레 따랐으며, 각 성(省)도 모두 준행하여 처리했습니

....

210 전방(前房): 'ㅁ'자형 집에 뜰을 두고 본채(正房)와 마주하여 세워진 건물을 가리킨다.

다. 따라서 시장은 피해를 받지 않고 병사들은 고생하지 않았습니다. 그런데 산해관을 나가 동쪽으로 향하는 도중의 길은 모두 군위(軍衛)에 속한 지역입니다. 어떻게 처리할지도 모르고 각 변방에서 때로 오랑캐의 위협 보고가 있을 뿐만 아니라, 해당 도가 친히 따라갈 수 없기 때문에, 각 병사의 먹을 쌀과 거마(車馬)가 매번 곤란에 빠지게 됩니다. 심지어 은 1~2푼[分] 하는 물건이 5~6푼에 팔리기도 합니다.

각 병사가 처음 요양에 이르렀을 때 제독과 감군도가 품문을 올려 이르기를, "분수요양도는 교역을 공평히 하고 분쟁을 해결하여 백성들이 자못 평안하니, 부원의 패문에 따라 여기에서 의갑(衣甲)을 구매하고자 합니다."라고 했습니다. 그런데 해당 도가 변경을 조사하러 공무로 나간 사이 며칠 안 있어 이런 사건이 발생했습니다. 하물며 과거에 서병(西兵)도 요동에서 소요를 일으켰고 천병도 역시 요동에서 소요를 일으켰으니, 어찌 각 병사가 관서(關西) 지역에서는 소요를 일으키지 않고 유독 관동(關東) 지역에서만 소요를 일으키겠습니까. 게다가 각 병사 중에 참수할 자는 참수하고 결박하여 때릴 자는 결박하여 때려 각각 이미 법을 바르게 했습니다. 그런데 그 이후 소요의 격화를 빨리 예방하여 막지 못했으니 어찌 병사와 장령의 마음이 평안하겠습니까.

지금 천병이 강을 건넜는데 모두 천막을 이어 교외 바깥에서 고생스레 노숙하니, 성안에서 평안히 지낸다는 말은 들어 본 적이 없습니다. 이는 신과 감군어사, 문무백관이 모두 함께 목격한 사실입니다. 의주(義州)의 배신(陪臣)은 또한 글로써 참정 왕사기를 칭송하고 있습니다. 신이 관아를 지나 병사들을 점검할 때, 고려의 백성은 밥 두 그릇당 은(銀) 3~4푼에 팔고 있었습니다. 각 병사는 눈물을 흘리며 은을 저울에 달면서도 감히 다른 말을 하지 못하니 또한 가련했습니다. 이렇게 병사들을 대하는데, 아무리 효자·순손(孝子順孫)²¹¹이라도 어찌 이러한 억울함을 오래도록 참을 수 있겠습니까.

신은 이미 패문을 내어 앞길에 전달하게 했는데, 관병을 엄히 금하여 소요를 일으키지 않게 하고, 조선의 배신이 각각 헤아려 처리하게 했습니다. 이후 위반하는 자가 있을지 없을지 비록 예단하기는 힘들지만, 신은 삼척(三尺)의 법²¹²을 가지고 기필코 관용을 베풀지 않을 것입니다. 그러나 각 성의 병사가 아직 다 지나가지 않았고, 장래에 회군할 때에는 처리할 비용이 더 들 것입니다. 신은 이미 지나간 천병은 걱정하지 않는데 이후에 올 다른 병사들이 매우 걱정되고, 지금 보낸 군대는 걱정하지 않는데 장래에 돌아올 군대가 더욱 걱정입니다.

지방관이 만약 예전처럼 적절하게 처리하지 않으면 분쟁을 끝내 피하기 어려울 것입니다. 따라서 이후에 각 병사의 숙박과 식사에 부족함이 없게 하고 교역에 손해가 없게 하며, 따로 사달이 발생하면 병사를 벌주고 장령에게도 같은 벌을 주겠습니다. 만약 숙박과 식사를 제대로 처리하지 않고 교역에 고의로 손해 보게 하거나 강매하면 각 병사가 상사에게 가서 고소하도록 하고, 백성을 벌주고 지방관 또한 같은 벌을 주겠습니다. 만약 병사가 상사에게 가서 고

....

211 효자·순손(孝子順孫): 부모에게 효도하는 아들, 덕행 있는 손자를 가리키는 사자성어로 『한서(漢書) 무제기(武帝紀)』에서 유래했다.
212 삼척(三尺)의 법: 중국 고대에는 법조문을 길이 석 자의 죽간에 기록했는데, 이것이 관용어로 정착되어 삼척(三尺)이 법률 그 자체를 의미하게 되었다.

소하지 않고 멋대로 화(禍)의 실마리를 일으키면, 백성은 분란을 일으킨 죄목으로 처벌하고 병사는 또한 소요를 일으킨 법으로 처벌하여, 병사가 감히 사달을 만들지 않고 백성 또한 감히 분쟁을 일으키지 않게 한다면, 병사와 백성 양쪽이 어찌 서로 편하지 않겠습니까. 문관과 무관은 모두 조정의 관원이고, 병사와 백성은 모두 조정의 소중한 아기입니다. 병사는 만 리를 오가는 고초를 겪고 백성은 며칠 동안 고생하는데, 모두가 분수에 따라 지켜야 할 도리이고 응당해야 하는 일입니다. 당연히 양쪽이 모두 책임지고 직분을 다해야만 공평정대한 모습을 보일 수 있습니다. 만약 문관과 무관, 병사와 백성이 각자 공평하고 용서하는 마음을 가지고 함께 이 약속을 지킨다면 누군가 다시 사달이 일어났다고 말하더라도 신은 믿지 않을 것입니다. 이것이 신이 부득불 다시 이렇게 청하는 이유입니다. 엎드려 바라건대, 병부에 명하시어 다시 조사하고 논의하여 병사를 거느리는 관원에게 두루 문서를 보내 각 성을 지날 때 삼가 지키고 시행하게 해 주십시오.

성지를 받들었는데, "병부에 알리라."라고 하셨습니다.

병부에서 검토하여 논의한 내용은 다음과 같았습니다.

　살피건대, 천병이 부장을 때리고 욕보인 일을 먼저 요동순무가 제본을 갖추어 올려, 이에 대해 저희가 검토하고 조사를 시행하여, 분란이 일어난 정황과 이유를 알고자 했습니다. 그 후에 지금 위 내용을 받았습니다. 받은 내용에 따르면, 도사 이무공과 중군 왕명세가 한쪽만 편들어 형벌 집행에 공정함을 잃었고, 거기다 단속까지 제대로 하지 못했으니 각각 가중처벌하여 훗날을 경계하도록 해야 하겠습니다. 부총병 마동과 조희빈은 뜻밖에 치욕을 받았거나 시재(時災)에 병들었으니, 원래 정황을 헤아려 응당 처벌을 면해야 하겠습니다. 각 병사 중에 주동자는 이미 사형에 처했습니다. 나머지는 잠시 가혹한 처벌을 면함으로써 이후에 기율을 더욱 엄히 세우며 두루 은혜와 위엄을 보여야겠습니다. 장령의 책임은 특히 다른 사람에게 미루기 어렵습니다.

각 병사를 옮겨 오는 일은 반드시 맡은 일이 끝난 뒤에 가게 해야 하겠습니다. 미리 경계하여 거울로 삼아야 나중에 더 잘 막을 수 있습니다. 징발하고 이동할 때를 보장해 주어야 진으로 돌아갈 때를 보장할 수 있습니다. 총독이 함께 논의한 내용은 진실로 깊은 생각에서 나온 것입니다. 기왕 각각 제본을 보내왔으니 응당 검토하여 다시 청합니다.

마땅히 명령이 내려오기를 기다려 마동과 조희빈에 대해서는 각각 잠시 처벌을 면하고 계속 힘써 직무를 수행하게 해야 하겠습니다. 이무공과 왕명세는 각각 무겁게 가중처벌해야 하겠습니다. 또한 호광·하남·순천·보정·요동·광동·응천(應天)·봉양(鳳陽)·산동·복건(福建)·강서(江西)·절강의 각 총독과 순무 아문에 두루 문서를 보내 제본에서 논의한 내용에 따라 만약 병사를 옮겨 오고 갈 때 필요한 모든 땔나무와 쌀, 음식은 소속 도·부·주·현이 미리 조치하여 처리하게 하고 양쪽 모두에게 공평하게 교역하여, 병사가 일으키는 소요를 엄히 금하고 백성이 병사를 핍박하는 일을 매우 경계해야 하겠습니다. 각 관원의 현명함과 유능함 여부는 바로 이를 기준으로 기록하겠습니다. 위반한 자는 모두 총독이 지금 논의한 대로 나누어 처벌하고, 나머지는 모두 논의한 대로 하겠습니다.

성지를 받들었는데, "알겠다. 마동 등은 각각 잠시 처벌을 면하고 더욱 힘써 직무를 수행하게 하라. 이무공 등은 각각 벌봉(罰俸) 4개월에 처하라."라고 하셨습니다.

經略禦倭奏議

『경략어왜주의』 권5 (결)

권5 결권 해제

『경략어왜주의』권4가 만력 26년(1598) 4~5월 무렵까지의 문서를 수록하고 있고, 권6이 만력 27년(1599) 2월 무렵부터의 상주를 수록하고 있으므로, 권5는 만력 26년 하반기의 상주를 수록하고 있었을 것으로 추정된다. 이 시기는 정유재란의 마지막 국면으로서 형개가 주도한 사로병진(四路竝進) 작전이 감행되어 도요토미 히데요시의 죽음으로 철수를 목전에 둔 일본군과 조명연합군 사이에 치열한 전투가 벌어진 격동기였다. 또한 다른 한편으로는 조선에 찬획(贊畫)으로 온 정응태(丁應泰)가 울산 전투에서 큰 손실을 보고도 피해를 감추고 승전이라고 보고한 경리 양호 등의 명군 지휘부를 탄핵하고, 이어서 양호를 두둔한 조선을 비난하는 사건이 발생함으로써 명과 조선 양국에 정치적으로 큰 파란이 일었던 시기이기도 했다.

이는 모두 형개가 당사자로서 중요한 위치를 점했던 사건들이었으므로, 형개 역시 자신의 전략을 설명하고 입장을 변호하기 위한 상주를 다수 올렸을 것으로 생각된다. 그러나 안타깝게도 권5에 수록되었을 이 시기의 상주 역시 모두 현존하지 않는다. 전황 보고서로서의 당보(塘報)는『경략어왜주의』와 함께 편찬된『동정당보(東征塘報)』3권에 따로 수록되었을 것이므로 여기서는 다루지 않고,[1]

....

1   이 기간『명신종실록』에 언급된 형개의 당보 사례로는 가토 기요마사의 철수를 알리는

『명신종실록』 등에서 확인되는 해당 시기 형개의 상주는 아래의 5
건이다.

1) 울산 전투의 공죄(功罪)에 대한 합동 조사[會勘]를 중지하고 자신을 해임해 달라고 요청하는 상주

경략군문의 찬획으로 조선에 온 정응태는 만력 26년 6월 울산
전투에서의 실책을 들어 경리 양호와 그와 연결되었다고 지목된 명
내각(內閣) 서열 2위 장위(張位)·서열 3위 심일관(沈一貫)[2]을 탄핵했
다. 이는 양호의 파면과 장위의 실각으로 이어졌으며, 만력제는 병
과급사중(兵科給事中) 서관란(徐觀瀾)을 파견하여 정응태 및 감군어
사(監軍御史) 진효(陳效)와 합동으로 울산 전투의 공적과 죄과를 감
사하라고 명령했다.[3]

『명신종실록』 만력 26년 7월 3일 기사에 따르면 형개는 상주를
올려 합동 조사는 명군 내부에 문제를 일으킬 수 있으니 중지해 달
라고 요청하고, 계요총독으로서 경리 양호를 절제해야 하는 자신의
입장에서 양호에게 죄가 있으면 자신도 무관할 수 없으므로 신임
경리가 부임하면 자신을 교체해 달라고 요청했다. 그러나 만력제는
그의 요청을 불허했다.[4]

....

긴급보고[『명신종실록』 권329, 만력 26년 12월 15일(병인)]와 노량해전에서 사로잡은
왜장에 관해 보고하는 당보[『명신종실록』 권330, 만력 27년 정월 7일(무자)]가 있다.

2 심일관(沈一貫): 1531~1617. 명나라 사람이다. 절강성 은현(鄞縣) 출신으로 융경 2년
(1568) 진사(進士)에 급제했다. 만력 연간 내각수보를 지냈다. 임진왜란 때 명나라의 조
선 파병을 적극 건의하여 성사시켰다.

3 정응태의 탄핵 사건과 서관란 등에 의한 합동 조사에 대해서는 鈴木開, 「丁應泰の變と朝
鮮: 丁酉倭亂期における朝明關係の一局面」, 『朝鮮學報』219, 2011 및 車惠媛, 「言官 徐觀
瀾의 임진전쟁」, 『明淸史硏究』53, 2020이 상세하다.

2) 사로병진 작전 계획을 보고하는 상주

『명신종실록』만력 26년 9월 21일 기사는 형개가 진격하는 작전의 대략을 상주했으며, 그 내용은 수륙 관병 7만 명을 3로로 나누어 일본군의 군량을 끊는 것이라고 간략히 소개하는 데 그치고 있다.[5] 실제로 형개의 명령에 따라 마귀(麻貴)가 이끄는 동로군이 울산의 가토 기요마사를, 동일원(董一元)이 이끄는 중로군이 사천의 시마즈 요시히로를, 유정(劉綎)이 지휘하는 서로군이 순천의 고니시 유키나가를 공격하고, 진린(陳璘)이 이끄는 수로군이 이순신(李舜臣) 휘하의 조선 수군과 함께 고니시 유키나가 공격에 동참하는 정유재란의 최후 국면이 전개되었음을 감안할 때, 이때 올린 상주에는 작전 계획 및 병력 편제 등이 자세하게 실려 있었으리라고 추정된다. 하지만 그 내용의 전모를 알 수는 없고, 왕재진(王在晉)의 『해방찬요(海防纂要)』 수록 병과급사중 요문울(姚文蔚)의 제본에 형개의 상주 일부가 전재되어 있어 참고가 된다.

해당 제본에는 9월 17일에 형개의 상주를 받아 보았다고 되어 있는데, 대략의 내용은 적의 군량이 부족할 시기이니 빠르면 9월 하순, 늦으면 10월 초순에는 3로의 군대를 일제히 출발시키겠으며, 안팎의 논의가 분분하여 사기가 불안하니 특별히 상을 내걸어 사기를

....

4 『명신종실록』 권324, 만력 26년 7월 3일(병술), "總督邢玠奏免會勘東征功罪, 不允. 疏略曰, 臣身爲督臣, 節制撫鎭, 撫鎭有罪, 臣實共之. 皇上不竝罪臣, 而尙用臣, 使過之仁, 恩同天地. 除遵旨赴王京, 暫代經理外, 惟是會勘一節, 恐生嫌忌. 且撫臣旣以革任, 臣亦難以獨留. 合候新撫臣到日, 將臣特賜罷斥, 仍治臣以不效之罪, 別選才望大臣, 速來任事."

5 『명신종실록』 권326, 만력 26년 9월 21일(계묘), "總督邢玠恭報東征進取大略, 合水陸官兵七萬, 分爲三路, 絶其糧餉. 部覆, 得旨: 兵馬分派旣定, 爾部便急傳邢玠, 刻期相機進剿, 闖外事務, 俱聽便宜行事, 不必疑惑, 致悞軍機." 또한 『명신종실록』 권327, 만력 26년 10월 3일(을묘)에는 "近總督邢玠奏, 目下分兵三路進兵, 刻期攻剿."이라고 소개되어 있다.

진작시켜 달라고 요청하는 것이었다. 만력제는 이에 대해 병부에서 보고 와서 보고하라는 내용의 성지를 내렸다.[6] 대군의 출발에 즈음하여 출정 시기를 보고하고, 적을 격파할 경우의 포상 규정을 제시해 달라고 요청하는 내용이 포함되었으리라 추정된다.

3) 다수의 군마가 사망했으니 말을 구매하여 조선에 보내 달라고 요청하는 상주

『사대문궤』에는 형개가 조선국왕에게 명에서 구매해 보내온 말을 잘 호송해 달라고 요청하는 만력 26년 10월 23일자 자문이 실려 있는데, 해당 자문에는 형개가 올린 상주에 따라 만력제가 태복시(太僕寺)의 은 1만 8000냥을 선부순무에게 보내 큰 말 1000필을 사들여 조선에 보내 쓰도록 하라는 명령을 내렸다는 문장이 수록되어 있다.[7] 형개가 당시 긴 원정으로 소모된 군마의 구입을 요청하는 상주를 올렸음이 확인된다.

....

6 王在晉, 『海防纂要』(북경대학 도서관 소장본) 卷3, 「經略朝鮮」, 39b-40a, "該科于本月十七日接得薊遼總督邢玠一本, 爲恭報進取大略, 以圖蕩平, 幷乞聖明, 特允懸賞, 以鼓敵愾事. 大略謂, 倭中目下情形, 乃糧窮勢迫之時, 兵法乘危, 不可少緩. 故攻取之計已決, 速則九月末旬, 遲則十月初旬, 三路約會齊發. 又云, 中外之議論紛紛, 人情之疑畏洶洶, 恐將士阻氣, 南北二心, 乃歃血盟誓, 合心勦賊, 申明軍法, 人心凜凜, 已四路分兵南下矣. 又謂, 進兵之際, 惟死戰可以取勝, 惟重賞可得死力, 而以懸賞爲請. 且云, 此闡外便宜之權, 皇上已假之于臣, 似不必瑣瑣瀆請, 然當議論煩興之日, 且事干錢糧, 不敢不一具題. 等因, 奉聖旨: 該部便看議來說. 欽此."

7 『事大文軌』卷30, 「總督薊遼保定等處軍務兼理糧餉經略禦倭邢(玠)咨朝鮮國王[東征日月已長營馬倒損事]」, 만력 26년 10월 23일, 6a-8a, "該本部院題, 本部覆議題, 奉欽依, 動支太僕寺庫銀一萬八千兩, 解發宣府巡撫衙門, 收買高大馬一千匹, 解送朝鮮軍前應用, 每馬二匹, 撥適運所大一名牽送, 其沿途料草餉, 司計程支給." 해당 문장은 6a.

4) 10월 네 방면의 전황을 보고하고, 중로의 패배에 책임이 있는 장령들을 탄핵하는 상주

『명신종실록』 만력 26년 10월 28일 기사에는 형개가 각 방면의 전공을 보고했음이 기록되어 있다. 그에 따르면 10월 2~3일 서로군과 수로군은 고니시 유키나가의 진영을 공격했으나 아군도 손상을 입었고, 동로군은 어느 정도의 전과를 거두었으나, 중로군은 적을 가볍게 보다가 큰 손실을 입었다는 내용이다.[8]

『명신종실록』 11월 1일 기사에 따르면 형개는 이를 보고하면서 책임이 있는 장령들을 탄핵하는 상주도 함께 올렸다. 그는 상주를 통해 마정문(馬呈文)·학삼빙(郝三聘)·팽신고(彭信古)[9]·모국기(茅國器)·섭방영(葉邦榮)·남방위(藍芳威)·사도립(師道立)·시등과(柴登科)[10]·조승훈(祖承訓)·동일원(董一元) 등 패전에 책임이 있는 장령들을 탄핵했다.[11] 장보지(張輔之)의 『태복주의(太僕奏議)』에 따르면 이

....

8 『명신종실록』 권327, 만력 26년 10월 28일(경진), "薊遼總督邢玠報, 西路總兵劉綎, 本月初二日, 用戰車斫倒木柵, 燒毁倭巢六十餘間, 殺傷無數, 我兵亦有損傷. 又報, 初三日水陸夾攻, 陸兵互有傷損, 水兵失利. 東路總兵麻貴, 遣兵襲剿, 焚寨燒糧, 斬獲首級, 奪回鮮人, 得獲畜器. 又奏, 中路將帥, 輕敵失防, 因驚喪師. 上曰, 東師三路進取, 方望奏功, 如何中路有此失事. 明是法令不肅, 各將驕恣輕敵所致, 若不明正軍法, 何時得收蕩平. 著兵部從重參究, 詳加議處以聞."

9 팽신고(彭信古): ?~?. 명나라 사람이다. 절강 항주부(杭州府) 오강현(吳江縣) 출신으로 팽우덕(彭友德)의 아들이다. 마귀(麻貴)가 이끄는 동로군에 소속되었다가 동일원(董一元)의 부대에 소속되어 진주를 공략하여 일본군의 본영을 함락시켰다.

10 시등과(柴登科): ?~?. 명나라 사람이다. 자는 앙원(仰元), 호는 급천(汲泉)이다. 흠차밀운전영유격장군 도지휘동지(欽差密雲前營遊擊將軍都指揮同知)로 마병 1350명을 이끌고 만력 25년(1597) 9월 조선에 왔다가 만력 27년(1599) 4월 명나라로 돌아갔다.

11 『명신종실록』 권328, 만력 26년 11월 1일(임오), "先是, 倭奴分據三路, 聯絡固守. 我兵四路齊下, 水陸並進. 西路行酋, 已在圍中. 東路亦破其三寨. 中路如晉州、望晉山、永春、昆陽三四城寨, 相繼而取, 而賊之老營如泗川, 左臂如東陽倉, 亦一時並焚, 止有臨海新寨, 一堅巢耳. 不意諸將輕敵失防, 因驚喪師. 倭軍一合, 馬步皆逃, 追奔逐北, 所傷寔多. 是役也, 見敵先

들에 대한 탄핵은 감군어사 진효에 의해서도 동시에 이루어졌으며, 양쪽 모두 10월 27일 명 조정에 도착한 것으로 보인다.[12] 『선조실록』에는 당시 진효가 올린 제본의 내용이 실려 있어, 형개의 상주 내용을 어느 정도 추측할 수 있게 해 준다.[13]

5) 일본군이 완전히 철수했음을 보고하는 상주

『명신종실록』 만력 26년 12월 29일에는 형개가 남은 왜적을 모두 탕평(蕩平)했음을 보고했고, 이를 병부에서 검토하여 올리니 만력제가 형개 등에게 상을 내렸다는 기사가 실려 있다.[14] 이는 단순한

─────────

奔, 臨陣四潰, 全無將紀, 大債王師者, 都司馬呈文, 遊擊郝三聘也. 號令不嚴, 致臨戎失火, 施救無策, 因而避敵偷生者, 步兵彭信古, 茅國器, 葉邦榮, 藍芳威, 馬兵師道立, 柴登科, 祖承訓. 總兵董一元, 籌倭旣無勝算, 對壘益多輕率, 按法定罪, 均無可貰. 該總督邢玠, 分別疏參. 詔, 斬馬呈文, 郝三聘以徇, 彭信古等, 充爲事官, 董一元, 革宮衛, 降府職三級, 各戴罪立功."

12 張輔之, 『太僕奏議』 卷3, 「將官狃勝玩敵疏」, "昨臣等於二十七日申時, 接得朝鮮塘報凡三, 乃西路總兵劉綎, 東路總兵麻貴, 水路總兵陳璘攻守之大略也. 又揭帖凡二, 乃督臣邢玠, 監軍陳效所參中路總兵董一元喪師之大略也."

13 『선조실록』 권105, 선조 31년 10월 17일(기사), "監察御史陳效題本: 據中路總兵董一元開報, 本月初一日, 各處敗倭, 盡歸沈安道大寨. 其城三面臨江, 一面受衝. 各委寨攻打, 不意彭信古營中失火, 狡倭垂突出, 擾戰良久, 殺傷相當. 又據海防道右參議梁祖齡呈稱, 是日進攻, 賊不敢出寨, 偶因營中水藥被焚, 烟焰蔽空, 我兵走避, 賊逐乘勢突來. 馬兵望風失奔, 步兵失勢狼狽, 賊追至江始回. 我兵損傷甚衆, 所有糧草盡行丟棄. 功在垂成, 壞於頃刻, 此豈天意, 人謀亦甚疎矣. 全軍皆出, 不設老營, 馬步齊攻, 竝無後應, 俱失算也. 一見倭來, 望風披靡, 騎兵在先, 縱橫塞道, 而步兵委之鋒鏑, 此本道所爲, 扼腕切齒. 蓋邇來大阿到持, 法令不肅, 有罪不懲, 何以警後. 查得, 步兵措手不及, 稍有可殺, 馬兵先逃, 則罪浮於步, 而馬呈文, 郝三聘二將, 實先倡之. 乞査實處處, 等因, 到臣. 臣按査馬呈文, 郝三聘, 畏敵先奔, 罔念援抱之義, 委衆鋒鏑, 全無死綏之忠. 一敗頓損國威, 三尺難逃天憲. 合聽督臣審實, 明正軍法. 遊擊師道立, 柴登科, 茅國器, 葉邦榮, 藍芳威, 原任遊擊彭信古, 原任副將祖承訓等, 不能設伏戒嚴, 遇賊衝突, 竟爾捧頭鼠竄, 致使田畝, 蹂躪我軍. 均應重懲, 姑令戴罪殺賊, 用期後效. 總兵董一元, 臨戎紀律, 旣斁三令之申, 輕敵攻堅, 殊乏萬全之算, 糧器盡資盜寇, 士馬, 竝委沙場, 自墜詭謀, 奚資秉鉞. 右參議梁祖齡查報旣眞, 宜從原免. 伏乞勅下該部, 再加查議."

14 『명신종실록』 권329, 만력 26년 12월 29일(경진), "兵部覆總督邢玠餘倭蕩平報. 上曰, 覽

전황 보고일 수도 있으나, 그보다는 일본군이 완전 철수함으로써 전쟁이 종결된 데 대해 형개가 정식으로 자세한 상주를 올렸을 가능성이 매우 높다.

....

奏. 朝鮮南海餘倭, 悉皆蕩絶, 東征始收完局. 此乃皇天助順, 俾朕得行誅暴之義, 興繼之仁. 連年東顧之懷, 朕方慰釋. 邢玠先賞銀一百兩、大紅紵絲蟒衣一襲. 萬世德賞銀八十兩、大紅紵絲飛魚一襲. 文武將士功次, 著上緊敍來. 念其遠征久勞, 許其從寬擬敍, 咸使沾被慶典."

經略禦倭奏議

권6

회군하는 부대에 장령을 보충해 달라고 요청하는 상주

補回兵將領疏 │ 권6, 1a-4b

날짜 만력 27년(1599)

내용 선부구유병영(宣府舊遊兵營)의 계주(薊州) 입위(入衛) 병력 2000명은 정유재란 당시 조선에 동원되어 전쟁 말기 중로군에 속해 있었는데, 전쟁 종료 이후 이들을 이끌고 조선에 왔던 도사(都司) 마정문(馬呈文)이 군법으로 사형에 해당되어 부대를 이끌고 돌아갈 지휘관이 비어 버리는 상황이 발생했다. 임시 지휘관으로 선부까지 이들 병력을 데리고 가기는 무리이므로, 형개는 정호보수비(靖胡堡守備) 황월(黃鉞)을 선부구유병영입위계진유격(宣府舊遊兵營入衛薊鎭遊擊)으로 승진시켜 정식으로 임명하고 이들 병력을 통솔해 돌아가게 해 달라고 주청했다. 병부 및 만력제는 형개의 요청을 재가했다.

관련문서『명신종실록』만력 26년 11월 1일 기사에는 도사 마정문과 유격 학삼빙(郝三聘)은 중로군의 패전을 초래했다는 이유로 형개의 탄핵을 받았고, 만력제는 이들을 참수하여 조리돌리라는 명령을 내렸음이 기록되어 있다.[1] 하지만『선조실록』에 따르면 이들에 대한 처형은 만력 27년 11월까지 집행되지 않았으며,[2]『상촌집(象村集)』은 이들이 혁직(革職)되어 돌아갔다고 기록하고 있어,[3] 최소한 이들이 명으로 돌아가기 전까지는 처형이 집행되지 않은 듯하다.

....

1 『명신종실록』권328, 만력 26년 11월 1일(임오).
2 『선조실록』권108, 선조 32년 정월 20일(신축), 권119, 선조 32년 11월 25일(경오).

회군하는 부대에 인솔 장수가 급히 필요하니 승진시켜 보임할 것을 논의하여 통솔하기 편하게 하고 혼란의 조짐을 막을 일로 올리는 제본.

살피건대, 병사란 불과 같아서 단속하지 않으면 스스로를 태우고,[4] 무리가 모였는데 통제함이 없으면 형세가 반드시 재난에 이르게 됩니다. 하물며 회군하는 때에는 사람의 마음이 태만해지기 쉬우니 진실로 그들을 통제할 좋은 장수가 없으면 사고를 처리하느라 수고가 들지 않았던 적이 없습니다. 동정(東征)한 여러 장수 중 어떤 이는 전사하고 어떤 이는 다른 일로 인하여 중간에 생긴 빈자리가 한두 개가 아닙니다. 그런데 병력이 원래의 부대로 돌아가야 해서 다른 장수가 대신 영솔하여 진으로 돌아오게 할 수 있는 경우가 있고, 병력이 해산해야 해서 장령을 별도로 논의할 필요가 없는 경우도 있습니다.

　신이 감히 자질구레하게 폐하의 눈을 더럽혀 쓸데없이 일을 늘릴 수 없는 외에, 순무선부등처지방 찬리군무 도찰원우부도어사(巡撫宣府等處地方贊理軍務都察院右副都御史) 왕상건(王象乾)[5]과 함께 살펴보니, 원래 동원한 선부구유병영(宣府舊遊兵營)에서 계주진으로 입위(入衛)한 병사 2000명은 원래 도사 마정문(馬呈文)[6]이 통솔하

3　申欽,『象村集』卷57,「天朝詔使將臣先後去來姓, 名記自壬辰至庚子」, 46a-46b, 47b.

4　병사란 …… 태우고:『좌전(左傳)』은공(隱公) 4년에 나오는 표현으로, 군대는 잘 통제하지 않으면 예기치 않은 변고를 일으키기 쉽다는 의미이다.

5　왕상건(王象乾): 1546~1630. 명나라 사람이다. 산동 신성현(新城縣) 출신으로 융경 5년 (1572)에 진사가 되었다. 산서우포정사(山西右布政使), 선부순무 겸 우첨도어사(宣府巡撫兼右僉都御史), 병부상서(兵部尙書) 등을 역임했다. 태사(太師)로 추증되었다.

여 동정(東征)에 나섰습니다. 지금 마정문이 중로(中路)에서 일을 그르쳐 사형으로 의단(擬斷)했으니 조선에 남은 위의 병력은 응당 철군할 숫자에 들어가야 합니다.[7] 그러나 선부진이 아직 전담하여 통솔할 장수를 논의하여 정하지 못했으나 병사의 철군은 장차 행해야 하니 오래 기다리기는 어렵습니다.

한편으로는 관원을 위임하여 가는 도중에 사무를 겸하여 주관하도록 하는 외에 총병[동일원]과 분수도가 아뢰기를, "잠시 겸하여 주관하는 관원으로는 멀리 선부진까지 가기 힘듭니다."라고 했으니, 마땅히 급히 선부진 안에서 관원 한 명을 찾아서 제본을 올려 보임시키고 속히 영접해 오도록 한다면, 선부진으로의 회군이 편할 뿐 아니라 선부구유병영의 전담 관원이니 병사를 단속하기도 편할 것입니다.

해당 각 관원이 함께 추천하기를, 현임 정호보수비(靖胡堡守備) 황월(黃鉞)[8]은 활을 당기면 백발백중[九矢無虛]이고[9] 병사를 부릴 때

....

6 마정문(馬呈文): ?~?. 명나라 사람이다. 선부우위(宣府右衛) 출신이다. 정유재란이 발발하자 병력 2000명을 이끌고 조선에 왔다. 만력 26년(1598) 사천(泗川) 전투 패전에 책임이 있다고 탄핵받았다.

7 지금 …… 합니다: 『선조실록』 권105, 선조 31년 10월 17일(기사)에는 중로군의 실태에 대해 탄핵하는 감찰어사(監察御史) 진효(陳效)의 제본이 실려 있다. 중로군 사령관 동일원의 보고에 따르면, 중로군이 10월 1일 시마즈 요시히로의 사천왜성(泗川倭城)을 공격하다가 팽신고(彭信古)의 진영에서 화약에 불이 붙어 연기와 불꽃이 하늘을 뒤덮자 군졸들이 피해 달아났고, 일본군이 그 시기를 틈타 갑자기 돌격해 왔다. 그러자 기병이 먼저 도망쳤고 보병들이 이에 따라 붕괴되었는데, 도망친 기병은 마정문과 학삼빙의 두 진영이었다. 해당 보고를 들은 진효는 적을 두려워하여 먼저 달아나 큰 피해를 초래했으므로 사실을 조사해 군법을 바로잡아야 한다는 의견을 제시했다.

8 황월(黃鉞): ?~?. 명나라 사람이다. 정호보수비(靖胡堡守備)로 재직하다 만력 27년(1599)에 선부구유병영입위계진유격(宣府舊遊兵營入衛薊鎮遊擊)으로 승진하여 도사(都司) 마정문(馬呈文)이 이끌던 계주(薊州) 입위(入衛) 병력 2000명을 통솔하여 명나

는 티끌만큼도 잘못이 없다고 합니다. 병기를 날카롭게 하고 갑옷을 정비하는 일은 이미 상곡(上谷)의 장성(長城)에서 시험했으며, 말을 달리고 창을 휘둘러 계문(薊門)의 빗장 역할을 했습니다. 하물며 해당 지역의 장수로 하여금 해당 지역의 병사를 관할하게 하면 더욱이 서로 익숙할 것입니다. 마땅히 위의 결원에 승진시켜 보임하고 그로 하여금 교대를 기다릴 필요 없이 밤새 맞이하러 가게 하여, 위의 병력을 접수하여 주관하며 진으로 돌아오게 하십시오.

엎드려 바라건대, 병부에 명하시어 황월을 바로 선부구유병영입위계진유격(宣府舊遊兵營入衛薊鎭遊擊)으로 승진시켜 위의 병사를 통솔하여 데려오게 하십시오. 황월에게 써 줄 칙서는 예에 비추어 발급하여 보내서 그로 하여금 삼가 준행하여 일을 맡게 한다면 돌아오는 병사에게는 전담하여 통솔할 장수가 있게 되고 변진(邊鎭)에도 역시 이익이 있을 것입니다.

성지를 받들었는데, "병부에 알리라."라고 하셨습니다.

병부에서 검토하여 논의한 내용은 다음과 같았습니다.

살펴보건대, 선부구유병영의 병마는 원래 계문에 입위했던 자들입니다. 앞서 총독 형개가 동원하기를 논의하여 도사 마정문이 거느리고 동정에 나섰습니다. 마정문이 군사를 무너지게 하

....

라로 돌아오는 임무를 맡았다.

9 활을 …… 백발백중이고: 원문은 "九矢無虛"로서, 화살 아홉 발을 쏘아 빗나가는 게 없다는 뜻이다. 명대 무관을 뽑는 무거(武擧)에서는 화살 아홉 발을 쏘아 그 재주를 시험했다. 陳子龍 編, 『皇明經世文編』 卷79, 劉忠宣集(劉大夏), 疏, 「議行武擧疏(請開武科)」, "請於次年四月開科, 初較騎射, 人發九矢, 中三矢以上爲合式, 二較其步射, 亦發九矢, 中一矢以上者爲合式."; 卷313, 林學士文集(林燫), 疏, 「陳言邊計疏」, "夫射挾九矢, 能中五六, 可謂精矣."

여 사형이 결정되는 바람에 자리가 비어 보임을 기다리고 있습니다. 지금 제본에서 이르기를, "선부구유병영의 병마는 이미 철군하기로 논의했는데 대리하는 관리가 끝까지 단속하기 힘듭니다."라고 했습니다. 이에 논의하여 수비 황월을 지명하며 공동제본[會題]을 올려 승진시켜 보임하자고 했습니다. 관직에 맞추어 사람을 골라 통솔하기 편하게 하려는 뜻이 아님이 없습니다.

응당 검토하여 주청하니, 황상의 명령이 내려오기를 기다려 황월을 서도지휘첨사(署都指揮僉事)로 헤아려 승진시키고 선부구유병영입위유격장군(宣府舊遊兵營入衛遊擊將軍)으로 충원하여, 교대를 기다릴 필요 없이 밤새 가서 도중에 만나서 위의 병사를 이어받아 데리고 진으로 돌아오도록 해야 하겠습니다. 병부가 원래 맡기려 한 임무를 조사하여 칙서 1통을 청하여 황월에게 가져다주어 삼가 준행하도록 하겠습니다. 써야 할 부험(符驗)과 기패(旗牌)는 전례에 비추어 넘겨받아 사용하게 하겠습니다. 비게 된 황월의 자리는 별도로 추천하여 보임하도록 하겠습니다.

성지를 받들었는데, "알았다."라고 하셨습니다.

6-2

과신과 부신의 합동 조사가 아직 끝나지 않았음을 알리는 제본

題科部會勘未竟疏 | 권6, 5a-35b

날짜 만력 27년(1599) 2월 22일

내용 작년 울산 전투에 대한 전공 보고가 과장되었음을 폭로하여 경리(經理) 양호(楊鎬)를 파직시킨 바 있었던 찬획주사 정응태는 관련 사안을 조사하기 위해 특별히 파견된 병과급사중(兵科給事中) 서관란(徐觀瀾)과 함께 명군 각 진영을 순회하면서 재조사를 진행하였다. 그 과정에서 군영의 식자(識字)들을 압박, 회유하고 명군 내부에 상관에 대한 고발을 공공연히 조장했으며, 심지어 추운 겨울에 병사들의 눈썹을 깎거나 머리카락을 자르는 등의 폭거를 저질러 형개를 비롯한 명군 지휘관 및 군사들의 원망과 분노를 사 분위기를 흉흉하게 만들었다. 거기에 정월 24일 정체를 알 수 없는 조선 사람들이 관왕묘(關王廟)에 정응태를 저주하는 벽보를 붙이는 사태까지 일어나자, 정응태는 26일 서관란과 함께 서울을 떠나서 급거 귀국길에 올랐다. 이로 인하여 울산 전투에 대한 합동 조사 절차가 모두 중지되어 버렸다. 이에 형개는 정응태가 일으킨 갖가지 행패를 낱낱이 나열하여 그의 잘못을 탄핵하고, 그를 일본과의 화의를 주장했던 강화론자로 몰아붙였으며, 아울러 자신의 사퇴를 허락해 달라고 요청하는 상주를 올렸다.

형개의 상주를 받은 만력제는 구경과도회의(九卿科道會議)[10]를 열어 조정의 의견을 모으게 했다. 명 조정에서는 서관란을 조선에 머물게 하여 감군어사 진효(陳效)와 공동으로 전공 조사를 마무리하게 할지, 감군어사 진효 단독으로 전공 조사를 행하게 할지 의견이 나뉘었으나, 정응태의 잘못을 규탄하고 하루속히 전공 조사를 마무리하여 명군의 신속한 귀환을 가능케 해야 한다는 데는 공통된 견해를 보였다. 형부상서 소대형(蕭大亨)은 회의 결과를 정리하여 보고하면서 덧붙여 정응태의 무고를 당한 조선을 안심시켜야 한다고 주장했다. 이에 만력제는 정응태를 삭직하여 원적으로 돌려보내고, 서관란을 서울로 돌려보내 울산 전투에 대한 조사를 마무리 짓게 했다. 총독 형개와 순무 만세덕(萬世德)에게는 속히 사로에서 명군이 세운 공적과 죄과를 조사하여 보고하고, 향후 대책을 상주하며 조선을 안무하도록 지시했다.

관련문서 본 문서는 정월 26일 정응태와 서관란이 서울을 떠난 직후에 작성된 것으로 보이며, 2월 14일에 형개가 파직을 요청했다는 상주가 올라왔다는『명신종실록』의 기사를 볼 때 해당 일자에 상주가 명 조정에 도착한 것으로 판단된다.[11] 이에 관하여 명 조정은 2월 17일 1차로 회의를 열었고, 만력제는 정응태의 고발을 부정하는 취지의 성지를 내리며 재차 회의를 열라고 지시했다.[12]『명신종실록』은 2월 21일 기사에 본문에 실린 소대형의 논의와 만력제의 성지를 요약하여 싣고 있으나,[13] 당시 조선에서 정응태의 무고를 해명하기 위해 파견한 진주사(陳奏使) 이항복(李恒福)[14] 일행의 부사(副使) 이정귀(李廷龜)[15]의『월사집(月沙集)』에

....

10 구경과도회의(九卿科道會議): 명 조정의 주요 관원들이 국정의 주요 안건을 논의했던 회의이다. 구경과도회의는 정의(廷議)라고도 불렸으며, 명 후기에는 해당 의제와 직접적으로 관련된 육부(六部)의 상서(尙書)가 회의를 주재하고 구경(九卿) 및 과도관(科道官)이 기본적으로 참여했다. 이에 더해 많은 중앙 관료가 참여하여 많은 경우에는 100여 명, 회의를 참관하는 이들까지 포함하면 그 이상이 참석하기도 했다. 일반적으로 자금성(紫禁城) 오문(午門)의 동남쪽에 위치한 궐좌문(闕左門), 즉 동각(東閣) 또는 동궐(東闕) 주변에서 열렸다. 임진왜란 및 정유재란 당시 구경과도회의의 실상과 그 정치적 결정권의 한계에 대해서는 三木聰,『伝統中國と福建社会』, 東京: 汲古書院, 2015, 346-357쪽을 참고.

11 『명신종실록』 권331, 만력 27년 2월 14일(갑자), "總督三邊太子太傅兵部尙書兼都察院左

부록된 병부의 자문에는 회의 날짜를 2월 19일, 만력제의 성지가 나온 날짜를 2월 22일로 기록하고 있다.[16] 따라서 본 문서가 현재의 형태를 갖추게 된 시점은 2월 22일로 판단된다.

본 문서에 나와 있듯이 정응태가 조선에서 지나친 행위를 자행한 일은 사실이지만, 이 문서는 어디까지나 형개가 자신을 비롯한 명군 지휘부의 입장을 변호하기 위해 정응태 등을 공격하려는 목적으로 작성된 것이므로 사안의 전체상을 파악하기 위해서는 다른 자료 및 관련 연구를 참고해야 하며, 본 문서의 내용만을 전적으로 신뢰해서는 곤란하다.[17] 정유재란 당시 공적에 대한 형개의 입장은 이어지는 6-3 〈奏辯東征始末疏〉에 조금 더 분명히 표명되어 있다.

본문 후반부에 보이는 구경과도회의 내용 중 일부와 만력제의 성지는

....

副都御史李汶, 總督薊遼經略禦倭兵部尙書兼都察院右副都御史邢玠, 各自陳乞罷, 不允."

12 『명신종실록』권331, 만력 27년 2월 17일(정묘), "定國公徐文璧等會議言, 東事旣兩奉明旨, 功疑惟重, 罪疑惟輕, 著從優敍錄, 不必苛詰, 仰窺我皇上明見萬里國, 是已定人心翕服. 臣等卽欲再議, 豈能出于聖斷之外哉. 乞勅兵部, 移文督, 撫諸臣, 應議者速議, 應行者徑行, 務仰副皇上息勞省費德意. 上曰, 丁應泰說賄倭退兵, 自可理斷. 七年狂寇, 豈五千金能買其退敗. 軍國大事, 府, 部多官會議, 如何以數言, 覆奏了事, 昨發邢玠, 萬世德疏, 其再會同詳議以聞."

13 『명신종실록』권331, 만력 27년 2월 21일(신미).

14 이항복(李恒福): 1556~1618. 조선의 문신으로 본관은 경주(慶州)이다. 선조 13년(1580) 알성(謁聖) 문과에 급제했고 언관직을 두루 거쳤다. 임진왜란이 발발하자 도승지(都承旨)로 선조를 호종했고 선조 31년(1598) 정응태(丁應泰)에 의한 무고 사건이 발생하자 진주변무사(陳奏辨誣使)로 명나라에 파견되었다. 선조 33년(1600)에 영의정에 임명되었고 선조 34년(1601)에 호종1등공신(扈從一等功臣)으로 녹훈되었다.

15 이정귀(李廷龜): 1564~1635. 조선의 문신이다. 본관은 연안(延安)이다. 선조 23년(1590) 증광 문과에 급제했다. 중국어에 능하여 임진왜란 때 어전통관(御前通官)으로 중요한 역할을 했다. 선조 31년(1598) 정응태(丁應泰)가 무고사건을 일으키자 이를 변무하는 글을 작성하여 진주사(陳奏使) 부사(副使)로 명나라에 파견되었다.

16 李廷龜, 『月沙集』卷21, 呈文, 「附兵部咨文」, 39a.

17 정응태·서관란 각각의 활동과 그 목적에 대해서는 鈴木開, 「丁應泰の變と朝鮮: 丁酉倭亂

이정귀의『월사집』에 부록된 병부의 자문에 실려 있으며,[18] 신경(申炅)
의『재조번방지(再造藩邦志)』에도 해당 자문이 그대로 수록되어 있다.[19]
2월 19일의 구경과도회의는 형개가 올린 본 문서 및 조선국왕 선조가
올린 변무주문(辨誣奏文)을 함께 논의하는 자리로서, 전자의 논의 내용
및 결과는『경략어왜주의』의 본 문서에, 후자의 논의 내용 및 결과는
『월사집』의 병부 자문에 실려 있다. 따라서 당일의 회의 내용을 총체적
으로 살펴보기 위해서는 두 자료를 동시에 볼 필요가 있다.

과신(科臣: 서관란)과 부신(部臣: 정응태)이 조사를 이미 마쳤으나
합동 심의가 끝나지 않아 먼저 간 관군이 오래 기다리게 되어 인심
이 놀라 의심할 것이므로, 삼가 검토한 시말의 대강을 있는 그대로
서술하여 보고 들은 바를 명확히 하고, 아울러 검토를 빨리 재촉해
주시어 나라를 어지럽히는 싹을 잘라내기 위해 긴급히 신하를 파
면함으로써 흉악한 꾀를 그치게 해 달라고 청하는 제본.

이달 25일 아침에 찬획 주사 정응태가 품문을 올려 신에게 사직을
고했는데, 그 대략은 조선에 자신을 저주하는 글이 나타났기에 귀
국할 것이고, 과신(科臣)[20] 서관란(徐觀瀾)[21]도 다음 날 간다는 내용이

....

期における朝明關係の一局面」,『朝鮮學報』219, 2011 및 車惠媛,「言官 徐觀瀾의 임진전
쟁」,『明淸史硏究』53, 2020이 상세하다.

18 李廷龜,『月沙集』卷21, 呈文,「附兵部咨文」, 31a-40a.

19 申炅,『再造藩邦志』卷4, 66b-74b.

20 과신(科臣): 명·청 시대에 도찰원(都察院)의 6과(六科) 급사중(給事中) 및 13도(道)의
감찰어사(監察御史)를 가리킨다.

었습니다. 과신은 특별히 파견된 관원이고, 정응태는 상주하고 함께 조사하는 사람입니다. 이제 많은 관원이 친히 각 로(路)를 다니며 조사를 막 마쳤으니, 바로 옳고 그름, 공로와 죄과가 밝게 드러나는 때입니다. 두 신하가 이삼일만 더 기다렸다가 문무 관원이 모두 모이고 나서 다시 함께 심문하기만 하면 조사가 끝날 것입니다. 지금 조선에 그를 저주하는 문서가 나타난 것에 화를 내고 그냥 가 버리면, 이 일은 도대체 언제 끝맺을 수 있겠습니까. 외국에 있는 10만의 군중은 하루가 일 년 같은데, 어찌 오래 기다릴 수 있겠습니까.

또한 조사해 보건대, 정응태는 작년 6월부터 지금까지 이미 올린 상소문이 다섯 통이고[22] 아직 올리지 않은 문서가 서너 통으로 모두 판목에 새겨 책을 만들었는데, 왜군의 군영으로 전해져 들어가 덫과 함정에 빠졌고[陷穽機檻][23] 내응외합(內應外合)[24]하게 되었습니다. 신과 동정에 나선 문무 관원은 하늘에 호소해도 응답이 없고 두들기며 고할 대궐 문도 없으니, 원통함을 품고 치욕을 받으며 비방을 받고 궁지에 빠짐이 극에 달했습니다. 만약 화친하려는 무리의 계략이

....

21 서관란(徐觀瀾): ?~?. 명나라 사람이다. 산서 택주(澤州) 출신으로 만력 17년(1589) 진사가 되었다. 만력 26년(1598) 9월, 정응태(丁應泰)가 경리 양호(楊鎬) 등을 탄핵한 사건을 재조사하라는 명을 받고 조선에 왔다. 부산과 울산 등의 군영을 두루 다니며 조사한 후 이듬해 2월에 명나라로 돌아갔다.

22 정응태가 만력 26년(1598) 6월 초에 올린 상주의 원문은 전해지지 않으나, 그 일부가 『명신종실록』 및 『만력저초』에 발췌되어 있다. 울산 도산 전투에서 많은 인명 피해를 입었으나 그 사실을 은폐했다는 점을 근거로 경리 양호 등을 탄핵하는 내용이다. 『명신종실록』 만력 26년 6월 4일(정사); 『萬曆邸鈔』 萬曆 26년 6월, 1135~1137쪽.

23 덫과 함정에 빠졌고[陷穽機檻]: 『중용(中庸)』 제7장에 나오는 표현으로, 세상 사람들이 중용을 안다며 으스대지만 정작 덫이나 함정에 빠지면 피하지 못함을 지적하는 것이다. 함정(檻穽)은 구덩이에 빠짐을, 기함(機檻)은 덫을 의미한다.

24 내응외합(內應外合): 바깥에서 공격하면 안에서 반응한다는 말이다.

성공하면 조선은 필시 함락되고 요동과 산동은 반드시 위태로워질 것이며, 왜군이 다시 진군하여 능침과 경사가 두려워 떨게 될 터이니, 신 또한 그저 압록강 가운데에 몸을 던지게 될 것입니다.

신의 처음 뜻은 죽음을 무릅쓰고 하소연하려는 것이었습니다. 하지만 엄한 성지를 받들었기 때문에 피차간에 탄핵하지 않았습니다.[25] 이에 신은 매일 여러 신하를 위로하며 과신이 공평하게 처리하기만을 조용히 기다렸고, 또한 왜적을 도모하는 데 마음을 다함으로써 감히 변호하는 데 집중하지 않았습니다. 그러나 정응태는 작년 8월에 강을 건너는 도중에 조선의 군신을 탄핵하여 왜와 통하여 분란을 초래했다는 상소 한 통을 올렸습니다.[26] 조선의 군신은 이 때문

<hr />

25 신의 …… 않았습니다: 형개가 전공에 대한 합동 조사를 중지해 달라고 요청했던 일을 가리키는 것으로 보인다. 『명신종실록』 권324, 만력 26년 7월 3일(병술), "總督邢玠奏免會勘東征功罪, 不允. 疏略曰, 臣身爲督臣, 節制撫鎭, 撫鎭有罪, 臣實共之. 皇上不竝罪臣, 而尙用臣, 使過之仁, 恩同天地. 除遵旨赴王京, 暫代經理外, 惟是會勘一節, 恐生嫌忌. 且撫臣旣以革任, 臣亦難以獨留. 合候新撫臣到日, 將臣特賜罷斥, 仍治臣以不效之罪, 別選才望大臣, 速來任事."

26 그러나 …… 올렸습니다: 만력 26년(1598) 6월 초, 울산 도산 전투에서 수많은 명군을 잃었음에도 승리로 보고한 경리 양호 등을 탄핵하고 아울러 양호와 조선이 명나라를 치기 위해 축성을 했다는 정응태의 무고에 대해 조선 정부는 진주사를 파견하여 변무하고자 했다. 6월 말, 조정 논의에서 진주사로 선발된 호조참의 최천건(崔天健)이 7월 1일 진주문을 가지고 서울을 떠났으나, 얼마 안 있어 그의 직급이 낮다는 이유로 진주사가 우의정 이원익(李元翼)으로 교체되었다. 이원익 일행은 두 개의 진주문을 가지고 8월 중순 압록강을 건넜고, 9월 말 명나라 조정에 전달했다. 한편 도산 전투의 실상을 더욱 면밀히 조사하라는 임무를 받고 조선에 2차 파견된 정응태는 조선 정부가 양호를 변호하기 위해 이원익을 북경에 파견한 일에 불만을 품고 명나라 조정에 조선을 무고하는 상소를 올렸다. 조선이 일본과 결탁하여 임진왜란을 일으켰다는 내용이었다. 정응태의 무고에 관해서는 『선조실록』 권104, 31년 9월 24일 16번째 기사에 간략히 보이고, 좀 더 자세한 내용은 김영진, 『임진왜란, 2년 전쟁 12년 논쟁』, 성균관대학교출판부, 2021, 681-685쪽 및 鈴木開, 앞의 글을 참조. 정응태가 조선을 탄핵한 상주는 『선조실록』 권104, 선조 31년 9월 21일(계묘)에 실려 있다.

에 이를 갈며 매번 무리 수천 명을 모아 신에게 오거나 순무·감과(勘科:[27] 서관란)·감군어사(監軍御史: 진효)·여러 도(道)·부(府) 각 아문에 가서 근거를 내세워 호소했습니다.[28] 서울 북쪽으로 문무 관원이 지나가는 경우와 과원(科院) 각 도가 서울 남쪽에 군대를 점검하기 위해 이르는 곳에 신민이 모두 글을 갖추어 와서 호소하니, 마치 더불어 살려 하지 않을 듯한 기세였습니다. 신 등은 매번 성은(聖恩)으로 그들을 편안히 위로하고, 또한 대의로써 그들을 타일러 다행히 다른 변고가 없었습니다.

9월 3일에 정응태는 왕경에 급히 도착했고 과신은 아직 도착하지 않았는데, 근수(跟隨: 시종)를 파견하여 각 군영의 식자(識字)[29] 30~40명을 다짜고짜 한밤중에 그의 아문으로 잡아 와 가두고 처음에는 엄한 형벌로 심문했다가 나중에는 술과 고기로 위로했습니다. 또한 며칠 후에 은 각 3전과 신발 1쌍을 상으로 내렸습니다. 또한 구일복(丘一復)에게 돼지와 양을 준비하게 하고 남문 바깥으로 데리고 가서 삽혈하고 말을 바꾸지 않게 했습니다. 여러 가지 형벌로 압박하고 상으로 유인하여 이끄는 등의 항목은 신이 하나하나 전부

---

27 감과(勘科): 회감(會勘), 즉 합동 심사를 행하기 위해 파견된 과도관(科道官)을 의미한다. 『명신종실록』 권323, 만력 26년 6월 9일(임술), "差兵科給事中徐觀瀾, 往朝鮮, 會勘東征功罪."

28 조선의 …… 호소했습니다: 서관란의 아문에 가서 호소한 내용은 『선조실록』 권104, 선조 31년 9월 24일(병오)에, 선조가 서관란과 왕복한 자문은 9월 25일(정미)에 보이며, 서관란 및 진효에게 올린 정문(呈文)은 李廷龜, 『月沙集』 卷21, 戊戌辨誣錄, 呈文, 「呈徐給事文」 및 「百官呈監軍御史陳(效)文(戊戌九月)」에 실려 있다.

29 식자(識字): 문자를 해득하여 군영 내에서 봉록 등의 문서 행정 실무를 담당했던 군리(軍吏)나 이역(吏役)을 지칭한다. 『大明律附例』 卷14, 兵律, 軍政, 「軍人替役」, "軍吏是識字軍人, 管百戶所文案者."

서술할 수 없습니다. 비록 신의 표하(標下) 사자(寫字)[30]는 이고(二鼓: 2경)[31]에 붙잡혔다고 하고, 순무의 표하 사자는 삼고(三鼓: 3경)에 붙잡혔다고 하여 대개 원래 상주한 수와 부합합니다. 그렇지만, 차인(差人)이 정응태의 뜻을 따르지 않고 무고한 자를 연루시켜 고관(故官) 왕례(王澧) 등의 은과 재물을 약탈하고 또한 허국위(許國威)의 짐이 수색되어 체포된 것을 틈타 차인이 소란을 피워 각 관정의 짐을 모두 수색하려고 했습니다.[32] 그 바람에 온 성 사람들이 동쪽으로 나르고 서쪽으로 옮기며 적군과 싸웠던 여러 장수가 모두 불안해 하고 왕경의 인심이 허둥지둥 불안하게 되었습니다.

신은 상황이 격화되어 변고가 발생할까 걱정하여 급히 감과에게 빨리 오도록 청했습니다. 감과가 이르자 정응태는 각 식자를 핍박하여 이미 올린 원래 상주했던 원고에 따라 책을 다 만들게 하고서, 곧장 그와 동향(同鄕)인 좌영(坐營)의 식자 구일복 등을 파견하여 각 식자의 서명을 연명으로 받아서 감과에게 가서 고소장을 직접 제출하게 했습니다. 또한 관량지현(管糧知縣) 조여매(趙汝梅)[33]에게 표문

....

30 사자(寫字): 군영에서 서기(書記) 업무에 종사하는 사람으로, 식자(識字)와 동일하다.

31 이고(二鼓): 고대 시각의 운영체제는 낮과 밤이 각기 달랐다. 명나라 때까지 낮에는 12시 100각 법에 따른 등시법(等時法)을 따랐고, 밤에는 물시계에 의한 부정시법(不定時法)을 따랐다. 주나라 때부터 밤의 시간을 다섯 단계로 나누는 제도가 시작되어, 이후 오경(五更) 또는 오야(五夜) 제도로 발전했다. 수시력·대통력을 사용하던 때의 오경 제도는 해가 진 후 2.5각이 지난 혼(昏)부터 해가 뜨기 2.5각 이전 신(晨)까지의 시간을 다섯 개의 경(更)으로 나누고, 다시 매 경은 다섯 개의 점(点)으로 나누었다. 부정시법이기 때문에 경점의 길이는 계절과 절기에 따라 달랐다.

32 또한 …… 했습니다: 정응태는 허국위가 자신이 탄핵한 양호를 구원하려는 움직임을 보이자, 자신의 가정(家丁)을 시켜서 그의 짐을 압수하고 그의 부하들을 심문하여 죄를 얽어내려고 했다. 『선조실록』 권104, 선조 31년 9월 6일(무자).

33 조여매(趙汝梅): ?~?. 명나라 사람으로 요동 철령위 출신이다. 호는 초암(肖菴)이다. 산서 노안부(潞安府) 호관현(壺關縣)의 지현으로 만력 20년(1592) 12월에 조선에 와서 군

(票文)을 보내 매일 좋은 쌀을 내어 지급하게 했고, 조선 관소(館所)에 표문을 보내 날마다 좋은 술과 고기, 땔나무와 숯을 보내게 하여 조선관의 역인으로 하여금 정응태의 각 수행원에게 아침저녁으로 공양하게 했고, 아문의 옆 건물에 강제로 머물게 했습니다. 신은 일의 형편이 혼란스러움을 보고는 견디지 못하고 또한 실제 정황을 과신에게 알렸습니다.

11월 1일에 과신이 남쪽으로 출발했고, 다음으로 찬획, 그다음 감군어사까지 잇따라 갔습니다. 정응태는 아직 가기 전에 또한 과신을 압박하여 순무가 원래 체포했던 장죄(贓罪: 관리가 뇌물을 받은 죄)를 범한 관식(官識: 관부의 식자) 주폐(周陛)[34]·웅량상(熊良相)·구일복 등과 감군어사가 조사하여 체포했던 약탈 흉범 두문거(杜文擧) 등을 사자 30~40명의 무리와 함께 데리고 같이 가서 줄곧 떠나지 않았습니다. 게다가 두 신하와 주폐 등은 밤낮으로 아문 안을 거침없이 출입했습니다.

동로(東路)에서 장관이 제출한 책을 보았는데 식자가 왕경에서 만든 것과 같지 않았습니다. 정응태는 또한 주폐와 함께 눈썹을 깎는 법을 세웠습니다.[35] 엄동설한에 얼굴 위에 물을 뿌리고 바람이 불어와 얼음이 되면 주폐가 먼저 칼을 움직여 눈썹을 깎는데, 심지어

······
　량을 관리했다. 적이 물러가자 이여송을 따라 서울로 들어왔다가 얼마 뒤에 송응창의 탄핵을 받고 만력 21년(1593) 9월에 명나라로 돌아갔다.
34 주폐(周陛): ?~?. 명나라 사람이다. 『선조실록(宣祖實錄)』에 따르면 진인(陳寅)의 중군 소속으로, 경리 양호(楊鎬)가 주폐를 가둔 것을 계기로 장수들 간에 다툼이 일어났다고 하며 주폐는 정응태(丁應泰)와 내통하여 양호 탄핵에 일조했던 것으로 보인다.
35 정응태와 서관란이 동로에서 군사들의 눈썹을 깎고, 중로에서 정수리의 머리를 깎은 일에 대한 언급은 『조선왕조실록』에도 보인다. 『선조실록』 권107, 선조 31년 12월 30일 신사 6번째 기사. 『선조실록』 권110, 선조 32년 3월 7일 병술 1번째 기사.

오랜 원한을 가진 자는 눈썹을 긁어내어 피부가 벗겨져 피가 흐르니 군인들이 매우 견디기 힘들어했습니다. 인심이 흉흉해져 변고를 일으킬까 봐 감군어사가 다방면으로 안무하고 과신이 이 때문에 고시문을 내어 타일렀습니다. 신도 이를 듣고 또한 한편으로 패문을 내어 편안히 위로하고, 다른 한편으로 급히 총병과 분수도에게 서신을 보내 그치게 하고 아울러 신중히 방비했기에 다행히 아무 일도 없었습니다.

중로(中路)에서는 또한 주폐와 함께 머리카락을 자르는 법을 세웠습니다. 군인들의 정수리에서 각기 한 묶음의 머리카락을 잘라냈기에, 군인들이 곧장 큰 길가에서 시끄럽게 큰 소리로 원망했고, 또 벽돌과 돌을 던지고는 익명첩(匿名帖: 익명서)을 가지고 운동(運同) 오양새(吳良璽)[36]의 아문 안으로 가서 아침저녁으로 조사하는 자들을 죽이려 했습니다. 총병 동일원은 매우 당황하여 마침내 표하(標下)의 가정을 불러 재삼 위로하면서 자신을 위해 화를 초래하지 말라고 했습니다. 각 가정은 가슴을 치고 큰 소리로 울면서 머리카락을 잘랐습니다. 각 군영의 병사들도 표병(標兵)들이 이미 잘린 것을 보고 눈물을 흘리며 자신의 머리카락을 잘랐습니다. 전군이 마침내 씻을 수 없는 원한을 품게 되었습니다. 다행히 신이 먼저 과신·순무·총병·분수도에게 패문을 보내 다방면으로 안무했기 때문에 변고는 아직 일어나지 않았습니다.

....

36　오양새(吳良璽): ?~?. 명나라 사람이다. 만력 26년(1598)에 원임염운사동지(原任鹽運司同知)로 조선에 왔다가 이듬해에 명나라로 돌아갔다. 원문은 "吳運同"으로 이름이 나와 있지 않으나, 『선조실록』을 통해 그가 오양새임을 확인할 수 있다. 『선조실록』 권110, 선조 32년 3월 12일(신묘). 오양새의 정식 직함은 원임염운사동지(原任鹽運司同知)였다. 申欽, 『象村集』 卷57, 「天朝詔使將臣先後去來姓, 名記自壬辰至庚子」, 35a.

서로(西路)에서는 또 어떤 법을 세우려고 했는지는 알 수 없으나, 묘병(苗兵)의 발언이 매우 험악하여 "나를 칼로 한 번 벤다면 나는 그를 열 번 베어 버리겠다."라고 했습니다. 오래지 않아 병부의 문서[部文]를 보았는데, 도산 전투의 공적과 죄과만 조사하라는 데 그쳐 이로 인해 중지되었습니다.[37]

두 신하는 비로소 정월 10일에 왕경으로 돌아왔는데, 정응태가 먼저 가고자 하니 과신 또한 뒤따라가고자 했고, 정응태가 멈추니 과신 또한 멈추었습니다. 며칠 지나지 않아 정응태가 또한 과신을 압박하여 신을 초청하여 순무와 함께 조사하자고 했습니다. 신은 답하기를, 감군어사가 아직 이르지 않았고 여러 장수도 아직 모이지 않아 조사할 사람이 없으니 조금만 더 기다리자고 했습니다. 정응태가 즉시 과신을 독촉하여 출발하도록 하고 칙인(勅印)을 반납하려고 하면서 조사하지 않았습니다. 신이 순무·총병·분수도·부(府)의 관원과 함께 문을 두드리며 머물기를 간청하니, 또한 이로 인해 정응태가 와서 면전에 말하기를, 머물겠다고 했습니다. 정응태가 멈추니 과신 또한 멈추었습니다.

앞서 동로에서 군정들에게 장령의 잘못을 고발하는 것에 현상금을 걸었기 때문에, 간악한 무뢰한들이 기회를 틈타 군영의 관원에게 고소장을 제출하겠다고 협박한 자가 수백 명이었습니다. 또한 각 군정을 머물게 하면서 심문에 보내지 않았고, 산해관 안으로 들어가는

---

37 도산 …… 중지되었습니다: 만력 26년 12월 가토 기요마사를 포함한 일본군이 조선에서 완전히 철퇴했다는 보고를 받자, 만력제는 총독과 순무가 장사들의 전공을 논의하여 속히 아뢰라고 지시했으며, 울산의 공적과 죄과도 빨리 조사해 오도록 병부에 지시했다. 병부에서 정응태 등에게 울산 전투의 공적과 죄과만 조사하라는 공문을 보낸 것은 이때의 일로 추측된다. 『명신종실록』 권329, 만력 26년 12월 15일(병인).

것도 내버려두었습니다. 각 군정이 두 신하를 따라 동쪽에서 서쪽으로 가 왕경에 이르기까지 에돌아 멀리 2400~2500리를 오면서, 도중에 군량을 마구 지급하고 관사(館舍)와 역참(驛站)에서 소요를 일으키는 기세가 마치 늑대와 호랑이 같았습니다. 이로 인해 군영과 대오의 인심이 크게 어지러워졌습니다.

각 병사는 나중에 또한 조사받을까 두려워했고, 주폐 등은 조사가 끝나면 바로 수감될까 걱정했으며, 각 식자 또한 장령이 도착하는 날에 책을 대조하여 부합하지 않을까 두려워하여 앞다투어 먼저 산해관으로 나아가고자 했습니다. 총독·순무·총병·분수도가 한마디라도 물을라치면 정응태는 악담을 내뱉고, 부관(府官)이 옛 문서에 따라 물을라치면 과신은 엄히 패문을 내려 성지에 대항한다고 여겼습니다. 죄를 지은 범인이 소장을 제출하기만 하면 즉시 사면서를 가진 양 구니, 여러 사람이 감히 심문할 수 없었습니다. 이러한 수백 명의 사람들이 매일 서관란과 정응태의 아문에 있으니, 마치 버릇없는 자식들 같았습니다. 그런데도 두 신하는 또한 정성스레 이들 무리를 비호하니, 마침내 길가에서 방자하게 구는 모습이 더욱 심해졌습니다. 과신과 찬획이 또한 사람들을 안착시키지 못하여, 정응태는 부득이하게 또한 과신에게 독촉하여 패문을 보내 떠나려고 했습니다. 신은 21일 눈 오는 밤 삼고(三鼓: 밤 11시~1시)에 순무·총병·분수도·부의 관원과 함께 과신에게 가서 머물도록 간청했고, 또한 총병과 분수도가 다시 정응태의 거처로 가서 계속 머물도록 만류했더니, 정응태가 멈추었고 과신 또한 멈추었습니다.

22일에 이르러 정응태는 과신을 독촉하여 무장(武場)[38]으로 가서 함께 심문했습니다. 신은 안 가려고 했으나 또한 신이 방해한다고 여길까 봐 함께 무장에 이르렀습니다. 과신이 나와서 원래 각 로에서 심문했던 진술 중에 몇 개를 골라 질문했습니다. 그때 모국기(茅國器) 등 두세 장령이 달려와 호소하면서 불복하니, 정응태는 또한 원래 심문했던 진술로는 부족하다 여겼습니다. 과신이 책을 집어다 정응태에게 보내 비점(批點: 정정 또는 비판할 곳을 찍는 점)을 쓰게했는데, 만약 허락하는 것은 동그라미를 치고 허락하지 않는 것은 책에 기각[駁批]한다라고 쓰도록 요청했습니다. 신은 참람된 말이라여겨 말하기를, 과신이 이미 각 로에 가서 감군어사·각 총병과 분수도·장령과 함께 심문한 것이 이미 명확하므로, 감군어사가 돌아오는 날에 순무와 여러 장수를 모아 놓고 공평하게 사실대로 시비를가리고 제본을 갖추어 올리자고 했습니다. 원고와 피고의 마음을 둘다 따르게 할 수 없었기 때문에 모두 흩어졌습니다.

24일에 이르러 신은 옛 규례에 따라 찬획과 총병·분수도를 아문으로 청하여 밥 한 끼를 먹었습니다. 뜻밖에 그날 성안에 난리가 전해졌는데, 고려사람 5명이 사발 만한 큰 글자로 쓴 저주의 글 한 장을 소지하고 관왕묘(關王廟)의 대문 밖 벽에 붙여서 아직도 사람들이 지켜 서 있다는 내용이었습니다.[39] 신이 사람을 보내 그 글을베껴 오게 했는데, 그 내용은 다음과 같았습니다.

조선국의 기로(耆老)·군민(軍民)·한량인(閑良人) 등이 삼가 머리

....

38 무장(武場): 무예를 연습하던 마당.
39 고려사람 …… 내용이었습니다: 실제 이때 관왕묘에 벽서를 붙인 자들이 조선인이었는지는 불분명하다.『선조실록』권110, 선조 32년 3월 7일(병술)에 따르면, 관량통판(管糧通判) 여민화(黎民化)가 선조에게 조선 사람들이 관왕묘에 울면서 호소했다는 게 사실인지를 물었고 선조는 조선에서 어떻게 감히 관왕묘에 방을 붙일 수 있겠느냐며 이를부인했다.

를 조아려 무안성왕(武安聖王)[40] 관노야(關老爺: 관우) 신께 아룁니다. 천조(天朝: 명)의 아주 간사한 정응태는 왜군의 편을 들어 싸우기를 꺼리고 우리 국왕을 모함하니 천하의 죄인이요, 우리나라에서는 실로 불공대천의 원수입니다. 우리 백성은 절치부심하며 맹세코 이 도적을 살려두지 않으려 합니다. 그러나 성스러운 천자께서 파견하신 사람임을 생각해서 꾹 참고 접대하여 보내려합니다. 신명(神明)께서 알고 계시니 속히 천벌을 내리시어 이 도적이 살아서 압록강을 건너지 못하게 하시고 다시는 중국 땅을 더럽히지 못하게 하소서. 여러 사람이 진실로 감응하기를 비오니 살펴주시기를 바랍니다.

신은 이를 보고 즉시 엄히 국왕에게 문서를 보내 그들을 체포하게 했습니다. 찬획은 이를 듣고 저주의 말을 떼어 내어 과신에게 고했습니다. 과신은 곧장 준화(遵化)의 좌우영 부총병 이방춘(李芳春) 등에게 패문을 보내 각각 마부와 말 40명필(名匹)을 갖추어 정응태에게 보내게 했습니다. 정응태는 25일 아침에 신의 아문 앞에 와서 품문(稟文)을 제출하고 갔습니다. 진시(辰時: 오전 7~9시)에 과신도 패문을 보내고 가려고 했습니다. 신과 순무는 또한 이고(二鼓: 2경)에 공동으로 그에게 머물기를 간청했고, 그때 이미 감군어사가 이르는 날을 기다려 함께 논의하여 대사(大事)를 돕기로 허락했습니다. 그런데 26일 아침에 정응태가 사람을 보내 빨리 오기를 재촉했는데, 과신이 즉시 몰래 가마에 올라타 떠났습니다. 신과 순무는 반합과 술을 뒤쫓아 보냈는데 서문 바깥에 이르러 과신의 가마 뒤를 1리 정

....

40 무안성왕(武安聖王): 송 대관(大觀) 2년(1107)에 봉해진 관우(關羽)의 봉호이다.

도로 따라붙었습니다. 그때 감군어사가 이미 왕경의 남쪽 5리에 이르렀기에 또한 사람을 보내 머물게 했는데, 모두 만나지 않고 가 버렸습니다.

무릇 찬획과 과신은 오가는 도중은 물론 선후로 왕경에 한 달여 동안 있으면서 사고(四鼓: 4경)에 약속하거나 혹은 오고(五鼓: 5경)에 만나 사람을 보내 한밤중에 은밀히 서신을 주고받거나 혹은 새벽과 황혼에 서한을 보내 몰래 오고 갔습니다. 논의하여 정할 일이 있으면 모두 주위 사람을 물리고 밀어를 나누니 종적이 매우 애매합니다. 신을 대할 때도, "형적이 매우 은밀해야 하니 부득이 이와 같이 합니다."라고 하였습니다.

정응태가 가고자 하면 과신도 바로 가고, 정응태가 멈추고자 하면 과신도 즉시 멈추었습니다. 정응태가 어떤 사람에게 화를 내면 과신은 즉시 그를 우물 속에 던지려 했고, 정응태가 어떤 사람을 좋아하면 과신은 즉시 그를 하늘 위에 올리고자 하니, 기쁨과 슬픔을 추종하는 것이 서로 추호도 어긋나지 않았습니다. 정응태가 과신을 속박함이 비할 데 없어 동정(東征)에 나선 문무 관원과 조선의 군신이 모두 의아해 하고 비웃지 않음이 없습니다. 또한 과신은 인심이 세차게 일어남을 보고 신이 상소를 올려 그를 탄핵할 것이라 의심하여, 순무와 총병을 만날 때마다 "군문에게 다른 뜻을 가지고 움직이지 않도록 서둘러 권하십시오."라고 말하면서, 만약 찬획을 탄핵한다면 찬획은 반드시 자신을 옭매일 것이니 어찌 감당하겠냐고 말했습니다. 그리고 신을 만나 또한 여러 차례 신에게 권했습니다. 신이 답하기를, 지방에 다행히 변고가 생기지 않았으니 그뿐이고 원래 상소문도 없다고 했지만, 두 신하는 시종 믿지 않았습니다.

신이 헤아려 보건대, 과신의 가슴 속 경위(涇渭)[41]는 매우 분명하니, 이처럼 행동함은 필시 크게 부득이한 사정이 있을 것입니다. 혹 정응태가 뜻하는 대로 다 하고자 하면, 즉 십만 관병의 이목을 가리기 어렵고, 조금이라도 바른 도리대로 하고자 하면, 즉 정응태가 미처 날뛰어 감당하기 어려웠을 것입니다. 혹은 따로 견제가 있을까 두려워하여 부득불 정응태에게 명령을 받았을 것입니다. 게다가 정응태가 왕경에서 먼저 과신을 속여 한 명의 총병과 세 명의 편장(偏將: 대장을 돕는 장군)을 탄핵하고 또한 공동으로 조사하니, 마귀(麻貴) 수하 중 전쟁에서 죽은 자 1000명, 버린 쌀 3만 석과 서로(西路)의 손실된 군인 1300~1400명이 모두 행방이 없어졌습니다.

또한 과신이 우매하여 승첩을 보고하면서 관원을 탄핵하니, 사로(四路)에서 전투를 치른 장수들을 모두 죄인으로 만들어 크게 인심을 잃었습니다. 상소문에서 이르기를 4개 군영의 군인을 하나하나 조사했더니 전쟁터에서 죽은 자가 2000명이라 했는데,[42] 이는 모두 근거 없이 꾸민 일에 불과하고 정응태가 앞서 올린 상소를 입증하기 위한 것이었습니다. 또한 과신은 마귀·동일원·유정·모국기

....

41 경위(涇渭):『천자문(千字文)』의 부위거경(浮渭據涇)이라는 표현은 중국 장안의 지리적 형태를 묘사한 것이다. 장안의 북쪽에서 동쪽으로 위수가 흘러가는 모습을 부위(浮渭)라고 하고, 남동쪽으로 흐르는 경수(涇水)를 끌어들여 합류하는 형세를 거경(據涇)이라고 표현했다. 위수는 맑은 반면 경수는 탁해서 두 물줄기가 합쳐지면 각각 어디에서 왔는지를 구분할 수 있었는데, 이에 따라 경위라는 말이 생겨났다. 즉, 경위란 경수와 위수가 뚜렷이 구별되듯이 사리의 옳고 그름과 시비의 분간이 뚜렷함을 의미한다.

42 상소문에서 …… 했는데: 정응태 등은 사망자의 허위 보고 등을 가려내는 데 강한 집착을 보였는데, 병사들의 눈썹과 머리를 깎은 일도 군사들의 숫자를 하나하나 점검하여 중복 집계되지 않도록 하기 위한 조치였던 것으로 추측된다.『선조실록』권107, 선조 31년 12월 30일(신사).

등이 잘못을 인정하고 죄를 고하지 않음이 없다는 것을 보았지만, 그 이전 상소에서 이미 잘못 적어서 만회하기가 어려워졌기 때문에 어쩔 수 없이 정응태에게 영합했으니, 간관(諫官)의 체면이 또한 정응태로 인해 전부 구겨져 버렸습니다.

정응태는 도중에 모략을 꾸몄는데, 예를 들어 진인(陳寅) 군영의 초관(哨官) 왕문(王文)을 보내 병사 서태(徐泰) 등 20여 명을 데리고 몰래 중로(中路)로 가서 전쟁터에서 죽은 자를 대신해 점호에 임하게 했음을 자수하게 함으로써 자기 말을 증명하려 한즉, 군정 왕득승(王得勝)을 해방도(海防道)가 잡아다가 심문하여 진짜 정황이 드러나자, 과신에게 보내 책임지고 원래 대오로 보내게 했습니다. 또한 복건의 병사들에게 은 1냥·마표(馬票) 1장을 상으로 주고 허국위의 잘못을 폭로하여 고발하게 하니, 군인 임명(林明) 등을 감군어사가 잡아다가 심문하여 진짜 정황이 드러나니 정응태가 강제로 산해관으로 나아가게 했습니다.

또 하나의 예로, 동로의 총병에게 비밀리에 부탁해서 울산 전투에서 죽은 자를 적게 보고했다고 총독에게 책임을 미루도록 총병을 교사했으나 아무 소득이 없었으니, 이에 대해서는 마귀가 무장(武場)에서 순무와 과신, 여러 문무 관원과 아주 상세하게 대질했습니다. 또 한 가지 예로, 이미 유정의 말을 날조하여 진린을 흥분시켰고 또한 진린의 말을 날조하여 유정을 흥분시켜 피차가 서로 원수가 되게 하여 전공을 몰래 무너뜨리려 했으니 이는 두 장수에게 물어볼 수 있습니다. 이 밖에 계략을 꾸민 정황이 천태만상이니 조작하여 모함한 경우가 손으로 다 꼽을 수 없습니다.

또한 총병과 분수도에게 큰소리치며 말하기를, "내 관직을 걸고

서라도 동정(東征)의 임무를 맡은 사람, 각부(閣部)로서 일을 논의하는 사람, 과도로서 의견을 건의하는 사람들을 결단코 이번 일에서 벗어나지 못하게 하겠다."라고 했습니다.[43] 이는 왕경에 있는 여러 사람이 모두 증언할 수 있습니다. 울산에서의 여러 신하의 공적과 죄과는 과원(科院)이 찬획·총병·분수도·장령과 공동으로 이미 심문하여 답을 적은 문책이 있습니다. 하지만 전쟁터에서 죽은 자의 수를 적은 책은 또한 정응태가 자기 스스로 만들고 정한 것인데, 여러 장수가 잇달아 변론하기를, 각자가 위협을 받아서 아무렇게나 꾸며 낸 것이고, 병들어 죽었건 도망쳤건 혁파되었건 간에 모두 전쟁터에서 죽은 자로 적고, 또한 산 자를 죽은 자로 만든 경우가 매우 많다고 했습니다. 과신은 공론이 이러함을 보고 출발할 때 부득이하게 책을 도(道)에 보내고 도는 부(府)로 보냈습니다. 서관란과 정응태의 책은 이미 자기들 스스로 수량과 항목을 정해 놓고 도와 부로 보낸 것인데 그 누가 감히 늘리거나 줄일 수 있었겠습니까. 하물며 군인과 군마가 이미 흩어졌는데 그 누가 다시 이동시켜 심문하겠습니까. 책을 받든 일이 마치 억새를 등에 지고 불을 껴안는 것과 같아서 매일 신을 향해 호소하니 또한 고통이 매우 심합니다.

....

43 또한 …… 했습니다: 정응태는 실제로 양호를 탄핵하면서 내각대학사 장위·심일관을 함께 표적으로 삼았고, 장위의 실각에는 성공했으나 심일관은 유임되자 정치적으로 불안정한 상태에 놓이게 되었다. 이에 따라 정응태는 심일관 일파에 대한 탄핵을 계속했던 것으로 보인다. 鈴木開, 앞의 글, 43~47쪽. 아울러 병과급사중 요문울(姚文蔚)이 정응태 등이 조사를 빙자하여 마음대로 군사기밀을 방해하지 못하도록 해 달라고 요청하는 상주를 올리자[『명신종실록』 권326, 만력 26년 9월 6일(무자); 王在晉, 『海防纂要』(북경대학 도서관 소장본) 卷3, 「經略朝鮮」, 35a-39b], 정응태는 형개를 공격하면서 그가 소대형·장보지(張輔之)·요문울 등과 붕당을 맺어 결탁했다고 비난했다. 『명신종실록』 권330, 만력 27년 정월 25일(병오).

신이 이러한 상황에서 너무나 괴로운 이유는, 이익을 가로채 거둬들이고 훔쳐 지급하고 속여 빼앗으며 수많은 뇌물을 받은 자 때문이니 범관(犯官) 주폐 등입니다. 속이고 겁탈한 자는 군범(軍犯) 두문거(杜文擧) 등입니다. 전량(錢糧)을 훔쳐 지급하고 관정(官丁)을 협박하고 속인 자는 사악한 식자 주국상(周國相) 등, 왕조인(王朝印) 등, 구일복 등입니다. 임지를 멋대로 이탈하여 군영과 대오를 여기저기 쏘다닌 자는 군정 왕상무(王尙武)와 서태(徐太) 등입니다. 신은 한마디도 감히 묻지 못했습니다.

멋대로 문서를 보내 수감된 범인을 석방하고, 멋대로 표문(票文)을 보내 전량을 수령하게 하며, 멋대로 비답을 내려 진인의 관병을 산해관으로 나아가게 하고 발탁하여 쓰면서도 신에게는 한 글자도 알리지 않았습니다. 신이 알고서 저지하자 오히려 원한을 품었습니다. 이는 조선 팔도의 군신과 동정(東征)에 나선 10만 관병이 모두 입이 있으니 물어볼 수 있습니다. 신은 인심이 이미 교만해지고 군기가 땅에 떨어져 호랑이와 이리가 으르렁댈까 두렵고, 머물 자는 머물기 어렵고 철수할 자는 철수하기 어려울까 너무나 걱정입니다. 하지만 눈썹이 깎이고 머리카락이 잘린 군병은 분노가 쌓여 그치지 않고, 모함받아 원한을 품은 속번(屬藩)은 앙심을 품고 죽이려 하니 장래에 어떤 변고를 빚어낼지 모르겠습니다. 신은 생각할 때마다 죽고 싶습니다.

신이 삼척(三尺)의 검을 군중에 행할 수 없지 않습니다.[44] 하지만

44 신이 …… 않습니다: 만력제는 만력 26년 정월 24일 형개에게 보검(寶劍)을 내리면서 군중에서 명령을 따르지 않는 자가 있으면 먼저 참수하고 나중에 아뢰도록 했고, 형개는 만력 26년 2월 10일 보검을 수령했다. 9-4 〈繳令劍疏〉를 참조.

조사를 나온 자가 신이 한 번 움직이는 것을 보면 칙서를 반납하고 가려 할 것이고, 신이 한 번 조사한다는 것을 들으면 소매를 걷어붙이고 경사로 돌아가려 할 것입니다. 궁궐은 만 리 밖에 있으니 어찌 이러한 정황을 알 수 있겠습니까. 중외(中外)의 화친하려는 무리는 기회를 엿보고 곁눈질하며 신을 죽이려 하고 있습니다.[45] 만일 서관란과 정응태 두 신하가 재차 성지에 저항하여 자신들의 조사를 방해했다는 혐의를 신에게 가하고자 위급한 말로 황상을 놀라게 한다면, 신이 어찌 죽을 곳이 있겠습니까.

어제 과신 요문울(姚文蔚)[46]의 글을 보았는데, 눈썹을 깎은 사건에 대해 신이 말도 하지 않고 저지도 하지 않으며 격변의 시기에 안주하며 책임을 피하고도, 나라를 위해 힘을 다하고 나라의 앞일을 근심하는 신하, 절개를 지키고 의로움을 위해 죽을 수 있는 신하라고 칭할 수 있겠냐고 비난했습니다.[47] 그러나 이는 신이 아무 말을

....

45 중외(中外)의 …… 있습니다: 양호와 같이 정응태와 대립했던 당대 인물들이나 후대 연구자들은 정응태를 주화파의 일원으로 지목했으나, 스즈키 카이(鈴木開)의 연구에 따르면 실제 정응태는 주화파에 속하지 않았고, 주화파를 대변하여 주전파를 공격한 것이 아니라 어디까지나 당시 내각대학사들과의 대립으로 인해 그들과 연계된 인사들을 대거 탄핵한 것이었다. 鈴木開, 앞의 글, 44~47쪽을 참고. 실상은 오히려 형개나 양호 등이 자신들을 공격하는 정응태를 주화파로 몰아세움으로써 그 신빙성을 깎아내리려고 한 것으로 보인다.

46 요문울(姚文蔚): ?~?. 명나라 사람이다. 자는 원소(元素), 양곡(養穀)이며 절강 전당(錢塘) 사람이다. 만력 20년(1592)에 진사가 되었고 관직은 남경태복시소경(南京太僕寺少卿)에 이르렀다.

47 어제 …… 비난했습니다: 요문울은 눈썹과 머리카락을 깎아 군사들의 마음을 격변시킨 일로 정응태를 공격하고, 이어서 그가 수석 내각대학사 조지고(趙志皐)와 함께 명군이 이룬 전공을 훼손하려 한다고 탄핵했다. 黃汝亨, 『寓林集』卷17, 行狀, 「中順大夫南京太僕寺少卿姚公行狀」(姚文蔚), 16a-16b, "且言贊畫宜撤, 因發其島山勘功, 剃眉髮, 激變軍士, 及內外朋結, 敗壞成功狀, 又語連首輔, 原主和議, 營私害成, 當罷. 天子以爲然, 下廷臣議, 俱不直應泰等, 乃令應泰回籍聽勘, 而趣兵部敍功."

하지 않았는데도 오히려 정응태가 자신을 저지했다고 신에게 혐의를 가하려 했음은 모르는 것입니다. 만약 신이 재차 말하고 저지했다면 더욱더 해명할 수가 없었을 것입니다. 과신은 도성에서 멀리 떨어져 있는데, 또한 어찌 이곳의 형편을 알 수 있겠습니까.

범관 주폐 등, 범군 두문거 등, 사자 구일복 등, 고군(告軍) 왕상무 등 수백 명은 두 신하가 공공연히 데리고 멀리 다니며 왕법(王法: 법령)을 돌아보지 않고 공론을 두려워하지 않았으니, 이는 여태껏 중화(中華)에 없던 일입니다. 그 화친하려는 무리가 선후로 저지른 여러 가지 흉악한 음모와 은밀한 정황은 신이 또한 감히 상세히 말해 바른 도리를 상하게 할 수 없습니다. 서관란과 정응태 두 신하가 이미 갔으니, 신은 그 시말과 조사를 행한 대략을 서술하여 눈과 귀를 밝히지 않을 수 없습니다.

신은 또한 할 말이 있습니다. 왜노가 조선에 웅거하여 종횡한 지 7년이고, 조정은 군대를 일으켜 만 리 밖 해외로 병사를 움직였습니다. 하물며 중외(中外)에 왜군과 화친하려는 무리가 온갖 계책을 동원하여 무너뜨리고 방해하는 때를 맞이하여, 열에 아홉은 동정(東征)하는 큰일이 반드시 무너지리라 여겼습니다. 그런데 황상의 영명하신 독단(獨斷)에 의지하여 신에게 전심으로 나아가 토벌하게 하셨습니다. 황상의 뛰어난 무용이 널리 퍼져 복과 덕이 하늘에 이르고 귀신이 조용히 도우니, 즉시 조선 팔도에 한 명의 왜군도 남지 않게 하셨습니다.[48] 참살하거나 불태우고 물에 빠뜨려 죽인 적은 물론

....

48 황상의 …… 하셨습니다: 도요토미 히데요시의 사망으로 일본군은 만력 26년(1598) 11월 말 모두 철수했다. 『명신종실록』 권329, 만력 26년 12월 29일(경진).

이고, 왜장과 왜노를 사로잡은 것만 40~50명 이상입니다. 획득한 우두머리의 수급 및 좌선(座船)·금정(金頂)·금선(金扇)·장비·투구와 갑옷 등은 머지않아 경사로 보낼 것이니 거짓으로 꾸밀 수 없습니다. 조선 군신의 환호성은 땅을 뒤흔들고, 중외 신민의 기쁨은 그치지 않았습니다. 남북의 여러 오랑캐가 기회를 엿보며 불손한 생각을 하는 이때 황상의 뛰어난 무용과 위복(威福)이 또한 이번 일로 사방의 오랑캐에게 널리 전해져 그 사악한 마음을 사라지게 했습니다. 그런데 왜군과 화친하려는 무리는 기필코 중국의 무열(武烈)을 훼손하려 하고 일본의 위풍(威風)을 진작시키며, 장사들의 마음을 의기소침하게 하고 조정에 치욕을 남기니, 신은 우매하여 어떻게 풀어야 할지 모르겠습니다.

어제 과신이 순무 만세덕에게 다음과 같이 말했습니다. "사로(四路)의 공적이 이루어졌으니, 중외가 기뻐하고 있고 조사가 이미 끝났으니 처리 또한 어렵지 않습니다. 하지만 찬획은 옛 순무 양호가 다시 관직에 나가 보복할까 두려워하고, 또한 총독도 옛 원한을 벼르고 있을까 걱정하고 있습니다.[49] 오직 옛 순무를 삭적(削籍: 면직)시켜 영구히 관직에 임용하지 않고 총독이 옛 원한을 생각하지 않아야만 여러 일이 완결될 것입니다." 신이 생각하건대, 정응태의 원한은 비록 순무가 제일이었지만 순무는 이미 파직되었고 오직 신만 아직 배척되지 않았으니, 그에 대해 괘념하지 않는 것은 실로 신에게 달려 있습니다.

....

49 하지만 …… 있습니다: 정응태는 당시 조선에 대해서도 일본과 내통하고 있었다는 등의 무고를 진행하고 있었는데, 이 역시 조선이 양호의 해임을 취소시켜 달라고 건의했기 때문이었다. 鈴木開, 앞의 글, 47~49쪽.

하물며 오늘날 모든 승전과 공적은 모두 황상의 결단이요, 황상의 복입니다. 신은 원래 감히 하늘의 공을 탐하여 저의 힘으로 이룬 것이라 여기지 않습니다.[50] 게다가 신은 몸이 병들고 부모가 늙어 원래 감히 오랫동안 관직에 연연하여 유능한 후배들의 출셋길을 막으려 하지 않았습니다. 생각해 보면, 동정(東征)에 나선 장사들이 머나먼 땅에 몸이 묶여 목숨을 칼날과 화살 끝에 내건 채 풀밭을 걷고 들에서 잠자며 부실하게 먹은 지도 2년이 지났고, 갑옷을 입고 무기를 들며 몸에서 갑옷을 풀지 않은 지 이미 2개월이 넘어서 고초가 극에 달해 있습니다. 그런데도 공을 세운 장령은 하나라도 잘못을 지적당하지 않은 게 없이 매일 옥살이하며 조사를 기다리고 있고, 고초를 겪은 군정은 조사가 끝나지 않아 죽은 자를 구제할 수 없고 산 자는 서훈하지 못하고 있습니다. 재차 오래도록 황량한 외딴곳에 얽매여 이미 눈썹이 깎이고 머리카락이 잘리는 참상을 한탄하면서 또한 고향과 부모에 대한 생각만 품고 있습니다. 만약 그들이 격앙되어 팔을 치켜들고 사람들에게 호소하며 소리 지르면 신은 죽어도 아까울 게 없으나, 관군이 왜군의 진영으로 도망쳐 들어가거나 아니면 기꺼이 난을 일으킬 테니, 국가는 내란의 화를 겪음이 왜의 피해보다 작지 않을 것입니다.

50 신은 …… 않습니다: 하늘의 공을 탐한다는 말은 남의 공적이나 당연한 귀결을 훔쳐서 자신의 공적으로 삼는다는 의미이다. 춘추시대 진 문공(晉 文公)은 19년 동안 타국을 유랑하다가 천신만고 끝에 귀국하여 군주가 되었는데, 이때 자신에게 공을 세운 사람들에게 포상하면서 개자추(介子推)를 누락했다. 그는 문공의 즉위를 다투어 자신의 공이라고 하는 세태를 하늘의 공을 훔치는 행위에 비유하며 도둑질과 같이 보고, 자신의 공을 아뢰지 않고 은둔하여 살다가 죽었다. 『춘추좌씨전(春秋左氏傳)』 희공(僖公) 24년조에 나오는 고사이다.

철병과 전후 처리, 공적 서훈의 업무는 신이 감히 순무·안찰사·총병·분수도 여러 신하와 함께 마음을 다해 계획하고 논의하지 않을 수 없습니다. 바라건대, 황상께서는 빨리 신을 파직해 주시어 신이 고향으로 돌아가게 해 주십시오. 신은 원래 죄는 있고 공은 없으니, 황상께서 금폐(金幣)를 하사하신다는 명령을 철회하여 주십시오.[51] 신은 하나의 공이라도 감히 망령되이 자임하지 않고, 하나의 은혜라도 감히 망령되이 구하지 않을 것입니다. 그리고 병부에 명하여 이후 공적 서훈 상소에 한 글자라도 신을 언급하지 않게 한다면, 화친하려는 무리의 마음이 즐거울 것이고 정응태의 마음은 풀어질 것이며, 신의 만년은 온전하게 되어 관직을 버리고 물러나도 본디 영예로움은 남을 것입니다.

아울러 바라건대, 과신에게 명하여 속히 순무·감군어사와 함께 빨리 조사를 마치게 함으로써 장사들의 급한 바람에 답하고 국가의 숨은 근심을 제거한다면, 훗날 변강에 일이 생겨도 쓸 만한 사람이 있을 것입니다. 그렇지 않고 신이 하루라도 빨리 가지 않으면 화친하려는 무리는 기필코 추한 말로 날조하고 헐뜯으며 간교한 계책과 비방으로 전공을 무너뜨릴 뿐만 아니라 신을 공격하여 쫓아내고야 말 것입니다. 신 한 명을 위하다가 도리어 국가의 체통이 상할 수 있

....

51 신은 …… 주십시오: 만력 26년 12월말 일본군이 모두 철수했다는 소식을 들은 만력제는 형개에게 은 100냥·대홍저사망의(大紅紵絲蟒衣) 1습, 경리 만세덕(萬世德)에게 은 80냥·대홍저사비어(大紅紵絲飛魚) 1습을 하사했다. 『명신종실록』 권329, 만력 26년 12월 29일(경진), "兵部覆總督邢玠餘倭蕩平報. 上曰, 覽奏, 朝鮮南海餘倭, 悉皆蕩絶, 東征始收完局. 此乃皇天助順, 俾朕得行誅暴之義, 興繼之仁. 連年東顧之懷, 朕方慰釋. 邢玠先賞銀一百兩·大紅紵絲蟒衣一襲. 萬世德賞銀八十兩·大紅紵絲飛魚一襲. 文武將士功次, 著上緊敍來. 念其遠征久勞, 許其從寬擬敍, 咸使沾被慶典."

으므로, 신은 속히 신을 파직하셔야 한다고 생각합니다. 신이 핏방울을 떨구며 정성을 다해 쓴 한 글자 한 글자는 모두 사실이고 실제 정황입니다. 오직 황상께서 보아 살펴 주신다면 천하와 국가는 물론 동정(東征)에 나선 문무 관원에게도 매우 다행이겠습니다.

성지를 받들었는데, "이부와 병부는 부(府)·부(部)·구경(九卿)·과도(科道)와 함께 한꺼번에 논의하고 와서 말하라."라고 하셨습니다.

병부는 부(府)·부(部) 등 아문과 함께 모여 동궐(東闕)에서 함께 다음과 같이 논의했습니다.

후군도독부 장부사(後軍都督府掌府事) 정국공(定國公) 서문벽(徐文璧)[52]은 다음과 같이 아뢰었습니다.

총독 형개가 논한 바는 수백 마디의 말에 불과한 게 아닙니다. 역력히 모두 정응태가 변고를 격화시키고 분란을 일으킨 일에 관한 것입니다. 머리카락을 자르고 눈썹을 깎은 일은 지극히 바람직하지 못한데, 저주의 말이 크게 나붙은 일은 더더욱 원망스럽습니다. 게다가 도망한 자를 불러다 일을 처리하고 삽혈하여 함께 맹세했다고 하니 무엇을 하기 위함이겠습니까. 과연 그렇다면 삼척의 법으로 기필코 용서할 수 없습니다. 감과 서관란은 명을 받들어 조사함에 마땅히 신속하게 아뢰고 감정에 끌려 지연시켜서는 안 되겠습니다. 이제 바야흐로 조선 팔도가 이미 깨끗이 평정되고 부산 여러 섬에 숨어 있던

....

52 서문벽(徐文璧): ?~1602. 명나라 사람이다. 남직례 풍양현(風陽縣) 출신으로 중산왕(中山王) 서달(徐達)의 8세손이다. 융경 2년(1568)에 정국공(定國公)에 습봉되었고 만력제 즉위 후에 후군도독부(後軍都督府)의 일을 관장했다. 만력제의 신임을 받은 인물이었으며 시호는 강혜(康惠)이다.

왜군이 모두 가 버렸으니, 오직 공적을 논하고 상을 내림에 사실대로 경중을 조사하고 군사를 거두어 개선(凱旋)하여 조정으로 돌아오게 해야 하겠습니다. 한편으로는 각 로에서 싸운 병사들을 쉬게 할 수 있고, 다른 한편으로는 군량을 운반하는 비용이 절감될 것입니다. 방어의 전략을 헤아려 논의함으로써 뜻밖의 일에 대비함이 오늘날의 급선무입니다. 어찌 시끄럽게 많은 논의로 황상의 귀를 어지럽힐 수 있겠습니까.

또한 후군도독부 첨서(僉書) 무정후(武定侯) 곽대성(郭大誠)[53]은 다음과 같이 아뢰었습니다.

총독과 경리가 아뢴 대로, 찬획과 감과가 갑자기 왕경을 나가 버려 비록 다시 돌아온다 해도 각 군영에 대한 점고(點考)는 이미 끝났고 끝나지 않은 것은 합동 심사뿐이니, 응당 감군어사에게 넘겨 공정하게 직접 조사하고 스스로 업무를 마치게 해야 하겠습니다. 왜노가 이미 깨끗이 소탕되었으니 급히 군사를 거두어들이고 포상함으로써 장사들의 몇 년간의 노고를 위로해야 하겠습니다. 오랫동안 이역에 내버려둠으로써 다른 우려가 생기게 해서는 안 됩니다. 찬획의 마음은 비록 강개하나 행실이 어긋나 조선의 백성을 격노시키고 나라를 욕보여 위엄을 손상케 한 과실이 있습니다. 응당 조정으로 돌아오게 하여 황상의 결단을 기다리게 해야 하겠습니다. 감과는 원래 동정(東征)의 거취를 위해 파견되었으나 지금 이미 국면이

....

53 곽대성(郭大誠): ?~?. 명나라 사람이다. 곽수건(郭守乾)의 아들로 가정 44년(1656) 아버지의 무정후(武定侯) 작위를 계승했다.

마무리되었으니 또한 속히 돌아와 복명(復命)해야 합니다. 여러 전후 처리 업무에 대해서는 모두 마땅히 총독·경리·감군 어사에게 책임을 지워 알맞게 논의하여 청하게 해야 하겠습니다. 업무를 맡은 여러 신하는 원망과 노고를 기꺼이 받아들이고, 피차가 견제하느라 외방(外邦: 조선)에 비웃음을 사서는 안 되겠습니다.

또한 좌군도독부 장부사 무진백(武進伯) 주세옹(朱世雍)[54]은 다음과 같이 아뢰었습니다.

총독과 순무 두 신하의 상주문은 전후 수천 마디로, 대략 왜군의 기운이 깨끗이 소탕되었고 장사들이 오랫동안 지켰으니 속히 명확하게 조사하여 국면을 마무리해야 한다는 내용이었습니다. 살펴보건대, 왜노가 속국을 범한 이래 이제 7년이 지났습니다. 황상께서 매일 부지런히 동쪽을 살피시고 국고를 털어 병사를 모집하고 군량을 수송한 노력이 매우 큽니다. 게다가 지난날 황상의 명으로 일본에 책봉하러 갔지만, 여전히 그들은 물러나지 않았습니다. 그런데 지금 하루아침에 전부 도망쳐 한 명의 왜군도 남아 있지 않은 것은 실로 황상의 하늘과 같은 위엄에 의지하고, 조종(祖宗)이 보우하고 장사들이 목숨을 바쳐 군사의 세력으로 그들을 두렵게 한 결과입니다.

지금 해상이 평온하고 속번에 아무 탈이 없으니 곧바로 운집한 장사들을 공동으로 조사해야 하겠습니다. 공이 있는

....

54 주세옹(朱世雍): ?~1599. 명나라 사람이다. 영락 연간 올량합(兀良哈) 정벌에 공로를 세워 무진백(武進伯)에 봉작된 주영(朱榮)의 후손이다. 만력 8년(1580)년 습봉되었다.

자는 즉시 그 공을 선양함으로써 고무시켜야 합니다. 과가 있는 자는 그 죄를 직접 책망함으로써 그 마음을 설복시켜야 합니다. 만약 시간을 지체한다면 십만 명의 무리가 오랫동안 이국을 지키고 지금 이미 공을 거두었으니, 고향으로 돌아가고 싶은 생각이 없지 않을 것입니다. 하물며 병사가 주둔하면 군량이 소모되는데 어찌 국가의 유용한 재물을 지연시켜 낭비할 수 있겠습니까. 엎드려 황상의 간곡한 당부를 바라오니, 임무를 맡은 과원의 여러 신하가 속히 조사를 마무리하여, 위로는 황상께서 동쪽을 돌아보시는 걱정을 해소하고 아래로는 장사들이 편안히 돌아오기를 원하는 바람을 위로하게 해 주십시오.

다시 살펴보건대, 찬획 주사 정응태는 조사할 때 병사들의 눈썹을 깎고 머리카락을 잘라 전군의 원한을 샀고, 조선을 멋대로 비방하여 저주의 말에 이를 갈게 했습니다. 만약 다시 그 땅을 밟게 하여 혹여 다시금 기이한 법을 행한다면, 만에 하나 인심에 변이 생기고 뜻밖의 화가 일어날 것입니다. 정응태 한 사람은 아깝지 않지만, 국가의 체통에는 어떻겠습니까. 또한 우군도독부 서부사(署府事) 창무백(彰武伯) 양세계(楊世階)[55]는 다음과 같이 아뢰었습니다.

형개와 만세덕의 두 상소는 대체로 정응태가 명을 받들어 근거도 없이 일을 맡은 신하들을 비방하고 인심을 격변시켜 국

....

55 양세계(楊世階): ?~?. 명나라 사람이다. 오이라트를 크게 격파한 공으로 창무백(彰武伯)에 봉작된 양신(楊信)의 후손으로 작위를 승습받았다.

가의 체통을 매우 해쳤다는 내용이었습니다. 응당 감과와 함께 모두 경사로 돌아오게 하여 분쟁이 일어나지 않게 해야 하겠습니다. 총독·경리·장령의 공과(功過)와 제반 사무는 전적으로 감군어사에게 맡겨 마음을 다해 자세하고 분명하게 조사하여 속히 상주문을 갖추어 회신하게 하면, 공론을 밝히고 분쟁을 그치게 할 수 있을 것입니다.

또한 중군도독부 장부사 정원백(靖遠伯) 왕학례(王學禮)[56] 등은 다음과 같이 아뢰었습니다.

왜노가 우환이 된 지 오래인데 이제 깨끗이 소탕되었습니다. 동정(東征)에 나서 공적을 이미 완전히 이루었습니다. 공적과 죄과가 명확히 조사되기를 바랄 뿐입니다. 그러나 직무를 맡은 여러 신하가 마음에 품은 뜻이 일치하지 않아 자신의 사욕을 채우려 공격하고 질책하거나 상대를 이기려는 데에만 힘쓰고 있습니다. 조정의 대사에 지장이 있을 뿐만 아니라, 특히 공론(公論)이 있음을 알지 못하고 스스로 받아들이려 하지 않고 있습니다. 응당 각자 조정의 국사가 중함을 알고 공평한 마음으로 치우친 사사로움을 제거해야 합니다. 공적과 죄과를 명확히 조사하여 속히 상주하면 장사들의 마음이 위로될 것이고, 운집한 무리가 쉴 수 있게 해 준다면 군량의 비용이 절약되고 대사는 끝날 것입니다. 어찌 이 가운데 사사로운 뜻을 품을 수 있겠습니까.

....

56 왕학례(王學禮): ?~?. 명나라 사람이다. 정통 연간 서남지역 녹천(麓川)의 전쟁에서 세운 공으로 정원백(靖遠伯)에 봉해진 왕기(王驥)의 후손으로 만력 4년(1576)에 습봉했다.

또한 전군도독부 장부사 영강후(永康侯) 서문위(徐文緯)[57] 등은 다음과 같이 아뢰었습니다.

조정이 10만의 군대를 일으켜 외번(外藩)에 배치하여 하늘의 위엄에 의지하고 문무 관원이 마음을 모아 지금 이미 깨끗이 평정했습니다. 여러 장사의 공적과 죄과는 속히 명확하게 조사하여 상주문으로 회답해야 합니다. 지금 정응태는 합동 조사를 기다리지 않고 먼저 돌아와 버려, 총독과 경리가 의견을 진술하기 어렵게 만들었습니다. 오직 조정의 대사가 중함을 체득하고 급히 전후 처리를 도모해야만, 번리(藩籬)를 공고히 하고 국가의 번잡한 비용을 그치게 할 수 있을 것입니다.

또한 이부상서 이대(李戴)[58] 등은 다음과 같이 아뢰었습니다.

왜구가 멀리 달아나 속국이 전부 회복된 일은 모두 황상의 위엄과 높은 덕에 의지한 것이니, 종묘에 승전을 고하고 포로를 바치는 일은 국가의 중요한 도리입니다. 공적이 의심스러우면 무겁게 상줄 뿐이고 죄가 의심스러우면 가볍게 처벌하라는 밝은 성지가 있었으니, 이는 또한 격려하여 권장하는 방도입니다. 그런데 찬획 정응태가 다시 깊이 추궁함에는 꿍꿍이가 있는 듯합니다. 감과 서관란은 즉시 일을 마무리하지 않

....

57 서문위(徐文緯): ?~1609. 명나라 사람이다. 정난(靖難)의 변에 공을 세워 영강후(永康侯)에 봉해졌던 서충(徐忠)의 7세손으로 만력 11년(1583)에 습봉되었다. 『명신종실록(明神宗實錄)』에는 徐文煒로 기재되어 있다.

58 이대(李戴): ?~1607. 명나라 사람이다. 하남 연진현(延津縣) 출신으로 융경 2년(1568) 진사가 되었다. 도찰원우부도어사(都察院右副都御史), 남경공부상서(南京工部尙書) 등을 거쳐 만력 26년(1598)에는 이부상서(吏部尙書)에 임명되었다. 만력 31년(1603) 국본(國本) 논쟁에 연루되어 관직에서 물러났다.

앉고 짐작컨대 견제하려다 사람들에게 의심과 두려움을 갖게
하고 서로 나쁜 말을 하는 데 이르게 했으니 국가의 체통이 상
했습니다. 지금에 이르러 마땅히 찬획은 속히 돌아오게 함으
로써 인심을 안정시키고, 감과는 빨리 조사를 마쳐 쓸데없는
비용을 줄여야 합니다. 조선의 백성이 나쁜 저주를 함부로 드
러낸 일은 비록 격동된 바가 있더라도 올바른 도리는 아니니,
또한 국왕에게 문서를 보내 명확히 조사하여 경계하십시오.

또한 태자태보(太子太保) 호부상서 양준민(楊俊民)[59] 등은 다음과
같이 아뢰었습니다.

왜노가 부산에 웅거하여 함부로 속국을 괴롭히니 중국[天朝]
이 구원의 병사를 일으켰으나 6~7년이 지나도 쉬이 소탕하
지 못했습니다. 이를 보면 그 뜻이 어찌 작은 데에 있었다 하
겠습니까. 이제 포악한 고래[鯨鯢: 왜구]가 종적을 감추고 해
변이 깨끗해졌으니, 실로 황상의 뛰어난 무용과 독단에 의지
하여 한뜻으로 나아가 토벌하여 관백[關酋]의 혼을 빼앗는 등
세상에 다시 없을 큰 공을 세웠습니다. 만약 5000냥의 뇌물
을 주어 모든 무리를 돌아가게 한 것이라고 말하는 것은 이치
에도 맞지 않습니다.[60] 공적이 의심스러우면 무겁게 상줄 뿐

....

59 양준민(楊俊民): ?~1599. 명나라 사람으로 산서 포주(蒲州) 출신이다. 가정 41년(1562)
에 진사가 되어 예부낭중(禮部郎中) 등의 관직을 역임했다. 만력 17년(1589)에 호부상
서 총독창장(戶部尙書總督倉場)에 임명되어 임진왜란 때 재정을 담당하여 군량 운송을
총괄했다.

60 만약 …… 않습니다: 만력제는 2월 17일 내린 성지에서 형개 등의 명군 지휘부가 은
5000냥으로 일본군의 철수를 종용했다는 말은 이치상 말이 되지 않는다고 평한 바 있
다. 『명신종실록』 권331, 만력 27년 2월 17일(정묘). 해당 내용은 정응태가 정월에 올린
상주에 들어 있었던 것으로 보인다. 『명신종실록』 권330, 만력 27년 정월 25일(병오),

이고 죄가 의심스러우면 가볍게 처벌하라는 황상의 말씀이 참으로 크시니, 천고의 결단이라 할 만합니다.[61] 조선은 공손한 나라인데 옳지 않은 죄명을 치욕으로 여겨 바로 저주하는 말이 생긴 것이니 불문에 부쳐야 마땅합니다. 하지만 수만 명의 무리가 군집하여 조사를 기다리는데, 서관란과 정응태 두 신하는 일을 마치기를 기다리지 않고 돌아와 버려 철병에 기약이 없고 군량의 소비가 적지 않게 되었으니, 어떻게 국면을 완결시켜서 황상의 마음을 위로하겠습니까. 총독과 경리의 상소는 부득이해 보입니다.

응당 과신에게 엄히 명하여 밝은 성지에 따라 빨리 함께 조사하여 상주하게 하십시오. 혹시 왕경에서 멀리 떨어져 있어 오고 감에 지체될 것 같으면, 감군어사에게 원래 공적과 죄과를 기록하고 조사할 책임이 있으니 속히 조사하여 끝맺게 하는 것이 좋겠습니다. 아울러 총독과 순무 여러 신하에게 명하여, 급히 전후 처리를 위한 좋은 계책을 세우고 하루빨리 군사를 이끌고 돌아오게 함으로써 오래도록 조선에 얽매여 거듭 중국을 곤란하지 않게 함이 오늘날의 계책 중에 가장 시급한 일입니다.

....

"兵部贊畫主事丁應泰疏論, 總督邢玠等, 賂倭賣國, 尙書蕭大亨, 與科道張輔之·姚文蔚等, 朋謀欺罔. 又言, 朝鮮陰結日本, 援『海東記』與爭洲事. 爲証語多不根, 上寢其奏, 不下."

61 공이 …… 만합니다: 공이 의심스러우면 무겁게 상주고 죄가 의심스러우면 가볍게 처벌한다는 말은 『서경(書經)』 대우모(大禹謨) 편에 나오는 관용구이다. 이렇게 해야만 애매한 죄로 인해 무거운 처벌을 받는 사람이 없게 되고 공을 세웠는데 애매하다는 이유로 포상에서 배제되는 사람이 없어지므로 백성들이 불만을 품지 않게 되기 때문이다. 만력제는 2월 11일 형부상서 소대형의 상주에 대해 내린 성지에 이 문구를 인용한 바 있다. 『명신종실록』 권331, 만력 27년 2월 11일(신유).

또한 예부좌시랑(禮部左侍郎) 겸 한림원 시독학사(翰林院侍讀學士) 여계등(余繼登)[62] 등은 다음과 같이 아뢰었습니다.[63]

공적이 의심스러우면 무겁게 상줄 뿐이고 죄가 의심스러우면 가볍게 처벌함은 장사의 수고를 위로하여 안심시키고 조정의 위엄을 드날리게 하기 위한 황상의 뜻입니다. 그런데도 기필코 특별히 과신을 보내서 조사하게 한 이유는 또한 공적과 죄과가 명확해진 후에 경중을 논의할 수 있기 때문입니다. 게다가 공적과 죄과를 저울질하고 경중을 따지는 권한은 위에 있지 아래에 있지 않습니다.

총독과 순무 두 사람의 상소에 따르면, 과신 서관란은 이미 돌아오고 있다고 합니다. 무릇 저주하는 말은 정응태를 저주한 것이지 과신과는 관계가 없는데, 무엇 때문에 갑자기 돌아왔겠습니까. 게다가 저주하는 말은 찬획이 처음 아뢸 때는 꺼내지 않다가 합동 조사 날에야 들춰내었고, 과신은 오랫동안 왕경에 머물 적에는 돌아오지 않다가 합동 조사 때에야 돌아왔습니다. 이 가운데 분명 무슨 이유가 있을 것입니다. 하지만 사건이 이국에서 발생했기에 멀리서 판단하기가 어렵습니다. 과신이 비록 돌아오고 있으나 아직 멀리 가지 않았을 것이니, 과신에게 곧바로 머물러 있는 곳에서 총독·경리·감군어사 등 여러 신하와 함께 각자 공정한 마음을 가지고 편견

------

62 여계등(余繼登): 1544~1600. 명나라 사람이다. 직례 교하현(交河縣) 출신이다. 만력 5년(1577) 진사가 되어 한림원 서길사(翰林院庶吉士)에 들어간 후 한림원의 관직을 누차 역임했다. 관직은 예부상서(禮部尙書)에 이르렀다.

63 또한 …… 아뢰었습니다: 해당 논의는 여계등의 문집인 『담연헌집(淡然軒集)』에도 수록되어 있다. 余繼登, 『淡然軒集』(문연각 사고전서본) 卷7, 「東事議」, 56b-57b.

을 고집하지 말고 속히 명확히 조사하여 상주하게 하는 것이 마땅할 듯합니다. 공이 있으면 마땅히 후하게 서훈하고, 죄가 있으면 응당 공을 세워 속죄하게 해야 하겠습니다. 마땅히 황상의 처분을 조용히 따르고 번거로운 논의를 더하여 시일을 끌지 않는다면, 인심이 자연히 잦아들고 국가의 체통이 더럽혀지지 않을 것입니다. 병사와 말은 일찍 해산하게 되어 다른 근심을 면하게 되고, 조선도 일찍 안전하게 되어 돌볼 염려가 없을 것입니다.

또한 형부우시랑 동유(董裕)[64]는 다음과 같이 아뢰었습니다.

동쪽의 군대가 이미 깨끗이 평정했음을 아뢰었으니, 조선에는 한 명의 왜군도 남지 않게 되었고 바다를 건넌 여러 군사가 참획한 적의 수급이 매우 많습니다. 천지와 조종의 신령스러운 복과 황상의 뛰어난 무용이 밝게 펼쳐진 덕분에 완전하고 특별한 승리를 거두게 된 것입니다. 즉시 천지신명과 종묘에 성공을 아뢰고 사방의 오랑캐에게 밝게 보여 천고(千古)에 빛을 드리워야 하겠습니다.

개선과 논공은 마땅히 지금 행해야 하겠습니다. 찬획 주사 정응태가 왜에게 뇌물을 주었다는 이야기를 꺼내며 전승의 공적을 부수려 한 일은 총명한 황상께서 이미 통촉하셨습니다. 그런데 조선의 백성들이 저주의 글을 게시하여 두 감관(勘官)을 떠나게 만드니, 총독과 경리가 일시에 두 상소를 올

....

64 동유(董裕): 1537~1606. 명나라 사람이다. 강서 낙안현(樂安縣) 출신으로 융경 5년 (1571)에 진사가 되었다. 정유재란 발발 당시 형부우시랑(刑部右侍郎)이었다. 관직은 형부상서(刑部尙書)에 이르렀고 사후 태자소보(太子少保)로 추증되었다.

리는 데 이르렀습니다. 여러 사람이 협의한 내용이 일치하지 않아 아쉽고, 조사하여 논공할 기약이 없으니 걱정스럽습니다. 중상모략을 걱정하고 변고를 염려하는 생각에 마음이 또한 너무나 괴롭습니다.

무릇 장사가 왕경에 운집해 있으니 조사를 끝내기가 매우 쉬웠을 것입니다. 그런데 저주의 말 하나 때문에 두 감관은 잠시도 머물지 않았습니다. 그 과정에서 분명 저절로 말이 생겼을 것입니다. 하지만 공이 의심스러우면 무겁게 상줄 뿐이고 죄가 의심스러우면 다만 가볍게 처벌함은 황상께서 정한 상벌의 방침으로써, 이미 중외에 밝게 보였습니다. 지금 동정(東征) 군대의 공적은 의심할 여지가 없습니다. 설사 그중에 작은 실패가 있더라도 공적으로 속죄하기에 충분합니다. 반드시 공정하게 시행하기만 하면 됩니다.

만약 조사가 아직 보고 완료되기 전이라 사람들을 설복시키기 어렵다고 말한다면, 감군어사가 아직 군중에 있으니 그에게 맡기기가 편합니다. 조사를 끝내지 못하면 감과가 잠시 국경에 머물다가 군대가 돌아오는 날을 잠시 기다려 또한 총독·감군어사와 함께 공동으로 조사하면 즉시 일을 마칠 수 있을 것입니다. 정응태에 대해서는 위에서 총독·순무가 함께 논의하여 철수시키기로 했으니, 원래 논의한 바에 따라 철수시킴으로써 처분을 기다리게 해야 마땅합니다.

전후 처리의 계책을 논의함으로써 교활한 왜군의 침입을 막고, 수비 병사를 알맞게 남김으로써 조선의 약함을 도와주며, 급히 군대를 철수시킴으로써 군량을 절약함이 오늘날 가장 중요한 계책입니다. 만약 계속 군대를 해외에 내버려둔 채로 병사를 하루 더 머물게 하면 조선에 하루 더 피해가 늘어날 것이고, 조사를 하루 더 늦추면 중국에 하루 더 비용이 많아지니, 고생한 사람은 쉬지 못하고 죽은 사람은 구제될 수가 없습니다. 공적과 죄과의 사이가 지금까지 뚜렷하게 나뉘지 않았으니, 혹 다른 우려가 빚어지는 것은 제왕(帝王)이 번속을 구휼하고 우환을 제거하며 세상을 고무하는 도리가 아닙니다.

또한 태자소보(太子少保) 공부상서 양일괴(楊一魁)[65] 등은 다음과 같이 아뢰었습니다.

찬획 정응태의 상소는 대저 목숨을 걸고 싸운 것을 공적으로 삼지 않고 오직 군사에 손실을 입힌 것만을 죄과로 삼았습니다. 사건이 저 조선에 있어 멀리서 헤아리기 어렵습니다. 구구한 소견으로는 왜노가 부산에 웅거하여 7년을 종횡하자 조선은 황폐해져 거의 멸망하여 왜가 될 뻔했습니다. 황상이 영명한 결단을 내리시어 장수들에게 명하여 동정(東征)하게 하시니, 하루아침에 깨끗이 평정되었습니다. 비록 전부 장사의 힘에만 의지한 것은 아니지만, 심유경(沈惟敬)[66]이 처음에 논

....

65 양일괴(楊一魁): 1535~1609. 명나라 사람이다. 가정 44년(1565)에 진사가 되어 출사했고 병과급사중(兵科給事中), 절강안찰사(浙江按察使), 부도어사(副都御史), 남경태상시경(南京太常寺卿) 등을 거쳐 만력 23년(1595)에 공부상서(工部尙書)가 되었으며, 만력 26년(1598)에는 태자태보(太子太保)를 더했다.

66 심유경(沈惟敬): ?~1599. 명나라 사람으로 절강성 가흥현(嘉興縣) 출신이다. 상인으로 활동하다가 임진왜란 때 조승훈(祖承訓)이 이끄는 명나라 군대를 따라 조선에 들어왔다. 평양성 전투 이후 일본과 평화 교섭을 추진하는 임무를 맡았다. 훗날 일본과의 평화 교섭이 실패한 뒤 일본으로 망명을 꾀하다가 붙잡혀 처형되었다.

의한 대로 봉작(封爵)을 더해 주고 금백(金帛)을 준다 해도 돌아가게 할 수 없었던 것에 비한다면, 이번에 능히 그렇게 하여 한 명의 왜도 남기지 않았으니, 그 공적은 또한 족히 크다고 할 수 있습니다. 그사이에 비록 곡절도 있고 해산하려던 정황도 있었지만, 불문에 부쳐야 하겠습니다. 옛날 한의 황제가 황금 400만 근을 내어 진평(陳平)에게 주면서 마음대로 쓰게 하되 그 출납을 묻지 않은 것을 천고의 기묘한 계책으로 여겼으니, 진평을 어찌 나라를 팔아먹은 자라고 하겠습니까.[67] 어찌 정응태는 잘못을 고집하면서 깨닫지 못하고, 감과는 이를 헤아리지 못하고 또한 마음이 미혹될 수 있습니까.

밝은 성지를 받들었는데, "7년이나 된 미친 도적을 어찌 은 5000냥으로 물러가게 할 수 있었겠는가."라고 하셨습니다. 황상의 말씀이 참으로 크고 밝기가 해와 별 같으니, 진실로 황상의 판단을 넘어설 수 없습니다.

또한 살펴보건대, 총독 형개와 경리 만세덕의 두 상소는 대체로 말하기를, 정응태가 온갖 계략으로 방해하여 동쪽의 일을 무너뜨리려 하고, 감과 서관란은 그의 말만 듣고 따르면서 장사들을 의기소침하게 만들었다고 했습니다. 그런 일이 있고 없고는 또한 믿기 어렵습니다. 전장에서 죽은 군사의 많

67 옛날 …… 하겠습니까: 초(楚)의 패왕(霸王) 항우(項羽)가 한나라를 공격하여 한 고조 유방(劉邦)을 곤경에 몰아넣자, 진평(陳平)은 항우가 논공행상에 인색하며 신뢰하는 신하가 몇 되지 않는다는 점을 들어 수만 근의 황금을 내어서 항우와 신하들에게 이간책을 쓰자고 제안했다. 이에 유방은 황금 4만 근을 내어 진평에게 주어서 마음대로 쓰게 하고, 그 출납에 대해서는 묻지 않았다. 『사기(史記)』「진승상세가(陳丞相世家)」에 나오는 고사이다.

고 적음을 논쟁해야 할 뿐입니다. 신이『대명회전(大明會典)』
의 내용을 조사해 보니, "용기를 내어 적을 맞이하고 오랑캐
를 죽여 물리쳤다면, 비록 참획한 수급이 적고 전장에서 죽
은 관군의 수가 많더라도 반드시 공을 논하여 승진시키고 상
을 주며, 군사를 손상시킨[損軍] 율례를 멋대로 적용하지 않
는다."라고 했습니다. 또한, "장령과 관군이 만약 오랑캐 진영
으로 깊숙이 들어가 돌격하다가 손상이 발생했더라도 장령의
죄를 연좌하지 않고, 각별히 죽은 사람을 후하게 구제하는 데
그친다."라고 했습니다.[68]

근자에 왜군의 세력이 창궐하여 오랑캐보다 더 심했습
니다. 속담에 이르기를, "다른 사람 1만 명을 죽이면 자기도
3000명은 손상을 입는다."라고 했습니다.[69] 10만 명의 무리로
서로 대적하여 싸우면서 어찌 그 손상되는 바가 없기를 보장
할 수 있겠습니까. 설사 정응태가 폭로한 수치와 같더라도 왜
구가 이미 평정되었으니, 공적이 죄과보다 크고 정상을 참작
할 만합니다. 마침 밝은 성지에서 이르기를, 공적이 의심스러
우면 무겁게 상줄 뿐이고 죄과가 의심스러우면 가볍게 처벌
하라고 하셨습니다. 그가 꼬치꼬치 캐물어 흠을 들추는 일은
작은 죄과 때문에 큰 공적을 해치는 것이니 들을 만한 것이
못됩니다.

삼가 살피건대, 홍무(洪武) 초에 왜가 양절[兩浙: 절동(浙東)

....

68 『대명회전(大明會典)』 권132 鎭戍 營操 關津.
69 전쟁에서 상대를 많이 죽여도 내가 손해 보는 일이 적지 않다는 뜻이다.

과 절서(浙西)]을 노략질하여 탕화(湯和)[70]와 서휘조(徐輝祖)[71] 등을 보내 병사를 훈련하게 하고, 또한 양문(楊文) 등을 보내 출전하여 바다에서 왜를 순찰하게 했는데, 모두 상공(上公)과 항후(亢侯)[72]·지모가 있는 신하와 전쟁에 익숙한 장수였지만 몇 년이 지나도 편안하게 할 수 없었습니다. 다시 남웅후(南雄侯) 조용(趙庸)[73]과 군사를 모집한 원외랑 이연(李淵)을 보내 왜노를 타이르게 하여 거의 25년이 지난 뒤에야 비로소 해상이 안정되었습니다.

왜구가 난을 일으켜 해외의 36개 섬을 취하고 파죽지세로 조선이 이미 절반 넘게 왜의 손에 넘어갔던 것을 이제 우리 병사의 정벌에 힘입어 속국을 보존하게 되었습니다. 이는 모두 우리 황상의 뛰어난 무용이 널리 떨친 덕분으로 태조(太祖)보다 더 빛납니다. 마땅히 감과를 재촉하여 다시 왕경으로 돌아가서 감군어사와 함께 꿍꿍이를 모두 버리고 공정하게 함께 조사하여 사실대로 기한 내에 상주하게 해야 하겠습니다. 종묘에 고하고 승전을 선포하며 공적을 헤아려 상을 줌으

70 탕화(湯和): 1326~1395. 명나라 사람이다. 홍무제와 같은 고향 출신으로 명나라의 개국공신이다. 사후에 동구왕(東甌王)으로 추봉되었다.

71 서휘조(徐輝祖): 1368~1407. 명나라 사람이다. 명나라 개국공신인 서달(徐達)의 장남으로 위국공(魏國公)의 작위를 이어받았다.

72 상공과 항후(上公亢侯): 상공은 공작을, 항후는 후작을 가리킨다. 공작과 후작은 다섯 등급으로 나눈 작위 중 각각 첫 번째와 두 번째를 가리킨다. 오등작의 작위는 공작(公爵), 후작(侯爵), 백작(伯爵), 자작(子爵), 남작(男爵)의 순서이다.

73 조용(趙庸): 명나라 사람이다. 하남강북등처행중서성(河南江北等處行中書省) 노주(廬州) 출신으로 일찍이 주원장에게 귀순하여 많은 군공을 세웠다. 그러나 개인 비리로 공작에 봉해지지 못하고 남웅후(南雄侯)에 봉해졌다.

로써 전군의 간절한 바람을 위로하고 황상의 신령한 위엄을 드날려 사방 오랑캐의 간담을 서늘하게 하는 일보다 더 큰 이익은 없습니다. 총독과 경리가 힘써 부산에 총병진수(總兵鎭守)를 설립하고 정예병 1만 명을 헤아려 남겨 조선을 통솔하게 하며, 둔전을 실시하고 무예를 연마하여 전후 처리를 도모함으로써 왜이(倭夷)가 영원토록 감히 영토를 침범하지 못하게 하는 일이야말로 저희가 지극히 바라는 바입니다.

또한 도찰원 좌도어사 온순(溫純)[74] 등은 다음과 같이 아뢰었습니다.

국가의 거사에는 큰 도리를 소중히 여겨야 하고, 군공의 논상(論賞)에는 작은 흠을 버려야 합니다. 그러므로 찾아내는 게 너무 과하면 도리어 일이 많아지는 폐단이 되고, 공격하고 비방하는 게 너무 번잡하면 반드시 평화의 도리를 잃게 됩니다. 왜구가 깨끗이 소탕된 이래 모든 대소 신하들이 바야흐로 황상의 위엄과 덕을 칭송하며 천하에 다행히 일이 없어졌습니다. 그런데 각 관원이 승부 겨루기를 그치지 않아 국가의 체통이 크게 상했습니다. 따라서 오늘날 빨리 군사를 철수시켜야만 국면을 완결할 수 있고, 또한 국면을 완결해야만 분쟁을 그치게 할 수 있습니다.

지금 장졸들이 바야흐로 머리를 숙여 조사를 기다리고 있

....

74 온순(溫純): 1539~1607. 명나라 사람이다. 섬서 삼원현(三原縣) 출신으로 가정 44년(1565)에 진사가 되어 출사했다. 장거정(張居正)과 불화하여 관직을 내놓고 귀향했다가 장거정 사후 다시 관직에 올랐다. 만력 21년(1593) 공부상서(工部尙書)가 되었고 만력 26년(1598)에는 좌도어사(左都御史)로 도찰원(都察院)을 관장하게 되었다.

는데, 감과 서관란과 찬획 정응태는 곧바로 유유자적 서쪽으로 돌아왔습니다. 이로 인해 군사를 귀환시키는 데 기약이 없어졌고 국면을 완결할 날도 없어졌습니다. 구사일생으로 살아남은 사졸들을 헛되이 오래도록 이역에 남게 하니, 전사(戰士)의 마음을 상하게 할 뿐만 아니라 뜻밖의 변고가 생길까 걱정입니다. 모든 일에 의심스러운 부분이 있으면 반드시 조사해야 하지만, 지금 동쪽의 일은 이미 확실하여 의심스러운 바가 없습니다.

근자에 황상의 말씀을 삼가 읽었는데, 그중 하나는 "전쟁에서는 반드시 혈전(血戰)이 있어야 성공을 거둘 수 있으니 손실에 얽매이지 말라."라는 것이었고,[75] 또 하나는 "예로부터 공이 의심스러우면 무겁게 상줄 뿐이고 죄가 의심스러우면 가볍게 처벌했다. 짐이 지금 사리를 참작하여 홀로 결단을 내렸으니, 후하게 공적을 서훈하고 가혹하게 잘못을 따지지 않음으로써 짐이 기쁘게 상을 내리는 덕의(德意)를 보여라."라고 하셨으니,[76] 왕의 말씀이 참으로 크십니다.[77] 이미 군기(軍機)를 통찰하시고 만 리 밖의 일을 환히 살피고 계십니다.

감군어사에게 맡겨 황상의 덕의를 받들어 착실하게 시행하고 날짜를 계산하여 기한 내에 아뢰어 국면을 완결하기 편

....

75 『명신종실록』 권327, 만력 26년 10월 17일(기사).

76 『명신종실록』 권331, 만력 27년 2월 11일(신유).

77 왕의 …… 크십니다[大哉王言]: 은나라의 이윤(伊尹)이 태갑(太甲)에게 올린 글이라고 전해지는 『서경(書經)』 「함유일덕(咸有一德)」에 나오는 표현이다. 원래는 임금의 마음과 덕이 한결같음을 칭송하는 표현이었으나, 후대에는 군주의 말에 대한 미사여구로 쓰였다.

하게 하십시오. 한편으로 총독 형개에게 문서를 보내 수군(水軍) 수천 명을 남기고, 나머지는 거리의 원근을 헤아려 곧바로 노자를 지급하고 계속해서 원래의 위(衛)로 돌아가게 하여 승진과 포상을 기다리게 하십시오. 일이 완료되면 상주하여 아뢰되, 왕래하며 다시 논의할 필요는 없겠습니다. 하루 일찍 철수하면 하루의 비용을 절약하고, 한 달 일찍 철수하면 한 달의 비용을 절약할 수 있습니다. 이는 비용이 들지 않는 은혜이고, 분쟁을 그치게 하는 도리입니다. 만약 감과와 찬획이 조사를 함께할 수 없다고 생각하신다면 감군어사가 군사 점검을 마치기를 기다려 모두 요양으로 가서 함께 논의하여 보고를 완료하게 해도 안 될 것이 없습니다.

또한 통정사사 통정사(通政使司通政使) 범윤(范崙)[78] 등은 다음과 같이 아뢰었습니다.

충성으로 나라를 위해 꾀하는 자는 응당 큰 도리를 우선해야 하고, 멀리서 경세하는 자는 마땅히 인심에 순응해야 합니다. 조선에 한 명의 왜군도 남지 않고 영토가 예전과 같으며 백성이 본업을 찾았는데, 이는 공적이 있는 것입니까, 없는 것입니까. 우리 군대가 만 리 밖으로 멀리 정벌하여 하루에 드는 비용이 헤아릴 수 없을 만큼 많고 각자 고향을 그리워하니, 이때 철수해야 하겠습니까 철수하지 말아야 하겠습니까. 7년 동안 이기지 못한 미친 도적을 5000 금으로 매수하여 돌려보

....

78 범윤(范崙): ?~?. 명나라 사람이다. 자는 자대(子大)이고 직례 진강부(鎭江府) 단도현(丹徒縣) 사람이다. 가정 44년(1565)에 과거에 합격하여 진사가 되었다.

냈다고 말하는 것이 이치가 있는 것입니까 없는 것입니까.

　지금까지도 공적 서훈·철병·전후 처리·개선(凱旋) 등을 논의하지 않은 채 헛되이 소인의 말만 듣고 시비를 따지고 있으니, 국가의 체통을 잘 알고 있는 자라면 아마 이렇게 하지 않았을 것입니다. 하물며 죄가 의심스러우면 가볍게 처벌하고 공적이 의심스러우면 무겁게 상 줄 뿐이니, 후하게 공적을 서훈하고 가혹하게 추궁하지 말고 서둘러 군사를 데리고 돌아와 수고와 비용을 아껴야 합니다. 밝은 성지를 받드니 사람들의 마음을 크게 기쁘게 하셨습니다. 일을 맡은 여러 신하는 응당 황상의 덕의를 받들어 각자 꿍꿍이를 버리고 속히 받들어 행하며 기한을 정해 국면을 완결함으로써, 장사들의 바람을 위로하고 국가의 체통을 온전히 하며 황상께서 천하를 안정시키려는 대업을 빛내야 할 것입니다.

또한 대리시 좌소경(大理寺左少卿) 감사개(甘士介)[79] 등은 다음과 같이 아뢰었습니다.

　왜에게 뇌물을 주었다고 주장한 찬획 정응태의 말은 성상께서 이미 명확히 통찰하셨으니 따로 논의할 필요가 없습니다. 그리고 도독 형개와 순무 만세덕의 상소에 따르면, "과신과 부신은 하나하나 의심하고 시기하다가 저주하는 말이 나게 되자 일부러 돌연 왕경을 떠나 버려 함께 조사하려 하지 않았습니다."라고 했습니다. 과연 그들이 앞으로 서로 다른 논의

79　감사개(甘士介): 1545~1608. 명나라 사람이다. 강서 신풍현(信豊縣) 출신으로 자는 유번(維藩), 호는 자정(紫亭)이다. 만력 5년(1577)에 진사가 되었고 이후 산동도어사(山東道御史), 대리시좌소경(大理寺左少卿), 양절순무(兩浙巡撫)를 역임했다.

를 고집한다면 결국 끝나지 않을 것입니다. 삼가 생각하건대, 천하의 일은 마땅히 큰 도리를 보존하고 자기 꿍꿍이를 고집해서는 안 됩니다.

지금 이미 왜가 하나도 남지 않고 속국이 모두 회복되었으니, 마땅히 조정의 위엄과 덕을 선포하고 장사들의 노고를 후하게 구휼하되, 그밖에 지나치게 가혹히 추궁할 필요는 없습니다. 엎드려 밝은 성지를 읽어 보면, "공이 의심스러우면 무겁게 상줄 뿐이고 죄가 의심스러우면 가볍게 처벌하라."라고 하셨습니다. 이 두 마디 말씀은 여러 신하도 잘 알 것입니다.

정응태는 이미 조선에 원한을 품고 있어 필시 감히 다시 왕경으로 들어가지 않을 것입니다. 그러나 감과 서관란은 원래 황명을 받들어 특별히 파견된 자이니, 울산에서의 공적과 죄과를 스스로 함께 조사하여 보고해야 합니다. 만일 형세가 오래 머물기 어렵다면 여러 로의 병마는 이미 각 아문에서 나누어 점고하여 조사했으니, 응당 즉시 경리와 감군어사가 그곳에 가서 공정하게 조사한 뒤 해당 과에 자문을 보내 제본을 갖추어 올리게 해야 하겠습니다. 혹시 중간에 조금이라도 처분에 다름이 있다면 황상의 결단에 따르게 하십시오.

만약 근자에 사로(四路)에서 싸우거나 지킨 공적을 서훈하는 일과 왜군이 물러난 내력을 조사하는 일은 마땅히 감군어사가 전적으로 맡아야 합니다. 철병과 전후 처리의 중요한 업무는 원래 총독의 책임이니, 또한 순무·안찰사와 함께 서둘러 계획하고 논의하여 상주하게 해야 하겠습니다. 최대한 빨리 수습하는 데 힘써 쓸데없이 지연시켜 전량을 소모하거나 혹시 다른 우환을 빚게 해서는 안 됩니다. 여러 신하는 신중해야 하겠습니다.

또한 이과(吏科) 등의 도급사중(都給事中) 등 관원 조완벽(趙完璧)[80] 등은 다음과 같이 아뢰었습니다.

총독 형개와 순무 만세덕의 두 상소는 대략 정응태가 조선의 늙은 백성이 원한을 품고 신(神)에게 고한 연유로 속으로 스스로 편안하지 못해 합동 조사를 기다리지 않고 먼저 왕경을 떠났고, 감과 또한 뒤따라서 서쪽으로 향했다는 내용이었습니다. 오호라, 이는 정응태가 자초했습니다. 식견이 있는 사람들은 이미 그 끝을 걱정하고 있습니다. 어찌 조선인뿐이겠습니까. 동정(東征)에 나선 병사 중에 그 누가 그의 가슴에 칼을 꽂으려 하지 않겠습니까. 정응태가 살아서 요양에 들어온 것만 해도 다행입니다.

조선의 저주하는 말을 살펴보니 그 깊은 원한이 찬획에게 있지 감과에게는 있지 않으므로, 감과는 돌아올 필요가 없습니다. 설사 돌아오는 중이라도 다시 가야 합니다. 황명을 받들어 나간 자가 막 조사를 하는 도중에 허술하게 보고를 그만두었으니, 조정이 전적으로 파견한 뜻이 무엇이겠습니까. 정응태는 이 오명을 가지고 돌아왔으니 형편상 다시 가게 할 수 없습니다. 또한 각 군영의 일은 모두 과신과 부신이 함께 조사했으니, 이제 부족한 것은 함께 심문하는 일 하나뿐입니다.

....

80 조완벽(趙完璧): ?~?. 명나라 사람이다. 정유재란 시 이과도급사중(吏科都給事中)에 재직했다.

엎드려 밝은 성지를 바라건대, 감과를 독촉하여 즉시 왕경으로 돌아가 총독·순무 등 여러 신하와 다 같이 조사하게 하고, 거듭 황상께서 기한을 정하시어 기한에 맞추어 상주하게 하여, 예전처럼 지연시켜 조정의 상벌과 덕위(德威)가 오랫동안 제대로 행해지지 않는 데 이르지 않게 하십시오. 이는 국가의 체통을 중히 여기는 것도 아니고, 많은 사람의 마음을 안심시키는 일도 아닙니다.

또한 병과(兵科) 도급사중 장보지(張輔之)[81] 등은 다음과 같이 아뢰었습니다.

교활한 왜가 조선에 웅거한 지 이미 7년이 지났습니다. 누차 책봉했는데도 다시 쳐들어 왔으니, 결코 5000냥의 은으로 매수하여 가게 할 수 없는 일이었습니다. 황상께서 이미 명확히 통찰하셨으므로 다시 논의할 필요가 없겠습니다. 찬획 정응태는 스스로 상주하고 조사하며 다방면으로 조작하여 원래의 상소문에 억지로 끌어다 붙였습니다. 조선에 대해서는 평소 공손하다 해 놓고 또한 왜와 통했다고 무고함으로써, 이 때문에 국왕이 상소문을 갖추어 보내 황상께 억울한 사정을 호소하고,[82] 온 나라 관원과 백성들이 울며 신명께 고했습니다.

....

81 장보지(張輔之): 1557~?. 명나라 사람이다. 자는 이찬(爾贊), 호는 용우(容宇)이고 남직례 소주부(蘇州府) 태창주(太倉州) 사람이다. 만력 14년(1586)에 진사가 되었다. 정유재란 시기 병과도급사중(兵科都給事中)에 재직했다. 『태복주의(太僕奏議)』를 저술했다.

82 이 …… 호소하고: 정응태의 무고를 변무하기 위해 만력 26년(1598) 10월에 파견된 진주사 이항복(李恒福) 일행과 그들이 가져간 선조의 상주를 지칭한다. 이항복 일행의 임명과 활동에 대해서는 鈴木開, 앞의 글, 50~56쪽을, 이항복 일행이 가져간 문서에 대해서는 李廷龜, 『月沙集』 卷21, 戊戌辨誣錄에 수록된 「丁主事(應泰)參論本國辨誣奏(戊戌冬)」 등을 참조.

정응태는 거취가 비정상적이니 분명 이유가 있을 것입니다. 서관란은 특별히 파견된 과신으로 또한 정응태와 같지 않습니다. 전에 올린 상소문에서는 일찍이 조선의 충순(忠順)과 절개를 몹시 칭찬했으니 인정을 알 만합니다. 응당 속히 명하여 빨리 왕경으로 다시 가서 울산의 공적과 죄과를 조사했던 내용을 성지에 따라 공동으로 함께 심사하여 구사일생의 장사들이 오랫동안 이역에 묶여 있지 않게 한다면, 황상의 관대한 구휼의 은혜가 온 누리에 펼쳐져 신과 사람이 기뻐하고 역사책에 밝게 드리워질 테니, 어찌 신하 된 자가 가장 바라는 바가 아니겠습니까. 정응태는 상황을 위태롭게 만들고 간사하게 굴었으니, 오직 황상의 처단을 바랄 뿐입니다.

또한 절강도(浙江道) 등 감찰어사 조사등(趙士登)[83] 등은 다음과 같이 아뢰었습니다.

국가가 왜구를 무찌름에 7년을 경영하다가 하루아침에 깨끗이 쓸어 버리니 황상의 마음이 기쁘시고 중외가 모두 경하합니다. 일을 맡은 여러 신하가 한마음으로 국가를 위해 조속히 조사를 완결하면, 궁궐에서 부지런히 일하시는 황상의 기분을 위로하고, 온 세상이 뛸 듯이 기뻐하는 바람에 보답하며, 장사들이 오랫동안 타지에 묶인 고통을 풀어 주고, 수레로 운반하여 잇기 어려웠던 재물을 아낄 수 있으니, 어찌 성대하고 아름다운 일을 함께 이룩하여 대업을 빛내는 일이 아니겠습

....

83 조사등(趙士登): ?~?. 명나라 사람이다. 자는 응용(應庸)이고 남직례 영국부(寧國府) 경현(涇縣) 사람이다. 만력 8년(1580)에 진사가 되었다.

니까.

　그런데 끝내 가혹하게 살핌으로써 공의(公議)를 범하게 되었습니다. 찬획 주사 정응태 및 파견된 감과 서관란 같은 자는 또한 장차 합동 조사 무렵에 마침 조선의 기로(耆老)가 저주하는 내용의 방문을 붙였는데, 정응태는 기왕 일이 끝나기를 기다리지도 않고 돌아왔고, 서관란 또한 곧장 뒤따라 왔습니다. 국면을 완결하지 못하고서 어찌 복명할 수 있겠습니까. 참으로 놀랍습니다.

　이미 총독 형개와 경리 만세덕이 각자 탄핵의 내용을 보내왔으니 확실히 논의하여 처리해야 하겠습니다. 그 내용에 따르면 정응태는 이미 여러 악행을 저질렀으니, 먼저 원적으로 돌아가 처분을 기다리게 하여 많은 사람의 마음을 안심시켜야 하겠습니다. 서관란은 이미 왕경을 떠났으므로 또한 다시 가게 해서 함께 조사하기가 어렵습니다. 조사할 내용은 원래 도산(島山) 등 지역에서 발생한 공적과 죄과 및 전장에서 죽은 자를 은닉했다는 등의 정황에 관한 것이었습니다. 지금 이미 조사가 끝났으니 또한 공적의 등급도 이미 정해졌고, 남은 것은 한 번의 합동 심사일 뿐입니다.

　마땅히 서관란에게 문서를 보내 위 항목의 조사 장부를 총독과 순무 및 감군어사에게 자문으로 보내 알리고 함께 제본으로 아뢰어 황상께서 결정하시는 데 근거로 삼아야 하겠습니다. 9월 이후에 왜를 물리쳤거나 사로잡았거나 참획한 공적의 등급에 대해 이미 총독·순무의 서훈 제본을 거쳤다면, 모두 감군어사가 즉시 사실을 검토하여 상주하게 하십시오.

전후 처리와 철병에 관한 사무는 모두 총독과 순무에게 맡겨 조속히 좋은 쪽으로 논의하여 시행하게 하면, 사건의 국면이 일찍 완결되어 허튼 논의가 저절로 가라앉을 것입니다. 치우치지 않은 공정한 정치는 여기서 벗어나지 않을 것입니다.

이상 여러 신하가 총독과 순무의 두 상소문을 상세히 의논한 내용을 받아 보니, 각자 공정한 비평이 위와 같이 잘 갖추어져 있습니다. 대체로 국가의 체통과 군사의 정황을 중히 여기고 일을 끝내고 군사를 거두어 돌아오게 함을 급선무로 여기고 있습니다. 신 소대형(蕭大亨)[84] 등이 맡은 직무가 함께 논의하는 것이니, 삼가 말씀드리건대, 주사 정응태가 지난해 처음 상소한 일은 모두 원인이 없는 것은 아니었으나, 지금에 와서는 이기려는 사사로운 뜻만 고집하고 끝내 무고하여 죄 얽기를 너무 가혹하게 했습니다. 장사들은 이미 마음이 떠나고 속국은 다시 두려움을 더했는데, 본인은 갑자기 급히 돌아와서 더욱 놀라게 했습니다. 여러 신하가 말하기를 그가 국가의 체통을 손상했다고 하는데, 신 등 또한 그렇게 생각합니다. 만약 원래대로 다시 함께 조사하게 한다면 훼방을 놓으면서 지연시킬 것이 분명합니다. 원적으로 돌아가게 하거나 혹은 경사로 돌아오게 하여 황상의 처분에 따르게 하십시오. 감과 서관란은 울산 등 지역의 공적과 죄과를 조사하라는 전적인 명령을 받들었는데, 합동 조사는 이미 끝났고

84 소대형(蕭大亨): 1532~1612. 명나라 사람이다. 가정 41년(1562) 진사가 되었고, 변경에서 몽골족의 침입을 막아내고 화의를 통해 몽골과의 관계를 안정시키는 데 공헌했다. 만력 20년(1592) 영하에서 보바이의 난을 진압하는 데 기여했다. 이후 형부상서, 병부상서를 장기간 역임했으며 몽골에 대처한 실무 경험을 토대로 『북로풍속(北虜風俗)』을 저술했다.

남은 일은 한 번의 합동 심사뿐입니다. 책임이 중대한데 어찌 정응태에게 끌려다닐 수 있습니까.

서관란이 순무에게 보낸 문서를 조사해 보면 그 안에 이르기를, "잠시 몇 사(舍: 1사는 30리)를 옮겨 공손히 밝은 성지를 기다리고 있습니다. 혹시 청한 대로 이루어지면 그대로 수레를 달려 서쪽으로 가겠습니다. 그렇지 않으면 문서로 왕래하면서 중재되기를 바라며 속히 왕사(王事)를 끝내겠습니다."라고 했습니다. 이는 과신이 아직도 두려워 떨면서 명령만 기다릴 뿐, 조사의 완료를 자기 일로 여기지 않은 것입니다. 혹자는 그를 전임시킴으로써 장부 정리를 편하게 한다고 하는데 알 수 없습니다. 또한 울산 등 지역의 공적과 죄과는 이미 직접 조사해 놓았으므로, 혹은 왕경으로 돌아가거나 혹은 근처로 가서 곧바로 감군어사 진효(陳效)와 함께 각자 허심탄회하게 논의를 공정하게 확정 지어 신속하게 상주하고 조정으로 돌아오는 일이야말로 특별히 선발된 책무를 저버리지 않는 길입니다.

9월 이후 사로(四路)의 공적과 죄과 및 전후 처리와 군대를 남겨 두고 철수하는 등의 사무들은 모두 총독·순무·감군어사 등의 관원에게 엄히 문서를 보내 조속히 조사하고 처리하게 함으로써 공연히 논의만 더하여 헛된 비용을 쓰지 않게 해야 합니다. 이는 모두 여러 신하가 조목 조목 논의한 바이니, 신 등이 어찌 감히 다를 게 있겠습니까.

그리고 조선이 무고당한 일에 관해서는, 그 나라 임금은 자백하기에 바쁘고 그 나라 사람들 또한 임금을 위해서 호소하기에 급급하여 급기야 신명께 고하는 데 이르렀으니 조금도 피하거나 꺼리는 바가 없었습니다. 비록 실제 사정이 격분할 만하더라도 체통에 마땅하지 않습니다. 그래도 7년 동안 동정(東征)한 일은 본래 고립된 작은 나라를 불쌍히 여겨 보존케 하기 위함이니, 지나치게 책망할 필요는 없을 것 같습니다. 배신(陪臣)이 우물쭈물하고 두려워하며 명을 기다린 지 오래되었으니, 또한 신 등의 위와 같은 논의를 굽어살피시어 빨리 칙지(勅旨)를 내려 급히 달려가 왕의 마음을 위로하게 하십시오. 환하고 똑똑하게 그 나라 백성을 훈계하여 모두 황상의 해와 달 같은 밝음을 우러러보게 하여, 남의 말에 미혹되지 않고 온 나라가 안심하며 함께 전후 처리를 도모하되, 전과 같이 의심하거나 두려워하여 망령되이 원망과 저주의 말을 만들어 스스로 어리석은 죄에 빠지지 않게 하십시오. 그렇게 한다면 시종 작은 나라를 사랑하는 큰 의리에 완벽한 결말을 지었다 할 수 있겠습니다. 신 등의 구구하고 어리석은 소견은 이와 같으니, 황상의 재가를 기다려 신 등은 삼가 받들어 시행하겠습니다.

성지를 받들었는데, "살펴보았다. 경 등이 이번에 모여 논의한 내용은 각자 공론을 드러냄이 자세하고 분명하여 더 말할 필요가 없다. 국시(國是)가 바야흐로 정해지고 인심이 막 복종하는데, 어떻게 위논의를 몇 마디 말로 끝내려 하는가.[85] 어찌 짐이 위탁한 뜻이겠는가. 국가의 체통과 군대의 사정은 모두 조정의 대사이다. 짐이 어찌

....

85 국시(國是)가 …… 하는가: 만력제가 2월 17일 회의의 결과에 대해 추가로 논의하라고 지시하며 내린 성지의 일부이다.『명신종실록』권331, 만력 27년 2월 17일(정묘), "軍國大事, 府、部多官會議, 如何以數言, 覆奏了事."

일개 작은 신하가 사사로운 원망으로 망령되이 비방한 일만 가지고 장사들이 오랫동안 지킨 노고와 속국의 군민이 울부짖는 쓰라린 사정을 생각하지 않겠는가.

정응태는 거동이 터무니없고 위력으로 감과를 통제하여 대사를 그르칠 뻔했으니, 잠시 원적으로 돌려보내 조사를 기다리게 하라. 서관란은 그가 전담할 명을 받든 바 있으니 왕경으로 돌아가 함께 조사하게 하되, 모름지기 공정함에 힘써 맡은 임무를 잘 처리하도록 하라. 한편 총독과 순무에게 사로(四路)의 공적과 죄과를 상세히 나누게 하고, 군사를 남기고 철수하는 일을 잘 처리하여 빨리 상주하게 하라. 망령되이 근심과 의심을 품고 군대의 업무를 지체해서는 안 된다. 조선 왕은 너희 병부가 자문을 보내 위로하고 타일러서 짐이 시종 아끼고 구휼한 덕의를 알게 하고, 또한 그 나라 백성에게 훈계하여 공손한 절개를 더욱 굳게 하도록 하라."라고 하셨습니다.

동정의 시말을 변론하는 상주

奏辯東征始末疏 │ 권6, 36a-66b

날짜 만력 27년(1599) 3월 24일 전후

내용 정응태의 고발에 반박하며, 역으로 그를 공격하는 내용의 상주이다. 만력 27년 정월, 정응태는 형개가 철군하는 일본군에게 은 5000냥을 주어 속히 회군하도록 종용했다고 상주를 올렸다. 이에 형개는 반박하며, 정응태의 악행을 낱낱이 고발하고 그를 대일화의(對日和議) 지지자로 몰아 공격하는 내용이다. 우선 형개는 정응태가 올린 상주의 논리적·내용적 약점을 지적하고, 오히려 울산 전투의 실상을 조사하러 온 서관란(徐觀瀾)이 내각대학사 조지고(趙志皐)와 정응태의 지시를 받아 강화를 추진하려고 했다고 고발했다. 이어서 심유경(沈惟敬)이 진행했던 강화 협상의 실상을 폭로하고, 자신이 심유경을 체포하자 조지고와 정응태가 그를 변호하려고 시도했다고 해명했다. 다음으로 정응태가 조선을 왕래하면서 저지른 각종 악행, 즉 명군 장졸들과의 사적 결탁, 불법 무역, 뇌물 수수, 부녀자 강간, 군량 유용, 재물 강탈, 조선 관원에 대한 행패, 군사행동 방해, 오만불손한 언사, 군사기밀 누설, 조선 모함, 이적 행위 등을 세세하게 나열했고, 가능한 경우에는 증거나 증인도 제시했다. 마지막으로 정응태와 서관란의 이 모든 행위는 일본과의 강화를 성사시키기 위해 명군의 정상적 군사활동을 방해하고 깎아내리기 위한 목적에서 이루어진 것으로, 조지고가 수장이 되는 "화당(和黨)"의 행위라고 지목했다.

이를 받은 만력제는 정응태를 이미 원적지로 돌려보냈고 서관란에게는 다시 조사하도록 명령했음을 알리면서, 형개의 사직을 만류하고 안심하고 임무를 수행하도록 독려했다. 또한 이 사안에 대해 추가 논의로 소란을 일으키는 행위를 금했다.

이 상주는 정응태가 조선을 왕복하면서 벌인 행위를 생생하게 고발하고 있다는 점에서 사료적 가치가 크다. 다만 정응태 등이 고발한 명군의 부정행위로부터 만력제의 시선을 돌리고 공격의 효과를 강화하기 위해 정응태와 서관란을 강화파로 몰아세우고 그들의 모든 행위를 강화 추진을 위한 것으로 단정하고 있으므로 독해에 세심한 주의가 필요하다.[86]

관련문서 정응태가 형개를 공격한 상주는『명신종실록』만력 27년 정월 25일 기사에 간략히 요지만 실려 있다.[87] 따라서 형개가 정응태의 상주 사본을 받아본 시점인 "이달 10일"은 2월 10일이었을 것으로 보이며, 형개가 이에 대응하여 이 문서를 작성한 것 역시 그 이후일 것이다. 본 문서는 장문으로서 정응태의 실책들을 다양하게 수집하여 싣고 있으므로, 작성하는 데도 적지 않은 시간이 걸렸으리라 추측된다.

이 상주가 북경의 명 조정에 도착한 정확한 시점은 불명확하지만, 이 문서에서 정응태와 서관란의 배후로 지목된 조지고는 3월 24일 상주를 올려 자신의 입장을 변호하면서 형개의 주장을 반박했고, 그 요지는 『명신종실록』과『만력기거주(萬曆起居注)』에 실려 있다.[88] 따라서 3월 24일 이전에는 이 상주가 명 조정에 도착한 것으로 보인다.

내용상 6-2〈題科部會勘未竟疏〉와 밀접하게 연관되어 있으며, 본문 말미에 언급되어 있듯이 소응궁(蕭應宮)이 은을 지출한 사안을 다룬 6-4〈請勘錢糧疏〉는 이 문서와 같은 시점에 작성되었다.

86 6-2〈題科部會勘未竟疏〉의 문서해설을 참고.

87 『명신종실록』권330, 만력 27년 정월 25일(병오), "兵部贊畫主事丁應泰疏論, 總督邢玠等, 賂倭賣國, 尙書蕭大享與科道張輔之、姚文蔚等, 朋謀欺罔, 又言朝鮮陰結日本, 援『海東

적신이 함께 어울리며 나라를 팔고 전투하는 신료에 대해 살해를 모의했으니, 황제께서 신속히 조사하고 법을 행하시며 아울러 먼저 신을 파직함으로써 동정(東征)하는 문무 관원을 구하기를 간청하는 일.

이달 10일 찬획 주사 정응태의 게첩(揭帖) 1통을 전달 받았으니, 적신(賊臣)이 왜군에 뇌물을 바치고 나라를 팔아넘겼으며 사악한 신하가 함부로 비방하며 간교한 짓을 자행한다는 내용이었습니다.[89]

대개 사로(四路)가 소탕되어 한 명의 왜적도 남기지 않은 완전한 공적과 큰 승리를 모두 화친 덕분이라고 하며, 제가 중로(中路)에서 일을 망치자 사세용(史世用)[90]에게 의향을 전달해 모국기(茅國器)로 하여금 염채은(鹽菜銀)을 거두어 왜적에게 뇌물을 주도록 했다는 것입니다.

또 말하기를, 순무가 사세용의 아들을 파견해서 한편으로 첩(帖)을 보내 모국기가 담당하도록 알렸고, 다른 한편으로 첩으로 효유하

記』與爭洲事爲證, 語多不根. 上寢其奏, 不下.”

88　『명신종실록』 권332, 만력 27년 3월 24일(계묘), “大學士趙志皐, 以督臣邢玠疏語波及, 上疏力辯, 且乞罷. 上溫諭勉留之.”; 『萬曆起居注』(明抄本萬曆起居注編輯委員會, 『明抄本萬曆起居注』, 北京: 中華全國圖書館文獻縮微復制中心, 2001) 10책, 만력 27년 3월 24일(계묘), 94~100쪽.

89　이번 달 …… 내용이었습니다: 해당 상소에서 정응태가 비판한 내용은 다음과 같다. “총독 형개 등이 왜에게 뇌물을 주어 나라를 팔았으며 상서(尚書) 소대형과 과도관 장보지·요문울 등이 무리를 지어 모략을 행하여 군주를 기망했습니다. (중략) 조선은 몰래 일본과 결탁했는데, 『해동제국기』 및 쟁주(爭洲) 사안이 증거가 됩니다.” 『명신종실록』 권330, 만력 27년 정월 25일(병오)

90　사세용(史世用): ?~?. 명나라 사람이다. 일찍부터 일본에 왕래하던 자로 유격 모국기(茅國器)의 참모였다. 정유재란 시기 사쓰마 군을 철수시키기 위해 시마즈와 교섭하였다.

여 마사나리(正成)[91]에게 배신(陪臣)이 되는 것을 허락하자, 마사나리는 가관(假官)을 얻는 것을 담보로 하고 5000금(金)을 면피(面皮)[92]로 받기로 한 후 그 대가로 도리어 쌀 2500포(包), 말 500필, 왜도(倭刀) 120개, 금위병(金圍屛) 2개를 남겨 주었으며 그 나머지 장비도 헤아릴 수 없었다고 합니다. 서로(西路)의 수로와 육로에도 또한 폐백과 뇌물이 있었다고 합니다.

또 해당 좌급사중(左給事中) 서관란(徐觀瀾)의 주본은 '충성을 다하여 나라에 보답했으나 모욕을 당하고 명령을 욕보였다는 등의 일'에 관한 것이었습니다.[93] 주본의 첫머리에서 눈썹을 깎은 일에 대해 변명하기를, 삼군(三軍)이 기쁘게 복종했고 말이 나온 적이 없었다고 했습니다.

....

91 마사나리(正成): 1563~1633. 데라자와 히로타카(寺澤廣高)를 말한다. 일본 사람이다. 아버지와 함께 일찍부터 도요토미 히데요시를 섬겼고, 임진왜란 시에는 보급과 병력 수송 임무를 담당했다. 세키가하라 전투에서 동군에 소속되어 히젠 가라쓰 번(唐津藩)의 초대 번주가 되었다.

92 면피(面皮): 체면치레를 위한 대가를 말한다. 뇌물이라는 의미로도 사용된다.

93 또 해당 …… 것이었습니다: 서관란이 올린 주본의 상세한 내용은 확인할 수 없지만 이에 대한 황제의 명령은 『해월집(海月集)』권2, 은사일록(銀樣日錄)에 다음과 같이 수록되어 있다. "서관란의 주본. 충성을 다해 나라에 보답했는데 모욕을 받고 황명을 욕되게 했습니다. 성지를 내리기를, '짐이 생각건대, 조선은 공순한 속국이다. 수년 동안 공비(供費)를 아끼지 않고 한뜻으로 왜적의 재앙을 쫓아내고 초멸해 왔다. 지금 평정되었으니 마땅히 공적의 등급에 따라 서훈함으로써 장사(將士)가 피로 싸운 마음을 위로해야 하겠다. 너는 원주(原奏)에서 공정하게 조사하며 조정의 관대한 구휼을 우러러 본받겠다고 했으니, 가혹한 일을 요구하지 말고 일이 끝나면 즉시 돌아오라. 총독·순무로 하여금 뒤처리에 관한 사안을 함께 논의하고 긴급히 군대를 정비함으로써 수고로움을 줄이도록 하라. 운운(○徐觀瀾一本, 竭忠報國, 受侮辱命等事. 聖旨, 朕念朝鮮恭順屬國. 數年不惜供費. 一意驅勦倭氛. 今旣蕩平, 宜敍功次, 以慰將士血戰之心. 爾原奏査勘秉公持正, 仰體朝廷寬恤. 勿得苛求, 事竣卽回. 便著督撫會議善後事宜, 上緊班師, 以省勞費雲雲.【在別冊】)"

무릇 눈썹을 깎는 일이 무엇이 기쁘겠습니까. 이는 불통이 심한 것입니다.[94] 서관란은 어째서 감히 윗사람에게 이와 같이 황당한 말을 할 수 있습니까. 신이 모국기에게 뜻을 전해 왜적과 강화하고 뇌물로 5000금을 주라고 했으며 왜추(倭酋)가 술·쌀·칼·말을 보내왔다고 했습니다. 정리하면 전후의 말들은 모두 정응태의 상소를 따른 것입니다.

무릇 왜적은 지극히 교활하고 지극히 탐욕스럽습니다. 지난해 조정에서 보책(寶冊)·금인(金印)을 가지고 특별히 훈신(勳臣)을 파견하여 멀리로부터 그 나라에 이르렀습니다. 그리고 일을 맡은 자는 사적으로 명마(名馬)·주옥(珠玉)·궁금(宮錦)·채장(彩粧)을 가지고 갔으니 수만에 그칠 뿐이 아니었는데도 부산(釜山)의 한 무리의 왜적조차 철수하려고 하지 않았습니다. 지금 두 신하가 한 말에 따르면 각 왜적들이 1~2개의 가관과 수천 금의 면피로 배신을 기다리지도 않고 가벼이 사로(四路)의 중요한 험지를 버리고 갔다는 것입니다. 또 왜적이 남긴 식량·마필·장비가 셀 수 없다고 합니다. 이렇게 하면 얻는 바로 그 잃을 바를 갚지 못하니 아마도 왜가 이토록 어리석지는 않을 것입니다.

더구나 중로(中路)의 대추(大酋)는 수중(水中)에 있는데, 죽을 자는 죽었고 사로잡힐 자는 사로잡혔으니 죽은 자는 수급이 있고 산자는 사람이 있습니다. 가령 석추(石酋)의 수급의 진위에 대해서 신은 알 수 없습니다.[95] 다만 생포한 왜장(倭將)과 종왜(從倭) 및 석추의

---

94 무릇 …… 것입니다: 정응태와 서관란이 동로에서 군사들의 눈썹을 깎고, 중로에서 정수리의 머리를 깎은 일에 대한 언급은 『선조실록』 권107, 선조 31년 12월 30일(신사) 6번째 기사. 『선조실록』 권110, 선조 32년 3월 7일(병술) 1번째 기사 참조.

조카 계효와일(計孝窩一)·문자와이(門子窩二) 등 십 수인이 앞서 전주(全州)에 있다가 나중에 왕경(王京) 교장(敎場)에 머물렀는데 매번 왜추의 수급을 볼 때마다 곧바로 둥글게 모여 무릎을 꿇고 울었습니다.

지난번 해공유격(解功遊擊) 왕원주(王元周)가, 포로들이 소와 술을 요청하여 목욕하고 제사를 지내기에, 수급이 누구냐고 물었더니 모두 "석만자(石曼子)[96]입니다."라고 했다고 알려 왔습니다. 소와 술을 요청한다고 알려 왔고 목욕하고 제사를 지냈습니다. 이는 총독·순무·순안어사·도원(道員)·총병·부총병·참장·유격 및 수만의 관병들이 모두 함께 듣고 함께 본 바이니, 신 등이 또한 어떻게 어거지로 별도로 한 사람을 만들 수 있겠습니까. 하물며 현재 경사로 보냈고, 신이 순무와 진수관(鎭守官)으로부터 차례로 당보(塘報)를 받았는데, 황상께서 부(府)·부(部)·과도(科道)로 하여금 함께 확인하게 했으니 자연스레 알 것입니다. 가령 "석추(石酋)가 서쪽으로 고니시 유키나가를 구원하러 가지 않았다."라고 하거나 또는 "진린(陳璘)이 단지 섬을 지키던 왜는 백여 명만 죽였을 뿐이고 대부분 조선인을 죽여서 공적을 보고한 것이다."라고 한다면 부장(副將) 등자룡(鄧子龍)과 조선 총병 이순신(李舜臣)[97]은 어째서 죽었겠습니까.

....

95 석추(石酋)의 …… 없습니다: 여기에서 언급하는 석추(石酋)는 석만자(石曼子)라고도 한다. 형개를 비롯한 임진왜란에 참전한 측에서는 석만자를 시마즈 요시히로(島津義弘)로 판단했으며, 그의 수급을 주요한 공적으로 내세웠다. 그러나 시마즈 요시히로는 정유재란 이후 일본으로 철수하는 데 성공했다.

96 석만자(石曼子): 1535~1619. 일본 사람이다. 시마즈 요시히로(島津義弘)를 말한다. 시마즈(島津) 15대 당주의 차남으로 도요토미 히데요시가 규슈 정벌에 나서자 항전하다가 항복했으며, 임진왜란 당시에는 시마즈씨의 존속을 위해 가문을 대표해서 임진왜란과 정유재란에 참전했다. 정유재란 때는 사천 전투에서 공격해 온 명군을 격파하기도 했다.

그리고 조선의 남해 사민(士民)은 만여 명이 넘는데 총병 진린과 시사가장(詩詞歌章) 4~5개를 짓고 연도에서 분향하며 접대했습니다. 그들이 어찌 조선인을 죽인 원수에게 보답했겠습니까. 더구나 사로잡힌 왜장과 종왜는 모두 석만자의 부대에 속합니다. 가령 유정(劉綎)이 처음에는 고니시 유키나가를 꾀어서 죽이고자 왜교(倭橋)를 습격하여 빼앗고 하루 만에 큰 험지 200리를 탈취하여 고니시 유키나가가 겨우 몸을 빼냈으니, 강화하는 자가 진실로 이와 같이 하겠습니까. 서관란은 왜의 족류(族類)가 아닌데 어째서 마음을 숨기고 힘들고 힘들게 외이(外吏)의 패배를 감추고 우리 장수들의 공적을 없애는 것입니까.

무릇 수륙에서 벤 수급이 1000여 개이고 소각한 배가 700~800척, 사로잡은 왜적의 우두머리와 종왜가 수십 명을 헤아립니다. 장비·기치(旗幟)는 천여 개를 헤아립니다. 팔도가 소탕되어 한 명의 왜군도 남아 있지 않으니 설령 강화로 이러한 성과를 얻었다고 해도 또한 뛰어난 승리일 것입니다. 그러니 모국기의 공은 다시금 마땅히 첫 번째에 기록해야 합니다. 간신적자는 설령 천 개 백 개의 입

----

97 이순신(李舜臣): 1545~1598. 조선 사람이다. 본관은 덕수(德水)이다. 선조 9년(1576) 식년 무과에 급제했다. 선조 24년(1591)에 전라좌도수군절도사(全羅左道水軍節度使)에 임명되었는데 이듬해 임진왜란이 발발하자 경상도 해역으로 출동하여 옥포해전(玉浦海戰), 한산도대첩(閑山島大捷) 등 여러 차례 승리를 거두었다. 선조 26년(1593) 9월에는 삼도수군통제사(三道水軍統制使)로 임명되었다. 선조 30년(1597) 고니시 유키나가의 부하가 가토 기요마사가 어느날 바다를 건너올 것이라고 비밀히 알리자 조정에서는 이순신에게 출격을 명했으나 이순신이 출동을 지연하자 이순신을 파직하고 백의종군을 명했다. 정유재란이 발발하자 다시 삼도수군통제사로 임명되었다. 명량대첩(鳴梁大捷)에서 큰 승리를 거두어 제해권을 다시 장악했고 노량해전(露梁海戰)에서 철수하는 일본군을 추격하여 큰 승리를 거두었으나 유탄에 맞아 사망했다.

으로 천지를 뒤집는다 하더라도 중외 문무 관원을 속이기는 어려운 것은 당연하고 설령 오척(五尺)의 동자라고 해도 또한 간신을 비웃으며 욕을 할 것입니다.

생각지 않게 청천백일(青天白日) 아래에서 이매망량(魑魅魍魎)[98]이 감히 난리를 일으켰습니다. 남방위(藍芳威)를 지목하여 증거로 삼은 일은, 정응태가 성주(星州)에 이르러 맹제첩(盟弟帖)으로 남방위에게 연달아 일곱 번이나 요청했고, 한밤중에 증거를 만들어 달라고 간청했다가, 남방위에게 무시당하고 순안어사·진수관·도원 등 장수들에게 비웃음을 샀습니다. 남방위와 천총 만국정(萬國鼎)이 매우 자세하게 이야기를 한 후 주먹을 내리치며 변론을 했습니다. 순안어사와 여러 문무 관원이 함께 검토했는데 이러한 것들을 전혀 들은 적이 없었습니다. 하늘을 속이고 터무니없는 이야기를 하여 감히 군부(君父)를 속이니 이것을 참을 수 있다면 어느 것인들 참을 수 없겠습니까. 정응태는 계속해서 또 신이 궤송(饋送)을 허락했다고 날조했지만 어떤 은(銀)을 써서 어떤 사람에게 보냈는지 명확하게 지목하지 못했습니다. 무릇 밖에는 전장(戰場)의 장수와 의사(義士)가 있고 안에는 내각대신과 과도관(科道官)이 있는데, 정인군자(正人君子)에 대해 모두 간사하다고 지목하면서 터무니없이 빈말을 꾸며내니 천청(天聽)을 동요시켜 일망타진하려고 한 것입니다. 공의(公議)를 두려워하지 않고 여러 증거도 신경 쓰지 않으며 심지(心志)를 잃고 얼굴을 칠하고 하늘을 속이고 사람을 기망하며 행패가 줄곧

....

98 이매망량(魑魅魍魎): 남을 해치는 악인을 비유하는 고사성어이다. 이매는 산속의 요괴, 망량은 물속의 괴물을 말한다.

이에 이르렀습니다.

또 말하기를, "관백(關白)이 7월에 이미 죽었으니 마사나리가 돌아가려는 마음이 몹시 간절하므로 면피 하나를 요청해서 그날로 수습해서 바다를 건너려고 한다."라고 했는데 이는 더욱 이해할 수 없는 말입니다. 무릇 관추(關酋: 도요토미 히데요시)는 7월 6일에 죽었고 이 소식은 순풍을 타고 10일이면 왜영(倭營)에 전해질 수 있습니다. 이 때는 우리가 병사를 진격시키지 않아 바로 면피를 바랄 때인데, 제가 면피를 주었다면 어째서 7월에 가지 않았고 8월에도 가지 않았으며 9월에도 가지 않았고, 10월에도 가지 않았으며 11월에도 가지 않았다는 말입니까.

또 가토 기요마사가 9월에 성을 수리했고 고니시 유키나가는 10월에 성을 수리했으며 또 누방(樓房) 17칸을 새로 세웠는데 아마도 오래 거주할 계획 같았습니다. 그런데 갑자기 왕자를 기다리지 않고 배신도 기다리지 않으며 명주와 쌀도 기다리지 않고, 그 대장을 잡아도 구하지 않으며 그 도주(島主)를 죽여도 구하지 않으며, 그 치중(輜重: 군수품)을 버리고서 돌아보지 않고 낭패해서 떠났습니다. 이 무슨 까닭입니까. 대개 사로(四路)에서 공격하고 포위한 지 이미 두 달이 되었었는데 비록 중로(中路)에서 실수하여 잠시 공격을 멈추었지만 포위와 압박은 전과 같았습니다. 또 육군이 그 앞을 들이받고 수군이 그 뒤를 흔들자 땔감과 식수는 모두 부족해졌고 조선으로부터 양식은 공급되지 않았으며 예전에 저장한 군량은 이미 불 탔습니다.

또 수군이 그 돌아갈 길을 끊고 그 군량 수송로를 막았으며, 동남풍이 일어나자 배를 돌리기가 어렵게 되었습니다. 적이 잘 생각해

권
6

보면 어떻게 퇴각하지 않을 수 있었겠습니까. 가령 왜군이 돌아가려고 한다고 해서 쉽게 대응할 수 있다고 여겼다면, 10월 2일은 관백이 죽고서 네 번째 되는 달이지 않습니까. 중로(中路)에서 군사 수천을 잃은 것은 무엇이라고 말하겠습니까. 이것을 보면 왜군이 과연 관백이 죽고 사는 문제를 가지고 떠날지 머물지 강할지 약할지를 결정했겠습니까. 정응태 등은 이것을 빌미로 명군의 전공을 감춘 것에 불과합니다. 정응태가 왜군이 돌아가려고 한다는 것을 알았다고 한다면 어째서 줄곧 그들이 스스로 돌아가기를 기다리지 않았단 말입니까. 적신(賊臣)이 입만 열면 모두 왜를 위한 세객(說客) 노릇을 했습니다. 가령 정응태의 계획에 따라 9월에 병사를 진격시키지 않았다면 적(賊)은 조선에서 일 년치 군량을 다시 수습해서 갔을 것이니, 우리는 무엇을 가지고 적을 도모했겠으며 적은 무엇을 꺼려서 떠나고자 했겠습니까.

또 정응태가 말하기를, "사로(四路)에서 각기 패배하여 관할 지역으로 돌아갔다."라고 했습니다. 마치 왜군이 퇴각하는 날까지 우리 중 한 명의 병사도 전투가 없었던 것처럼 말합니다. 그런데 또 말하기를, "각기 참획(斬獲)했다."라고 하니 벤 것은 또 누구란 말입니까. 전에 말하기를, "서로(西路)의 수륙 각 차관(差官)이 고니시 유키나가를 보내줘서 그가 바다를 건넜다."라고 했습니다. 마치 양로(兩路)의 왜적이 각각 논의하여 퇴각한 것처럼 말했습니다. 그런데 또 말하기를, "바다에서 참획한 것이 더욱 많다."라고 했으니 죽인 것은 또 누구란 말입니까. 때문에 무릇 또한 정응태의 마음이 심란하여 본래는 신에게 강화했다고 덮어씌우려고 했다가 또 자신도 모르게 전공(戰功)을 말해 버린 것이 아니겠습니까.

또 고니시 유키나가는 왜장 요시라(要時羅)[99]를 파견했고, 가토 기요마사는 한 번은 왜장 사생문락신대(舍生門樂信大)를 파견했다가 다시 왜장 화질대리소여문(化叱大裏小如文)을 파견했으니 모두 강화하러 온 것이었습니다. 신은 모두 감금했고 장차 일 년이 되어 가니 지금 모두 경사로 보내고자 합니다. 신이 이미 그들을 감금했으니 또한 함께 강화할 때 이렇게 할 리가 있겠습니까.

서관란이 처음 평양에 왔을 때 원임 동지(同知) 정문빈(鄭文彬)[100]을 만나고서 "전투에 대해 아는 것이 없으나 사달은 왜 일으킵니까 강화하는 것이 편리합니다."라고 했습니다. 신을 보고서는 재상의 훌륭한 덕과 뛰어난 견해를 한가득 칭송하고는 또 말하기를, "혹시 화약(和約)을 강구할 수 있다면 소생이 담당하기를 원합니다."라고 했습니다. 신은 직접적인 말로 거절하며 "화약을 강구할 수 있었다면 심유경(沈惟敬)이 이미 그렇게 했을 것이다. 어째서 오늘까지 기다렸겠는가."라고 했습니다. 서관란이 또 동지 통판 한초명(韓初命)·도양성(陶良性) 등을 대하고서 말하기를, "조선이 어찌 평상시에 방어를 할 수 있겠습니까. 응당 강화해야 하며 가벼이 싸워서는 안 됩니다."라고 하면서 늘 말하였습니다. 중로(中路)에서 일이 잘못되자 사람을 만날 때 "전투는 이미 성공하지 못했으니 신속히 상황을 바

....

99 요시라(要時羅): ?~1599. 일본 사람이다. 대마도(對馬島) 출신으로 고니시 유키나가와 소 요시토시 휘하에서 조선과 일본의 교섭을 담당했다. 1598년 5월에 요시라는 고니시의 명에 따라 강화 협상을 위해 조선 정부에 접촉했으나 명나라 군에 의해 한양으로 압송되어 양호(楊鎬)에게 심문을 받은 후 북경으로 끌려가 처형되었다.

100 정문빈(鄭文彬): ?~?. 명나라 사람이다. 원임(原任) 하간부동지(河間府同知)로 군량을 관리했는데, 만력 20년(1592)에 조선에 왔다가 만력 21년(1593)에 명나라로 돌아갔다. 만력 25년(1597)에 다시 조선에 왔다.

꿔야 하며 강화할 수 있는 사람에게 임무를 맡겨 보내야 한다."라고 했습니다.

또 말하기를, "사세용이 이전에 왜영(倭營)에 들어가 선유했었으니 강화의 일을 해내려면 또한 그를 보내서 하도록 해야 한다."라고 했습니다. 신은 그의 뜻을 보고서 좋지 않다고 지적하고는 이로 인해 패문 하나를 두 감군도(監軍道)에게 보내서 왜영에 들어간 사람들을 데리고 오도록 했습니다. 사세용이 왜영 안으로 들어가 선유했었기 때문에 서관란의 어리석은 생각을 받아들여서 별도로 교섭할까 봐 그랬던 것입니다. 이 패문 또한 종이에 초록하여 서관란 및 어사 진효에게 보냈습니다. 그런데 서관란은 어째서 신이 사세용을 잡아 왔는지 말하지 않고서 뜻을 받들어 썼다고 한 것입니까. 이들의 말과 정상은 왕경의 문무 관원 중 모르는 사람이 없습니다. 모르겠습니다만, 신이 장위(張位)[101]의 뜻을 받고서 강화를 지휘했겠습니까. 아니면 서관란이 조지고(趙志皋)[102]의 뜻을 받고서 강화했겠습니까. 대개 서관란이 도문(都門)을 나설 때 이미 조지고의 지휘를 받고 정응태와 죽음을 함께하기로 하고 한밤중에 왕래하며 흔적도 무릅

....

101 장위(張位): 1534~1610. 명나라 사람이다. 강서 남창(南昌) 신건(新建) 출신이며 자는 명성(明成), 호는 홍양(洪陽)이다. 융경 2년(1568) 진사(進士)로, 만력 연간 초 수보대학사(首輔大學士) 장거정(張居正)과의 불화로 좌천되었다. 장거정 사후 복권되어 여러 관직을 역임하다 만력 19년(1591)에 동각대학사(東閣大學士)로 임명되었다. 만력 26년(1598)에 탄핵을 당하여 관직이 삭탈되었다. 훗날 천계 연간에 복권되고 태보(太保)로 추증되었다. 시호는 문장(文莊)이다.

102 조지고(趙志皋): 1524~1601. 명나라 사람이다. 절강 금화부(金華府) 난계현(蘭溪縣) 출신으로 융경 2년(1568) 과거에 3등으로 급제한 후 한림원(翰林院)에서 여러 관직을 역임했다. 만력 연간 초 실세였던 장거정(張居正)을 탄핵한 일에 연루되어 좌천되었다가 장거정 사후 복권되었다. 만력 19년(1591)에는 동각대학사(東閣大學士)로 임명되었고 곧 수보대학사(首輔大學士)가 되었다.

썼습니다. 사람들이 "정응태의 처음 상소는 모두 조지고·서관란 등이 같이 모의하고 함께 논의한 것으로 각기 남아 있는 글이 있으며 정응태가 가지고 있다."라고 합니다.

정응태가 왕경에 있을 때 서관란이 패문을 투서하지 않은 것을 보고는 바로 구일복(丘一復)을 만나 말하기를, "내가 한번 나가 버리면 모두 큰일 날 것이다."라고 했습니다. 이것이 서관란이 정응태를 호랑이와 같이 두려워하면서 감히 그의 지시를 듣지 않을 수 없는 이유입니다. 황상께서 서관란의 전후 장소(章疏)를 시험 삼아 살펴보십시오. 그가 일찍이 모로(某路: 四路 중 일부)를 완전히 조사해서 명확히 정견(定見)과 정의(定議)를 써서 황상께 보고했습니까. 정응태의 농간을 따라 장관(將官)들이 패배한 전투를 헐뜯은 것에 불과하며 마지막 상소는 모두 정응태의 원고로서, 사람들은 정응태가 만들었다고 시끌시끌합니다. 또 정응태를 따라서 동쪽으로 가면 동쪽으로 가고 서쪽으로 가면 서쪽으로 가며 아침저녁으로 떨어지지 않고 말마다 따르지 않음이 없습니다. 곳곳에서 삼로(三路)의 대수(大帥)·편장(偏將)에게 착오와 잘못을 인정하며 말하기를, "내가 다른 사람의 말을 잘못 들었으니 원컨대 나의 관직을 버리고 각 관원을 위해 해명하겠다."라고 했습니다. 이것은 마귀·동일원, 감군도 양조령, 감군 진효, 장관 해생·왕국동·허국위·모국기 등 여러 사람과 함께 병사를 점검할 때 공소(公所)에서 만 명 남짓의 사람들을 마주하고서 직접 말한 것입니다. 이후 돌아와 신을 만나서도 또한 잘못을 자인했습니다.

또 말하기를, "처음에 서로(西路)의 승리를 알지 못했다가 나중에 알게 되었으니 후회막급이다. 그러나 감원(監院)의 상소에서 분명히 말했으니 소소(小疏: 자신의 상소)는 중요하게 여기기에 부족하다."
라고 했습니다. 이상의 내용에 대해 청컨대 황상께서 신료들을 불러
경사로 오게 해서 구경 및 과도관과 함께 대면하여 묻게 한다면 서
관란이 감히 인정하지 않을 수 있겠습니까. 순무 만세덕은 동향인으
로 서로 아는 자라서 간곡하게 개도하고 권유했더니 서관란이 답은
없고 단지 "정응태가 나를 얽어맬 것이니 생각하건대 큰일이다."라
고 했습니다. 또 해방도에게 말하기를, "우리 두 사람은 상황상 떨어
질 수 없으니 함께 망하기를 바란다."라고 했습니다. 이 무슨 말입니
까. 무릇 서관란은 성지를 받들고 특별히 파견되었으니 응당 중도에
서서 치우치지 말고 공적으로 일을 처리해야 했습니다. 그런데 원주
(原奏)에 대해 정응태와 혼연일체가 되었고 또 감히 서로 도우며 황
상을 기만했으니, 이것이 어떻게 인심을 감복시키고 발탁한 것에 부
응하는 것이겠습니까.

지난번 화당(和黨)의 하늘을 거스른 간악한 폐단에 이르러서는
정응태가 혼란의 근원이라서 신은 오랫동안 한마디를 아뢰려고 했
었지만 또한 국체를 크게 손상시킬까 걱정했습니다. 이에 여러 당이
오히려 제멋대로 선동하며 종횡으로 남을 속일 수 있었습니다. 신이
받은 모욕과 궁색함은 너무 많으므로 실로 참을 수 없습니다. 청컨
대 황상께서 모두 헤아려 주시기 바랍니다.

왜적이 처음 조선을 노략질했을 때 평양에서 꺾인 것에 겁을 먹
고 우리를 늦추고 우리를 속일 것을 찾았지만 그러지 못했습니다.
그런데 곧 심유경이 나가서 화의(和議)를 주창했습니다. 마침 벽제
(碧蹄)에서 패배를 당해 논의가 중외에서 벌떼처럼 일어나자 일을
맡은 신하들이 감히 전쟁을 언급하지 못하고 심유경의 술수가 퍼지

기 시작했습니다. 곧 보신(輔臣: 내각대학사) 조지고가 그 말을 깊게 믿어서 가운데서 주관했고, 추신(樞臣) 석성(石星)[103]이 그 말을 깊게 믿어서 안에서 담당했습니다. 심유경은 이에 같은 부류를 끌어들여 중외에 가득 채우고서 서로 간악한 짓을 했습니다. 심유경은 추신과 보신에게 가서 왜가 단지 책봉 한 가지만 요청할 따름이라고 보고했습니다. 그러나 심유경이 왜에게 허락해 준 것이 단지 책봉 한 가지에 그쳤겠습니까. 추신과 보신이 들어가 황상께 보고했고 또한 "왜는 단지 책봉 한 가지만 요청할 따름입니다."라고 했습니다. 그러나 두 신하가 심유경에게 허락해 준 것이 또한 책봉 한 가지에 그쳤겠습니까. 작년 2월 중에 청추(淸酋: 가토 기요마사)가 도산(島山: 울산 일대)에서 곤란함을 당한 후[104] 왜장을 파견하여 서신을 보내 부장 오유충(吳惟忠)에게 주었습니다. 본관이 초록하여 각 아문에 발송했었는데 그 내용은 다음과 같았습니다.

하나. 일본 태합(太合) 전하는 대명(大明)에 대해 다시는 책봉을 청하지 않을 것이다.

하나. 7년 전에 조선을 정벌할 때 가토 기요마사가 조선의 왕자들을 사로잡았다. 그때 심유경이 대명의 칙서로 말하기를, "병사를 해산하고 왕자를 사면하여 돌려보내면 여러 가지 일은 태합 전하의 명령에 따를 수 있다."라고 했다. 이 때문에 왕자는 비

·······

103 석성(石星): 1538~1599. 명나라 사람으로 대명부(大名府) 동명현(東明縣) 출신이다. 자는 공신(拱辰), 호는 동천(東泉)이다. 가정 38년(1559)에 진사가 되어 출사했고 만력제 이후 태자소보 병부상서(太子少保兵部尙書)가 되었다. 임진왜란이 발발하여 조선이 명에 원조를 요청하자 파병을 강력히 주장했다. 이후 일본과 강화를 추진하다 일본이 정유재란을 일으키자 강화 실패의 책임을 지고 옥사했다.
104 도산(島山)에서 ······ 당한 후: 울산 도산성(島山城) 전투를 말한다.

록 사면하여 돌려보내는 일이 불가하지만 대명의 칙서에 따라 왕자를 사면하여 돌려보낸 것이다. 그때 대명과 일본의 화평(和平) 조건이 5건이었다. 첫째는 "조선의 땅을 분할해서 일본에 소속시킬 것." 둘째는 "왕자 한 사람이 일본으로 건너와 사은하고 사죄할 것." 셋째는 "대명을 맞이하여" 운운.

이 내용이 몹시 패악하여 신이 차마 말을 하지 못하겠으나 대개 화친 사안에 관한 것입니다.

네 번째는 "조선국왕의 권신(權臣)이 맹서(盟誓)를 지어 '영원히 일본을 배반하지 않겠습니다.'라고 쓸 것." 다섯째는 "금은·곡식을 해마다 일본에 보내고 아울러 관선(官船)과 상선(商船)이 왕래할 것." 이 다섯 가지 조건 중 하나도 따르지 않았다. 이것은 태합 전하의 명령이었다. 태합 전하께서는 크게 노하여 병신년(1596) 9월에 대명에 글을 보내 말하기를, "대명이 이와 같이 속이는 것인가. 조선이 이와 같이 속이는 것인가. 만약 조선이 속였다면 정벌할 것이다."라고 하셨다. 그 회신을 써서 정유년(1597) 3월 이전에 회보하라는 뜻으로 말씀하셨다. 그러나 끝내 회신이 오지 않았다. 이에 정유년에 다시 출병하여 조선을 정벌한 것이다. 남원(南原)의 일 또한 이 뜻이었다. 태합 전하가 이 다섯 건을 명령하셨다. 다섯 건이 지켜진다면 화친의 일이 이루어질 수 있다. 지금 이후부터 화친을 계획할 때 다섯 건은 매우 중요하다. 이 다섯 건은 6년 전 5월 천사(天使: 명 사신)가 일본에 왔을 때 태합 전하께서 명령한 것이다. 이 다섯 건을 대명에 전달하겠는가. 전달하지 않겠는가.

신은 이를 보고 저도 모르게 머리카락이 쭈뼛 서는 동시에 미친 왜적과 화당(和黨)의 살을 씹어 먹지 못하는 것을 한스러워 했습니다. 이 때문에 두 차례 왜군의 사신을 감금했고 지금까지 풀어 주지 않았습니다. 또 기억해 보면 정유년(1597) 3월과 5월에 심유경이 화친을 조정 중일 때 왜군이 다시 침범할 것이라고 명확하게 말했고, 조선이 왕자 및 배신(陪臣)을 보내 진하(進賀)하지 않은 것을 책망했습니다. 또 조선에서 예전에는 명주와 쌀을 왜에게 주었는데 지금은 주지 않는다고 명확히 말했습니다. 무릇 위에서 말한 "왕자의 진하"는 바로 왕자가 사은하는 일입니다. "배신이 바다를 건너서"라는 것은 바로 영원히 일본을 배반하지 않는 일입니다. "예전에 명주와 쌀"이라는 것은 바로 금은 및 미곡을 해마다 일본에 보내는 일입니다. 그러나 유독 조선 땅의 분할과 화친 두 가지 일에 대해서는 드러내 놓고 말하지 않았습니다. 그런데 생각지 못하게 심유경 등이 왜노에게 알랑거리며 아첨하여 국체를 망가트렸기에 외번(外藩)에게 비웃음을 사고 후세에 수치를 남겼으니 진실로 어떠한 방식으로도 속죄하기에 부족한 자입니다.

또 기억해 보면 이때 수관 주사(守關主事) 장시현(張時顯)[105]이 일을 맡은 자가 관원을 파견해 보낸 채폐(彩幣)·궁금(宮錦)과 금옥(金玉)·능라(綾羅) 등의 물건을 조사해서 적발했는데 당관(堂官)의 체면 때문에 그 일을 발설하기 어려워 단지 꾸짖고 저지한 후 돌려보냈습니다. 아직 관문을 나서게 하지 않았을 때 신이 관에 도착하여 또한 주사 장시현과 서로 약속하며 말하기를, "왜는 몹시 교활하여 간

⋯⋯⋯

105 장시현(張時顯): 1556~?. 명나라 사람이다. 자는 인경(仁卿), 호는 신병(新屏)이고 강서 건창부(建昌府) 남성현(南城縣) 사람이다. 만력 14년(1586)에 급제하여 진사가 되었다. 정유재란 시 산해관주사(山海關主事)에 재직했다.

세(奸細)가 두루 퍼져 있으며, 심유경의 당여가 또한 출입하며 간악한 짓을 하므로 관방(關防)을 엄격히 해야 한다."라고 했습니다. 그런데 감생(監生) 왕명화(汪鳴和)라는 자가 포(包)를 등에 지고 해당 관문으로 급히 도착하여 주사가 살펴보니 그 말이 장황하기에 그 상자를 조사하여 서신 20여 통을 얻었는데 모두 심유경의 무리로서 진운홍(陳雲鴻)[106] · 심무시(沈懋時)[107] · 전사괴(錢士魁) 등의 서신이었습니다.

혹은 재상의 말을 서술했고 혹은 병부상서(本兵)의 말을 언급했으며, 혹은 은을 써서 고니시 유키나가에게 아첨하려고 했고, 혹은 심유경으로 하여금 주본을 올려 지의(旨意)를 요청하도록 했고, 혹은 고니시 유키나가를 위해 약재를 구입하는 것이었고, 혹은 고니시 유키나가를 위해 왜정(倭情)에 대한 장주(章奏)와 저보(邸報)를 초록한 것이었습니다. 연각(輦轂: 군주가 머무는 곳)에서 부산에 이르기까지 조정의 일거수일투족을 고니시 유키나가가 알지 못하는 것이 하나도 없었습니다. 그래서 그 감생을 꾸짖고 떠나보냈으나 내각과 병부상서는 이 때문에 장시현에게 한을 품었습니다. 장시현은 결국 그 지위를 불안하게 여겨 질병을 이유로 떠났습니다. 장시현에게 지금 묻는다면 이를 통해 위에서 언급한 다섯 가지 조건은 심유경이 왜에게 허락했을 뿐 아니라 두 신하 역시 또한 심유경에게 허락한 것

....

106 진운홍(陳雲鴻): ?~?. 명나라 사람이다. 흠차선유유격장군(欽差宣諭遊擊將軍)으로 만력 22년(1594) 10월 조선에 왔다. 이듬해 일본과의 강화를 위해 부산의 왜군 진영으로 파견되어 한동안 그곳에 머물렀고 만력 24년(1596)에 양방형(楊邦亨)을 따라 명나라로 돌아갔다.

107 심무시(沈懋時): ?~?. 명나라 사람이다. 일본과의 강화 협상을 주도했던 유격 심유경(沈惟敬)의 조카이다.

임을 알 수 있을 것입니다.

심유경이 이것을 가벼이 허락했고 왜 또한 이것을 날마다 바라고 있습니다. 신은 왜가 책봉 하나와 명주 및 쌀로 물러나지 않을 것을 진실로 잘 알고 있습니다. 책봉 사신이 막 돌아왔을 때 왜는 이미 20만 무리를 대마도(對馬島)에 잠복시켰습니다. 심유경은 그것을 알고서도 보고하기를 기꺼워하지 않았습니다. 또 마사나리가 일본에서 와서 반드시 철병할 것이라고 날마다 보고했습니다. 마사나리가 온 다음에 철군하지 않자 심유경은 양원(楊元)에게 말하기를, "일이 어그러졌다."라고 했습니다.

또 밝은 성지를 보고서는 병부상서에게 죄와 책임을 지우고 끝내 군영의 병사 200~300명을 데리고 의령(宜寧)으로 가서 야나가와 시게노부[平調信][108]와 논의했습니다. 시게노부는 과연 병사 500명으로 맞이했으니 애초에 밀약이 있어서 달아난 것입니다.[109] 이 적

....

108 야나가와 시게노부(柳川調信): ?~1605. 일본 사람이다. 쓰시마(對馬島) 소(宗) 가문의 가신으로서 조선의 수직왜인(受職倭人)이기도 했으며, 도요토미 히데요시 및 도쿠가와 이에야스에게도 신임을 받았다. 소 요시토시(宗義智)를 보좌하여 임진왜란 전후의 대조선 교섭에서 중요한 역할을 수행했으며, 전후 강화 교섭에도 깊게 관여했다.

109 시게노부는 …… 것입니다: 『선조실록』에 따르면 야나가와 시게노부는 6월 2일 일본에서 부산에 도착했다. 이때 요시라(要時羅)는 의령으로 나와 김응서(金應瑞)를 만나서 조선이 왕자나 대신(大臣)·세폐(歲幣)를 보내지 않았으므로 도요토미 히데요시가 재침을 결단했다는 소식을 전했고, 고니시 유키나가(小西行長)는 야나가와 시게노부를 심유경에게 보내면서 조선과의 마찰을 이유로 재침이 결행될 것임을 알리는 품첩(稟帖)을 전달했다. 한편 『양조평양록(兩朝平攘錄)』에는 6월 18일 야나가와 시게노부가 갑자기 배 9척을 타고 왜병 500명을 대동하여 해변에 이르러서는 사람을 의령에 보내 이야기를 나누었으나, 자신은 조선 군대에 가로막혀 돌아갔고 그가 보낸 심부름꾼도 육로로 부산으로 돌아갔다고 하여 본문의 서술과 거의 같은 내용을 전하고 있다. 『선조실록』 권89, 선조 30년 6월 12일(신미), 14일(계유), 18일(정축); 諸葛元聲, 『兩朝平攘錄』 日本 下, 115~116쪽.

(賊)이 중국의 허실과 동정에 대해 어떻게 알지 못하겠습니까. 신은 아마도 그가 한 번 왜영에 들어가면 우리의 허실을 누설할 뿐 아니라 또한 왜에게 방략(方略)을 주어서, 외번이 붕궤될 뿐만 아니라 장차 중국에까지 화가 미칠 것이라고 생각했습니다. 때문에 신은 앞서 군영 병사들을 철군시킬 것을 계획하여 그 우익을 자르고 그 후 심유경을 붙잡음으로써 화의 근원을 끊었습니다.

마귀가 결국 심유경을 신에게 보냈고 막 평양에 이르렀을 때 또 소응궁(蕭應宮)[110]에게 구류되었습니다. 수규(首揆: 조지고)는 오히려 순무에게 서신을 보내 "심유경은 다시 쓸 수 없습니까. 조선인의 구전(口傳)은 믿을 수 있는지 알지 못하겠습니다. 심유경이 가령 오늘날까지 다른 마음을 가졌다면 어리석음이 또한 심한 것입니다. 그러나 왜의 땅이 어찌 그가 몸을 감출 수 있는 장소이겠습니까. 아마도 필시 그렇지 않을 것입니다. 그런데 어째서 급히 그를 잡은 것입니까. 일을 망친 사람에 대해 한스럽습니다. 생각하건대, 문하(門下)께서는 총독의 공처(公處)에서 힘써 조정하십시오. 삼가 바라는 마음이 얕지 않습니다."라고 했습니다. 이를 보면 심유경이 잡히고서 조지고가 신을 한스럽게 여기는 것이 날로 심해진 것입니다. 다행히 황상께서 영명함으로 독단(獨斷)하시어 추신(樞臣)을 옥(獄)으로 내려보내고 심유경을 법으로 판결했으며 신 등에게 한뜻으로 병사를 쓰도록 하셨습니다.

....

110 소응궁(蕭應宮): ?~?. 명나라 사람이다. 남직례 소주부(蘇州府) 상숙현(常熟縣) 출신이다. 만력 25년(1597)에 흠차정칙요양등처해방병비 산동안찰사(欽差整飭遼陽等處海防兵備山東按察使)로서 감군(監軍)의 역할로 조선에 파견되었다. 당시 심유경(沈惟敬)이 일본군과 내통한다는 혐의로 체포되어 명나라 조정으로 압송되었는데, 소응궁은 심유경을 통해 일본과 계속 강화 협상을 진행하자고 주장했다가 탄핵을 받아 명나라로 돌아갔다.

그러나 조지고는 날마다 벌벌 떨면서 이번에 망친 것을 두려워 하여 필시 전쟁을 망가트려야 구약(舊約)을 복구할 수 있다고 생각 하고는 이유 없이 날마다 엿보고 있는 자입니다. 그리고 찬획 정응 태는 또 신을 원망하고 한스럽게 여겨 신을 해칠 수 있다면 뭐든 하 는 자입니다. 대개 신이 처음 일을 맡았을 때 북경의 진신(縉紳)들이 정응태의 제행(制行)과 심술(心術)을 거론하며 여럿이 신에게 말을 하기를, 함께 일을 하기 어려우며 남에게 화를 끼칠 뿐 아니라 아마 도 나라에까지 화를 끼칠 것이니 마땅히 서둘러 바꿔야 한다고 했 습니다. 밀운(密雲)에 도착하자 정응태는 이미 북경에서 논의가 있 다는 것을 알고 밀운도 포정(密雲道布政) 왕견빈(王見賓)[111]과 관량낭 중(管糧郎中) 양조령에게 부탁해 신에게 진언하여 해명해 주기를 요 청했습니다.

신은 아직 정응태의 사람됨을 몰랐기에 위의 일로 인해 북경에 편지를 보내 그를 위해 해명했었습니다. 정응태는 시종 두렵게 생각 해 날마다 의심했습니다. 산해관(山海關)에 도착하자 북경에서 논의 가 다시 일어났으니 제가 정응태를 남겨 두고 쓰는 것을 의아하게 생각했기 때문일 것입니다. 본관(本官: 정응태)은 또한 그것을 알고 서 고개를 떨어뜨리고 기운을 잃었으며 몸과 마음이 약해졌습니다. 신은 본관이 끝내 일을 함께할 수 없다는 것을 알고는 논의하여 산 해관 주사 장시현에게 찬획을 맡기고 정응태를 수관(守關)에 배정하 고자 했습니다. 이에 대한 상소가 이미 완성되었으나 장시현이 병을

---

111 왕견빈(王見賓): 1536~1607. 명나라 사람이다. 산동 제남위(濟南衛) 출신으로 만력 2년 (1574)에 진사가 되었다. 밀운도포정사(密雲道布政使), 도찰원우첨도어사 연수순무(都 察院右僉都御史延綏巡撫) 등을 역임했다.

칭하기에 상소를 중지했습니다. 생각지 않게 정응태가 자신을 산해관에 남기려 했음을 듣고 크게 원망했습니다. 정응태가 원망하는 것도 신의 탓이고 조지고가 한스러워하는 것도 신의 탓입니다. 두 사람이 서로를 만난 것이 물고기가 물에 들어간 것 같았습니다.

신이 심유경을 잡았을 때 정응태가 원임 해방도 소응궁에게 서신을 보내 다음과 같이 말했습니다.

어제 소계(小啓)를 갖추어 명공(明公: 소응궁)께 알리며 감사드렸고 이미 구인(舊人)에 관한 내용을 첨부했는데, 대개 심유경을 가리킵니다. 이번에 외람되게도 훌륭한 편지를 받았는데, 특별히 말씀하시기를 심유경은 응당 불쌍하다고 하셨습니다. 명공을 우러러보건대, 지극한 맑음과 지극한 밝음이 하늘처럼 높고 땅처럼 크며 해처럼 비추고 달처럼 임한다는 것은 오늘날의 명공을 가리킵니다. 심유경의 구류는 불초가 해결할 수 없으며, 근래 상주가 발송되는 것은 불초가 들을 수 없습니다. 대개 당시 불초가 광녕에 이르렀을 때 총독은 아직도 전둔(前屯)과 영원(寧遠) 사이에 있었습니다.

마융(麻戎: 마귀)이 심유경을 잡았다고 보고한 것을 보았을 때 불초는 손님 앞에서 책상을 치고 부르짖으며 괴로워했으니 왜정(倭情)이 필시 변할 것을 알았습니다. 그러나 한산(閑山)이 갑자기 상실되고 남원이 갑자기 포위되리라고는 생각하지 못했습니다. 저 애초부터 쓸모없는 장수는 심유경을 잡은 것이 곧 뛰어난 공적이 된다고 여기고 있고 총독은 끝내 근래 상소를 올렸으니 어쩌겠습니까.

명공의 보장(保狀: 보증서)이 도착한 날에 총독이 부원, 도원에

게 허가는 어려울 듯 하다고 직접 말했습니다. 불초가 옆에서 주
창하며 말하기를, "해도(海道: 해방도)는 노성(老成)함을 많이 보
였고 깊게 생각하며 방종하지 않습니다. 그러나 거동할 때는 인
보(印保)가 있어야 하며 책임을 지울 때는 전임(傳任) 직을 주어
야 하니 바로 심유경을 거기에 부치면 무엇을 근심하고 무엇을
염려하겠습니까."라고 했습니다. 오늘날 공께서 총독을 만났을
때 그에게 따르는 자가 많아 변고가 일어날까 걱정했습니다. 여
러 공(公)께서도 그렇게 여기는 듯했습니다. 불초는 또 주창하며
말하기를, "심유경은 날개가 없으니 어찌 하늘로 솟구치겠습니
까.[112] 무슨 변고가 있겠습니까. 해방도에게 반드시 계획이 있을
것입니다."라고 했습니다. 총독은 이내 주(主: 심유경)를 평양에
머물게 하고 몇몇 하인으로 그를 돕게 했고 나머지 무리는 보내
려는 것 같았습니다. 다만 그 주(主)가 남아 있으니 통사(通事)로
쓰면 손을 쓸 수 있습니다. 이것은 명공께서 서신으로 가르쳐 주
시지는 않았지만 불초가 자연히 삼가 대감의 뜻을 본받은 것입
니다. 이 문서는 바라건대, 즉시 없애 버리시면 매우 다행일 것입
니다.

이것은 소응궁이 기록하여 순무에게 보낸 것으로 정응태의 말을 빌
려 공론으로 간주하여 심유경을 풀어 주려는 것입니다. 증거가 매우
명확하니 정응태가 심유경의 사우(死友)가 되는 것을 알 수 있는데
아직도 서로 모른다고 할 수 있겠습니까. 심유경은 조지고가 일에

....
112 날개가 …… 솟구치겠습니까:『사기(史記)』「골계열전(滑稽列傳)」에서, 초(楚)나라 장왕
(莊王)이 자신을 새에 비유하며, 날개가 있어 한번 날기만 하면 하늘로 솟구칠 것이라고
했다는 고사를 인용한 말이다.

쓰는 사람이며 바로 정응태가 보호하여 남기려는 사람입니다. 그러나 신이 살펴보고서 그를 잡았으니 어찌 날마다 신을 해치고 신을 겨냥하지 않을 수 있겠습니까. 정응태는 십만의 군사를 휴식시키겠다는 유언비어 때문에, 저지른 나쁜 짓이 여전히 남아 있어 여러 입을 막을 수 없다는 것을 알고 정부(政府: 조지고)에게 몸을 숨겼습니다. 정부는 조선 순무 자리를 그에게 허락했고, 정응태는 또한 순무를 빌려 권한을 넘어서 동정(東征) 중에 재주가 없는 장사(將士)들에게 뇌물을 주고 농락하여 그를 위해 호위하도록 했습니다. 매번 실의(失意)한 장수나 파직당한 관원을 만나면 꼼꼼하게 모으고 다방면으로 결탁했습니다.

신의 군문 하관(下官)을 또한 때때로 불러서 교언영색으로 때로는 도발하고 때로는 격분시켰습니다. 무릇 동사(東事)하는 자들에게 유세하다가 곧 말하기를, "충직한 호걸들은 뒷날 마땅히 저버리지 않겠다."라고 했습니다. 또 허풍을 떨면서 관직 임명을 허락하고 대장 자리를 허락하고 편장(偏將) 자리와 비장(偏將) 자리를 허락하니 막막히 하늘의 해가 없는 듯했습니다. 유삼걸(劉三傑)은 우 총병(尤總兵)의 답응관(答應官)인데 그에게 탐문을 부탁하며 삼둔 수비(三屯守備) 자리를 허락했습니다. 황응벽(黃應璧)[113]은 총병(總兵) 동일원의 기고관(旗鼓官)인데 정응태를 정성껏 예우하니 좌영(坐營) 자리를 허락했습니다. 섭정국(葉靖國)[114]은 신의 표하 점후관(占候官)인데 교

---

113 황응벽(黃應璧): ?~?. 명나라 사람이다. 총병(總兵) 동일원(董一元)의 기고관(旗鼓官)이 었다.

114 섭정국(葉靖國): ?~?. 명나라 사람이다. 천문과 지리에 능하여 송응창이 자신을 따라 종 군하도록 했다. 만력 22년(1594) 선조는 섭정국이 술수에 능통하다는 소문을 듣고 그에 게 궁궐터를 비롯한 도성 안의 풍수를 물어보게 했다. 의인왕후(懿仁王後)가 사망하자

자에서 내려 절개를 낮추니 유격이 되는 것을 허락했습니다.

허국위와 모국기는 모두 이미 탄핵된 관원인데, 새벽까지 머무르며 마시고는 허국위가 목에 두른 금옥소주(金玉素珠)를 정응태가 모두 강제로 빼앗아 갔습니다. 또 모국기의 귀에 대고 말하기를, "이후부터는 마땅히 모두 형제이니 총병으로 만들어 주는 것을 보증한다."라고 했습니다. 손통(孫統)은 파직된 기패(旗牌)인데 평양에서 불러내 마시고는 감과에게 서신을 보내자 서훈을 허락했습니다. 조사를 재촉해 동일원을 탄핵하고는 진인(陳寅)에게 중로 총병(中路總兵) 자리를 허락하고 짐을 꾸려 임지에 가도록 했습니다. 조사를 재촉해 총병 마귀를 탄핵하여 파직하니 오유충(吳惟忠)에게 동로 총병 자리를 허락하고 그에게 근처로 가서 병권을 쥐도록 했습니다. 혹은 이방춘에게 요양협수(遼陽協守) 자리를 허락하기도 하고, 혹은 남방위에게 서로협수(西路協守) 자리를 허락하기도 했습니다. 무릇 이서[吏掾]·조졸(皂卒)에게는 모두 파총(把總) 자리를 허락하여 유혹하지 않은 사람이 없었습니다. 승려 주자(周慈)와 범인(範仁)에게는 이미 허국위의 군영 내에서 양식을 먹도록 했고, 또 진인의 군영 내에서도 양식을 먹도록 허락했습니다. 복영(福營)의 석대성(石大成)·대현(戴賢)·허룡(許龍)·왕수(王秀) 등에게 속여서 뺏은 것이 100금이 넘으며 또한 대두로 중군(臺頭路中軍) 자리를 허락했습니다.

강일붕(江一鵬)은 동정(東征) 장관인데 은 4전을 써서 본관에게 배[梨]를 사 달라고 부탁했습니다. 본관은 가인(家人) 유무(劉武)를 파견하여 품문을 가지고 가서 은 200냥에 가을 배 400개를 준비해,

....

장지(葬地)를 결정하는 일에도 참여했다.

정월 9일에 배달하여 수령을 끝냈습니다. 또 조엄(趙儼)이 문하(門下)에 와 있었기 때문에 패문을 해당 군영으로 발송했는데 정응태가 인정하지 않아 본관(정응태) 때문에 곤경을 겪자 조엄이 즉시 은 300냥을 보내 정응태가 수령했습니다. 경주(慶州)에서는 매일 밤 진인을 불러 아문으로 들여 일을 논의했는데, 진인이 주폐(周陛)에게 정야(丁爺: 정응태)는 항상 은을 써서 사람에게 상을 준다고 말하니 주폐가 각 부에서 은 200냥을 거둬서 웅량상(熊良相)에게 줘서 발송했었습니다.

장수답응관(長隨答應官) 소양추(邵養秋)·유수(劉壽)는 은을 요양 서쪽 관내의 하육가(夏六家)에 두고서 당시 항상 포화(布花)와 주단(紬段)을 사들여서 역의 짐말을 써서 조선으로 보내 판매하여 천여 금의 이익을 보았는데 정응태에게 보내 그가 거두어 썼습니다. 사인 진왕정(陳王庭)[115]을 파견해 은 100냥을 가지고 애양(靉陽)으로 가서 삼 120근을 사도록 했는데, 보관(堡官)이 추렴해도 메꾸지 못할 지경으로 만들었습니다.

가정(家丁) 하래(何來)를 방임하여 왕씨 과부녀 왕내가(王奶哥)를 강간하고 가정 구천지(丘天知)는 간음을 다투다 왕내가를 두드려 패서 거의 죽게 했습니다. 그런데 정응태는 도리어 그 어미를 짓누르고 때렸으며 왕내가를 군인에게 상으로 주려고 했습니다. 그 어미가 그 장방(將房) 한 곳으로 급히 가서 은 25냥을 사서 진등운(陳登雲)에게 보내 딸을 방면시켰습니다. 정응태가 또 지적하며 말하기를,

....

115 진왕정(陳王庭): 1543~1602. 명나라 사람이다. 자는 유헌(惟獻)이고 절강 항주부(杭州府) 인화현(仁和縣) 사람이다. 만력 2년(1574)에 진사가 되었다.

"담장 밖에 어떤 사람이 돌을 던져 아문으로 들어왔다."라고 하면서 도사(都司)에게 문서를 보내 오위(五衛)의 포도(捕盜)를 잡아 보내게 하고, 먼저 지휘(指揮) 강윤국(康國胤)에게 태형 20판(板)으로 책임을 지웠는데, 두 건에 대해 오위의 은 30냥을 요구하니, 심복 이응시(李應試)[116]에게 은을 부쳐 보내서 조사를 면했습니다. 또 상수관(常隨官) 왕희(王熙)로 하여금 관창(官娼) 전씨(田氏) 아이 기옥(奇玉)을 데리고 관아로 들이게 해서 밤새 돌아가며 잤습니다. 문지기 이세전(李世全)이 왕래하며 영송했으니 확인할 수 있습니다.

시험장의 체열무거(替說武擧)를 가칭하고 무생(武生) 동문명(董文明)을 속여서 은 50냥, 초피(貂皮) 1개를 취했습니다. 남병 우 천총(於千總)이 말해 주었습니다. 또 사인(舍人) 유세록(劉世祿)·장조거(張朝擧)·장지성(張志成)·진왕정(陳王庭)·동응무(佟應武)·주계종(朱繼宗)이 버거운 임무를 피하고자 근수(跟隨)에 충원되어 군량을 먹기를 부탁하고서는 모두 은 90냥을 보냈고 왕희가 은을 나른 후 표문(票文)[117]을 발송해 이들을 취해서 썼습니다.

양원(楊元)의 은 100냥을 받아 중죄를 바꾸어 주었고 이응시가 은을 날랐습니다. 이후 양원이 참수되었으나 가져간 은은 아직 돌려주지 않았습니다. 강국윤(康國胤)이 증명합니다. 이응시가 창부(娼婦) 유괴란(劉魁蘭)을 독차지하여 간음하고 있었는데 거부(巨富) 장주(張柱)가 창부를 건드리자 화가 나서 정응태에게 알려 장주를 잡아다 패려고 하자 장주가 급히 은 100냥, 금단(金段) 2필을 보냈고,

....

116 이응시(李應試): ?~?. 명나라 사람이다. 이여송(李如松), 정응태(丁應泰)의 참모관으로 조선에 왔다.
117 표문(票文): 명대 상급기관에서 하급기관으로 발급하는 증빙문서의 일종이다.

유량(劉良)이 운반하여 방면되었습니다.

조선에서 요양으로 돌아갔을 때는 탕참보관(湯站堡官) 강조민(康兆民)을 태형 50판으로 무겁게 처벌했습니다. 이후 정응태가 다시 강동을 왕복할 때 강조민이 그의 아우와 장행인(長行人) 이승경(李承慶)에게 이야기를 하고 은 20냥을 주고서 처벌을 면했습니다. 유세록이 확인할 수 있습니다.

정응태는 당시 항상 사람을 파견해 강을 건너 왕경으로 가서 탐문하도록 했는데, 위관 이수렴(李守廉)이 통행을 허락하지 않자 정응태가 이수렴을 구속한 후 묶어 놓고 때렸습니다. 본관이 당황하고 두려워서 은 50냥, 해달피(海獺皮) 2장, 오화강석(五花江席) 10개를 보내자마자 따지지 않았고 이후에 친하게 지냈습니다. 사인(舍人) 섭세영(葉世榮)이 증명합니다.

장수관(長隨官) 왕희는 멋대로 전량(錢糧)을 3푼 먹었고, 정왕성(頂王成)은 군영 내에 장달자(張達子)·고달자(高達子)·임달자(任達子)의 거짓 이름으로 전량을 모두 개인 주머니에 넣었습니다. 옹유성(翁有聲)과 오량선(吳良選)은 절영(浙營)의 사자서수(寫字書手)인데 바로 영장(領狀)을 내려주어 미리 7월에서 12월분의 양채은(糧菜銀) 14냥 2전 4푼을 지급했습니다. 왕문(王文)과 왕유성(王惟誠)은 소영영(薊永營)의 초관(哨官) 및 기패(旗牌)인데 곧장 영장을 내려줘 미리 향은(餉銀) 8냥 9전을 지급했습니다.

구일복(丘一復)은 좌영의 사자(寫字)인데 바로 장유성(張維城)에게 공문을 보내자 공식은(工食銀) 30냥을 지급했습니다. 이후에 정응태의 면전에서 편의를 꾀했기 때문에 다시 협박해서 은 20냥을 주었습니다. 더욱 이상하다고 할 만한 일도 있습니다. 파직된 관원

조심(曹深)에게 정응태가 표문을 지급했는데, 그 내용은 1명의 경력(經歷) 및 1명의 천총 휘하 각 30명, 1명의 파총 휘하 10명이었습니다. 또 표문을 지급했는데, 관정(官丁) 유경(劉卿) 등 91명, 마 93필이었습니다. 또 표문을 지급했는데, 왕사인(王賜印) 등 106명, 말 111필입니다. 이에 대해 항상 용산창(龍山倉)에서 쌀과 콩을 지급해서 수령했습니다. 그 나머지는 얼마 안 되므로 세세하게 열거할 수 없습니다. 또 소영영의 서지(書識) 가정(家丁) 설응서(薛應瑞)·왕가성(王可成)·하자명(何子明)·근중문(靳仲文)·왕조인(王朝印)을 지목하여 혹은 10~20명, 혹은 30~50명, 100명이 적힌 표문을 정응태가 지급하여 표문을 가지고 쌀과 콩을 섞어서 지출했는데, 심복 간악한 서지 구일복에게 맡겨 변조하여 사들였을 따름입니다.

무릇 정응태는 병사를 통솔하는 관원이 아닌데 어째서 이렇게 많은 사람이 있어서 전량을 지출하는 것입니까. 총독·순무에게 보고하지도 않고 모두 곧장 지출하는데 사람들이 감히 묻지 못합니다. 신이 한 번 조사를 가하여 즉시 감과를 재촉하니 다른 이름을 빌려 문관(問官: 취조관)을 협박했습니다. 중군 주폐 등이 거만금을 뇌물로 받았고 사자 구일복·웅량상이 2000~3000금을 속여서 빼앗아 진인의 개인 주머니로 넣었는데 모두 정응태가 그것들을 거두는 우두머리입니다.

오양선을 정월 16일에 파견하고 웅유성을 이달 18일에 파견했으며, 섭방영의 병사 오문괴(鄔文魁)·진자신(陳子信)·진득승(陳得勝)에게 모두 마표(馬票)와 구량(口糧)을 지급했는데, 성명을 바꾸었습니다. 이후 이방춘·우백영의 군영에 짐을 실을 나귀 30두를 요구해서 각 불법 장물과 본관의 짐바리를 오양선 등으로 하여금 먼저 가지고 관(關)으로 들어가도록 하고, 각 영의 서지, 고장(告狀) 군정 및 각 역(役) 중 잘 아는 자의 짐바리까지 포함시켰습니다. 장제(張齊) 등, 유춘(劉春) 등, 노안(盧安) 등, 임화(任花) 등, 뇌정보(雷廷保) 등, 오영평(吳永平) 등, 당효춘(唐堯春) 등, 이진은(李進銀) 등, 왕수(王秀) 등, 주원봉(朱元奉) 등, 왕상무(王尙武) 등 200여 명이 역(驛)으로 가서 아침저녁으로 밥을 먹으며 갔습니다. 왕경에서 출발하는 날부터 도착하는 관참(館站)까지 닭과 개가 남지 않았으며 소와 가축을 모두 데리고 갔으며 관소 내의 세세한 기구는 가인(家人)이 가져가 텅 비었습니다.

정응태와 서관란은 앞서 성주(星州)에 있으면서 태수(太守) 이수일(李守一)[118]에 대해 옷과 모자를 벗겨 맨몸이 되게 한 후 채찍 100대를 독하게 때렸으며, 고양 태수(高陽太守) 이성록(李成祿)[119]은 태형 15판으로 처벌받았으며, 황해도 절제사(黃海節制使) 서성(徐渻),[120] 평산 부사(平山府使) 나급(羅級),[121] 서흥 부사(瑞興府使) 최산립(崔山

....

118 이수일(李守一): 1554~1632. 조선 사람이다. 본관은 경주(慶州)이고 선조 16년(1583)에 무과에 급제했다. 임진왜란이 발발하자 의병을 일으켰으나 큰 공을 세우지는 못했다. 정유재란 시 성주목사(星州牧使)로 방어 임무를 맡았다. 시호는 충무(忠武)이다.

119 이성록(李成祿): 1559~?. 조선 사람이다. 본관은 전주(全州)이고 선조 24년(1591)에 식년문과에 급제하여 사간원정언(司諫院正言), 사헌부장령(司憲府掌令) 등을 역임했다.

120 서성(徐渻): 1558~1631. 조선 사람이다. 본관은 달성(達成)이며 자는 현기(玄紀), 호는 약봉(藥峯)이다. 선조 19년(1586) 알성 문과에 급제했다. 임진왜란 발발 후 황정욱(黃廷彧)의 종사관이 되어 함경도로 갔다가 임해군(臨海君)·순화군(順和君)과 함께 가토 기요마사의 포로가 되었으나 홀로 탈출했다. 선조 27년(1594)에 선조의 신임을 받아 병조정랑(兵曹正郞)에 임명되어 감군(監軍)의 역할을 했다. 관품은 숭록대부(崇祿大夫)에 이르렀고 사망 후 영의정(領議政)에 추증되었다. 시호는 충숙(忠肅)이다.

121 나급(羅級): 1552~1602. 조선 사람이다. 본관은 안정(安定)이며 자는 자승(子升), 호는 후곡(後穀)이다. 선조 29년(1596) 명에서 일본과의 강화를 위해 유격(遊擊) 진운홍(陳雲鴻)을 부산으로 파견하자 접반관(接伴官)이 되어 함께 일본군 군영에 왕래했다. 한산

立),[122] 황주 목사(黃州牧使) 우준민(禹俊民) 등은 모두 처벌을 받아 두드려 맞았으며, 어떤 참(站)까지는 수갑을 채워 데려가고 어떤 참까지는 뒤따르게 하면서, 사민(士民)들을 채찍으로 때려대니 평양에서 의주에 도착할 때까지 백성들이 소문을 듣고 모두 달아났습니다.

11월 10일에 안동(安東)에 이르렀을 때 각 병사가 모두 진영에 있었는데 정응태가 사람을 시켜 천총·파총의 옷상자와 짐바리를 모두 수괄해서 진망책저(陣亡冊底: 사망자 명단)를 찾는다면서 은량을 찾으면 모두 수색하는 사람의 손에 넣었습니다. 12일에는 의성(義城)에 이르렀는데 또 유격 섭사충(葉思忠)[123] 군영의 천총·파총의 짐바리를 수색하다가 군영 안에서 실화(失火)했습니다. 섭사충의 첩의 동생 진오(陳五)가 관에 돌려줄 96냥을 가져가 버리니 진오가 통곡하며 감과에게 아뢴 적이 있는데 바로 태형 15판으로 처벌했습니다. 각 영에서 협박하고 속이며 빼앗은 것이 하나하나 모두 헤아릴 수 없습니다. 17일 경주(慶州)에 이르렀는데 주폐가 또한 각 군영의 중군 천총·파총의 서기들에게 몰래 알려주어, 가령 옹문정(翁文正)·호대승(胡大勝) 등이 뇌물을 주며 면제를 청했는데 사람당 20~30금이었습니다. 여러 사람의 눈을 가릴 수 없었으며 이는 다만 속여서 빼앗은 것 중 작은 일일 따름입니다.

....

군수(韓山郡守), 평산부사(平山府使) 등을 역임했다.

122 최산립(崔山立): 1558~1634. 조선 사람이다. 본관은 삭녕(朔寧)이고 선조 21년(1588) 음보(蔭補)로 관직에 진출한 후 서흥도호부사(瑞興都護府使) 등 전국 각지의 수령직을 역임했다. 호성원종공신(扈聖原從功臣) 1등 및 정사원종공신(靖社原從功臣) 3등에 녹훈되었다.

123 섭사충(葉思忠): ?~?. 명나라 사람이다. 호는 앙천(仰川)이고 절강 금화부(金華府) 의오현(義烏縣) 출신이다. 원임유격(原任遊擊)으로 형개를 따라 참전했다.

한스러운 일도 있었습니다. 각 병사들이 도산(島山)에 있었을 때 가토 기요마사를 포위하여 궁지에 몰았으며, 마귀가 온종일 갑옷을 입고 틈을 엿봐 움직였습니다. 그런데 정응태와 서관란은 엄격히 패문을 보내 병사들을 모두 철군시켜 경주로 가서 점검하게 했습니다. 해방도가 힘써 다시 살펴서 조사해 달라고 요청했으나 듣지 않았습니다. 17일에 병사를 검열했고 가토 기요마사는 달아나 버려 이 기회를 잃고 요격할 수 없게 되었습니다. 다음 날 그대로 마병을 여러 번 점검했고 고의로 견제하여 부산의 왜적을 습격하지 못하게 했습니다. 무릇 가토 기요마사가 다행히 무리를 이끌고 달아났지만, 혹시라도 허점을 틈타 내홍을 일으켰더라면 감당할 수 있었겠습니까. 지금 장사(將士)에 대해서 말하자면 화가 나서 눈이 찢어지는 듯 고통스럽고 한스럽습니다. 동로(東路)에서 참획한 것이 유독 적은 것은 이 때문일 따름입니다. 두 신하는 진실로 무슨 마음인 것입니까.

작년 3월쯤 정응태가 가인(家人)을 파견하여 피포(皮包) 2개, 말 4필을 꾸려서 보냈는데 사령(沙嶺)에 이르렀다가 우연히 오랑캐를 만나 빼앗겨 버리자 정응태가 비어(備禦) 관응률(管應律)을 협박하여 탄핵하려고 하면서 1000냥을 배상하게 했습니다. 관응률은 어쩔 수 없이 수보(守堡) 관군(官軍) 및 둔인(屯人)에게 두루 은을 내게 해서 이미 530여 냥을 추납했지만 여전히 부족하여 요양 사람들이 그 명령을 감당할 수 없었습니다. 또 심복 장효좌(張堯佐)에게 비밀리에 시켜서 몰래 각 영으로 가서 유언비어를 널리 퍼뜨리되 성상(聖上)께서 정야(丁爺: 정응태)에 주의를 기울이시니 다만 잇따른 지의(旨意)를 보면 알 수 있을 것이라고 했습니다. 주폐는 또한 정응태를 추켜세우면서 부총병·참장·유격 이하로부터 혹은 100냥, 혹은 50

냥, 혹은 30냥 등 다른 액수를 요구하니 각 장령이 그 흉악한 칼끝을 두려워하여 감히 응하지 않을 수 없었습니다. 조금 늦게 내는 자는 즉시 지적했습니다. 몰래 받은 돈을 계산하면 또한 수천에 그치겠습니까. 이들은 위복(威福)을 훔쳐서 희롱하며 시비를 거꾸로 넘어뜨리는데, 다만 생사와 영욕에 관한 권한을 그에게 맡겼으나 망령되이 황상께서 돌봐 주심을 언급하면서 또한 문무 관원에게 뽐내며 속임수를 크게 벌여대니, 사람들은 강동천자(江東天子)라고까지 하는데 또한 어찌 신들과 같이 미미한 총독과 순무가 있다는 것을 알겠습니까.

황상께서는 그 전후 장주(章奏)의 방자함과 신하의 예의가 전혀 없다는 것을 보시면 그 외국에서의 전횡을 알 수 있으실 것입니다. 무릇 조정에서 사신으로 나가는 신하들은 평박중행(評博中行)[124]에게도 일품복색을 하사하니 대개 중국의 신하로 하여금 대략 외국의 번왕(藩王)과 동등하게 하여 제왕의 존엄[125]을 사이(四夷)에 과시하려는 것입니다. 그런데 정응태가 날마다 장주를 날조하여 각신과 부신(部臣)을 욕하고, 과도관을 욕하며, 총독과 순무를 욕하고, 총병과 부총병 등 여러 신하를 욕할 때 극도로 나쁜 말을 사용하니 그가 또한 무엇을 믿기에 감히 군부(君父)의 앞에서 전혀 꺼리는 바가 없는

───────

124 평박중행(評博中行): 중서(中書)·행인(行人)·대리평사(大理評事)·태상박사(太常博士) 등의 합칭이다.

125 제왕의 존엄: 원문은 '簾遠堂高'이다. 군주의 높은 지위를 말한다. 『한서(漢書)』 권48 「가의전(賈誼傳)」에, "존귀한 임금은 당과 같고, 신하들은 섬돌과 같고, 일반 백성은 땅과 같다. 그러므로 섬돌 9층 위 모서리로 땅에서 먼 곳은 자급이 높은 것이고, 섬돌 층이 없는 곳의 모서리로 땅에서 가까운 곳은 자급이 낮은 것이다. 높은 곳은 부여잡기 어렵지만 낮은 곳은 함부로 하기 쉬운 것은 이치상 당연한 형세이다[人主之尊譬如堂, 群臣如陛, 衆庶如地. 故陛九級上廉遠地則堂高, 陛無級廉近地則堂卑]."에서 보인다.

것입니까. 이들 장소(章疏)는 인쇄하여 조선에 두루 배포하고 왜영으로 흘러갔으니 가령 외이가 중국을 볼 때 어떤 체통과 법도가 있다고 여기겠습니까. 군주를 욕 먹이고 나라를 욕 먹이는 짓이 이보다 심한 경우는 없습니다. 황상께서 정응태를 마땅히 주살해야 하지 않겠습니까.

병법에서는 처음에 위세를 보이는 것을 중요하게 여기므로 신은 큰소리치며 수륙 관병이 100만이나 70만이라고 하니, 항왜(降倭)가 나가서 알리고는 모두 말하기를, "왜영에서 손가락을 깨물며 천병(天兵: 명군)이 엄청 많이 온다고 여기고 있습니다."라고 했습니다. 그런데 정응태가 이내 울산의 패배를 비난하고 병량의 부족함을 말함으로써 조정의 위세를 떨어뜨리고 교만한 왜군의 기세를 키워 왜군으로 하여금 더욱 중국을 가벼이 보고 그 싸우려는 마음을 북돋아 죽음으로 지키려는 일을 견고하게 만들었습니다. 전라도의 전보를 받아 보니 가토 기요마사와 고니시 유키나가 두 왜추(倭酋)가 조선인을 파견하여 몰래 각 군영으로 가서 왜도(倭刀)와 칠완(漆碗)으로 정응태가 인쇄한 상주문을 사서 올리게 했는데 이를 보고 박장대소하면서 "중국의 기력이 이와 같은가."라고 했다고 합니다. 이는 정응태가 분명히 왜노를 위해 간세를 만들어 군정(軍情)을 누설한 것이니 동정(東征)하는 문무 관원들 중에 그 살을 씹고 그 피부를 벗기지 않으려 하지 않는 자가 없습니다. 황상께서 이 마음을 한 번 헤아려 보시면 과연 조정에 충성하는 것입니까, 일본에 충성한 것입니까. 바로 정응태의 뼈를 갈고 몸을 부수더라도 왜와 연결되어 나라를 판 잘못을 속죄하기에 부족합니다.

장사(將士)의 기세는 다방면으로 고무해도 오히려 분발되지 않을

까를 걱정합니다. 그런데 양군이 보루를 마주하고 있었을 때, 정응태는 왕경에 있으면서 오늘은 어떤 장수의 상자를 수색하고, 내일은 어떤 병사의 짐바리를 뒤지고, 오늘은 장관(將官)의 가인을 잡아가고 내일은 장관의 속관들을 잡아가니, 가령 도적이 집으로 들어와 사람을 죽이고 불을 지르는 것과 같은 상황입니다. 그리고 또한 서관란을 재촉해서 오늘은 총병을 탄핵하고 내일은 참장과 유격을 탄핵하여, 적과 마주한 장사들로 하여금 모두 자연히 불안하게 만들었습니다. 황상께서 시험 삼아 두 신하에 대해 동정(東征) 관병들이 얼마나 한스럽게 생각하는지, 조정에서 얼마나 원수같이 생각하는지, 일본이 얼마나 덕으로 여기는지 물어 보십시오. 이와 같이 장사들의 기운을 꺾고 짓밟을 수 있습니까. 이는 명백히 관백의 선봉이 되는 것입니다. 이들의 행동을 황상께서는 충이라고 여기십니까, 간악하다고 여기십니까. 신은 두 신하를 주살해도 사람을 죽이고 왜에게 아첨한 일을 속죄하기에 부족하다고 생각합니다.

문무 관병이 이역(異域)에 목숨을 걸고 있으니 황상께서 날마다 병사와 군량을 보내주시고 있는데, 충신과 의사(義士)들은 노장(露章)[126]하여 10만의 정예병이 아니면 불가하다, 20만의 수군과 육군이 아니면 불가하다고 합니다. 그런데 정응태는 곧 대적(大敵)이 국경을 압박하는 시기에 병사와 군량을 줄이자는 말을 주창하고 해당 상소를 인쇄하여 한 차례 뿌리니 삼군(三軍)이 이를 듣고 매우 어수선해져서 심담(心膽)이 모두 싸늘해지며 고개를 떨어뜨리고 기력을 잃

....

126 노장(露章): 상소(上疏) 등을 여러 사람이 보도록 하기 위해 봉하지 않은 채 올린 것을 말한다.

어버렸습니다. 왜노가 이를 듣고 모두 몹시 기뻐하면서 흉악한 칼끝이 더욱 치성해졌습니다. 무릇 왜노는 동서(東西)에서 소굴을 견고히 하고 천 리를 면면히 이었습니다. 신은 군사를 사로(四路)에 배치했지만 여전히 옷깃을 잡혀 팔뚝이 드러나는 듯합니다.[127] 관병이 왜노의 핍박을 받고 있는데 해남(海南) 전선에서 병사를 줄이고 철수시킨다면 공격과 수비 둘 다 어려워져서 필시 갑주를 말고 북쪽으로 이동하게 될 것이니 이는 10분의 9나 회복한 강토를 장차 적에게 주는 것이요, 양도(兩道)에 붙어 사는 백성으로 하여금 적을 돕게 하는 일입니다. 우리는 물러나고 저들은 진격하니 교활한 왜가 빈틈을 타고 멀리서 치달려와, 머물며 지키는 관병(官兵) 중 밥을 먹을 수 있는 무리가[128] 없을 것이고 조선은 즉시 함락될 것입니다.

조선이 함락되면, 일본의 강성함에다가 팔도의 병량(兵糧)을 더하여 호랑이가 날개를 단 것처럼 될 것이니 필시 압록강을 근거지로 삼아 요동을 엿보고, 황해(黃海)를 근거로 삼아 등주(登州)·내주(萊)·회안(淮安)·양주(揚州)·천진(天津)을 노릴 것이며 위태로움이 심해지면 능경(陵京: 북경 일대)이 진동할 것이니 황상께서 편히 주무실 수 있겠습니까. 조지고는 밀물대신(密勿大臣)[129]으로서 병력과 군향을 청하지 않고 또한 반대하는 소장[抗章]에 부합하여 병사를 줄이고 수비를 물리려고 하니 어찌 이다지도 생각이 짧습니까. 충신과 의사(義士)는 매번 일념으로 상방(尙方)의 검을 빌려 정응태의 머리

---

127 옷깃을 …… 듯합니다: 의복이 해졌거나 생활이 곤궁함을 뜻한다. 여기에서는 방어진이 제대로 구축되지 않아 여기저기에 허점이 드러난다는 의미이다.

128 밥을 …… 무리가: 원문은 '噍類'로, 살아남은 부류를 말한다.『한서(漢書)』「고제기(高帝紀)」에, "일찍이 양성(襄城)을 공격하여 양성에서는 초류(噍類)가 없다."라고 했다.

129 밀물대신(密勿大臣): 군주의 가까이에서 기밀(機密)에 참여하는 대신을 말한다.

를 자르고 싶어 합니다. 황상께서 시험 삼아 자세히 살펴보시면 정응태의 이 마음이 과연 조정에 충성하는 것이겠습니까, 관백에게 충성하는 것이겠습니까. 국가에 화를 끼치고 사직을 위태롭게 한 짓이 얕지 않으니 설령 정응태의 족속을 멸한다고 해도 그 나라를 판 죄는 갚을 수 있겠습니까.

조정에서 의로운 병사들을 해외로 이동시켰으니 조선은 물과 같고 관병은 배와 같습니다. 물은 능히 배를 태울 수도 있고 또한 배를 전복시킬 수도 있습니다. 설사 그 마음을 두터이 결속시키더라도 그 힘을 얻지 못할 수도 있습니다. 그런데 정응태가 연달아 상소하여 조선이 원래 일본에 조공했다고 말하지 않으면 조선이 원래 명주와 쌀을 빼돌렸다고 하거나, 조선이 왜와 통했다고 말하지 않으면 조선이 왜에게 양식을 보내거나 지도를 바쳤다고 합니다.[130] 이에 조선 군신은 날마다 문을 닫고 복도에 가득 모여서 극도의 원통함을 변론하고 방문(榜文)을 내걸고 노래를 지어 정응태를 저주하고 있습니다. 이는 황상께서 조선을 위기에서 구해 주시는 인자함을 정응태가 격동시켜 딴마음을 품게 만드는 것이며, 황상의 오랜 속국을 정응태가 고발하여 일본에 속하게 하는 것입니다. 조선이 만일 다른 마음을 품는다면 이는 10만 관병을 호랑이 굴로 던져 놓는 것입니다.

만일 일본이 이 말을 가지고 주장한다면 조선에 바라는 바는 더

130 그런데 …… 합니다: 정응태가 도산 전투를 지휘한 양호를 탄핵하자 조선에서는 양호를 변론하였다. 이 일에 불만을 품은 정응태는 조선을 비판하는 상소를 올렸는데, 그중 『해동제국기』에 근거하여 조선이 일본과 이전부터 통교했다는 점을 주장하는 내용이 포함되었다. 구체적으로 국서와 예물을 사쓰마로 보내거나, 이세수(伊勢守)에게 명주와 쌀을 제공했다는 것을 거론하였다. 『선조실록』 권104, 선조 31년 9월 21일(계묘).

욱 공고해질 것입니다. 조선이 이 말 때문에 꺾인다면 중국을 한스러워하는 바는 더욱 심할 것입니다. 일본의 공격을 도발하고 조선이 딴마음을 품도록 하니, 황상께서 포악한 자를 처벌하는 일과 소국을 보살피는 일 두 가지 모두 하나도 마땅함이 없게 됩니다. 이러한 장소(章疏)들을 외이(外夷)에게 간행하여 뿌릴 수 있습니까. 정응태가 마음을 쓰는 짓이 과연 조정을 위한 술책이겠습니까, 일본을 위한 술책이겠습니까. 충신과 의사들은 매번 생각이 이에 미치면 또한 정응태의 머리를 자르고 정응태의 혀를 뽑으려 하지 않는 이가 없습니다.

황상께서는 문무 관원을 추가로 배치하여 외국으로 출병하게 했으니 진실로 상하가 서로 돕고 긴밀하게 협력하여 여러 사람의 책략과 여러 사람의 힘을 합하여 적을 멸해야 합니다. 그런데 정응태는 적과 마주한 때에 일시에 총독을 배척하고 순무를 배척하고 감군(監軍)을 배척하고 총병을 배척하고 편장을 배척하고자 했습니다. 무릇 적을 마주한 상황에서 장수를 바꾸는 것은 또한 불가한데, 정응태는 조정에서 동정을 시행하여 속방을 구원하고 나라를 보호하는 신하들을 거론하며 일망타진했습니다. 이는 조선을 함정에 빠뜨리려고 하는 것이겠습니까, 조선을 구하려고 하는 것이겠습니까. 이는 사직을 보호하려 하는 것이겠습니까, 사직을 위태롭게 하는 것이겠습니까.

황상께서 신에게 칙(勅)과 검을 주셨는데 생각하건대, 관병이 전진하지 않을까 해서일 것입니다. 정응태는 철군을 주창하며 오직 관병이 물러나지 않을까 걱정했습니다. 황상께서 여러 차례 성지를 내려 사졸(士卒)이 편비(偏裨)를 두려워하지 않고 편비가 주사(主帥)를 두려워하지 않는 일에 주의를 주셨습니다. 그런데 정응태는 포고를 내붙이고 현상금을 걸어 사졸이 편비를 고발하게 하고, 밀서와 밀찰을 보내 편비가 주사를 고발하게 하고 또한 총독·순무까지 연루시켰습니다. 황상께서는 정응태가 조정의 법기(法紀)를 시행했다고 여기십니까, 법기를 무너뜨렸다고 여기십니까. 인심을 바로잡았다고 여기십니까, 인심을 무너뜨렸다고 여기십니까.

또 조정의 고굉(股肱)[131]·심복(心腹)·이목(耳目)[132]의 중신들을 거론하여 모두 악독한 말로 죄를 씌어 모욕하며 무함했습니다. 이들 간신적자(奸臣賊子)는 필시 중외의 인심이 모두 아비와 임금을 무시하도록 만들 것이며, 충신과 의사들은 모두 참소를 받아 파직되게 하여, 중국은 크게 혼란해지고 주상께서는 외로운 상황이 되며, 간사하고 나라에 화를 끼치는 신하들이 포진하여 간악한 짓을 저지르게 하고서야 마음이 통쾌해질 것입니다. 이 신하는 매번 조정의 기강과 풍속, 인정(人情)과 세도(世道)가 정응태로 인해 크게 무너지니 진실로 국가의 죄인이자 명교(名敎)의 큰 악인이라고 생각합니다. 황상께서는 그 간악한 음모를 자세히 살피시고 그 반역의 뜻을 상세히 확인하시어 바로 외국에서 머리를 베어 외이(外夷)로 하여금 조정에 법이 있으며 중국에 인물이 있다는 것을 알게 해 주십시오.

더욱 한스러운 것이 있습니다. 서관란이 명을 받아 조정의 이목관이 되고 정응태는 스스로를 대단하게 여겨 조정의 직간(直諫)하는

....

131 고굉(股肱): 군주와 가까운 신하를 말한다. 고굉은 다리와 팔을 뜻하는데 군주의 다리와 팔이 될 정도로 믿고 의지할 수 있는 존재를 가리킨다.
132 이목(耳目): 군주의 눈과 귀가 되는 신하를 말한다. 주로 감찰을 담당하는 신료를 가리킨다.

신하가 되자, 정벌을 행하며 노고가 있는 신하들 가운데 지적을 받지 않은 사람이 한 명도 없었고, 적을 생포하거나 베어 버리는 공적들을 무너뜨리지 않은 것이 하나도 없으니, 때문에 공격하는 전장의 신하들은 시종일관 여력이 없게 되었습니다. 그러나 화친을 주장하는 신료들은 왜에게 아양을 떨거나 연락을 해서 금과 재물을 바치면서 때로는 봉공(封貢)을 허락해 주고 때로는 화친을 허락해 주고 때로는 사신을 욕보이고 때로는 군명(君命)을 욕보였으니, 산해관에서 부산에 이르기까지 모든 사람들이 그 일을 말할 수 있습니다.

그리고 왜서(倭書)와 왜사(倭使)에 대해서는 두 신하가 알고 있는 것이 가장 상세한데, 시종일관 한 글자도 듣지 못했다고 황상께 보고했다가 그 나쁜 정상이 드러나자 내용을 감추고 말을 늘어놓아 날마다 왜를 대신해 화당(和黨)이 되고 감추고 꾸며대면서 왜를 대신해 공덕을 칭송합니다.

그리고 정응태가 갖가지로 탐욕을 부리고 전횡을 하니, 중국 관병과 조선 신서(臣庶)는 위태롭게도 장차 격분하여 변고를 일으킬 듯합니다. 그런데 서관란은 한마디 보고도 하지 않았고 또 감히 한마디도 권유한 적이 없습니다. 또 서훈을 조사하는 일이 이미 완료되었으나 완결하기를 달가워하지 않아 장사(將士)들 중 서훈할 자는 서훈할 수 없게 만들고 철군할 자는 철군할 수 없게 만들고 남을 자는 남기를 기꺼워하지 않게 했습니다. 이에 신 등은 모함을 걱정하고 재앙을 두려워하여 이를 해결하는 데도 틈이 없어 온 마음으로 뒤처리를 할 수 없었습니다. 간신들은 화당을 위해 복수할 줄만 알고 설령 국가에 화를 끼쳐도 돌아보지 않으니, 사람들로 하여금 이를 갈고 마음을 아프게 하지 않을 수 있겠습니까.

이상 정상(情狀)에 대해 황상께서 혹 신이 원한으로 하는 말이라고 여기신다면 바라건대, 사람을 중외(中外)로 보내 한 번 탐문하십시오. 만일 한 사람이라도 정응태가 간악하고 은혜를 저버리며 교만 방자하고 죄를 뉘우치지 않으며 다시 잘못을 저지른다고 말하지 않거나, 서관란이 정응태 일당이 아니라고 여긴다면 신은 원컨대 부월(斧鉞)의 죽음을 달게 받겠습니다.

정응태가 또 말하기를, "왕경에 이르러 조사하는 일에 한마디도 간여하지 않았다."라고 했으나 온 성에서 사람을 잡아다가 구타했습니다. 간악한 서지(書識) 구일복 등, 심복 주폐 등은 서행(西行)을 따라다니면서 좌우에서 떨어지지 않았으니 이는 너무 명백히 사람들의 이목에 있었던 일인데 아직도 감히 황당한 말을 하면서 군주를 속이니, 그 나머지 일을 속이는 짓을 어떻게 하지 않았겠습니까. 다른 군영의 사람을 파견하여 불시에 경사(京師)로 보내 화당과 결탁함으로써 동사(東事)를 망가뜨리는 것은 물론이고, 신의 기병영(奇兵營)의 가정(家丁) 11명조차도, 가령 흑대중(黑大中)·왕지거(王志擧)·왕사신(王思信) 등이 왕래하면서 서게(書揭)와 본장(本章)을 가지고 수보(首輔)에게 가서 화당의 대간(大奸)과 서로 모의하고 획책한 것이 몇 차례나 되는데 신에게 보고하지 않았으니, 정응태는 아직도 감히 황상의 친국을 바라는 것입니까.

그러나 정응태는 평생 남에게 대접받지 못했고 사람을 보면 목을 웅크리고 머리를 숙이며 몸을 수용할 곳이 없었습니다. 그런데 말년에 보신(輔臣: 내각대학사)에게 몸을 의탁했고 또 마침 한마디가 우연히 황상께서 배척하는 보신과 맞아떨어졌습니다. 결국 이 때문에 남에게 교만하고 방자하여, 높은 관직을 취하는 것을 좌권(左券)[133]을 잡는 것처럼 보고, 조정을 떠나는 신하를 움직여 사람들의 입에 재갈을 물렸다가 황상의 분노를 격화시켰습니다. 서관란은 또한 그 나머지 더러운 말들을 수습하여 매번 내각대학사 장위(張位)를 빌려다 사람들의 비위를 맞추었습니다. 아마도 두 신하의 양심은 비록 상실되었지만 천하의 이목은 가릴 수 없었던 같습니다.

두 신하가 한번 몸을 더럽히자 화당의 기세는 호랑이를 탄 듯했으며 스스로 헤아리기를 온 힘으로 전쟁터의 신료들을 공격하지 않으면 화당의 즐거움을 가질 수 없고, 온 힘으로 전공(戰功)을 무너뜨리지 않으면 화당의 죄를 감출 수 없으며, 온 힘으로 조선을 배척하지 않으면 전투를 멈출 수 없고, 온 힘으로 전투를 멈춰서 공적을 없애거나 줄이지 않으면 조선을 함몰시켜 주전파의 실책을 드러낼 수 없고, 온 힘으로 주전의 실책을 비판하지 않으면 책봉을 통해 강화하는 일을 마땅히 다시 할 수 없다고 여겼습니다.

그 마음을 추측해 보면 반드시 전쟁터의 신하들을 모두 제거한 후에야 책봉을 통해 강화를 행할 수 있고, 이것이 행해지면 두 신하는 진실로 고관(高官)으로 뛰어오르고 화당 또한 다시 나올 수 있다고 여겼을 것입니다. 그러나 끝도 없이 숨어 있는 재앙은 알지 못하는 것이니 또한 장차 무슨 방법으로 다른 사람에게 미룰 수 있겠습니까. 가령 도둑질을 한 사람은 범법(犯法)으로 인해 죽임을 당할 줄 모르는 것이 아니나 눈앞의 부귀를 도모해서 장차 그 처첩에게 으스대려는 것이지만,[134] 훗날 죽는 일은 오히려 요행으로 면하기를 바라

....

133 좌권(左券): 정확한 증빙을 말한다. 좌권은 둘로 나눈 부절(符節)의 왼쪽 조각으로 완전한 사실을 증빙하는 물건을 가리킨다.
134 그 처첩에게 …… 것이지만: 원문은 '驕其妻妾'으로, 내실 없이 뽐내는 것을 말한다.

는 것입니다. 이 간신적자는 조정을 돌아보지 않고 공의(公議)를 두려워하지 않는데 그 마음을 먹는 것이 이와 같은 짓을 닮았습니다.

무릇 신은 외람되이 조정 대신이 되어 적을 전멸시키는 일에 노력하면서 은인자중하며 간신들과 싸우는 것을 즐겁게 여기지 않았습니다. 다만 두 신하가 단단히 마음을 먹고 신 등을 모살하는 데 그치는 것이 아니라 장차 화당이 틈을 노려 왜와 통하여 불길이 없는 재가 다시 불타오른다면 나라가 불행해질 것입니다. 신은 진실로 부득불 한마디 해서 그 간악함을 적발하여 다른 마음을 먹은 신하로 하여금 조금이라도 물러서고 그만둘 줄을 알아 외이(外夷)를 끌어들임으로써 흔단(釁端)을 여는 데 이르지 않게 하고자 합니다. 원컨대 황상께서 충과 사(邪)를 잘 살펴보시고 조기에 엄히 금하시어 이미 이룬 공적을 보존하고 장래의 화를 막으십시오. 신은 이 상소가 일단 올라가면 화당이 반드시 죽을힘을 다해 신을 죽일 것임을 압니다. 그러나 미천한 신하가 혹시라도 능히 말로써 군주를 깨우쳐 나라에 화가 이르지 않고 사직을 위태롭게 하지 않을 수 있다면, 신은 설령 간신의 손에 죽더라도 또한 달게 받을 것입니다.

동정(東征)하는 문무 관원은 멀리 외국에 있으면서, 눈으로 목욕하고 바람을 먹으면서 풀밭을 행군하고 이슬에 잠자며, 몸과 마음을 다해 노력하고 사력을 다하여 적을 전멸시킴으로써 조정에 보답하니 어찌 나라를 저버리겠습니까. 이에 적이 아직 평정되지 않으면 온갖 계책으로 적을 함락시켰고, 적이 모두 평정되면 또한 온갖 계책으로 적을 무너뜨렸습니다.

장사(將士)들은 모두 원한을 품고 문무 관원들은 와해되었습니다. 공적을 이루는 상황이 오히려 이와 같은데, 왜가 떠나지 않는다면 장차 어떻게 하겠습니까. 나라에 훗날 일이 생기면 누가 다시 변경에서 힘을 다했다가 재앙의 그물로 들어가는 일을 기꺼워하겠습니까. 국사(國事)가 이에 이르니 몹시 원통해서 눈물이 나옵니다. 서관란·정응태는 유독 신하가 아닌 것입니까. 중로(中路)의 실책을 중외에서 즐거워하지 않는데 그는 홀로 기쁨이 얼굴에 가득합니다. 사로(四路)의 승리는 중외에서 모두 기뻐하는데 그는 홀로 근심으로 미간을 찌푸립니다.

밝은 성지로 조사를 재촉하셨고 문무 관원이 고생하며 조선에 머물고 있는데, 두 신하는 왕경에서 공사(公事)를 완료하지는 않고, 도리어 평양·의주 사이에서 사소(私疏)를 올리기로 서로 약속했습니다. 대개 두 신하는 날마다 동사(東事)의 패배를 흘겨보고 있었지만 일단 대첩(大捷)을 보았으니, 공적을 서훈하고자 하면 화당을 거스르는 동시에 스스로 전날의 상소를 어그러뜨리게 될까 두려워하고, 논죄하려고 하면 공론을 거스르게 되고 또한 한 명의 왜도 남아 있지 않을까 두려워했습니다. 이 때문에 서관란이 상소를 쓰기 어려워하며 어쩔 수 없이 틈을 찾다 불화를 만들어 몸을 빼서 떠난 것입니다. 두 신하가 이미 전장의 신하들에 대해 달게 마음먹었으니 어떻게 무고하고 날조할지 아직도 알지 못하겠습니다. 최근 사로(四路)의 대장과 각 편비가 분분히 신에게 와서 울면서 하소연하며 공적을 서훈하지 말고 서둘러 생환시켜 달라고 했습니다. 신은 훗날 일은 장차 어떻게 손을 써야 할지 알지 못하겠습니다.

일이 대간(大奸)과 대역(大逆)에 관계되므로, 엎드려 바라건대, 황상께서 신을 먼저 파직하신 후, 부(部)·원(院)에 칙령을 내려 동정(東征) 문무 관원을 모두 경사로 오도록 하고, 대소 구경(九卿) 및 과도관으로 하여금 함께 직접 국문(鞫問)하도록 하십시오. 만일 신이 강화를 위해 뇌물을 쓴 실제 흔적이 있다면 즉시 신을 저잣거리에서 참하여 군주를 속이고 나라를 욕되게 한 죄를 바로잡으십시오. 만일 두 신하가 과연 화친을 주장하는 사람과 당여를 만들어 전투를 어그르뜨렸으며 전쟁터의 신하를 날조하여 죽였다면, 또한 즉시 두 신하를 참하여 간신들이 충량한 사람을 함정에 빠뜨리고 해를 끼치는 것의 본보기로 삼으십시오. 정응태 및 악독하게 뇌물을 받은 흔적에 대해서 모두 함께 철저히 묻는다면 동사(東事)는 매우 다행일 것이고 어리석은 신 역시 매우 다행일 것입니다. 소응궁이 은을 지출한 사안에 대해서는 신이 별도로 주본으로써 자세히 진술했으니 청하건대, 요동순안어사에게 공문을 보내 조사하게 하십시오.

성지를 받들었는데, "이 사정은 일찍이 두 차례 회의를 했고 여러 차례 성지를 내려 처분했다. 정응태는 이미 본적으로 돌아갔다. 서관란은 다시금 성지에 따라 함께 조사한 후 복명(復命)하도록 했다. 경은 마땅히 안심하고 경략하여 공적을 아뢰어라. 짐은 경을 전적으로 의지하고 믿고 있으니 너무 많이 생각하거나 고려할 필요가 없다. 이후 각 관원은 또한 다시금 변론하여 쓸데없이 소란스럽게 하는 일을 불허한다. 해부(該部)와 해원(該院)은 알아 두어라."라고 하셨습니다.

6-4

전량의 조사를 청하는 상주

請勘錢糧疏 | 권6, 67a-75b

날짜 만력 27년(1599) 3월 24일 전후

내용 형개와 소응궁 등의 금전 문제에 대한 정응태의 고발에 해명하는 내용의 상주이다. 도요토미 히데요시를 일본국왕으로 책봉하기 위해 일본에 다녀온 심유경을 수행한 금주영(金州營) 파총지휘(把總指揮) 우변룡(于變龍) 등이 자신들이 조선에 머무는 동안 수령해야 할 염채은(鹽菜銀) 및 말의 사료값을 요청했다. 형개는 이들이 공이 없이 군량만 소모했다고 판단하여 3분의 1만 지급하라는 명령을 내리자 이들은 다시 전액 지급을 요청했다. 또한 해방도(海防道) 소응궁(蕭應宮)은 자신이 이들에게 여비를 빌려주었으니 그들에게 줄 은을 자신에게 지급해 줄 것을 강청했고, 정응태 역시 그의 편을 들었다. 이에 형개는 사실관계가 불분명하다는 이유로 보류하고 조사할 것을 명했다. 그러나 소응궁은 해임되어 떠나면서도 결국 공금으로 은을 받아 갔다. 결국 이렇게 지급된 공금은 정응태를 비롯한 관련 관원들이 사비를 출연하여 메꿔야 했다. 후에 정응태가, 형개가 소응궁에게 은을 주었다고 고발하자 형개는 그간의 경위를 밝히면서 정응태의 주장이 사실이 아님을 밝히고, 나아가 실제 우변룡 등이 소응궁에게 은을 빌렸는지를 조사하여 비용을 정산해 달라고 요청했다. 만력제는 병부에게 이 문제를 처리하도록 했다.

관련문서 위의 6-3 〈奏辯東征始末疏〉와 동시에 작성된 문서이지만, 구체적인 공금의 액수가 나오기 때문에 별도의 상주로 작성되었다.

교활한 신하가 죄를 숨기고 망령되이 상주했으니, 엄격히 조사하여 신의 속마음을 밝혀 주시기를 간절히 청하는 주본.

근래 찬획(贊畫) 주사(主事) 정응태(丁應泰)가 당여를 모아 음모를 꾸며서 전공(戰功)을 무너뜨리고자 달게 마음먹고 나라에 화를 끼쳤다가 이로 인해 과신(科臣)이 탄핵하자 미친 듯이 날뛰면서 멋대로 날조하여 황상을 미혹시키려 했습니다. 이에 별도의 소장으로 주본(奏本)을 아뢰는 외에, 그중 군향(軍餉) 사안에 대해서는, "예전에 전 해방도(海防道) 소응궁(蕭應宮)이 신으로부터 적발되었다가 결국 죄가 있어 삭탈되었는데, 신이 어떻게 군향은(軍餉銀) 1480냥을 그에게 주어 사용하게 했겠습니까."라고 했습니다. 운운.

슬픕니다. 이 일에 관해서는 바로 정응태가 소응궁을 위해서 거짓말을 하고 남을 우롱했다가 이미 신에게 적발당해 나중에 해당 은량을 창고로 되돌려 놓았습니다. 정응태는 날마다 신이 탄핵할까 걱정하다가 지금 도리어 이 일을 신에게 가함으로써 먼저 움직여 남을 제압하는 술수로 삼은 것이니, 너무나 교활하고 또한 멋대로인 짓이 단숨에 이 지경에 이르렀습니다. 신은 삼가 시말을 자세히 밝혀 황상을 위해 아룁니다.

신은 만력 25년(1597) 9월 13일에 분수요해동녕도 우참의(分守遼海東寧道右參議) 장등운(張登雲)의 보고를 받았는데, 그 내용은 다음과 같았습니다.

우변룡(于變龍)[135]의 다음과 같은 보고에 대하여 경략 형개가 지

....

135 우변룡(于變龍): ?~?. 명나라 사람이다. 금주영(金州營) 파총지휘(把總指揮)로 심유경

시를 내렸습니다. 금주영(金州營) 파총지휘(把總指揮) 우변룡의 보고를 받았는데, "저는 만력 23년(1595) 3월 중 명령에 따라 각 영의 군사를 선발하여 심유경(沈惟敬)을 호송하여 강을 건너 동쪽으로 책봉하러 간 지 지금까지 3년이 흘렀다가 이제 철수하여 군영으로 돌아왔습니다. 백총관대(百總管隊)[136] 등개(滕凱) 등의 각 역(役)이 만력 25년 정월 16일부터[137] 올해(만력25) 8월 7일까지 강을 건넌 후 조선에서 지낸 기간 동안 지급 받을 염채은(鹽菜銀)에 대해 요청했으나 지급 받지 못했으므로 정문을 올리니 바라건대, 명확히 지시를 내려주어 전에 작성한 책에 따라 수령하도록 해 준다면 각 군사가 실제적인 은혜를 받을 수 있을 것입니다."라고 했습니다. 이후 "바라건대, 요해분수도는 조사하여 보고하라."라는 지시를 받았습니다.

이를 받고 요양통판(遼陽通判) 조수절(趙守節)[138]의 보고를 받았는데, 그 내용은 다음과 같았습니다.

지시에 따라 조사한 결과, 금주영 파총 우변룡이 만력 23년 3월 중에 명령을 받들어 금주(金州)·복주(復州)·개주(蓋州)·관전영(寬奠營)의 군사 200명을 거느리고 심유경을 호송하여 동쪽으로 책봉하러 가서 그쪽에서 3년을 보냈습니다. 지금 만

....

(沈惟敬)을 수행하여 일본에 다녀왔다.

136 백총관대(百總管隊): 백총은 100명을 거느리는 하급 장교를 말한다. 관대 또한 하급 장교를 가리키는데, 백총과 관대는 모두 파총(把總) 다음의 장교로서 동일한 직급이나 사료마다 혼용해서 표기한 것으로 보인다. 명대 하급 군관에 대해서는 曹循,「明代鎮戍營兵中的基層武官」,『中国史研究』, 2018-1.

137 만력 25년 정월 16일부터: 선조는 정월 25일에 심유경에게 하마연을 베풀었다. 『선조실록』 권84, 선조 30년 정월 25일(병진) 2번째 기사.

138 조수절(趙守節): ?~?. 명나라 사람이다. 정유재란 시 요양통판(遼陽通判)에 재직했다.

력 25년 7월 중 공문을 받고서 철수하여 8월 7일 강을 건너왔습니다.

파총 우변룡에게 만력 25년 정월 16일부터 올해 8월 7일까지 모두 199일로 매일 염채은 3푼을 지급하면 모두 은 5냥 9전 7푼입니다. 정식 태마(馱馬) 2필에 대해서는 한 필당 매일 초료은 1푼 5리를 지급하면 모두 은 5냥 9전 7푼입니다.

원래 거느린 군사 200명 중 병으로 죽었거나 마필 없이 군영으로 돌아가는 등 은량을 지급하지 않는 군사 15명을 제외하면, 현재 군인 185명입니다. 그중 등개 등 165명은 올해 정월 16일에 출발해서 올해 8월 7일까지 작은 달[小盡]의 3일을 제외하고 199일입니다. 한 사람당 염채은 3푼을 지급하면 합계 은 5냥 9전 7푼이며 모두 은 975냥 5푼입니다. 현재 말 171필에 대해 한 필당 요초건은(料草乾銀: 사료값) 1푼 5리를 지급하면 합계 은 2냥 9전 8푼 5리이며 모두 은 511냥 4전 3푼 5리입니다.

앞서 파견되어 강을 건넌 군인 정량(丁良) 등 20명은 올해 정월 16일부터 올해 5월 15일까지 작은 달의 1일을 제외하고 합계 119일로 한 명당 염채은 3푼을 지급하면 은 합계 3냥 5전 7푼이며 모두 은 71냥 4전을 지급합니다. 말 20필에 대해서는 한 마리당 날마다 요초은 1푼 5리를 지급하면 합계 은 1냥 7전 8푼 5리이며 모두 35냥 7전입니다.

통틀어서 은 1614냥 5전 2푼 5리입니다. 살펴보건대, 우변룡 등 현재 관군과 마필은 각기 이미 공문을 받고서 심유경을 호송하여 동쪽으로 책봉하러 가서 이역에서 체류한 지가 오래되었으니 조선에서 지낸 기간의 염채은과 초료건은은 마 땅히 지급해야 합니다.

이상의 내용이 도착했습니다.

다만 정확하지 않을까 걱정되어 곧 해개도 및 관전영 부총병(副總兵) 마동(馬棟)에게 문서를 보내 조사하도록 했습니다. 곧이어 수본(手本)을 받았는데 회답하기를, "조사해 보니 위의 숫자와 같습니다."라고 했습니다.

살펴보건대, 파총 우변룡 등의 염채은과 초료은은 이미 해개도 및 관전 부장 마동, 통판 조수절을 통해 각각 명확히 조사해 왔으니 아마도 마땅히 지급해야 할 것입니다. 다만 각 군은 외지에 있으면서 공적은 없고 헛되이 군량만 소비했으니, 요청한 염채은과 초료은은 과다한 것 같습니다. 다시 생각하건대, 마땅히 헤아려 지급해야 합니다.

자세한 보고가 신에게 도착했습니다.

저 형개는 자세히 지시하기를, "논의에 따르면 각 관군은 외지에 있으면서 공적은 없고 헛되이 군량을 소비했다. 심유경은 이미 체포했으니 헤아려 3분의 1을 지급한 후 이 지시문서는 반납하라."라고 했습니다.

이어서 분수요해도의 보고를 받았는데, "지시를 받고 문서를 보낸 후 통판 조수절이 명령에 따라 살펴서 각각 지급했습니다."라고 했습니다. 이 외에, 이어서 올해 10월 27일 신이 관문(官門)을 열지 않았는데 우연히 분수요해도가 먼저 신에게 다음과 같이 보고했습니다.

우변룡 등이 여러 차례 와서 아뢰길 그들의 염채은 등에 대해 앞서 군문에 보고했는데 3분의 1만 허락되었으니 전부 지급하기를 요청한다고 했습니다. 본도(분수요해도)가 심유경이 공적이 없고 이미 비답에서 지급을 불허했으니 다시 청하기 어렵다고 알렸습니다. 지금 해방도 소응궁이 요양에 와서 다시 여러 차례 본도에게 와서 따지기를, "각 관정이 해외에서 특별히 고초를 겪으며 시간을 보냈으니 전량(錢糧)은 마땅히 받아야 합니다. 심유경은 진실로 죄가 있지만 관정이 무슨 죄입니까. 더구나 관정의 전량이 이어지지 않아 본도(本道: 소응궁)와 심유경이 자신의 늠량을 각 관정에게 빌려주었습니다. 귀도(貴道: 분수요해도)가 주지 않으면 관정이 곤란하게 될 뿐 아니라 나도 곤란하게 됩니다."라고 했습니다.

그리고 찬획이 힘써 대신 따졌습니다. 다만 보고를 올려 이미 지시가 정해졌으니 아뢰고자 하면 번잡스럽게 되어 사체가 아닐 것이고 아뢰지 않으면 해방도 소응궁이 와서 따질 것이니, 본도가 억누르는 듯하게 될 겁니다. 현재 차례로 관정을 금주와 복주로 발송한 외에 여전히 70~80인이 이곳에 있는데, 날마다 성가시게 굴고 있습니다. 해방도 소응궁은 아마도 본도가 증빙이 없을까 생각해서 스스로 인령(印領)을 갖추어 증빙으로 삼고, 만일 착오가 있다면 기꺼이 떠안겠다고 했습니다.

결국 또 분수요해도가 보고했는데, 그 내용은 다음과 같았습니다.

다시금 우변룡으로부터 지급되지 않은 은량 중 3분의 2인 1076냥 3전 5푼을 요청받았습니다. 또 심유경 휘하의 가정 이춘(李春) 등 55명이 올해 3월 1일부터 8월이 끝날 때까지 역(役)을 수행한 기간 동안의 양은(糧銀)은 495냥입니다. 그중 이춘·심국(沈

國) 등 45명은 한 명당 상으로 은 2냥씩 모두 은 90냥을 받았습니다. 따라서 지급하지 않은 은 405냥과 위의 것을 포함해 모두 은 1481냥 3전 5푼은 아마도 마땅히 허락해 주셔야 할 것 같습니다. 관량낭중(管糧郎中) 동한유(董漢儒)에게 공문을 보내 조사해서 지급하기를 청합니다.

신이 부신과 도신 두 사람이 함께한 설명을 확인하고서 지시를 내려 낭중 동한유에게 공문을 보내 조사하여 지급하게 하는 즈음에 다시 신이 살펴보건대, 우변룡 등의 군정은 대부분 위소로 돌아갔으니 만일 멋대로 수령했다가 훗날 우변룡 등이 다시 요청을 올리면 어떻게 대응하겠습니까. 곧 분수도에게 패문을 보내 낭중 동한유와 함께 분명히 조사하여 자세히 보고하도록 했습니다. 얼마 지나지 않아 분수도의 회답을 받았는데, 그 내용은 다음과 같았습니다.

살펴보건대, 각 관군과 가정은 심유경을 수행했으나 외지에서 공적이 없었으니 조선에서 지낸 기간 동안의 향은(餉銀)은 전부 지급하기 곤란합니다. 앞서 지급한 은량은 가져가서 쓰도록 하되 추징을 면제해 주고 그 뒤에 요청한 은량은 모두 마땅히 숫자대로 추징해야 합니다. 관량낭중 동한유에게 문서를 보내 조사하여 공제해서 관고(官庫)로 반환하게 해야 합니다.

분수요해도의 보고를 받았는데, 그 내용은 다음과 같았습니다.

통판 조수절의 보고를 받았는데, 그 내용은 다음과 같았습니다.

살펴보건대, 앞서 해방도 소응궁이 내려보낸 공문을 받았는데, "금주 파총 우변룡 및 가정 이춘 등은 원래 조선 지방에서 정탐을 했는데, 기간이 길어지면서 경비가 부족해지자 해방도 안찰사인 나를 찾아와 지니고 있던 공비은(公費銀)을 빌려 달라고 하면서 각 원역의 염채은을 발급하여 메꿀 것을 요청했다. 본도(本道: 소응궁)는 본도의 인신을 써서 지급했다." 라고 했습니다. 저는 비왜마가은 내에서 은 430냥을 빌려주었습니다. 그런데 군문의 명문(明文)을 받아 보니 지출 처리를 허락하지 않는다고 하셨으므로 이 은량은 모두 추징해야 합니다.

살펴보건대, 안찰사 소응궁은 이미 변방으로 충군되었으나 앞의 은량은 소응궁이 이미 각 관정(官丁)에게 빌려준 것이니, 마땅히 해도(該道: 소응궁)에게 갚아야 합니다. 지금 통판 조수절이 보고를 올려 지출 처리를 간청하니 굽어살펴 주시는 것이 마땅할 듯합니다.

지출 처리하라는 지시를 내리는 사이에 제가 조사해 보건대, 각 관정(官丁)이 조선에서 지낸 기간의 전량은 받아야 합니다. 다만 전량은 비록 받아야 할 것이지만 이미 위소로 돌아갔으니 훗날 착오가 생길까 우려됩니다. 이로 인해 분수요해도에게 다시 조사하라고 공문을 보냈습니다. 분수도 참의 장등운이 저에게 보낸 보고를 받았는데, 그 내용은 다음과 같았습니다.

조사해 보건대, 해방도 소응궁이 은량을 수령한 사안에 대해서는, 만력 25년 10월쯤 강동(江東)에서 심유경을 수행한 관군 우변룡 등 186명이 조선에서 지낸 기간의 염채은 1400여 냥을 요청했고 군문의 지시를 받아 조사하는 사이에, 해방도 소응궁이 요양(遼陽)에 가서 날마다 관정을 위해 위의 은량을 달라고 따지면서, "나와 심유경이 강동에서 먼저 공문을 보내 은량을 빌려주었다."라고 하며 인령(印領) 한 장을 써서 본직(本職)에게 주고는 은량 수령을 강제로 요청했습니다. 당시 찬획 정응태는 해방도 소응궁이 체직당한 것을 보고 "이 은량은 바로 관군이 해방도에게 갚기로 하고 경비[盤費]로 받은 것이다."라고 했습니다. 그러나 낭중 동한유와 본도는 애초에 그것을 알지 못했습니다.

찬획 정응태가 또 힘써 따지며 말하기를, "관정이 조선에서 지낸 기간의 염채은은 본도(本道: 소응궁)가 마땅히 받아야 할 물건이다. 더구나 소응궁과 심유경이 이미 빌려주었으니, 지금 소응궁이 환난을 당한 시기에 남들은 그를 불쌍하게 여겨 도와주는데, 어떻게 이미 빌려준 은량을 도리어 빼앗아 먹을 수 있는가."라고 했습니다.

이 때문에 부득이 본직은 낭중 동한유, 찬획 정응태와 함께 직접 군문께 아뢰어 지시를 받아 지급하려는 사이에, 군문께서 동쪽으로 길을 떠나려는 즈음에 또 "관정이 해방도 소응궁의 은량을 빌렸는지 알지 못하니 훗날 지급이 명확하지 못해 다시금 보고가 올라온다면 부신과 도신에게 책임이 있게 된다. 다시 조사하고 혼란스럽게 지급해서는 안 된다."라고 하셨습니다. 그런데 위의 패문이 이르기 전에 해방도 소응궁은 이미 떠나 버렸고 곧 가인(家人)·서리를 남겨 이 은량을 기다리게 했습니다. 본도(本道: 분수요해도)는 은량을 불법적으로 착복할까 걱정되어 다시 관승(官丞) 두 명을 차정하여 함께 광녕금의처(廣寧錦衣處)로 가서 해방도 소응궁에게 넘겨주었습니다. 그때 해방도 소응궁의 중군(中軍) 유천질(劉天秩)은 누구인지 본 적 없는 자였습니다.

군문에서 패문을 보내 조사해서 앞의 은량을 추징하라고 했으나 은량은 이미 소응궁의 손에 넘어갔고 체직을 당해 경사로

가 버렸습니다. 본도는 사람을 보내 소응궁이 가는 길에 이르러 앞의 은량을 찾으니 해방도 소응궁이 말하기를, "은량은 우리 두 사람이 관군에게 빌려준 염채이다. 만일 착오가 있다면 내 인령이 너희 분수도에게 있으니 내가 마음대로 하는 데 거리낄 것이 있는가."라고 했습니다.

해방도 소응궁은 산해관으로 들어갔고 각 관정(官丁)은 일시에 잡아서 심문할 수 없었습니다. 군문에서는 다시 문서를 보내 엄격히 독촉했고 이 때문에 다시 보고를 올려 "염채은 중 해방도 소응궁에게 빌려준 공비은은 모두 추정하기 어렵습니다."라고 했습니다. 그래서 군문에서는 지시를 내려 430냥만 허락했습니다. 그 나머지는 부신과 도신이 앞서 그와 함께 대신 따져서 지급했으니, 군문께서 괴이하게 여기실 것입니다. 한스럽기는 하나 또한 불쌍하기도 해서 결국 낭중 동한유, 주사 양위(楊位),[139] 정응태 및 해방도에서 소응궁의 공비 은냥을 대신 지출했고, 본직을 포함해 5인의 봉량공비(俸糧公費)로 논의하여 채웠습니다.

그런데 이는 본직과 낭중 동한유가 모두 속임을 당한 것이었습니다. 그 당시 찬획 정응태는 또한 은 246냥 5전 6푼을 배상했다가, 이후 자신의 배상금이 너무 많다고 하면서 90냥 6전 6푼을 가지고 갔습니다. 정응태는 단지 155냥 9전을 갚았고, 낭중 동한유는 150냥을 갚았고, 찬획 양위는 204냥 1전 4푼을 갚았으며, 양(梁) 감군은 140냥을 갚았고, 해방도 소응궁의 봉신은(俸薪銀)

....
139 양위(楊位): ?~?. 명나라 사람이다. 병부원외랑(兵部員外郞)으로서 총독 표하의 찬획(贊畫)이었는데 만력 25년(1597) 11월 17일에 형개의 상주에 따라 산동첨사영전병비도(山東僉事寧前兵備道)로 승진했다.

2냥 3전 9푼 7리 1호 5사를 더하고 저는 은 398냥 9전 1푼 2리 8 호 5사를 갚아 은 1511냥 3전 5푼을 모두 관고로 돌려놨습니다. 아마도 저희들과는 관계가 없을 듯합니다.

신이 생각하건대, 정응태는 진실로 생황과 북을 연주하듯 혀를 놀리는[140] 소인으로 간사하고 음험함이 극에 달했습니다. 소응궁이 성지를 받들어 체직당했던 때, 정응태는 벗을 팔고 은혜를 거래하여 각 부원과 도원을 속여서 함께 소응궁을 대신해 따지고 소응궁이 군인에게 빌려준 은량을 갚도록 요청했습니다. 신이 패문을 보내서 조사하기에 이르자 스스로 공비(公費)를 갚기만 한 것이 아니라 다시 승임찬획(陞任贊畫) 양위가 내린 공비에 대해 몰래 인령을 갖추어 200냥을 지출했으며, 그중에서 90여 냥을 뽑아 갔습니다.

그리고 신이 앞의 은량을 승인하지 않은 것을 한스러워하면서 여러 차례 남을 원망하다가, 지금 신이 탄핵할까 두려워하여 근거없이 망령되이 상주함으로써 신이 은량을 보내 지출하게 했다고 합니다. 무릇 신이 소응궁에게 은량을 보내 지출하게 했다면 어째서 정응태 등이 대신 은량을 갚았겠습니까. 순식간에 말을 바꾸고 양심이 전혀 없으니 각 부신·도신이 침을 뱉으며 욕하지 않음이 없습니다. 앞 항목의 은량은 관군(官軍)이 일을 해서 응당 받을 것으로서, 소응궁은 인령을 갖추었고 부신·도신이 함께 논의했었습니다. 신은 더욱이 전후에 이와 같이 신중히 했고 권안(卷案)이 모두 있는데도 정응태가 이것을 가지고 신을 모함하니 그 모함하지 못하는 바가 없

....

140 생황과 …… 놀리는: 원문은 '簧鼓'이다. 소인이 생황(笙簧)과 북처럼 혀를 놀려 군주의 마음을 미혹시키는 것을 말한다. 『시경(詩經)』 소아(小雅) 교언(巧言)에 나온다.

다는 것을 알 수 있습니다.

신은 다른 장점은 없지만 유독 전량 문제에 대해서만 극도로 마음을 썼습니다. 신은 동정(東征) 전량이 매우 많고 두서(頭緖)가 호대하고 번잡하여 하나라도 명확하지 않으면 간악한 자들이 입을 빌려 신의 명성과 절개를 모함할 것이라고 생각했습니다. 때문에 작년 봄에 "전량에는 각기 정항(正項)이 있으니 경승(經承)[141]이 마땅히 전적으로 관리해야 하는 등의 일"로 상주하여, 강동의 전량은 경리무신(經理撫臣)·해방도·비왜낭중(備倭郎中)·동지(同知)가 담당하고, 강서 전량은 요동무신(遼東撫臣)·분수도(分守道)·관량낭중(管糧郎中)·통판(通判)이 각각 나누어 관리하며 총수량만 신에게 보고해서 검토하도록 했습니다.[142] 신은 1푼 1호도 결코 직접 처리하지 않았습니다.

지금 정응태가 반대로 신을 모함하기를, 탕은(帑銀)을 지출하여 소응궁에게 주었다며 이목을 혼란스럽게 하고 있습니다. 신은 비록 너무나도 어리석지만 감히 군향(軍餉)을 가지고 부·도에 공문을 보내서 한스럽게 여기는 범죄자를 대접하겠습니까. 또 위의 은량은 분명히 정응태가 이득을 얻고자 스스로 은혜를 베풀고는 각 관원을 속여서 빌려 간 것입니다. 비록 정응태와 각 관원이 공비 등의 은량을 곧장 되갚아서 마무리했지만 우변룡 등이 이전에 빌렸었는지 여부도 알지 못하겠습니다.

일이 전량에 관계되므로 엎드려 바라건대, 병부에 칙명을 내리

....

141 경승(經承): 각 부(部)·원(院)에 일하는 역리(役吏)의 총칭이다.

142 때문에 …… 했습니다: 해당 상소는 만력 25년 12월에 올렸다. 관련 내용은 9-7에 인용된「爲錢糧各有正項, 經承宜有專管, 懇乞早賜查發歸正, 以便奏報事.」문서를 참조.

시어, 도찰원으로 자문을 보내 요동순안어사에게 공문을 보내도록
해서, 금주와 복주 등 군영의 관정 우변룡 등을 데리고 와서 조사하
고 심문함으로써, 해당 은이 총 얼마인지, 지급한 것은 얼마인지, 지
급하지 않은 것은 얼마인지, 소응궁 등이 실제 각 원역에게 빌려준
것은 얼마인지 모아서 하나하나 정확히 조사하고 계산해야 합니다.
관정에게 지급할 것은 조사하여 관정에게 지급하고, 소응궁에게 돌
려줄 것은 분명히 문안(文案)을 만들고, 창고로 되돌릴 것은 각 인명
아래에 표기해서 추징해야 합니다. 이후 분명하게 회주(回奏)하여
처분을 기다린다면 군향은 깨끗해질 것이고 신의 심적(心跡)도 분명
해질 것입니다.

성지를 받들었는데, "병부는 알아 두어라."라고 하셨습니다.

6-5

뒤처리할 대장에 관한 상주

善後大將疏 | 권6, 76a-80b

날짜 만력 27년(1599) 3월 16일

내용 명군 지휘관을 교체하게 됨에 따라 후임을 추천하는 상주이다. 정유재란 종결 이후 사후처리를 위해 잔류한 명군을 이끌었던 유정(劉綖)·동일원(董一元)·진린(陳璘)·마귀(麻貴) 중 한 명을 남겨 두는 것을 고려했으나, 모두 각각의 사정으로 귀국해야 하는 상황이었다. 이에 형개는 그 후임으로 경리 만세덕, 보정순무 왕응교(汪應蛟), 산동순무 윤응원(尹應元)과 논의하여 산동총병으로 등주에 주둔 중인 이승훈(李承勛)을 임명할 것을 건의했다. 또한 산동총병의 빈자리는 천진에서 해방제독(海防提督)으로 있던 주우덕(周于德)을 옮겨 임명하되, 전쟁이 끝났으므로 해방제독 자리는 없애자고 했다. 병부는 형개의 의견을 그대로 받아들여 상주했고, 만력제는 이승훈을 제독남북수륙관병 방해어왜총병관(提督南北水陸官兵充防海禦倭總兵官)으로, 주우덕을 진수산동비왜총병관(鎭守山東備倭總兵官)으로 임명하도록 했다.

관련문서 『명신종실록』 만력 27년 3월 16일에 이승훈과 주우덕의 임명 기사가 실려 있으나, 형개의 상주는 언급되어 있지 않다.

교활한 도적을 이미 소탕하여 전후 처리가 주도면밀하게 이루어져

야 하니, 근처에서 대장(大將)을 이동시켜 번속을 안정시키고 노고
와 휴식을 균등하게 해 주시기를 청하는 일로 올리는 제본.

경리조선군무 도찰원우첨도어사(經理朝鮮軍務都察院右僉都御史) 만세
덕(萬世德)의 회고(會稿)를 받았는데 다음과 같았습니다.

왜노가 외번을 엿보다가 속국을 침략한 지 이제 8년이 되었습니
다. 예전에 하늘의 토벌이 교만한 군대로 인해 좌절되었고 책봉
을 주장한 것이 끝내 도적에게 이로웠으나, 책봉 사신이 돌아온
뒤에 우리의 무위가 다시 떨쳐졌습니다. 이에 화친과 전쟁의 길
이 이미 크게 갈라졌고 간사한 무리가 더욱 공고해져 수레에 시
체가 가득한 참담함을 망령되이 행운으로 여겨 자기들이 한 말
이 실증되었다고 하고, 회복하는 나라를 기꺼이 버리고 이전의
과오를 엄폐하려고 했습니다. 그러나 황상의 영단(英斷)으로 미
쳐 날뛰는 기세를 반드시 멸하기로 하셨고, 천지가 영묘함을 드
러내고 조종(祖宗)이 남몰래 도와주신 데 힘입어 백 년 동안 점
거하고 있던 소굴이 하루아침에 소탕되었습니다. 기자의 봉토가
다시 존속하고 속국이 무탈하니 진실로 사람의 힘으로는 이에
이르지 못했을 것입니다.

다만 조선은 막 수복된 뒤라 모두 쇠약하고 시들합니다. 강건
한 사람들은 병사로 뽑혀 갔고 노약자들은 이고지고 다니느라
피로해졌습니다. 피해가 이미 심한 데다가 수확 또한 적었습니
다. 7년 사이에 두 차례의 전란으로 이리저리 옮겨 다녀, 무기도
없고 먹을 것도 없으니 어떻게 살아남기를 도모할 수 있겠습니
까. 지금 이미 그 봉토를 다시 만들어 준 터인데 어찌 그 문호를

단단히 정비해 주지 않을 수 있겠습니까? 뒤처리에 관한 여러 일은 모두 각 총병과 도원(道員)이 참작하여 논의해 타당하게 결론 짓기를 기다린 뒤에 마땅히 황상께 청하겠습니다.

다만 대장의 관직은 삼군(三軍)의 사명(司命)이니 싸우고 지키며 통제하는 일은 모두 대장을 통해 주관합니다. 지금 동쪽의 일에 대해서는 이미 그 전공(全功)을 아뢰었으며, 수륙의 네 명의 제독은 모두 승리한 장수입니다. 이들 중 한 명을 남겨서 그 일을 맡기는 것이 매우 편리하다고 할 수 있겠습니다. 그러나 돌아보건대, 유정(劉綎)은 사천 병사를 이끌고 떠나야 합니다. 마귀(麻貴)는 기한이 다해서 먼저 철수해야 합니다. 동일원(董一元)은 병이 생겼는데 몸을 버려 가며 참전했기 때문입니다. 진린(陳璘)은 자주 죽을 고비를 맞아 책임을 내려놓고 잠시 쉬고 싶어 합니다. 저는 비록 대의로써 네 장수를 꾸짖어야 하나 그들의 상황과 실정을 보건대, 참으로 억지로 시킬 수 없습니다. 제가 전에 동산(東山)이라는 시[143]를 읽었는데, 주나라 임금과 신하가 애쓰고 수고한 군사에 대해 그 정의가 두터워 종군한 사람은 군주의 은혜에 감격하여 비록 전쟁에서 고생했더라도[144] 괴롭다고 여기지 않았는데 그것은 그 사정을 지극히 헤아려 주었기 때문입니다. 황상은 은덕과 위엄이 크고 훌륭하시니 결국 모든 일을 원만하

....

143 동산(東山)이라는 시: 『시경(詩經)』「빈풍(豳风) 동산(東山)」. 주공이 동쪽을 정벌하고 3년 만에 돌아갈 때 애쓰고 돌아가는 사대부를 기리는 마음에서 이 시를 지었다고 한다. 군자가 백성들에 대한 그 정을 서술하고 그 수고로움을 불쌍히 여기니 이 때문에 백성들이 기뻐한 것이다.

144 전쟁에서 고생했더라도: 원문은 '破斧缺斨'이다. 『시경』「빈풍 부월(破斧)」에 나오는 말로, 전쟁 중 반드시 지출해야 하는 대가를 이르는 말이다.

게 이루실 것입니다. 저 네 명의 신하된 자는 큰 공훈을 세웠으니 마땅히 뽑아 써야 하므로, 혹 대진(大鎭)에 보내 그 재주를 펼치게 하거나 혹 청화(淸華)의 요직으로 우대하여 그 힘을 기르게 하신다면 그들로 하여금 오래도록 보슬비 맞으며 전쟁을 치렀다는 생각은 사라지게 하고 다북쑥 캐며 평화롭게 사는 즐거움[145]만 남게 할 것입니다. 이것은 진실로 성은이고 신하의 미천한 분수입니다.

그 수륙을 제독하는 대장은 지략과 용맹함, 위엄, 명망이 평소에 뛰어난 자를 따로 가려 뽑아서 맡기면 위로는 황상께서 동쪽을 돌아보시는 근심을 누그러뜨리고 아래로는 제가 함께 일하는 데 보탬이 될 것입니다.

이상의 회고가 신에게 왔습니다.

제가 경리조선군무 도찰원우첨도어사 만세덕, 순무보정등부제독자형등관 도찰원우첨도어사(巡撫保定等府提督紫荊等關都察院右僉都御史) 왕응교(汪應蛟),[146] 순무산동등처지방독리영전제독군무 도찰원우첨도어사(巡撫山東等處地方督理營田提督軍務都察院右僉都御史) 윤응원(尹應元)[147]과 회동하여 함께 살펴보았습니다. 진수산동등처지방방해어

....

145 다북쑥 …… 즐거움: 원문은 '祈祈采蘩'으로, 『시경』 「빈풍 칠월(七月)」의 한 구절이다. 모든 일이 분수와 때에 맞게 잘 이루어지는 평화로운 상황을 가리킨다. 한편 이 시는 주나라 농민들이 농사와 길쌈에 종사하는 생활을 읊은 일종의 월령가로, 주공이 어린 조카 성왕을 위하여 백성들의 농사짓는 어려움을 일깨워 주기 위하여 지은 것이다.

146 왕응교(汪應蛟): 1550~1628. 명나라 사람이다. 남직례 휘주부(徽州府) 무원현(婺源縣) 출신으로 만력 2년(1574)에 진사가 되었다. 만력 25년(1597) 천진순무 만세덕이 경리(經理)로 임명되어 조선으로 파견되자 우첨도어사(右僉都御史)로 발탁되어 그를 대신했다. 이후 보정순무(保定巡撫), 공부우시랑(工部右侍郎), 병부좌시랑(兵部左侍郎)으로 승진했다.

왜총병관 좌군도독부서도독첨사(鎮守山東等處地方防海禦倭總兵官左軍都督府署都督僉事) 이승훈(李承勛)은 도략(韜略)[148]을 잘 알고 지략을 오래 연마했으며, 그의 충심은 사람들에게 신뢰를 받고 그의 부대는 모든 사람들이 목숨을 걸고 싸우는 전사라고 칭찬합니다. 또한 평소에 작은 이익에 물들지 않아 지방에서는 모두 그를 복을 가져다주는 인물이라고 말합니다. 남방 지역을 역임하면서 곳곳에 방어선을 세운 공로가 있었고, 두 차례 동쪽 변경을 지키면서 곳곳에 성벽과 보루의 방비를 더했습니다. 참으로 가번(價藩)[149]을 맡을 만하며, 진실로 속국을 담당하는 데 부끄러울 것이 없습니다.

게다가 등주는 조선과 물 하나를 사이에 두고 있고 아침에 돛을 펼치고 저녁에 노를 저으면 편하게 요양에 도달하여 길이 막힐 것이 없으니, 최종적으로 일을 맡길 만합니다. 원결(原缺)[150]은 제독천진등래여순등처지방방해어왜총병관 좌군도독부서도독첨사(提督天津登萊旅順等處地方防海禦倭總兵官左軍都督府署都督僉事) 주우덕(周于德)으로 그를 대신하도록 합니다. 그러나 섬 도적의 기세는 이미 쇠했고 내지에서도 경보(警報)가 없으니, 해방제독아문을 즉시 의논하여 혁파함이 마땅합니다. 이쪽에서 옮겨서 저쪽으로 가는 것은 갈대 하나로도 건널 수 있으니 비용이 절약되는 바가 많은 데다가 근무

....

147 윤응원(尹應元): 1551~1625. 명나라 사람이다. 자는 건태(乾泰), 호는 춘환(春寰)이고 호광 한양부(漢陽府) 한천현(漢川縣) 사람이다. 만력 2년(1574)에 진사가 되어 대명부지부(大名府知府), 진정부지부(眞定府知府) 등을 역임하고 도찰원우첨도어사(都察院右僉都御史)로 산동순무(山東巡撫)에 이르렀다.

148 도략(韜略): 고대 병법서인 『육도(六韜)』와 『삼략(三略)』의 줄인 말이다.

149 가번(價藩): 덕이 많은 사람이 국가의 안전한 울타리가 된다는 것을 말한다.

150 원결(原缺): 이승훈이 원래 맡았던 자리, 즉 진수산동등처지방방해어왜총병관 가리킨다.

기간도 길지는 않을 것입니다.

엎드려 바라건대, 병부에 칙서를 보내시어 다시 살펴보고 의논하게 하여 만약 과연 신 등이 말한 바가 틀리지 않으면 이승훈을 원래 관직을 가지고 이동시켜 조선으로 보내 전후 처리를 할 수륙 관병을 총지휘하게 하십시오. 칙서와 관방 등은 별도로 바꾸어 지급해야 합니다. 주우덕을 원래 관직으로서 산동방해총병에 보충하되, 남은 천진의 결원은 추천하여 보충할 필요가 없습니다. 정동제독총병관 마귀·동일원·진린·유정은 모두 노고와 공훈이 높으니 마땅히 적절히 헤아려 따로 써서 그들의 큰 공로를 보답해야 합니다.

성지를 받들었는데, "병부에 알려라."라고 하셨습니다.

병부에서 검토하여 논의한 결과는 다음과 같았습니다.

살피건대, 동정(東征)의 일이 끝났으므로 바야흐로 회군을 논의할 때입니다. 그런데 조선의 전후처리에 대해서는 필요한 병마의 수를 잘 헤아려 남겨 두어 만전을 도모하지 않을 수 없습니다. 또한 장령을 골라 써서 지방을 통솔하는 일도 중요시하지 않을 수 없습니다. 저희 병부에서는 처음에는 네 명의 장수 가운데 한 명을 골라 남기려 했는데, 저 총리수륙관병(總理水陸官兵)은 한편으로는 익숙하여 막힘없이 처리할 수 있고 한편으로는 아침에 임명 받아 저녁에 직무를 받을 수 있습니다.

지금 경략총독(經略總督) 형개, 경리순무(經理巡撫) 만세덕이 회고한 제본에 의하면, 마귀 등에게는 노고를 진휼하여 우대 조치하고, 이승훈과 주우덕을 옮겨 기용하여 그들을 대신하게 해야 합니다. 여러 장수의 휴식을 도모하는 책략이 될 뿐 아니라 더욱이 망가진 속국을 위해 사람을 얻는 계책이 되기 때문입니다. 조사한 바에 따르면, 마귀는 두 해 동안 이역에서 어려운 일을 두루 겪었고, 진린은 힘을 다해 해전을 치르다 거의 죽을 뻔했습니다. 이처럼 일이 평안해진 날을 만나 마땅히 그들에게 잠시 휴가를 주어 살아서 옥문(玉門: 궁궐의 문)에 들어가게 해야 하니, 이른바 절제하여 차마 그 힘을 다하지 않게 하는 것이 인정으로 헤아려 보아도 진실로 마땅합니다. 유정은 성지를 받들어 군사를 감독하느라 맡은 일이 분주하고, 동일원은 일을 그르쳐 죄를 지었는데 의논이 정해지지 않았으니, 네 명의 장수를 대신하여 속국을 맡을 사람으로는 참으로 이승훈보다 훌륭한 사람이 없습니다. 이승훈을 대신하여 동토(東土)를 지킬 사람으로는 또한 주우덕보다 편한 사람이 없습니다. 처지에 따라 재능을 헤아리고 재능에 따라 사람을 쓰는 것은 대개 훌륭한 계획입니다.

다만 이승훈이 이역의 전적으로 담당할 경우, 전후 처리 사안은 매우 중요하니 응당 마귀의 경우처럼 제독 자리를 더해 주어 권한을 무겁게 하여 편히 일을 할 수 있게 해야 합니다. 이미 지난번에 제본을 갖추었으니 응당 참작해서 요청합니다. 마땅히 명령이 내려오기를 기다려 경략·총독·순무아문에 공문을 보내서 제본으로 논의한 내용에 따라, 유정은 이미 밝은 성지를 받들어 토병(土兵)과 한병(漢兵)을 통솔하여 사천으로 돌아가도록 하는 외에, 마귀·진린·동일원은 모두 철군하되, 철수해야 할 관병을 세 장수로 하여금 나누어 통솔해서 앞뒤로 출발하도록 하겠습니다. 각 관원은 한꺼번에 서훈을 기다리도록 하되, 혹은 총병 자리에 추천하여 보임시켜서 그 쓰임을 다하도록 하거나, 혹은 별도로 특별히 대우해서 그 노고에 보상해야겠습니다.

이승훈은 그대로 원래 관직인 제독남북수륙관병(提督南北水陸官兵)으로써 방해어왜총병관(防海禦倭總兵官)에 충임하되 후임자를 기다릴 필요 없이 속히 조선으로 보내 일을 맡기고, 부험(符驗)·기패(旗牌)·관방(關防)은 장수 마귀가 원래 가지고 있던 것을 넘겨주어 거두어 쓰게 합니다.

주우덕은 진수산동비왜총병관(鎭守山東備倭總兵官)으로 임용하고, 부험·기패·관방은 예에 따라 저쪽으로 가서 넘겨받은 후 각각 사유를 갖추어 회주합니다. 원래 갖고 있던 천진·등주·여순 총병의 부험·기패·관방은 별도로 상주하여 반납합니다. 남아 있는 원결은 추천하여 보충할 필요가 없습니다. 두 관원에 대한 칙서를 예에 따라 나누어 주시기를 요청합니다. 아울러 보정·산동의 각각의 해당 순무 및 순안에 공문을 보내 일체 살펴 시행하게 하십시오.

성지를 받들었는데, "좋다. 유정에게는 이미 지시가 있었다. 마귀·진린·동일원은 모두 철수한 후 임용하도록 하라. 이승훈은 원래 관직인 제독남북수륙관병(提督南北水陸官兵)으로써 방해어왜총병관에 충임하여 속히 조선으로 보내 일을 맡기고, 주우덕은 진수산동비왜총병관에 임용하며, 모두 칙서에 써서 그들에게 주어라."라고 하셨습니다.

6-6

감군어사의 휼전에 관한 제본

題監院恤典疏 | 권6, 81a-87b

날짜 만력 27년(1599) 3월 21일

내용 임무 수행 중 사망한 감군어사(監軍御史) 진효(陳效)에게 휼전(恤典)을 베풀 것을 요청하는 상주이다. 만력 26년 11월 4일부터 조선에서 감찰 및 전공 조사를 맡아 보던 진효는 만력 27년 2월 27일 갑작스럽게 사망했다. 이에 형개는 그에게 관직을 추증하고 시호를 내리며 음직을 세습하게 해 줄 것을 요청했다. 본 문서에서 만세덕과 형개는 그가 정응태와 대립했음을 서술하면서 그의 죽음의 원인을 넌지시 정응태에게 돌리고 있다. 형개는 또한 진효의 사망으로 공적 조사가 중단되었으므로, 자신이 거의 완성된 감사 자료를 토대로 조사 보고를 완료하거나 속히 조사관을 파견해 조사를 마무리해서 병력이 철군할 수 있도록 해 줄 것을 요청했다. 이에 만력제는 진효에게 휼전을 베풀고, 서관란을 다시 파견하여 기존의 조사 자료를 바탕으로 형개 등과 함께 감사를 마무리하되 신속하고 관대하게 할 것을 명령했다.

관련문서 『명신종실록』 만력 27년 3월 21일 기사에 만력제의 명령 내용이 간략히 실려 있다.[151] 『선조실록』 선조 32년 2월 27일에는 진효의 사망 기사가 수록되어 있다.[152] 당시 진효가 유정(劉綎)에 의해 독살되었다

....

151 『명신종실록』 권332, 만력 27년 3월 21일(경자), "制詔: 部院監軍陳效, 功成身殞, 朕甚憫之, 其從優擬卹, 將士新舊功次, 令勘官從寬亟報, 以示德意. 將官聽審者留, 軍兵一面撤還."

는 소문도 있었을 정도로, 그의 죽음은 명군의 전공 조사를 둘러싸고서 정응태의 고발로 형성된 미묘한 상황 속에서 일어난 사건이었다.[153]

감군헌신(監軍憲臣)이 이역에서 죽었으니 황제께서 파격적으로 휼전을 내리고 공적을 기록함으로써 충성과 근면을 격려하고 전공을 빛나게 해 주시기를 간절히 청하는 일.

경리조선군무 도찰원우첨도어사(經理朝鮮軍務都察院右僉都御史) 만세덕(萬世德)의 회고(會稿)를 받았는데, 그 내용은 다음과 같았습니다.

살펴보건대, 감군어사(監軍御史) 진효(陳效)는 지난해 11월 4일에 과신(科臣: 서관란) 및 부신(部臣: 정응태)과 함께 직접 수륙의 사로(四路)에 와서 여러 차례 정벌의 공과(功過)를 철저히 조사했습니다. 이후 병부에서 검토 상주를 올렸고 밝은 성지를 받들어 과신이 직산(稷山)·청산(靑山)·울산(蔚山)·도산(島山)에서의 공적을 조사했고, 만력 26년 9월 이후의 공적 등급에 대해서는 모두 감군어사가 철저히 조사했습니다. 과신과 부신은 올해 정월 10일에 먼저 왕경으로 돌아갔고, 진효는 서로(西路) 및 수채(水寨)를 거쳐서 새로운 공적을 조사하고 병마를 점검한 후 26일에서야 돌아갔습니다.

....

152 『선조실록』 권109, 선조 32년 2월 27일(정축).
153 진효의 독살설을 포함, 진효의 죽음에 관련된 제반 사정에 관해서는 車惠媛, 「言官 徐觀瀾의 임진전쟁」, 『明淸史硏究』 53, 2020, 81~84쪽을 참조.

당시 사로(四路)의 장수들은 차례로 왕경으로 철수했습니다. 저는 독신(督臣)과 함께 공적의 등급을 조사하고 왜장(倭將)과 왜종(倭從)을 역관을 통해 심문하여 공술을 다 받았습니다. 감군은 상세히 검토했고 아울러 머리뼈들을 무덤으로 모아 경관(京觀)[154]에 봉한 후, 공적책자에 도장을 찍어 해도(該道)로 발송을 마쳤고, 서둘러 주본을 갖추어 차례로 상주하여 아뢰었습니다.

2월 26일 독신 및 저는 관왕묘에 장사(將士)들을 모두 모아 놓고 직접 공적의 등급을 논의하기로 약속했습니다. 감군이 기한에 앞서 패(牌)를 보내 스스로 맹서를 하고는 공론(公論)을 지킴에 힘쓰고 뒷말이 일어나지 않도록 하겠다고 했습니다. 이날 저와 독신은 차례로 관왕묘에 가서 절을 했습니다. 제가 조금 늦게 도착해 날이 이미 저물어 가고 있었습니다. 진효는 다음날 일찍 와서 공적 조사[大典]를 완성하기로 약속했는데, 얼마 지나지 않아 담증이 발생하여 병질이 일어나 끝내 위태한 지경에 이르렀습니다. 이때 독신인 저와, 사로제독(四路提督) 마귀(麻貴)·동일원(董一元)·유정(劉綎)·진린(陳璘), 해방감군도(海防監軍道) 왕사기(王士琦)·양조령(梁祖齡), 편장(偏將)과 비장(裨將)들이 모두 거처에 도착하여 백방으로 조치했습니다. 그러나 어쩔 수 없이 병세가 이미 깊어 정기(精氣)가 모두 고갈되어 삼고(三鼓: 3경)에 이르자 끝내 소생할 수 없었습니다.

생각하건대, 그는 오랫동안 사신으로 일을 하다가 일찍 죽게

....

154 경관(京觀): 전쟁의 승리 및 전과를 과시하기 위하여 적의 시체를 쌓아 놓고 흙으로 덮은 무덤을 말한다.

되었는데,[155] 몸은 만 리 밖에 있지만 동복(童僕)도 전혀 없이 이역의 다른 나라에서 외로운 넋이 떠돌고 있습니다. 육군(六軍)과 칠교(七校)[156] 중 마음 아파하지 않는 사람이 없으며, 모두가 도로에서 듣고 놀라며 처연히 눈물을 흘렸습니다. 저희도 길게 부르짖고 흐느껴 울다가도 서로 소리가 나오지도 않았습니다.

죽은 사신은 현명하며 걸출하다는 명망이 있기에 서훈될 예정이었으며 개선하면[157] 비교할 사람이 없을 것이었는데, 바다 밖의 먼 곳까지 왔다가 진실로 변사(變事)를 당했습니다. 관직에 임명되어 조선에 도착하기 전에 찬획이 여러 차례 진효를 공격했고 진효가 공론을 견지한다는 것을 듣고서는 매번 화를 내며 죽이려 했습니다. 저는 감히 쓸데없이 다른 사람의 말을 서술해서는 안 되지만, 저의 이목으로 직접 보았으므로 한배를 탄 사람에게 원한을 남겨서는 안 되기 때문에 감히 대략 아룁니다.

감과(勘科) 서관란(徐觀瀾)이 왕경에 왔을 때, 날마다 공정하고 신중할 것을 스스로에게 맹세하니, 진효는 그와 함께 술을 실컷 마셨습니다. 서관란이 찬획 정응태와 아침저녁으로 왕래하며 심복임을 드러내지 않음이 없었지만, 총독·순무·대장은 물론이고 군영 병사와 부(部)의 병졸까지도 모두 하늘의 해를 볼 수 있

....

155 일찍 …… 되었는데: 원문은 '溘先朝露'이다. 아침 이슬보다도 빠르게 사라진다는 의미로, 일찍 죽는다는 뜻이다.

156 육군(六軍)과 칠교(七校): 육군은 황제의 군대를, 칠교는 한(漢)에서 설치한 7교위(校尉)를 말한다. 황제 군대의 장병과 장교 모두를 비유적으로 가리키는 말이다.

157 개선하면: 원문은 '飮至'이다. 장수가 전장에서 돌아와 종묘에 고하고 술을 마시는 일을 가리키는 것으로 개선한다는 뜻이다. 『춘추좌씨전(春秋左氏傳)』 환공(桓公) 2년 기사에, "출전할 때 종묘에 고하고 돌아와서 술을 마신 다음 술잔을 놓고 공을 책훈하는 것이 예이다[凡公行, 告于宗廟, 反行, 飮至, 舍爵, 策勳焉, 禮也]."라고 한 데서 비롯된 고사이다.

다는 바람이 생겼습니다. 함께 다니면서 감사를 할 때는 종종 차이가 있었습니다. 마귀·모국기는 공적이 있는 신하인데, 찬획이 지적하며 탄핵할 때 감군은 막연히 상황을 모른 척했습니다.

사로(四路)의 왜가 모두 없어지고 완전한 승리를 했을 때, 찬획은 의도를 알려 주며 죄를 논했지만 감군은 사실에 근거해 공적을 보고했습니다. 머리를 자르고 눈썹을 깎는 일에 대해 감군은 자연스럽게 여기지 않았지만, 찬획은 힘써 주장하며 반드시 그 참혹한 독기를 시행하고자 했습니다. 병사를 철수하고 장수를 선발할 때 감군은 왜구를 회유하자고 했고, 찬획은 기회를 보다가 그 긴 포위를 풀었습니다. 가령 간악한 범죄자 주폐(周陛)가 두 신하의 아문을 출입했는데 감군은 풍헌(風憲)의 체통을 잃는다고 권고했습니다. 감과가 찬획의 말 한마디도 믿지 않는 것이 없으니 곧 한집안이라는 의심을 가졌습니다.

군영의 서지(書識) 구일복(丘一復) 등이 전사자를 날조해서 보고했지만, 감군은 병으로 죽은 항목을 분명히 구분하려고 했습니다. 감과가 공(公)이라고 이야기하지 않은 것은 아니었지만 찬획이 따라주지 않았습니다. 지위가 낮아 분하고 분해도 어떻게 할 수 없었지만, 주먹으로 찬획의 어깨를 때리고 손으로 찬획의 이마를 칠 뻔했습니다. 감군과 두 도원(道員)은 사안마다 분란을 해결했고 장차 왕경으로 돌아가서 공의(公議)를 밝히고자 중국의 장리(將吏)를 모으고 번비(藩鄙)의 군신을 규합해서 군정(群情)을 확인하는 데 힘써서 여론을 드러냈습니다.

그런데 감군의 행차가 막 이르렀을 때 감과의 행차가 치달려 와서 팔을 걷어 올리고 가슴을 치는 듯이 하여 끝내 사이가 벌어겼습니다. 찬획과 감과의 상주가 연이어 올라가고 서로 부화뇌동하자, 진효는 심장을 가르고 장을 도려내는 듯했고, 그 붕비(朋比: 무리)를 확인하고는 기(氣)가 가슴 가득히 맺혀서, 피를 토하며 조정에 아뢰지 못한 것을 한스럽게 여겨서 침식을 전폐하고 진상을 드러낼 것을 기약했습니다. 저와 이야기하다가는 곧 발끈하며 또 말하기를, "간악한 사람의 말을 믿고 나라를 망치는 말을 따르니, 만약 직무를 제대로 수행하지 못했다는 죄목에 나를 연루시킨다면 오히려 종사(宗社)의 복이 됩니다. 그러나 그의 주장을 행하게 한다면 반드시 번리(藩籬: 조선)의 공고함을 없애게 될 것인데, 이는 그중 작은 문제입니다. 가령 문무 장리(將吏)는 어떻게 하며, 관군 10만은 어떻게 합니까."라고 하였습니다. 쌓인 울분이 모였으나 계속해서 아뢰기 어려워했고 지나치게 격앙되어 결국 몸을 망쳤습니다. 공무에 성실했으나[158] 황제께 아뢰지 못했고 일을 꼼꼼하게 처리하여[159] 이국에서 여전히 필요했는데, 뜻을 품은 채 죽었으니 진실로 안타깝고 아쉽습니다.

이상의 회고(會稿)가 신에게 도착했습니다.

해신(該臣)이 경리조선군무 도찰원우첨도어사 만세덕과 함께 논의하여 살펴보았습니다. 감찰요해조선군무 감찰어사(監察遼海朝鮮軍務

....

158 공무에 성실했으나: 원문은 '賢勞'로, 홀로 고생했다는 것을 말한다. 『시경』「소아(小雅)」북산(北山)에 "대부가 공평하지 못한지라, 나만 홀로 어질다고 수고롭구나.[大夫不均, 我從事獨賢.]"라고 했는데, 맹자(孟子)가 이 시를 인용하면서 "이것이 왕의 일이 아님이 없건만, 나만 홀로 어질다고 수고롭구나.[此莫非王事, 我獨賢勞也.]"라고 했다.

159 꼼꼼하게 처리하여: 원문은 '綜核'이다. 『세설신어(世說新語)』「정사(政事)」에 "도공은 성품이 검소하고 근면하여 정사에 부지런했다."라고 했는데, 유효표(劉孝標)의 주(注)에 "도간이 서사(庶事)를 정밀히 살피고[綜核庶事] 농사를 부지런히 힘쓰니, 비록 군영(軍營)에 있는 무사(武士)라도 모두 권면하여 힘썼다."라고 했다.

監察御史) 진효는 관리 중에서 선발되어 특별히 황상의 선택을 받았습니다. 비분강개한 마음으로 나라를 걱정하고 또 감독하고 살핌으로써 변경을 안정시켰습니다. 적을 제압할 대책에 마음을 다하니 사졸은 모두 그로 인해 고무되었습니다. 뜻을 다해 정벌에 전념한 공과는 하늘과 태양이 함께 강림하여 드러내 줄 것입니다. 다만 공평한 태도로 도리를 지키며 아첨하지 않았으며 끝내 부끄러운 짓을 미워하고 간사한 것을 싫어하는 것이 매우 심해 모두 상주에 남김없이 쏟아냈으니 머리를 부수는[160] 충심을 어찌 잊을 수 있겠습니까.

7척의 사람에게 멀고 먼 지역[161]을 위임하니 진실로 죽음을 각오하는 마음을 먹었습니다. 더구나 그의 어머니께서 70세의 나이로 집안에는 자식을 기다리는 부모가 있었으며, 수부(繡斧)[162]로서 맑고 깨끗하니 외국에서 드물게 반거(攀車)[163]하는 일까지 생겼으니, 인리(人理)로 헤아려 보면 어찌 할 수 있는 것이겠습니까.

살펴보건대, 지난해 왜군을 평정했고 근년에 역적을 토벌했는데, 군대를 시찰한 감군은 모두 음서(蔭敍)로 승진했습니다. 지금 진효는 어려움과 위험함을 모두 겪었으나 도리어 배척을 받았다가 끝내

....

160 머리를 부수는: 원문은 '碎首'로, 강경한 충심을 말한다. 『논형(論衡)』에 "금식(禽息)이 백리해(百裏奚)를 목공(穆公)에게 천거했는데, 목공이 들어주지 않자 문을 나서며 넘어져 머리를 부수어 죽으니, 목공이 통탄하여 백리해를 등용했다."라고 했다.

161 멀고 먼 지역: 원문은 '要荒'으로, 요(要)는 요복(要服)을 황(荒)은 황복(荒服)을 말한다. 고대에는 왕도 주변을 기준으로 떨어져 있는 지역을 오복(五服)으로 표현했는데, 요복과 황복은 가장 먼 곳을 의미한다.

162 수부(繡斧): 수의(繡衣)와 도끼로, 군주의 명령을 받은 어사(御史)나 사신(使臣)을 비유하는 말이다.

163 반거(攀車): 선정(善政)을 배푼 지방 관원이 다른 곳으로 떠날 때 그 지방의 주민들이 수레를 붙잡고서 만류하는 것을 말한다.

이역에서 목숨을 바쳐 죽음으로써 관직에 복무했습니다. 또 성상께서 동정(東征)을 결단하시자 간악한 무리가 온 힘을 다해 파괴하고자 했으니, 진효가 공정함을 견지하지 않았다면 인심은 필시 동요되었을 것이고 기의(機宜)는 모두 어그러져 장차 사직을 위태롭게 했을 것입니다. 이와 같은 그의 큰 노고와 명확한 공로는 과거 현인의 열 배에 해당하니 아마도 특별히 넉넉한 은전을 베풀어 충성스러운 영혼을 위로해야 할 것입니다.

죽은 자도 지각이 있으니, 필시 명계(冥界)에서 기세를 돋움으로써 요기를 쓸어버리고, 조용한 분노와 그윽한 신령함으로써 붕당(朋黨)을 꺾어 버릴 것입니다. 그가 살아서는 우악한 은택을 받았으니 긍구(肯構)[164]함으로써 군주의 은혜에 보답하기를 바란다는 것을 또 알 수 있습니다.

엎드려 바라건대, 해부(該部)에 칙서를 내려 다시금 조사·논의하여 만일 끝내 신 등이 말한 바에 잘못이 없다면, 진효에게 관직을 추증하고 시호를 내리시고, 대대로 음직(蔭職)을 두터이 하사해 주십시오. 조선에서는 진효가 돌봐준 배려에 감격하고 있으니 그들에게 맡겨 사우(祠宇)를 세워 은덕을 갚도록 하되 압록강 입구에 사우를 건립하여 때마다 제사를 올리게 하겠습니다. 이것이 어찌 다만 신하의 절개를 포장하고 아름답게 여길 뿐만이겠습니까. 또한 나라에 세운 공적을 선양하고 격려하는 것입니다.

....

164 긍구(肯構): 후손이 선대의 유업(遺業)을 잘 계승하는 것을 말한다.『서경』「대고(大誥)」에 "만약 아버지가 집을 지으려 작정하여, 이미 그 규모를 정했는데도, 그 아들이 기꺼이 당기를 마련하지 않는데, 하물며 기꺼이 집을 지으랴[若考作室, 旣底法, 厥子乃弗肯堂, 矧肯構]."라고 했다.

　다시 살펴보건대, 동사(東事)가 매우 다급했는데 처음부터 끝까지 8년 동안 공적을 감사하는 사신이 이미 두 번 파견되었습니다. 과신은 결국 죄를 얻었으니 감사를 했으나 조사 결과를 기껍게 여길 수 없고, 감군은 중도에 사망했으니 감사를 했으나 마무리할 수 없습니다. 동정(東征)한 수만의 무리는 모두 나라를 떠나서 정벌한 병사들로서 일은 정해졌고 공적은 이루어졌는데, 어째서 오랫동안 기다릴 수 있겠습니까. 중국의 월향(月餉) 비용은 계산해 보면 18만여 냥입니다. 조선에서의 행량(行糧) 비용은 계산해 보면 6만 5000석입니다. 중국 군대가 하는 일 없이 먹기만 하는 문제와 조선이 방어를 정비할 수 없는 문제는 따지지 않더라도, 오랫동안 수자리를 지키면서 귀향을 생각하는 사람들을 어찌 하루라도 더 머물러 있게 하겠습니까.

　동정(東征)은 거의 2년이 되어 가고 직산(稷山) 등의 지난 공적은 이미 1년 3개월이 지났으며, 사로(四路)에서 새로운 공적은 또 4개월이 지났습니다. 과신 서관란은 광녕에 도착해서 관군을 철수시켜야 한다고 했는데, 신 등도 양향(糧餉)을 낭비할까 걱정이라 이미 연이어 출발시켰습니다. 그런데 지난 공적에 대해 공동조사가 이미 완료되었습니다. 각 관원의 공적과 죄과에 대해서는 공동으로 조사하여 올린 공책(公冊)이 있고, 병마의 손상에 대해서는 과신·부신이 스스로 만든 원책(原冊)이 있습니다. 이것들을 현재 해도(該道)에 발송했습니다. 또 각 장수들이 해명한 결책(結冊)이 역시 원(院)·도(道)에 있습니다. 감과가 때로는 요양에 회답했고 때로는 왕경에 회답했으니 수일 내로 완성할 수 있습니다. 새로운 공적에 대해서는 감군이 진(鎭)·도(道)의 관원들과 함께 감사하여 이미 완료되었습니다. 더구나 생존한 왜를 현재 헌부(獻俘)하고자 압송했고 썩은 뼈를 경관에 봉인했으니, 조사할 것이 있더라도 건건이 할 필요는 없습니다.

신 등은 여러 차례 유지(兪旨)를 받들었는데 첫 번째, "짐이 장사(將士)들의 노고를 생각하여 마땅히 은혜로운 서훈을 시행할 것이다. 명확히 조사한 후에 서둘러 상주하여 군심(軍心)을 위로하라."라고 하셨습니다. 두 번째, "문무 장사의 공적 등급에 대해 신속히 서훈해 오라. 원정에서 오랫동안 수고한 것을 생각하여 관대하게 검토할 것을 허락하며 모두 경사로운 은전을 입게끔 하라."라고 하셨습니다. 세 번째, "해당 총독·순무 등의 관원은 서둘러 공적 등급을 명확히 조사해서 신속히 아뢰라."라고 하셨습니다. 네 번째, "공적이 의심스러우면 후한 쪽으로 치하하고 죄가 의심스러우면 가벼운 쪽으로 다스리는 것이다. 짐은 사리를 참작하여 홀로 마음 속으로 결단했으니 후한 쪽으로 서훈하여 기록하고 엄격하게 따지지 않음으로써 짐의 경사로운 상과 덕스러운 명령을 더욱더 보이도록 하라."라고 하셨습니다.

가만히 생각해 보면, 성상(聖上)의 헤아림은 깊고도 정밀하며 또한 관대하면서도 신속하십니다. 그리고 바다의 재앙이 모두 정화되어 속국이 편안해졌는데, 알을 뒤집고 둥지를 들어내 근본을 제거하고 뿌리를 뽑았습니다. 황상께서는 신무(神武)가 멀리까지 펼쳐지고 제왕은 흉적을 꺾는 일을 어려워하지 않으니, 장사(將士)들에게 작은 공적이라도 없을 수 없습니다. 설령 손상이 있었다 해도, 그 손상은 혈전을 치렀음을 더 잘 보여주는 것입니다. 신 등이 여러 차례 받는 성지에 따라 서훈을 조사하고 아울러 감(監)·원(院)에서 원래 조사한 책권(冊卷)을 참작하고 사실에 근거해 서훈 등급을 요청하도록 하셨습니다.

바라건대, 성명(聖明)께서 부(部)에서 논의하라고 명령을 내리셔서 적절히 헤아려 승급시키거나 상을 줌으로써 먼 곳까지 가서 정벌한 노고에 답해 주십시오. 혹여 중신·헌신(憲臣)을 파견하여 다시 조사를 시행한다면, 청컨대 각 관병이 산해관에 머물고 있으므로 가까운 곳에서 직접 조사하면 동정(東征)한 문무 관원이 강을 넘어가는 동안 산 자와 죽은 자가 각기 은혜를 입어 소원을 만족[塞望]시킬 수 있습니다. 종합하건대, 성명께서 서둘러 결정을 내리시기를 청합니다. 어리석은 신은 간절하고도 간절한 마음을 가눌 수 없습니다.

성지를 받들었는데, "상주를 보았다. 감군 진효가 죽었다니 애석하다. 그에게 공적이 있고 목숨을 바쳤다는 것을 생각해서 후한 쪽으로 진휼할 것을 검토하라. 장사들의 신구(新舊) 공적 등급에 대해 조사가 이루어지지 않았으나 책권(冊卷)이 있으니 과신 서관란을 파견해 총독·순무·형개 등과 함께 조사하고 대질해서 조사를 마쳐라. 그리고 관대하고도 신속히 함으로써 짐의 덕의(德意)를 보여라. 장관으로 중요한 자는 한편으로 군병을 조사하고, 한편으로 철수하여 돌아오게 하라. 해부와 해원은 알아 두어라."라고 하셨습니다.

헌부에 관한 상주

獻俘疏 | 권6, 88a-113b

날짜 만력 27년(1599) 4월 22일 이전

내용 정유재란을 통해 명군이 사로잡은 일본군 장졸들을 심문하여 그들의 신원을 확인하고, 노획한 무기 등과 함께 이들 포로를 만력제에게 바치면서 올린 상주이다.

형개의 보고에 따르면 명군은 노량해전에서 "시마즈 요시히로[石曼子]"의 목을 베고 다이라노 히데마사(平秀政)와 다이라노 마사나리(平正成)[165]를 사로잡았다. 그들의 공술에 따르면 다이라노 히데마사는 시마즈 요시히로의 조카뻘이자 도요토미 히데요시의 양자였고, 다이라노 마사나리는 둘 중 하나의 중요한 휘하 무장이었다.[166] 형개는 두 장수가 수급을 보고 시마즈 요시히로임을 확인했으며, 일본군 포로들이 수급에 경의를 표했음을 근거로 시마즈 요시히로의 수급이 맞다고 주장했다.[167]

. . . .

165 다이라노 마사나리(平正成): 형개는 2-1 〈拘執沈惟敬疏〉 및 6-3 〈奏辯東征始末疏〉에서 강화 교섭을 위해 심유경과 접촉했던 데라자와 마사나리(寺澤正成)를 "마사나리(正成)"라고 지칭했으나, 본문의 다이라노 마사나리에 대해 설명할 때는 강화 교섭 등에 대한 언급을 일절 하지 않고 있다. 따라서 형개는 본문의 다이라노 마사나리와 데라자와 마사나리를 별개의 인물로 본 것으로 추측된다.

166 섭향고(葉向高)가 지은 형개의 묘지명에는 다이라노 마사나리를 위구주도독(僞九州都督), 다이라노 히데마사를 대장(大將)이라고 명기했다. 葉向高, 『蒼霞續草』(四庫禁燬書叢刊 集部 125) 卷11, 「光祿大夫柱國少保兼太子太保南京兵部尚書參贊機務崑田邢公墓志銘」, "禽僞九州都督平正成及大將平秀政等."

형개는 이어서 각 포로의 내력을 설명했는데, 대부분은 정유재란 최후의 사로병진 작전과 이후의 소탕전 당시 사로잡힌 병졸들이었다. 고니시 유키나가의 사신 요시라(要時羅)와 가토 기요마사의 사신도 명 진영에 억류되어 있다가 포로로 취급되었다. 형개는 61명의 포로와 다수의 무기 등 노획품을 만력제에게 바쳤다.

이를 받은 병부에서는 이들을 형부에 보내 심문하도록 하고, 예부에서는 헌부(獻俘) 의식을 행할 날짜를 잡도록 했다. 형부에서는 포로들을 심문한 뒤 임진왜란의 발발부터 정유재란의 종결까지의 과정 속에서 이들이 행한 역할과 체포된 과정을 정리했으며, 정범(正犯) 다이라노 히데마사와 다이라노 마사나리를 능지처사(凌遲處死)하고 종범 59명을 참형에 처한 뒤 수급을 구변(九邊)에 조리돌리자는 의견을 올렸다. 예부에 예부에서는 4월 25일로 택일했으며, 의식의 절차를 상정하여 보고했다. 만력제는 이를 모두 윤허했다.

본 문서는 정유재란 당시 사로잡힌 일본군 장졸들에 대한 신상정보 및 포로의 획득 과정, 명군 및 명 조정의 전과 인식을 잘 보여주는 문서이다. 다만 본 문서에서 수급의 신원을 확인했다는 시마즈 요시히로(島津義弘)는 멀쩡히 일본에 귀환해 있었으며, 전투 중 참수했다고 되어 있는 소 요시토시(宗義智), 야나가와 시게노부(柳川調信) 역시 마찬가지였다. 또한 시마즈 요시히로의 조카뻘이라는 다이라노 히데마사나 주요 무장이라는 다이라노 마사나리는 일본 측 사료에서 전혀 확인되지 않는다. 따라서 이들에 대한 기록은 형개를 비롯한 명군 지휘관들이 자신들의 전과를 과장하기 위해 왜곡한 것으로 여겨지고 있다.[168]

....

167 형개는 이보다 전에 작성된 6-3 〈奏繳東征始末疏〉에서도 시마즈 요시히로의 수급에 관한 비슷한 일화를 보고한 바 있다.

168 본 문서를 분석한 주요 연구로는 久芳崇, 「明朝皇帝に獻納された降倭: 『經略禦倭奏議』を主要史料として」, 『山根幸夫敎授追悼記念論叢: 明代中國の歷史的位相』下, 東京: 汲古

권 6

관련문서『만력기거주』 만력 27년 4월 22일 기사에는 내각대학사 심일관(沈一貫)이 올린 제본이 실려 있는데, 그 내용에 헌부(獻俘) 의식이 언급되어 있다.[169] 따라서 본 문서가 명 조정에 도착하고, 만력제의 성지가 내려진 것은 그 이전의 일로 판단된다.『만력삼대정고(萬曆三大征考)』를 비롯한 명대 사료들에 따르면 이들은 4월 18일에 만력제에게 바쳐졌고, 7일 뒤인 4월 25일에 헌부 의식이 거행되었다.[170]
『명신종실록』에는 4월 25일에 헌부 의식을 거행했다는 기사가 있으며,[171] 윤4월 8일에는 이들 포로를 처형함으로써 전쟁을 마무리했음을 선포하는 「평왜조(平倭詔)」가 반포되었다.[172]『재조번방지』에는 이들의 헌부 및 처형 의식이 생생하게 묘사되어 있다.[173]

....

書院, 2007을 참조. 鄭潔西, 「萬曆時期に日本の朝鮮侵略軍に編入された明朝人」, 『東アジア文化交涉研究』 2, 2009는 명대 문인 장대복(張大復)이 이때의 헌부 의식을 관람하고 남긴 「동정헌부기(東征獻俘記)」를 시작으로 일본군에 편입되어 있던 명조인(明朝人)의 존재를 추적하고 있다.

169『萬曆起居注』 10책, 만력 27년 4월 22일, 136~139쪽.

170 茅瑞徵, 『萬曆三大征考』, "前後生擒倭六十一, 以四月十八日獻俘, 平秀政、平正成, 竝梟磔傳九邊."; 張大復, 『梅花草堂集』 卷4, 「東征獻俘記」, "獻獲之七日, 天子御樓受俘."

171『명신종실록』 권333, 만력 27년 4월 25일(갑술), "上御午門樓, 受總督邢玠等所獻倭俘六十一人, 付所司正法, 百官致詞稱賀. 是日, 祭告郊廟, 遣公徐文璧、侯陳良弼、駙馬都尉許從誠, 各行禮, 收回酺、醢、果、酒, 頒賜輔臣."

172『명신종실록」 권334, 만력 27년 윤4월 8일(병술), "檻致平秀政等六十一人, 棄屍槁街, 傳首天下, 永垂兇逆之鑒戒, 大洩神人之憤心."

173 申炅, 『再造藩邦志』 卷4, 79b-81a, "大凡擒斬倭奴二千一百四十八級, 告廟宣捷, 軍門經理又上前後生擒倭奴六十一名, 於是擇日宣捷, 遣大臣告於郊廟. 是日天氣淸和, 軍民忻悅. 刑部尙書蕭大亨, 領左侍郞謝述、右侍郞董裕, 出班奏事. ... 大亨等進至午樓下, 時天子御午樓, 朝暾正耀. 尙書跪御路, 兩侍郞左右夾之, 首僅及肘. 致詞旣[謂], '刑部尙書臣蕭大亨、左侍郞臣謝述、右侍郞臣董裕等, 敢請犯人平秀政、成正等傑[磔]斬, 合赴市曹行刑, 請旨.' 凡數百言, 字字響喨, 舒徐宣畢, 俯伏. 皇上親傳挐去二字, 廷臣尙未聞聲, 左右勳戚相接傳挐去二字, 二遞爲四, 乃有聲, 四遞爲八, 又八遞爲〈十〉六, 漸遞爲三十二, 最下則侍衛大將軍三百六十人, 齊聲應如轟雷矣. 傳旨畢, 尙書以下退朝, 出東長安門. 錦衣衛官壓赴東市行刑訖, 文武百

형부에서 잡혀 온 포로들을 심문한 내용은 형부상서 소대형(蕭大亨)의 『형부주의(刑部奏議)』에 수록된 「왜부평수정등초유소(倭俘平秀政等招由疏)」에 이 문서와 거의 동일하게 실려 있다.[174]

형개는 이듬해 작성된 10-6 〈題倭奴送回宣諭人役疏〉에서는 일본에 살아 있는 시마즈 요시히로[義弘]의 존재를 언급하면서 어떤 설명도 하지 않아, 새로운 사실이 확인되었음에도 자신의 잘못된 보고를 정정하지 않고 슬그머니 넘어가는 태도를 취했다. 이에 만력 30년(1602) 3월 이과급사중(吏科給事中) 조우변(曹於汴)은 형개의 허위 보고를 탄핵했으나 형개가 시마즈 요시히로의 참획 및 다이라노 마사나리의 포획 진위는 크게 중요하지 않다고 반박하고, 만력제가 이를 받아들임으로써 유야무야되었다.[175] 그럼에도 불구하고 이후 노량해전에서 시마즈 요시히로를 전사시켰다는 기록은 후대 사서에 일부 반영되었다.[176]

왜의 재앙은 이미 쓸어버려 전례에 따라 헌부(獻俘)하고 아울러 획득한 장비는 발송하여 올렸으며, 왜장(倭將)의 진술을 갖춤으로써 경사로운 은전을 빛내고 황상의 결단을 기다리는 일.

....

官入班北向立, 致詞, 跪御道, 稱賀. 樂作, 乃行五拜三叩頭禮. 樂止, 百官乃退."

174 久芳崇, 앞의 글, 147쪽. 일본 호사문고(蓬左文庫) 소장 소대형의 『형부주의』에 대해서는 鄭潔西 楊向豔, 「日藏孤本『刑部奏議』及其史料價值」, 『學術研究』, 2015-11을 참조.

175 吳亮, 『萬曆疏鈔』 卷19, 糾邪類, 「中外多隱伏之禍臣工乏忠蓋之風乞斥奸邪大臣以肅吏治疏」(曹於汴, 吏科給事中, 萬曆三十年三月); 『명신종실록』 권371, 만력 30년 4월 12일(계묘).

176 이상 본 문단의 서술은 박현규, 「『明實錄』 중 노량해전 戰績기록에 대한 분석」, 『이순신연구논총』 29, 2018, 24~34쪽; 吳如功, 「壬辰戰爭陳璘"擊殺石曼子"事跡及其傳播考辨」, 『陝西學前師範學院學報』 2016-12를 참조.

경리조선군무 도찰원우첨도어사(經理朝鮮軍務都察院右僉都御史) 만세덕의 회고(會稿)를 받았는데, 그 내용은 다음과 같았습니다.

중동서어왜감군해방병비도 산동포정사우참정(中東西禦倭監軍海防兵備道山東布政司右參政) 왕사기(王士琦)와 우참의(右參議) 양조령(梁祖齡)의 회정(會呈)을 받았는데, 그 내용은 다음과 같았습니다.

비왜관향운동(備倭管餉運同) 오량새(吳良璽), 동지(同知) 한초명(韓初命), 통판(通判) 여민화(黎民化)[177]·도양성(陶良性)이 다음과 같이 보고했습니다.

저희들은 유격(遊擊) 왕원주(王元周) 및 오랫동안 왜영(倭營)에 있던 좌영(坐營) 사용재(謝用梓)[178]·이대간(李大諫)[179]·오종도(吳宗道),[180] 이목(吏目) 항여변(項汝變), 통사(通使) 뇌사(雷四)·이문욱(李文彧)·복랑(伏朗)·양충개(梁忠介) 등과 함께 생포한 왜장(倭將)을 통역하여 심문했습니다.

한 명은 다이라노 히데마사(平秀政), 또는 와일(窩一) 또

....

177 여민화(黎民化): ?~?. 명나라 사람이다. 정유재란이 종결된 이후 동로관량동지(東路管糧同知)로 세운 공로를 인정받아 직례연경주지주(直隸延慶州知州)에 임명되었다.

178 사용재(謝用梓): ?~?. 명나라 사람이다. 만력 21년(1593) 심유경(沈惟敬)이 고니시 유키나가와 강화 협상을 진행할 때, 서일관(徐一貫)과 함께 일본에 사신으로 파견되었다. 일본에 잡혀 있던 임해군(臨海君)·순화군(順和君)과 함께 조선에 들어왔다. 후에 강화 협상에서 공문을 위조한 사실이 발각되어 서일관과 함께 유배되었다.

179 이대간(李大諫): ?~?. 명나라 사람으로 절강 가흥부(嘉興府) 수수현(秀水縣) 출신이다. 호는 북천(北泉)이다. 만력 20년(1592)에 조선에 와서 의주에 있었으며, 만력 25년(1597)에 형개를 따라 다시 왔다.

180 오종도(吳宗道): ?~?. 명나라 사람으로 절강 소흥부 산음현(山陰縣) 출신이다. 만력 21년(1593)에 조선에 왔으며 만력 25년(1597)에는 형개의 군문(軍門)에 소속되어 잇따라 수군을 이끌고 나왔다. 점차 조선 조정과 전략과 정세에 대한 의견을 나눌 정도로 역할이 확대되었다.

는 길표엽(吉漂葉)이라고 합니다. 나이는 27세, 살마주(薩摩州) 사람이며, 다이라노 하데타카[平秀久][181]의 아들이자, 요시히로(義弘)[182]의 족질입니다. 세상에 전해지길 매년 식미(食米) 2000포(包)라고 합니다. 만력 임진년(1592)에 히데마사는 요시히로의 아들 구석라(舊石羅)와 함께 왜의 수도로 가서 도요토미 히데요시[平秀吉]가 당두(當頭)로 삼은 자와 함께 3년을 머물렀습니다. 관백이 그를 거두어 양자로 삼았습니다. 고집하며 말하기를, "천조(天朝)가 도독차부(都督箚付)를 주었다. 다만 받아서 저 나라에 두었다."라고 했으나 조사할 근거가 없습니다. 갑오년(1594) 겨울 살마주로 돌아갔다가 이듬해 봄 병사 5000명을 거느리고 사천(泗川)에서 요시히로와 함께 주둔했습니다.

다른 사람은 다이라노 마사나리[平正成]인데, 살마주수(守)이며 본명은 화압석(花壓石) 또는 대석마(大石馬)라고 합니다. 나이는 40세이고 요시히로 휘하의 대장으로 삼도(三島)를 관할하는데 하나는 철자마(撤子馬), 하나는 아사미(阿思米), 하나는 축가(兄加)라고 합니다. 병마 6000명을 거느리고 매년 식미(食米)는 2000포입니다. 만력 25년(1597) 3월 1일에 병사를 이끌고 부산에 도착했습니다. 이후 유키나가가 일본으로 돌아가 책봉을 청했고 마사나

....

181 다이라노 하데타카[平秀久]: 다이라노 히데마사와 이름이 같은 나카가와 히데마사(中川秀政)의 아버지는 나카가와 기요히데(中川淸秀)이다. 따라서 다이라노 히데마사와 나카가와 히데마사는 다른 인물일 가능성이 높다.

182 요시히로(義弘): 시마즈 요시히로(島津義弘)이다. 원문에는 "平義弘"으로 되어 있다.

리는 가덕(加德) 등의 섬에 도착했습니다. 만력 25년 9월 중 병사를 이끌고 다시 사천에 도착했습니다. 만력 26년 (1598) 2월에는 다시 가덕도로 돌아갔습니다. 7월에는 다시 사천으로 와서 주둔했습니다.

왜역(倭役) 한 명은 와이(窩二)이며 또는 달니아마길지소(撻呢鴉馬吉只所)라고 합니다. 나이는 19세이며 요시히로의 외가실(外家室)인데 곧 중국의 문자(門子)입니다.

그 석만(石曼)의 수급에 대해 다이라노 마사나리 및 다이라노 히데마사가 모두 진술하기를, 일본의 대관(大官)이 세 명인데 그 중 하나가 석만자(石曼子), 즉 요시히로이고, 다른 하나는 막리다라(莫離多羅)이며 다른 한 명은 액압사(掖鴨斯)라고 했습니다. 오직 석만자만 자기 병사 5만 명을 거느리고 사천에 왔습니다. 일본에서는 석만자를 대원수라고 칭하며 극히 존대합니다.

11월 중에 왜교(倭橋)[183]의 유키나가가 포위되어 궁하고 급해졌지만 돌아가려고 해도 길이 없자 사람을 보내 석만자에게 구원을 요청하여 석만자가 15일에 사천에 도착했습니다. 석만자는 즉시 명령을 내려 본영의 배 300척, 장관(將官) 압남고(鴨南皐)의 충봉선(衝鋒船) 60척, 대마도 태수의 충봉선 80척, 뒤따라온 선척은 그 수를 알 수 없는데, 서둘러 유키나가를 구원하도록 했습니다. 17일 저녁

....

183 왜교(倭橋): 임진왜란 때 순천에 쌓은 왜성을 말한다. 당시 조선 및 명군에서는 왜교(倭橋), 왜교성(倭橋城) 또는 예교(曳橋)라 부르기도 했다. 전라남도 승주군(昇州郡) 해룡면(海龍面) 신성리(新城里) 지역에 있었다.

노량에 도착했습니다. 18일 밤 4~5고(鼓)쯤, 천병(天兵)을 만나 대적했습니다. 하늘에 여명이 밝아 왔고 석만자의 금정누선(金頂樓船)이 총병 진린(陳璘)의 배를 들이받아 공격을 가했지만 천병의 전투선에게 각각 포위를 당해, 화공(火攻)을 받고 불타 버렸으며 석만자는 참수당했습니다. 데라자와 마사나리 및 다이라노 히데마사, 와이 등은 잡혔습니다.

　무릇 두목으로서 용맹하다는 왜장(倭將)은 모두 피살되었습니다. 석만자의 친형제는 4인입니다. 대형은 시마즈 요시히사[大石曼子義久]로 현재 일본에 있으며 관백의 8살 난 아들 아허래(阿虛來)의 의부(義父)입니다. 둘째 석만자(石曼子)는 이름은 요시히로(義弘)이며 원래 살마주의 왕이며 이후 관백이 항복을 받고서 도주(島主)로 삼았습니다. 노량해전에서 피살되었으며 현재 수급이 있습니다. 그 아들은 마답법적라(麻笞法赤羅)인데, 나이는 22살이며 얼굴에 흑마(黑麻)가 있으며 아버지의 직을 대신해 살마 도주가 되었습니다. 셋째는 석만자 새문(賽門)인데 집에서 병사했습니다.[184] 넷째는 석만자 나가자가살(那帑貲帑撒)인데 지금 살마주에 있으며 일을 담당하지 않습니다.[185] 소 요시토시[平義智],[186] 야나가와 시게노부[平調信], 평관재(平管

<hr/>

184 셋째는 …… 병사했습니다: 시마즈 다카히사(島津貴久)의 셋째는 시마즈 토시히사(島津歲久)이다.

185 넷째는 …… 않습니다: 시마즈 다카히사(島津貴久)의 넷째는 시마즈 이에히사(島津家久)이다.

186 소 요시토시(宗義智): 1568~1615. 일본 사람으로 대마도의 도주이다. 임진왜란이 일어

在)의 수급에 대해서는 사로잡힌 왜 경가(慶哥) 및 남해 관민이 모두 인정했습니다.

다이라노 마사나리 등이 말하기를, "대마도의 왜장은 물길로 멀리 떨어져 있기에 애초부터 알지 못합니다."라고 했습니다. 왜장 사치살마명석비탄일리금(斜哆撒馬明石飛驒一裏金)[187] 및 악사급(嶽思急) 등의 수급 20과는 머리마다 조사해서 확인했습니다. 다이라노 마사나리 등이 말하기를, "모두 살마주의 상관호장(上官好將)으로 사실입니다."라고 했습니다. 거듭 통사를 바꾸고 여러 번 통역하여 심문하고 확인했으며 각각 차이 나는 말이 없었습니다.

이상의 보고가 병비도에 도착했습니다.

이를 받고 살펴보니 앞서 본원(本院: 도찰원)의 헌패(憲牌)를 받았는데, 그 내용은 다음과 같았습니다.

총독경략군문(總督經略軍門)의 자문을 받았는데, 그 내용은 다음과 같았다.

앞서 통령수로어왜총병관(統領水路禦倭總兵官) 진린(陳璘)의 당보를 받았는데, "만력 26년(1598) 11월 19일 관병을 거느리고 각기 호선(唬船)[188]·사선(沙船)[189] 등을

....

나자 장인이었던 고니시 유키나가 휘하의 제1진으로 침입해 왔으며, 두 차례에 걸쳐 조선 조정과의 강화를 요구했으나 성사시키지 못했다.

187 사치살마명석비탄일리금(斜哆撒馬明石飛驒一裏金): 신원은 물론이거니와 몇 명의 이름인지 현재로선 알 수 없다.

188 호선(唬船): 소형 군함을 말한다. 크기가 비교적 작고 기동성이 좋아서 회전이 용이하여 굽은 곳을 돌기 편했다. 또한 항해 속도가 빨라 근해에서 전투하는 데 활용했다. 군대에서 활용하는 이외에 무역의 일에도 활용되었다.

189 사선(沙船): 평저선을 말한다.

몰고서 노량 바다로 가서 적과 격돌했으며 왜장 및 살아남은 왜를 생포했고 아울러 왜의 수급을 베었습니다. 곧이어 당보를 올립니다."라고 했습니다.

이어서 본관의 당보를 받았는데, '패역한 두목을 이미 잡았고 증거를 자세히 살펴보니 확실히 사실이므로 잘못을 고침으로써 하늘의 토벌을 드러내는 일'이었습니다. 당보에서 "전에 잡은 왜장에 대해 왜병(倭兵) 뇌사(雷四)로부터 통역한 조사를 받아 보니, 삼파라토(三婆羅吐)가 '이는 대총수(大總帥) 다이라노 마사나리이고 석만자의 부하가 아닙니다.'라고 했습니다. 바르게 고치길 청합니다."라고 했습니다.

이상의 자문을 받았으니, 도원(道員: 해방병비도)에게 바라건대, 해로(該路) 총병과 함께 사로잡은 왜장 및 생포한 왜병에 대해 하나하나 상세히 통역으로 심문하여 과연 진실인지 아닌지 요약 진술서를 취하고, 전후에 획득한 왜의 무기 중 현재 해영(該營)에 있는 것과 이미 창고로 넘긴 것을 하나하나 조사하라. 애초에 보낸 지시대로, 동지 한초명(韓初命)에게 가서 조사하고, 아울러 왜장의 진술 및 현재 왜장·종왜를 미리 요양으로 발송하여 구류하라. 왜장·종왜의 성명과 보내야 할 왜의 무기 수목은 모두 정확히 점검하여 책으로 만들고 상세히 보고하여, 회제(會題)를 올릴 수 있도록 하라.. 보내야 할 왜장·종왜·왜의 무기는 각 총병아문으로 하여금 적당한 원역(員役)이 관리하여 보내도록 함으로써 소홀하지 않게 하라. 연도에서 경사까지의 이동 비용은 적절히 논의해서 지급하라.

또 본원의 헌패를 받았는데, 그 내용은 다음과 같았습니다.

총독경략군문의 자문을 받았는데, 그 내용은 다음과 같았다.

앞서 수로(水路) 총병의 당보를 받았는데, "왜장을 생포했는데 스스로 석만자의 부하라고 합니다. 이후에 해진(該鎭)에서 직접 확인해 보니 각 생존한 왜가 그 왜장을 보고 놀라서 땅에 엎드려서 고개를 들고 경외했습니다. 이후에 심문했는데 대총수 다이라노 마사나리라고 했습니다. 또한 대세마(大洗馬)가 되었다고 했습니다. 그 계효와일(計孝窩一)에 대해서는 줄곧 당보에서 이러한 왜장이 있다는 것을 확인하지 못했는데, 이번에는 첨부문서에서 석만자의 조카이며 또한 다이라노 히데마사라고 했습니다. 석만자의 수급은 전에 문서에서 해도(該道)가 안원(按院)과 함께 수급을 공동으로 조사했고, 왜장·생포한 왜가 수급을 보자 즉시 대성통곡했으며 떼를 지어 꿇어앉았으며 또 소를 요청해서 그를 제사하고 절을 했습니다. 또 말하기를, 석만자는 심안도(沈安道)이며 또는 요시히로(義弘)라고 합니다. 교장(敎場)에 도착해서 공동으로 수급을 검사할 때 여러 왜장이 수급을 보고 모두 떼를 지어 무릎을 꿇었으며 수급을 거두자 즉시 일어났습니다."라고 했습니다. 이를 보면 석만자의 수급이 아마 맞는 것 같습니다. 다만 왜적은 교활하고 한 사람에 2~3개 성명이 있으니 어느 것이 정확한지 알지 못합니다. 헌부(獻俘)에 관계되므로 반드시 진짜 확실한지 조사·검사해야만 압송하는 데 편리할 것입니다.

위의 자문을 받았으니, 도원에게 바라건대, 운동(運同) 오량새(吳良璽)에게 임무를 맡겨, 왜장 및 석만자와 소 요시토시, 야나가와 시게노부, 평관재(平管在)의 수급을 각 장관 및 조선 통관과 이대간(李大諫)[190] 및 오랫동안 왜영에 있어서 여러 왜를 잘 아는 자들을 시켜 함께 변별하고 확인해서, 진짜 확실한 성명을 확인하는 데 힘쓰고, 진(鎭)·도(道)에서 다시 심사한 것과 차이가 없다면 즉시 상세한 내용을 갖추고 공동으로 보고함으로써 상주에 넣어 제본을 갖추어 발송할 수 있도록 하라.

위의 도찰원 헌패를 받고 연이어 공문을 갖추어 각 관원에게 보내서 공동으로 확인하게 했습니다.

그후 지금 위의 사안을 받고서 살펴보건대, 저 왕사기는 처음 전주(全州)에 있을 때 앞 항목의 수공(首功)[191]을 확인했습니다. 그때 생포한 왜장 다이라노 마사나리와 다이라노 히데마사가 계단 쪽에 일어서 있었는데, 석만(石曼)의 수급 상자를 열어서 확인했을 때 두 왜장이 보자마자 무릎을 꿇고 엎드려 흐느껴 울며 눈물을 멈추지 못했습니다. 곧이어 석만의 수급이 맞는지 심문했습니다. 두 왜장은 계속해서 고개를 끄덕이

....

190 이대간(李大諫): 본서 6-7 〈獻俘疏〉에 "李大諫´吳宗道……"에 근거해 인명으로 판단했다.

191 수공(首功): 전투에서 적장의 목을 자른 공로를 말한다.

며 맞습니다, 맞습니다라고 했습니다. 다음으로 감원(監院)으로 보내서 조사하고 확인했는데, 두 왜장은 다시 석만의 수급을 보고 전과 같이 곡을 하며 울면서 곧장 제사 물품으로 죽은 영혼을 위로하게 해 달라고 애원했습니다. 곧이어 본원에서 상으로 제수품을 지급하자 두 왜장은 찬물로 목욕한 후 슬퍼하며 제사를 지냈습니다. 운동 오량새, 통판 여민화 및 전주의 관민이 모두 본 바입니다. 이후 왕경으로 압송했고, 총독·순무·감원이 교장에 함께 모여, 부(部)·도(道)·수로총병(水路總兵)·장령(將領)·부좌(府佐)[192] 등의 관원과 조선의 배신(陪臣)을 모이도록 독려한 후 위의 수공을 조사·확인했습니다. 석만의 수급이 있는 상자를 일단 열자 두 왜장은 전과 같이 부복했습니다. 상자를 덮자 두 왜장은 그제야 일어섰습니다. 그 전후의 슬픈 상황은 각 관원이 상세히 확인한 것과 서로 부합합니다.

다이라노 마사나리, 다이라노 히데마사에 대해서는 이미 여러 관원이 재조사를 했는데, 모두 살마주의 대장이라고 진술했습니다. 그 나머지 참획한 왜장의 수급은 23과이며 생포한 왜들이 진술하여 모두 높은 직위의 장수[上官好將]라고 인정했으니 실상이 또한 진짜 확실합니다.

소 요시토시, 야나가와 시게노부, 평관재 세 수급은 그들을 원래 잘 알고 있던 왜인 경가(慶哥)가 이미 죽었고 남해 관

....

192 부좌(府佐): 고위 관서에서 보좌 역할하는 관원을 말한다. 지방 관서의 좌이관(佐貳官)을 가리키기도 한다.

민은 한 번에 모집하기 어려우니 판결하기가 어렵습니다.

또 조사해 보건대, 서로(西路)에서 잇달아 왜장 3명을 생포했습니다. 한 명은 극심표엽(極心票葉)이라고 하고, 한 명은 이수해(李數解)라고 하는데, 만력 26년(1598) 11월 17일에 광양(光陽) 지역에서 복병을 만나 생포되었으며 모두 비란도(飛鸞島)의 왜장이며 풍화상법인(風和尙法印)의 부하입니다. 한 명은 아어답력사결(阿於荅力思結)로 10월 19일에 왜성을 공격해서 격파할 때 진영에서 생포했으며 유키나가 휘하 대왜장(大倭將)입니다.

또 잇달아 파견되어 대화를 한 왜장은 모두 3명입니다. 한 명은 요시라로 대마도 왜장이며 유키나가가 파견하여 올해 6월 1일에 왕경에 도착했는데, 아마도 우리의 허실을 탐색하려는 것 같아 해당 전원(前院)이 감옥으로 보내 억류했습니다. 한 명은 사생문낙신대(舍生門樂信大)라고 하며 기요마사가 파견했고 올해 7월 5일에 동로(東路)에 와서 논의했습니다. 또 왜장 한 명은 화질대리소여문(化叱大裏小如文)이라고 하며 또한 기요마사가 파견했고 8월 20일에 동로에 와서 논의했습니다. 그때는 바로 병사를 진격시키는 때라서 고의로 우리의 거병을 늦추었습니다. 해당 총병 마귀가 정문을 올려 효시할 것을 청했으며 군문의 자세한 지시를 받고 억류하고서 풀어주지 않고 있습니다. 우리의 안배와 배치가 정해진 다음 그 죄를 헤아려서 그 사신을 경계에서 죽인다면 한쪽에서 거행하는 일이라고 해도 중국에 사람이 있다는 것을 알게 될 것입니다.

또 조사하건대, 사로(四路)에서 전후에 종왜를 생포했는데 여러 종류입니다. 중로(中路)에서는 만력 26년 7월 20일에 고령(高靈)에서 경비하다가 생포했는데 한 명은 신서노(信西奴)라고 합니다. 8월 23일에는 합천(陜川)에서 초왜(哨倭)를 생포했는데 십나세락(十羅世樂)이라고 합니다. 이달 14일에는 서생포(西生浦)에서 나무꾼을 체포했는데 아자패라(亞子孛羅)라고 합니다. 11월 2일에는 진주(晉州) 서쪽 소로(小路)에서 적과 대치했을 때 생포했는데 산사계(散司界)라고 합니다.

동로에서는 만력 26년 9월 23일에 온정(溫井)이 있는 동래(東萊)에서 생포했는데 계마(界磨)라고 합니다. 11월 3일에는 해구(海口)에서 적과 대치하던 중 생포했는데 견차랑(見次郎)이라고 합니다. 11월 29일에는 다대포(多大浦)에서 적과 대치하던 중 생포했는데 선수계(善曳戒)라고 합니다. 12월 5일에는 다대포에서 창고로(敞古老) 등 2명을 생포했습니다.

수로(水路)에서는 만력 26년 7월 24일에 흥양(興陽) 등에서 적과 대치하던 중 나이소(羅二所) 등 2명을 생포했습니다. 이달 29일에는 죽도(竹島) 해양에서 크게 전투할 때 범날마(梵捏麼) 등 9명을 생포했습니다. 10월 3일에는 전투에서 시이지라(是爾之羅) 등 4명을 생포했습니다. 11월 16일에는 왜교(倭橋)에서 적과 대치하던 중 심건길(甚什吉) 등 5명을 생포했습니다. 이달 19일에 노량 바다 등에서 크게 전투를 벌였고 종왜 금□(金□) 등 9명을 생포했습니다. 이달 29일에는 남해 금산(錦山)에서 공격했을 때 사사길(沙四吉) 등 2명을 생포했습니다. 12월 10일에는 밤에 을천산(乙川山)을 공격했을 때 나막가(那莫哥)를 생포했습니다.

　서로(西路)에서는 만력 26년 11월 17일에 광양(光陽) 대로(大路)에서 초병이 매복하고 있다가 종왜 악송다라(嶽送多羅) 등 4명을 생포했습니다. 이달 19일에는 왜성을 공격하여 파괴했고 낙고락(落孤樂)을 생포했습니다. 이달 20일에는 웅방산(熊方山)에서 적을 추격하여 아십지(阿十枝) 등 2명을 생포했습니다.

　또 일을 논의하기 위한 왜장 요시라를 따라 온 종왜 고화지(古和知) 등 2명, 왜장 사생문낙신대를 따라온 종왜 대시로(大時老) 등 2명이 있습니다.

왕사기 등이 위의 내용 및 획득한 각 항의 장비에 대해 분류한 책자를, 공동으로 보고하여 저[만세덕]에게 도착했습니다.

만세덕의 회고가 신[형개]에게 도착했습니다.

　해신(該臣)이 경리조선군무 도찰원우첨도어사 만세덕과 함께 다음과 같이 논의하였습니다. 왜노는 무도하게도 외번을 잔악하게 파괴했는데, 대개 임진년(1592) 이래 조선의 강토를 주머니 속 물건으로 보았을 뿐만 아니라 또한 다방면으로 우리를 기만하고 조공을 청하고 책봉을 청하여 시간을 끌면서 완전한 힘을 길렀습니다. 그러한 후에 책봉 사신을 분명히 물리치고 적병을 더욱 많이 심었으며 탐욕스럽게도[193] 감히 천조의 명령에 저항하여 벌과 개미와 같은 병사를

---

193 탐욕스럽게도: 원문은 '封豕長蛇'로 '봉시(封豕)'는 큰 돼지, '장사(長蛇)'는 긴 뱀을 말한다. 돼지처럼 음식을 탐내어 먹고 긴 뱀같이 음험하다는 의미로, 욕심이 많고 잔인한 사람을 비유하는 말이다. 『춘추좌씨전(春秋左氏傳)』 정공(定公) 4년조에 "오나라는 탐욕스러운 큰 돼지와 긴 뱀같이 줄곧 다른 나라를 침략하여 삼키려고 합니다[吳爲封豕長蛇 以薦食上國]."라고 했다.

불러 모아 공공연히 남의 나라를 멸망시킬 모략을 시행했습니다.

다행히 하늘 같은 성총(聖聰)을 베푸셔서 한뜻으로 전쟁을 주장하시고 현명한 예단을 이미 내리시니, 사람들의 논의가 흔들리지 않았습니다. 요새를 마주한 지 거의 2년 동안 병권을 잡은 자를 사진(四鎭)에 나누니 우리의 위령(威靈)은 날마다 빛나고 저들의 세력은 날로 궁해져서, 비로소 책(柵)을 버리고 소굴을 불태우고서 몰래 달아나거나 한밤중에 도망쳤습니다. 그런데 교활한 도적이 속임수를 많이 써서 도리어 협공했으나 우리 육사(六師)가 곧바로 전진하자 그들은 한 번에 패배했습니다. 적을 쫓으면서 사로잡거나 베는 일이 반복되었고 그 수괴의 갑옷과 병기를 얻었습니다. 남기고 간 기타 물건들이 가득했는데, 그중 성을 지키는 동총(銅銃)이 수천 근에 달하여 중국 총포와 비교할 수 없었으니, 교활한 왜의 뜻이 어찌 작은 것에 있었겠습니까.

말과 소는 상으로 충당했고 이 외 모두 헤아려 보면 사로에서 획득한 도총(刀銃)·기창(旗鎗)·회갑(盔甲) 이하 총 3002건입니다. 왜장 다이라노 히데마사 이하 합계 54명은 모두 전장에서 얻었고 진상(陣上)에서 잡았습니다. 요시라 이하 합계 7명은 각 두목이 파견해서 일을 논의하는 사람인데 도노(島奴)에 속하며 모두 추악한 부류이므로 마땅히 압송해서 헌부(獻俘)해야 합니다.

엎드려 바라건대, 병부에 칙서를 내려 다시 조사·논의한 후 잘 헤아려서 청을 올림으로써 성상의 결단을 삼가 기다리도록 해 주십시오. 포획한 추류(醜類)를 심문하여 위로는 구묘(九廟)의 신령(神靈)을 위로하고, 장수를 베고 적기를 빼앗아 아래로는 사이(四夷)의 이목을 두렵게 할 수 있을 것입니다. 신 등은 어리석고 용렬하여 이에 이르지는 못합니다. 생포한 왜장·왜병, 왜의 무기에 대해 해당 순무가 자세히 갖추어 책을 만들어 자문으로 병부에 보냈습니다.

성지를 받들었는데, "병부는 알아 두어라."라고 하셨습니다.

해당 병부에서 검토하여 논의한 결과는 다음과 같았습니다.

살펴보건대, 관백 도요토미 히데요시라는 자는 나라를 찬탈하고 남은 흉적들을 믿고 강역을 넓히려는 교활한 계략을 펼쳤습니다. 가토 기요마사, 고니시 유키나가, 다이라노 히데마사 등 여러 추괴가 그를 위해 우익이 되어 군사를 이끌고 순리를 범하며 조선에 마구 들어옴으로써 속번이 간뇌(肝腦)를 팔도에 쏟고 왕사(王師)가 7년 동안 수고롭게도 애쓰게 만들었습니다. 다행히 의로운 군대가 승리하고 하늘을 거스르는 자가 망했습니다. 도추(島酋)의 흉악한 혼백은 이미 떠났고 부산의 오래된 왜구는 모두 일소되었습니다. 비록 기요마사 및 유키나가가 달아나 숨었으므로 전형(典刑)이 아직 바르게 되지 않았으나 다이라노 히데마사 등은 머리를 나란히 하고 포박되었으니 신과 인간에게 너무나 통쾌합니다.

살펴보건대, 변진(邊鎭)에서 포로로 잡은 추장을 경사로 보냈으니 으레 성지를 청해 승리를 올리고 교묘(郊廟)에 제사로 알려야 합니다. 지금 부추(俘酋) 다이라노 히데마사 등 61명 및 전투에서 획득한 왜의 무기는 이미 총독·순무 등 여러 신하가 관원을 파견해서 보내왔으며 또 해당 회제(會題)가 왔으니 검토하여 청해야 합니다. 마땅히 명령이 내려오기를 기다렸다가 왜군의 포로 다이라노 히데마사 등 61명에 대해 본부에서 전례에 따라 형부로 보내서 초유(招由: 진술서)를 갖추고, 예부에 자문을 보내서 날을 택한 후 교묘(郊廟)에 제사로 알리며 시기가 되면 헌부(獻俘)해야 합니다.

엎드려 바라건대, 황상께서는 문(門)에 임하여 축하를 받으시고 즉시 범인들을 법대로 처리하여 보내온 석만자의 수급과 나란히 효시함으로써 중외의 분노를 풀고 천토(天討)의 엄정함을 드러내십시오. 전후 참획한 수공(首功)은 과신(科臣)을 파견해 총독·순무와 함께 명확히 조사하고 서훈을 논의하여 때가 되면 마땅히 전례에 따라 별도로 청하여 결정해야 합니다. 현재 도착한 모든 왜기(倭器) 등의 물건은 원래 파견된 압해(押解) 원역에게 책임을 지워 바로 내부(內府)로 보내 수령하도록 하겠습니다.

성지를 받들었는데, "좋다. 다이라노 히데마사 등은 모두 법사로 보내 죄를 판결하라."라고 하셨습니다.

또 해당 형부에서 검토하여 논의한 결과는 다음과 같았습니다.

통역으로 심문한 후 다음과 같은 결과를 얻었습니다.

생포한 왜장 이름은 다이라노 히데마사입니다. 나이는 27세로 살마주 사람입니다. 진술서를 받았는데 다이라노 히데마사는 관백 도요토미 히데요시의 양자이며 석만자의 족질입니다. 도요토미 히데요시는 살아 있을 때 세력이 강성함을 믿고 온갖 교활한 짓을 저질렀으며 66도(島)를 병탄하고 남을 해치려는 마음을 가졌습니다. 침범하기를 엿보며 까닭없이 사달을 일으키고자 하면서 조선이 외롭고 약해서 노릴 만하다고 생각했습니다. 이에 천조에 책봉을 요청한다는 핑계를 대고 대신 전달하라고 강요했고 때문에 조선이 화를 내며 따르지 않자 즉시 고니시 유키나가와 가토 기요마사 및 지금 피살된 석만자와 다이라노 히데마사 그리고 현재 생포된 다이라노 마사나리 등을 시켜 각자 병권을 갖고 여러 사람과 침략을 모의했습니다.

만력 18~19년(1590~1591) 왜선(倭船) 5000척을 만들고, 만력 20년(1592) 즈음에 히데요시는 가토 기요마사 등을 파견하여 바다를 건너 조선을 침략하도록 했습니다. 이어서 다이라노 히데마사 등을 추가로 파견했고 현재 생포된 61명의 왜장과 함께 각기 무엄하게도 히데요시의 명령을 따라 병사 약 20만여 명과 선박 수천 척을 거느리고 조선을 침략했습니다.

그해 4월 중 바다를 지나 절영도(絶影島) 등에서 집결했습니다. 조선국왕은 장수에게 명령을 내려 병사를 독려하여 전투를 벌이게 했습니다. 다이라노 히데마사 등은 또한 무엄하게도 조선이 천조의 속국임을 생각지 않고 병사를 인솔하여 전투를 벌였으며 연달아 연해의 부산 등 진(鎭)과 밀양 등 군현을 함락시키고 곧바로 왕경을 두드렸습니다.

조선국은 적에 대항하지 못하여 왕경을 점거당했습니다. 왜군은 왕묘를 파헤쳐 훼손했으며 왕자·배신을 포로로 잡아갔고, 부고(府庫)와 인축(人畜)을 불 지르고 약탈했습니다. 국왕은 도주하여 평양(平壤)에 머무르며 제본을 갖추어 구원을 요청했습니다. 해당 병부에서 살펴보고서, 조선은 과거부터 중국의 속번(屬藩)이 되었으며 직공(職貢)을 빠뜨리지 않았으니 의리상 마땅히 구원해야 한다고 했습니다. 검토 제본을 올려 성지를 받들었는데 무(撫)·진(鎭) 등의 관원으로 하여금 병사를 보내서 구원하러 가도록 하라고 하셨습니다.

　7월 중 왜병이 바로 평양에 이르렀습니다. 국왕은 그 형세가 위급함을 보고서 성을 나와 애주(愛州: 의주)로 도피했습니다. 마침 천조 유격 사유(史儒)[194] 등이 원병을 보냈는데 임반(林畔) 지방에 이르러 서로 만나게 되자 국왕이 병사를 더해 섬멸해 달라고 간청하고 아울러 중국에 내부(內附)해 달라고 요청했습니다. 해당 병부는 검토 제본을 올려 성지를 받들었는데, 병부 시랑 송응창(宋應昌)[195]을 보내 조선으로 가서 경략하고 부총병 조승훈(祖承訓)[196]을 파견해 병사를 통솔하여 평양을 공격하라고 하셨습니다. 다이라노 히데마사 등은 무도하게도 천병(天兵)에 저항하며 맞섰고 사유가 전투에서 사망했으며 관병 또한 다수 부상을 당했습니다.

　8월 중에 또 풍덕(豊德) 등의 군(郡)을 노략질했고, 관병을 살해하고 수급을 베었으며 선척을 불사르고 마필·갑옷 등

....

194 사유(史儒): ?~?. 명나라 사람이다. 임진왜란이 발발하자 총병(總兵) 조승훈(祖承訓)과 함께 파견되어 만력 20년(1592) 7월에 1차 평양성 전투에 참전했다가 전사했다.

195 송응창(宋應昌): 1536~1606. 항주 인화현(仁和縣) 사람으로 가정 44년(1565)에 진사가 되었다. 자는 사문(思文), 호는 동강(桐崗)이다. 만력 20년(1592)에 병부 우시랑 우첨도어사(兵部右侍郎右僉都御史)로 경략비왜군무(經略備倭軍務)를 총괄하는 직책을 맡았다. 제독 이여송(李如松)과 함께 4만 8000명 병력의 2차 원군 총사령관으로 참전했고, 보급 등의 군무를 총괄했다. 이여송이 벽제관에서 대패한 이후 일본군과의 강화를 모색해가던 과정에서 교전을 자제시킨 한편, 조선 조정을 정치적으로 견제하다 만력 21년(1593) 명나라에 소환되었다. 이듬해 평양 수복전의 공적이 참작되어 도찰원우도어사(都察院右都御史)로 승진되기도 했지만, 고향 항주로 낙향해 서호(西湖) 근방의 고산(孤山)에 은거하면서 중앙 정계에는 복귀하지 않았다.

196 조승훈(祖承訓): ?~?. 명나라 사람으로 영원위(寧遠衛) 출신이다. 원래 이성량의 가정이었다가 부총병 우군도독부도독첨사(右軍都督府都督僉事)가 되었다. 만력 20년(1592) 7월에 유격(遊擊) 사유(史儒)와 평양성 전투에서 패해 파직되었다. 만력 25년(1597)에 다시 군문 형개를 따라 조선에 왔다.

의 물건을 약탈한 것이 많았습니다. 당시 고니시 유키나가와 소 요시토시가 서신을 보내 조선을 위협하며 일본[彼國]에 신속히 순응하여 후회를 남기지 말라고 했습니다. 당시에, 지금은 참형을 선고받고 구류되어 있는 원임 병부상서 석성(石星)은 왜의 세력이 창궐한 것을 보고는 왜의 사정을 잘 아는 인원(人員)을 널리 구했고, 지금 참형을 선고받고 구류되어 있는 심유경(沈惟敬)이 스스로 왜정(倭情)을 제법 알고 있다고 했기에, 유격 직함을 주고 자문을 경략아문으로 보내서 곧 왜의 소굴로 들어가 거병한 연유를 정탐했습니다. 당시에는 지금은 달아난 도요토미 히데요시의 조카 도요토미 히데쓰구[平秀次][197]가 병사를 거느리고 대마도에 주둔했고, 우키타 히데이에[平秀加][198]는 왕경을 점거했고, 평수충(平秀忠)은 경상도를 점거하며 각기 지원을 했습니다. 고니시 유키나가는 각기 돌격대를 부르고 승 겐소(玄蘇)[199]와 종일(宗逸)은 각기 군사(軍師)로 칭하며 기회를 보아 진격하고자 했습니다.

....

197 도요토미 히데쓰구(豊臣秀次): 1568~1595. 도요토미 히데요시의 조카이다. 1591년 히데요시의 양자로서 관백(關白)에 취임했다. 1593년 히데요시에게 아들 히데요리(秀賴)가 태어난 이후 히데요시와 갈등이 생겼고, 결국 히데쓰구는 관백 자리에서 해임되고 쫓겨나 자살을 명령받았다.

198 우키타 히데이에[平秀家]: 우키타 히데이에(宇喜多秀家), 1573~1655. 일본 사람이다. 도요토미 히데요시의 신임을 얻어 유시(猶子)의 연을 맺게 되었으며 히데요시의 양녀를 정실로 맞이하고 '고다이로(五大老)'가 되었다. 임진왜란 때는 일본군의 감군(監軍)으로 조선에 침입했다.

199 게이테쓰 겐소(景轍玄蘇): 1537~1611. 일본 사람으로 가와즈(河津) 가문 출신이다. 승려 생활을 하던 중 도요토미 히데요시의 수하로 들어가 조선을 드나들며 첩보 활동을 했다. 임진왜란이 발발하자 국사(國使)와 역관 자격으로 종군하여 일본의 전시외교 활동에 종사했다.

11월에 유키나가 등은 천조가 병마를 대규모로 발송하여 쓸어버리려는 것을 알았고 또 날씨가 추워지는 것을 두려워하여 군대를 늦추고자 심유경을 유인하며 말하기를, "원컨대 평양 서쪽을 천조에게 돌려주고자 한다. 우리 병마가 또한 대동강(大同江)을 남하해 주둔하겠다. 관백에게 알려 왕경 일대도 천조에게 주겠다."라고 했습니다. 그 심유경은 당보로 보고했고 시랑 송응창은 제본을 보냈으며 병부에서 검토를 올려 성지를 받들었는데, 상황을 살펴서 진격하거나 멈추라고 했습니다. 곧이어 시랑 송응창 및 이미 사망한 제독 이여송(李如松)은 대군을 통솔하되 중진(中陣) 및 좌익·우익으로 나눈 후 함께 일제히 진격했습니다.

만력 21년(1593) 정월 중 관군은 바로 평양성 밖에 도착했고 장사(將士)들을 나누어 화기(火器)를 일제히 발사하고 모두 둘러싸서 성에 올라 사방에서 베어 죽이자 왜군 무리가 패주하며 무너졌고 이를 참획하여 각기 공적의 등급이 생겼습니다. 또 관병을 개성(開城)의 동서로 나누어 보내 황해도 등의 황주(黃州) 등 군현을 공격했습니다. 왜군들은 성이 함락되었다는 것을 듣고는 모두 각기 왕경으로 달아났습니다. 평양에서 개성 지방에 이르기까지 조선으로 다시 귀속되었습니다. 당시 이여송 등은 병사를 거느리고 벽제관(碧蹄館)에 이르렀는데 다이라노 히데마사 등은 또 무도하게도 관병과 맞서며 손상을 입혔습니다. 병부에서는 제본으로 총병 유정(劉綎) 등을 추천하여 병사를 통솔해서 지원을 가게 했습니다. 당시 고니시 유키나가는 천병(天兵)이 대규모로 집결한 것을 보고 토벌을 당할까 두려워하여 병사를 더하고자 거짓으로 "청컨대, 일본으로 돌아가 조공을 하고 왕자·배신을 돌려보내겠습니다."라고 했습니다.

만력 21년 4월 중에 심유경이 거짓으로 말하기를, "왕경의 왜병이 연이어 출발하여 이미 한강(漢江)을 넘어갔으며 병든 왜군 백여 명만 남겼고 저와 왕자·배신을 데리고 가길 원합니다."라고 했습니다. 그를 보내고, 이여송은 곧 병사를 이끌고 뒤를 쫓았는데, 연도의 왜병이 산과 물에 의지해서 성책을 세운 것을 보았습니다. 그리고 왜노의 무리가 많고 부산(釜山)에 모여 있으며 평상시 군량을 운반하여 보급한다는 것을 정탐했습니다.

만력 21년 7월 중에 이르러 왜병이 다시 진주(晉州)를 포위하여 불을 질러 태우고 약탈했습니다. 당시 부장 사대수(査大受) 등은 무리를 이끌고 전진했는데 왜군은 관병이 연이어 증강되는 것을 보고는 그제야 겨우 배를 보내 급히 건너갔으며, 절반은 대마도로 돌아갔고 절반은 부산에 머물렀습니다. 다이라노 히데마사와 유키나가 등은 천병의 세력이 큰 것을 보고는 또 무엄하게도 조공을 청한다는 명분을 빌려 심유경과 상의하여 나이토 조안(小西飛旦守)[200]을 대동시키고 임시로 사신에 충당하여 명에 와서 조공을 청했습니다. 그때 유키나

━━━━━━━

200 나이토 조안(小西飛驒守): ?~1626. 일본 사람으로 본명은 나이토 다다토시(內藤忠俊)이다. 고니시 유키나가에게 등용된 후 고니시 히다노카미(小西飛驒守)라는 이름으로 불렸으며 중국과 조선 측 사료에서는 고니시 히(小西飛)라는 이름으로 자주 등장한다. 임진왜란 당시 명과의 강화 교섭을 담당하여 북경(北京)을 방문했다. 훗날 에도 막부의 기독교인 추방령에 따라 1614년 필리핀 루손섬으로 추방되어 그곳에서 사망했다.

가 등은 즉시 왕자와 배신을 내보냈고 왜적 무리는 배를 타고 바다를 건너 서생포에 주둔했으며, 나이토 조안의 회답을 기다렸습니다. 곧이어 시랑 송응창이 논의하여, 유정 등으로 하여금 병사 만여 명을 거느리고 조선을 유수(留守)하며 나머지는 모두 철수하여 돌아오도록 했습니다. 나이토 조안이 조공을 청하는 사유를 9월 중에 제본으로 올렸습니다. 그리고 병부에서 검토를 올려 성지를 받들었는데, 전원 소굴로 돌아간 후에야 표문을 올려 칭신하는 것을 허락하고 그 입공(入貢)을 면제하라고 하셨습니다.

만력 22년(1594)경에 이르러 병부에서 제본을 올려 나이토 조안을 경사로 반송(伴送)[201]하자고 했고,[202] 총독 시랑 고양겸(顧養謙)[203]은 관원을 파견해 나이토 조안 등을 경사로 보내 궁궐에 머리를 조아리며 조현(朝見)하게 했습니다. 유지(諭旨)를 선포하시어 세 가지 사항을 정하셨습니다.[204] 곧이어 병

....

201 반송(伴送): 사신 등 주요 인물이 이동할 때 그들을 호송하여 보내는 것을 말한다.

202 만력 …… 했고: 병부에서 해당 제본을 올린 사실은 『명신종실록』 권278 만력 22년 (1594) 10월 23일(丁卯) 2번째 기사에서 확인된다.

203 고양겸(顧養謙): 1537~1604. 명나라 사람으로 남직례 통주(通州) 출신이다. 자는 익경(益卿)이다. 진사 출신으로 요동순무, 병부시랑, 계요총독 등을 역임했으며, 송응창이 탄핵된 후 그를 대신하여 경략으로 임명되었다. 일본과의 강화를 추진하다 탄핵받아 관직에서 물러났다.

204 유지(諭旨)를 …… 정하셨습니다: 나이토 조안은 만력 22년 12월 초순에 북경에 도착했다. 같은 해 12월 20일 병부상서 석성 등 대신들이 나이토 조안을 심문했다. 나이토 조안이 들어오기 이전에 명 측은 유키나가에게 강화 조건으로서 첫째 왜군의 전원 귀국, 둘째 책봉만 허용하고 통공은 요구하지 않을 것, 셋째 조선을 침범하지 않을 것이었다. 나이토 조안의 조사를 마치고 만력제는 "먼저 사람을 파견하여 왜장이 군대를 이끌고 전원 본국으로 돌아가도록 설득하고, 조선국왕의 주문이 도착하는 날 사신을 파견하여 책봉하라."라고 지시했다. 김영진, 『임진왜란-2년 전쟁 12년 논쟁』, 성균관대학교 출판

부에서 제본을 올려 사신을 파견해 심유경과 함께 칙(勅)·인(印)을 가지고 일본에 가서 책봉하고 선유하자고 했습니다. 원래 논의는 한 명의 왜도 남기지 않아야 일본으로 가서 책봉하겠다는 것이었습니다. 당시 유키나가 등은 또 무엄하게도 심유경과 함께 모의하여 다섯 군영을 하나의 대영(大營)으로 만든 다음 당보(塘報)를 날조해 거짓으로, "영방(營房)을 불태우고 파괴했으며 무리를 나누어 바다를 건너갔습니다."라고 했습니다. 상서 석성은 잘못 믿고 조선에서 왜적을 방어하는 군마를 모두 철수하여 분산시켰습니다.

만력 24년(1596) 정월 무렵, 심유경이 도요토미 히데요시의 책봉 의례 연습을 해야 한다며 먼저 스스로 바다를 건너가서 중국의 허실과 군정(軍情)을 모두 누설했습니다. 히데요시는 심유경이 절개를 굽힌 것을 보고 그쪽에 머물도록 했고 흉계를 더욱 펼쳤습니다. 당시 책봉이 막 끝나자 곧 빈말로 조선의 왕자와 배신을 요구했습니다. 이루어지지 않자 석만자 및 기요마사 등으로 하여금 바다를 건너 조선을 침범하게 했고 끝내 사은 표문은 없었습니다.

만력 25년(1597) 정월 중, 기요마사는 왜선 200척을 대동하여 조선 기장영(機張營)에 정박하고 양산(梁山)을 빼앗아 점거한 후 원래 주둔했던 영방(營房)을 수리했으며, 왜장 풍무수(豊茂守) 등을 파견하여 선박 60여 척을 거느리고 원래 머물렀던 서생포 지역의 왜선 500여 척과 합세하도록 했습니

....
부, 2021. 500~501쪽.

다. 곧이어 총독 시랑 손광(孫鑛)[205]이 제본을 올렸고, 병부에서 검토 제본을 올려 성지를 받들었는데, 각 진(鎭)의 병마를 동원하여 기회를 보아 진격해 멸하라고 하셨습니다. 당시 다이라노 히데마사와 유키나가 등은 또 무엄하게도 선박 300여 척을 거느리고 왔고 병마·양초(糧草)·장비를 가득 싣고서 부산 등처에 나누어 정박했습니다. 조선에서 급보를 알리자 다시 총독 상서 형개를 파견하고 도어사(都御史) 양호(楊鎬)를 추가해 조선으로 가서 경략하여 정벌하게 했습니다.

7월 중, 상서 형개 등이 살펴보니 책봉 사신이 도망쳐 돌아왔고 왜병(倭兵)이 연이어 크게 발호했는데, 모두 심유경이 왜와 연결되어 속인 결과였습니다. 이에 비밀리에 총병 마귀로 하여금 잡아들여 경사로 보내 처벌하도록 했습니다.

같은 달 또 왜선 1000여 척이 모두 부산에 이르러 양산하(梁山河)를 따라 조선 지방을 침범하고 방옥을 불태웠습니다. 그 유키나가가 관할하는 왜병은 부선에서 강을 건너 웅천으로 향했습니다. 또 선박 600여 척이 부산포 앞바다에 닻을 내려 정박하고는 전라와 경상도를 먼저 침범하겠다고 큰소리쳤습니다. 15일 밤이 되자 왜병이 칠천도(漆川島) 등을 침범했고 조선 통제사 이원균(李元均) 등 및 전라도 등 절도사 이덕억(李德億) 등의 군을 패배시키고, 곧이어 한산 지방을 함락시켰으며, 왜병은 곧 거제에 주둔했습니다. 상서 형개 및 경리도

....
205 손광(孫鑛): 1543~1613. 명나라 사람이다. 임진왜란 발발 초기에는 산동순무(山東巡撫)를 맡아 병참을 지원했고, 만력 22년(1594)에 고양겸(顧養謙)을 대신하여 경략이 되었다.

어사 양호는 왜노 세력이 매우 창궐한 것을 확인하고는 논의하여 절강(浙江)·직례(直隸)·복건(福建)·양광(楊廣)·사천(四川)의 병사를 동원하여 소굴을 공격하기로 했습니다.

8월 중에 이르러서 왜병 20만여 명이 삼로(三路)로 나누어 기요마사는 경주(慶州)에서, 우키타 히데이에는 단양(丹陽)에서, 유카나가는 순천(順天)에서 출발하여 함께 남원을 침범했습니다. 또 한산(韓山)에서 부산에 이르는 물길은 300여 리인데, 몰래 왜선을 연강에 배치하고 아울러 고령(高靈) 일대에 주둔하면서 양산 등에서 노략질을 하고 조선 수병 수천을 살상했습니다. 유키나가는 각 왜를 이끌고 남원을 공격했으며 관군 3000명을 손상시켰습니다. 참장(參將) 양원(楊元)은 달아났고 전라·충청 두 도(道)는 모두 왜적의 소유가 되었습니다. 관민이 모두 달아나 숨었고 왜적의 대부대는 공주로 진격하여 점거했습니다. 또 대규모의 왜병이 여섯 번으로 나누어 출발하여 부산에서 양산에 이르기까지 흩어져서 이동했습니다.

9월 중, 직산(稷山)의 전의관(全義館)으로 진격하며 침범했습니다. 총병 마귀 휘하 부장 해생(解生), 참장 양등산(楊登山)·팽우덕(彭友德) 등은 용맹을 떨치며 협공하여 제법 많은 수를 참수했으며, 포로로 잡힌 조선의 사람과 가축을 구원하여 돌려주었는데 그 숫자를 헤아릴 수 없을 정도였습니다.

11월 중, 상서 형개가 왕경에 도착해 도어사 양호 및 총병 마귀, 조선 군신과 함께 병력을 정비하며 대규모로 모여 출동 명령을 기다렸습니다. 당시 정탐하니 기요마사는 경상 등에 있고 유키나가는 순천 등에 있었습니다. 이에 현재 병마를 삼협(三協)으로 나누었습니다. 좌협 총병 이여매(李如梅)는 군을 통솔하여 충주(忠州)를 통해 전진해서 기요마사를 공격했습니다. 중협(中協) 부총병 고책(高策)[206]은 군을 통솔하여 또 충주를 통해 전진해서 유키나가를 공격했습니다. 우협(右協) 부총병 이방춘(李芳春)·해생은 군을 통솔해서 전라도 일대의 구원을 전담했습니다. 또 충청도 절도사 이시언(李時彦)[207]은 좌협으로 삼고, 경상도 배신 성윤문(成允文)[208] 등은 중협으로 삼고, 경상절도사 정기룡(鄭起龍)[209]은 우협으로 삼아 각기 이여매 등과 호응하게 했습니다.[210]

20일, 관병이 경주·울산에 이르러 전진하며 적을 매복으로 끌어들여 협공하니 기요마사는 앞뒤로 공격을 받게 되었

....

206 고책(高策): ?~?. 명나라 사람이다. 산서 천성위(天城衛) 사람으로 임진왜란에도 참전했다. 만력 25년(1597)에 흠차계요군문관리중군사무통령중협 정왜병마부총병(欽差薊遼軍門管理中軍事務統領中協征倭兵馬副總兵)으로 형개의 군문을 따라 조선에 와서 계병(薊兵) 2500명을 거느리고 도산(島山) 전투에 참여했다.

207 이시언(李時彦): 1535~1628. 조선 사람이다. 본관은 전주(全州)이다. 선조 9년(1576) 문과에 급제하여 사헌부 지평(持平), 사간원 사간(司諫), 수원부사(水原府使), 승정원 동부승지(同副承旨), 경상도 관찰사, 대사헌, 형조판서 등을 역임했다. 시호는 정간(貞簡)이다. 원문에는 李時吉로 잘못 표기되어 있다.

208 성윤문(成允文): ?~?. 조선 사람이다. 정유재란 때 경상좌도병마절도사(慶尙左道兵馬節度使)로서 여러 전투에서 공을 세웠다. 도요토미 히데요시가 사망하여 일본군이 곧 철수한다는 첩보를 입수하여 조정에 알리는 공을 세우기도 했다. 원문에는 鹹允門으로 잘못 표기되어 있다.

209 정기룡(鄭起龍): 1562~1622. 조선 사람이다. 본관은 진주(晉州)이다. 선조 19년(1586) 무과에 급제했다. 임진왜란 시 유병별장(遊兵別將)으로 있다 전공을 인정받아 선조 26년(1593)에 회령부사로 승진했다. 정유재란 시 토왜대장(討倭大將)이 되어 고령 등지에서 전공을 세웠으며 경상우도병마절도사로 승진했다.

210 또 충청도 …… 했습니다: 당시 명군의 지휘에 대한 조선의 조치는 『선조실록』 권94, 선조 30년 11월 10일(정유) 참조.

고, 명군은 그들의 목을 매우 많이 베거나 사로잡았고 생포한 자들은 경사로 압송하여 효시했습니다. 왜장 한 명은 십랑위문(十郞衛門)이라고 했습니다. 기요마사는 패주하여 도산(島山)으로 달아나 몸을 숨기고 단단히 방어했습니다. 각 군사는 승리를 타고서 더욱 많이 목을 베거나 사로잡았습니다.

25일, 도산으로 진격했습니다. 당시 산은 높고 성은 험준하여 천병(天兵)이 빠른 시간에 올라가 사면을 포위할 수 없었습니다. 기요마사는 양식이 부족해지자 통사(通事)를 시켜 서신을 가지고 와서 거짓으로 화친을 요청했습니다. 허락하지 않자 전처럼 험준함에 기대어 총포를 다수 사용하여 관병을 공격하여 손상을 입혔습니다. 도어사 양호는 관군의 노숙이 날로 길어지는 점과 왜노의 원병이 장차 도착할 것이라는 점을 보고는 잠시 포위를 풀고 병사를 물려 휴식을 취하면서, 대군이 모이는 날에 다시 진격하여 토벌하고자 했습니다.

6월경에 이르러 유키나가는 현재 생포된 왜장 요시라를 몰래 파견하여 현재 포획된 왜병 고화지(古和知)·요일지(要一知)와 함께 왕경으로 가서 허실을 정탐하게 했으나 유정에게 붙잡혀 구속되었습니다. 당시 석만자 및 히데마사·마사나리는 사천(泗川)의 신채(新寨) 등 군영에 병사를 배치하고, 기요마사 및 유키나가는 동서 양로(兩路)에 병사를 두고 막아 지키는 사이에 도요토미 히데요시가 7월 6일 병사했습니다. 각 왜장은 교활하게도 비밀로 삼고는 숨기고 알리지 않았습니다.

상서 형개가 정탐해 보니, 왜적의 삼로(三路)가 모두 높은 고개이고 성책(城柵)을 수리하고 화기(火器)를 정비했으며, 이들이 오랫동안 천병을 곤란하게 하려는 의도를 가지고 있었으니, 마땅히 서둘러 소탕해서 흉악하고 잔악한 무리를 제거해야 했습니다. 곧 장수들을 모아 맹세하여 마음을 같이하고 힘을 다해 진격하여 소탕하기로 했습니다.

유정을 서로(西路)에 배치하고 병사 2만여 명을 통솔하여 순천 및 율림(栗林) 등에서 유키나가를 공격하도록 했습니다. 마귀는 동로에서 병사 2만여 명을 이끌고 경주 및 울산 등에서 기요마사를 공격하기로 했습니다. 동일원은 중로에서 병사 2만여 명을 이끌고 사천 및 성주(星州) 등에서 석만자를 공격하기로 했습니다. 진린은 수병(水兵) 만여 명을 이끌고 강과 바다 사이를 왕래하면서 각 로(路)의 지원하는 적을 차단하여 없애기로 했습니다.

만력 26년(1598) 9월 20일에 맞춰 병사를 전진시켰습니다. 유정은 각 장사(將士)를 인솔하여 먼저 계책으로 유키나가를 꾀어내고 곧 대군을 전진시켜 왜성을 포위 공격했습니다. 병사들은 용기를 떨쳐 왜교(倭橋)를 탈취했고 여러 번 싸워 여러 번 승리했으며 살상한 수를 헤아릴 수 없었습니다. 마귀의 장병(將兵)은 나누어 매복해 있다가 계책을 내어 기요마사를 막아 서쪽에서 지원하지 못하게 했습니다. 기요마사가 밤중에 나오자 복병이 들이받으면서 군영으로 진격하여 수많은 왜병을 베어 죽였으며, 곧 진중(陣中)에서 현재 압송한 왜병 계마(界磨) 및 왜장 화질대리소여문(化叱大裏小如文)을 잡았습니다. 또 도산 뒤의 강 남쪽에 양식을 모아 놓은 채방(寨房) 천여 칸을 불살랐습니다.

각 왜적 중 맨몸으로 물에 빠진 자는 헤아리기 어려웠습니다. 동일원이 모국기 등을 인솔했는데, 선발대가 진주에 이르러 석만자와 대적하자 포화(砲火)를 쏘며 진격해서 대채(大寨) 두 곳과 왜방(倭房) 2000여 칸을 태우고 조선 남녀 600여 명을 탈취해 돌려보냈습니다. 추격하여 강변에 이르자 빠져 죽은 왜병이 매우 많았고 현재 압송한 왜병 십라세락(十羅世樂) 및 아자패라(亞子孛羅)를 잡았습니다. 추격하여 신채(新寨)에 이르렀을 때 관군이 실화(失火)했고 왜의 복병에게 자못 손상을 받았습니다. 삼로(三路)의 병마는 한편으로 전투를 하고 다른 한편으로는 지키면서 두 달이 지났습니다. 마침 순무 만세덕이 임지에 도착하자 군세(軍勢)를 더욱 떨쳤습니다. 왜적은 여러 차례 패배를 당했고 또 양식이 장차 다해 가며 오랫동안 포위되어 세력이 날로 궁박해졌습니다. 기요마사는 석만자 및 유키나가를 만나 서로 구원하여 달아나 돌아가려고 했습니다.

기요마사는 11월 17일 밤에 불을 지르고 군영을 태우며 달아났습니다. 마귀가 병사를 통솔하여 서생포로 들어갔고 추격하여 부산에 이르러 왜와 대적했으며, 현재 압송된 왜병 선수계(善叟戒) 및 견차랑(見次郎)을 생포했습니다. 11월 22일, 적을 만나 활을 쏘며 싸웠고 또한 현재 압송된 왜병 창고로(敞古老)·요병위(幺兵衛)·마대시로(馬大時老)·신가락(信哥落)을 생포했습니다. 기요마사는 결국 배를 출발시키고 모두 대마도로 달아나 돌아갔습니다.

동일원은 석만자가 장차 도망갈 것을 탐지하고는 곧 본영의 병마를 대동하여 왜채(倭寨) 다섯 곳을 공격하고 왜노의 건물과 군량을 불태워 버렸으며, 조선인 1700명을 투항시켜 되돌려보냈고, 100여 급을 참수했으며 마필·양식·장비를 파다하게 탈취했고, 현재 압송된 왜병 산사계(散司界)를 붙잡았습니다.

유정은 원래 서로에 있었는데 유키나가를 차단하고 병사를 독려하여 크게 싸웠으며, 현재 압송한 왜장 아간답력사결(阿幹荅力思結) 및 종왜(從倭) 마과십라(馬過什羅)·신십라(信什羅)·치밀(哆嘧)·마탑야문(馬搭也門)을 생포했습니다. 밤을 틈타 유키나가가 거주하는 성을 공격해서 격파했고 유키나가는 달아나 숨었습니다.

19일에는 부산·사천·거제·함산(鹹山)[211]의 각 왜장이 석만자와 함께 왜선 800척을 거느리고 유키나가를 구원하러 왔다가 수로 총병 진린이 이끄는 수군을 만나 바다에서 큰 전투가 벌어졌는데, 왜병은 바람에 쓰러지듯 패주했습니다. 총을 쏘아 왜장 석만자를 죽였고 수급을 참획했는데 여러 차례 사실임을 확인했습니다. 아울러 히데마사 및 현재 압송한 왜장 다이라노 마사나리, 종왜 와이를 생포했습니다. 또 현재 압송한 왜병 시이지라(是爾之羅)·금구(金吇)·심십길(甚什吉)·사사길(沙四吉)·금칠(金七)·일말화개(一末華蓋)·선가원오(善哥原五)·야유마나(夜有摩那)·수사길(水四吉)·양가라(羊哥羅)·삼

....

211 함산(鹹山): 鹹山의 중국어 발음은 xian shan인데, 한산(閑山)을 가리키는 것으로 추정된다.

파라(三婆羅)·십가라(什伽羅)·야사길(耶思吉)·수라(壽羅)·달라(達羅)·구대유(久大有)·십창라(什唱羅)·야다라(也多羅)·서음파지(西音破之)·신고라(伸古羅)·사곤사(沙裩思)·견사마(見泗麼)·칠제라(七祭羅)·일지소(一至所)·신가라(信哥羅)·선답라(善荅羅)·송가라(宋哥羅)를 생포했으며 베어 죽인 왜병은 모두 300명 남짓입니다.

화포로 공격하니 바닷물이 요란하게 솟아올랐고 타죽은 자, 익사한 자가 2만 명이 넘었으나 수급을 베기는 어려웠습니다. 전투 중에 부장 등자룡(鄧子龍)이 사망했습니다. 남은 왜는 배를 버리고 달아났습니다. 유키나가는 전투에서 패배했다는 것을 듣고는 왜선을 벌여 놓고 연결시켜 건너갔습니다. 유정은 왜가 건너는 것을 틈타 신속히 공격했고, 유카나가는 목숨을 걸고 달아나 벗어났습니다. 또 현재 압송한 왜장 극심표엽(極心票葉)·이수해(李數解), 왜병 악송다라(嶽送多羅)·낙고락(落孤樂)·아십지(阿十枝)를 사로잡았습니다.

진린은 남해에 여전히 남은 왜가 있다는 것을 탐지하고 곧이어 관병을 동원하여 총포를 대규모로 발사했고, 왜적 무리가 돌격해 내려와 전투를 벌였는데, 전투 중에 왜장 야나가와 시게노부와 평관재(平管在) 2명을 참했고, 흩어진 왜군 80여 명의 머리를 참하여 확보했으며, 나머지는 각기 달아났습니다. 관병이 네 곳에서 샅샅이 수색했는데 숨은 자는 전혀 없었습니다.

총독 상서 형개는 경리도어사 만세덕과 함께 중군 등 관원 왕조종(王朝宗) 등을 파견하여 다이라노 히데마사 등을 각기 구속하여 경사로 보냈습니다. 병부에서 제본을 올려 성지를 받들고는 자문을 해부(該部)에 보냈기에 공문을 해사(該司)로 발송하여, 원래 압송한 통사와 함께 여러 차례 통역으로 심문하여 명백히 밝힌 후 다이라노 히데마사 등에게 진술을 받았습니다. 죄인은 60명입니다. 다이라노 마사나리[平正成]와 사생문락신대(舍生門樂信大)·화질대리소여문(化叱大裏小如文)·아간답력사결(阿幹荅力思結)·극심표엽(極心票葉)·이수해(李數解)·요시라(要時羅)는 모두 왜장입니다. 와이(窩二)·산사계(散思界)·십라세락(十羅世樂)·아자패라(亞子孛羅)·신서노(信西奴)·견차랑(見次郎)·계마(界磨)·선수계(善叟戒)·창고로(敞古老)·요병위(么兵衛)·마대시로(馬大時老)·신가락(信哥落)·마과십라(馬過什羅)·신십라(信什羅)·악송다라(嶽送多羅)·낙고락(落孤樂)·치밀(哆嘧)·아십지(阿十枝)·마탑야문(馬搭也門)·고화지(古和知)·요일지(要一知)·금칠(金七)·일말화개(一末華蓋)·금□(金吃)·선가원오(善哥原五)·심십길(甚什吉)·야유마나(夜有摩那)·수사길(水四吉)·양가라(羊哥羅)·삼파라(三婆羅)·십가라(什伽羅)·사사길(沙四吉)·야사길(耶思吉)·나막가(那莫哥)·수라(壽羅)·달라(達羅)·구대유(久大有)·십창라(什唱羅)·시이지라(是爾之羅)·기라(奇羅)·야다라(也多羅)·서음파지(西音破之)·범날마(梵捏麼)·신길라(伸古羅)·사곤사(沙裩思)·견사마(見泗麼)·칠제라(七祭羅)·일지소(一至所)·신기라(信奇羅)·선답라(善荅羅)·송가라(宋哥羅)·라이소(羅二所)·마대십(馬大十)은 모두 종왜입니다. 각각의 진술은 동일합니다.

논의한 결과 다이라노 히데마사 등이 저지른 짓에 대해 다이라노 히데마사와 다이라노 마사나리는 모두 수범으로 마땅히 능지처참해야 합니다. 사생문낙신대 등 59명은 모두 종범이므로 각각 참해야 합니다. 살펴보건대, 원래 획득한 도총(刀銃)·기창(旗鎗)·투구와 갑옷 등의 항목은 이미 병부에서 제본을 올려 내부(內府)로 보내 수령했습니다. 이상입니다.

이상의 내용이 본부에 왔습니다.

함께 살펴보건대, 다이라노 히데마사 등은 변방 오랑캐의 서자(庶子)이자 바다 구석의 험준한 곳에 사는 하찮은 존재로서, 관추(關酋: 관백)가 먼 지역에서 날뛰는 것에 기대어 조선이 상국(上國)에 조공을 한다는 것을 고려하지 않고서, 돛을 펼치고 침략하여 섬들의 무기를 질펀하게 치켜올렸고 경솔하게 어깨를 흔들며[212] 전진하여 문정(門庭)에서 도적 무리를 크게 일으켰습니다. 전라·경상에서는 아침 일찍부터 격문을 서둘러 보내고 왕경에서는 늦은 밤에도 경계를 세우게 되었습니다.[213] 왕자를 가두고 배신을 포로로 잡았으며 공공연히 유린을 자행하며 민가를 태우고 공탕(公帑)을 약탈하고 제멋대로 포효했습니다.[214] 기봉

----

212 어깨를 흔들며: 원문은 '怒臂'이다. 자신의 힘을 헤아리지 않고 경솔히 덤비는 것을 말한다. 『장자(莊子)』「천지(天地)」에, "당랑(螳螂)의 성난 어깨로써 수레를 대항하면 반드시 이기지 못하는 것과 같다[猶螳螂之怒臂以當車轍則必不勝任矣]."라고 했다.

213 늦은 …… 되었습니다: 불안한 상황 등을 말한다. 『주역』「쾌괘(夬卦) 구이(九二)」에 "두려워서 울부짖으니 야밤에 군사의 습격이 있어도 걱정이 없다[惕號, 莫夜有戎, 勿恤]."라고 했다.

214 포효했습니다: 원문은 '咆烋'로, 간악한 자들이 기세를 떨치는 것을 말한다. 『시경(詩經)』「대아(大雅) 탕(蕩)」에 "문왕이 말씀하시기를 '아, 너희 은상 사람아! 너희는 수도에서 포효하여 백성이 원망하는 일을 거두어 덕으로 여긴다'[文王曰, 咨, 咨女殷商. 女炰烋於中國, 斂怨以爲德]."라고 했다.

(箕封: 조선)의 누대의 종사(宗祀)는 거의 폐허가 되었고 진(秦)나라에서 7일 동안 원병을 요청하며 울었던 일을 했습니다.[215]

명군이 승리하여 평양을 수복하니 새가 흩어지고 물고기가 놀라는 듯했고, 명군이 벽제로 행차하자 다시금 이리와 돼지처럼 이리저리 날뛰었습니다. 우리 군에서 압박하다가 느슨하게 해 주자 곧 추악한 무리는 교활한 짓을 하며 탐욕을 부렸습니다. 때문에 애걸하며 몰래 술수를 펼쳐 책봉과 조공을 청하며 우리 군의 공격을 늦추고자 했습니다. 저들의 모든 병사는 갑옷과 병기를 내려놓고 형체를 감추고는 우리의 빈틈을 엿보고자 했습니다. 공연히 책봉을 해 달라며 번거롭게 하고 사신을 거짓으로 속였습니다. 남원에서는 감히 보루를 구축하고 대적하면서 승부를 다투었고, 울산에서는 농성하며 스스로 굳게 지켰습니다.

올빼미 소리는 바뀌지 않고[216] 사나운 성품은 길들이기 어려우니, 하늘의 토벌이 반드시 가해질 것이고 사람들의 마음도 모두 분개했습니다. 성명(聖明)께서 결정을 내리시자 한뜻으로 토벌을 했고, 유악(帷幄)[217]의 계획에 힘입어 삼로(三路)로 협공했습니다. 황상의 위엄이 먼 곳까지 펼쳐지니 사람마다 피를 머금고 전투에 임했으며 적의 기세는 잦아들어 곳곳

....

215 진(秦)나라에서 …… 했습니다: 춘추 시대 때 오(吳)나라가 초(楚)나라를 침공하자 초나라 신하 신포서(申包胥)가 명을 받들고 진(秦)나라에 가서 구원병을 청했는데, 진백(秦伯)이 곧바로 허락하지 않자 궁전의 뜰에 서서 7일 밤낮을 통곡한 끝에 마침내 구원병을 얻어낸 고사를 이른다. 『春秋左氏傳』 定公4年.

216 올빼미 …… 않고: 나쁜 마음이 변하지 않는다는 것을 말한다.

217 유악(帷幄): 장군의 진영에 설치하는 장막으로, 작전을 세우는 곳을 뜻한다.

에서 머리를 감싸 쥐고 달아났습니다. 부산의 뱀 굴을 일소하고 번리(藩籬)를 홍안(鴻鴈)이 거처할 곳으로 만들었습니다.[218] 대개 전쟁이 연달아 발생하여 어렵게 지낸 지가 이미 6~7년입니다. 징발하고 운반하고 소비한 것이 거의 억만으로 헤아리며 독류(毒流)가 바다를 둘러싸니 극악한 죄가 하늘까지 이릅니다. 한스러운 것은 그물에서 빠져나가 도망쳤기에 오형(五刑)을 갖추어 삼척(三尺)을 시행하지 못한 것인데, 마땅히 포획한 포로에게 부월(斧鉞)을 엄정히 시행하고 구새(九塞)[219]로 전하여 사이(四夷)를 경계시켜야 합니다.

공경히 명령이 내려오길 기다렸다가 왜추(倭酋) 61명을 저잣거리로 압송해서 관원을 모아 처결하고 수급을 구변(九邊)으로 보내겠습니다. 그중 다이라노 히데마사와 다이라노 마사나리는 원래 우두머리이므로 마땅히 중형(重刑)으로서 능책(淩磔: 찢어 죽임)을 가하고, 취조한 죄목을 두루 보내서 방문(榜文)으로 게시하면 천위(天威)가 새외까지 펼쳐질 것이고 중국 내에도 크게 경계가 될 것입니다.

성지를 받들었는데, "좋다. 이 부왜(俘倭) 61명은 모두 관원을 모아 처리하라. 그중 수괴 다이라노 히데마사와 다이라노 마사나리는 능지로 처형하라. 그리고 수급을 각 변진으로 보내고 방문을 두루 게시하라."라고 하셨습니다.

·······

218 홍안(鴻鴈)이 …… 만들었습니다: 학정에 시달렸던 백성들이 돌아오는 것을 말한다. 『시경(詩經)』소아(小雅)에 "홍안이 날아 못 가운데 앉았도다[鴻雁於飛, 集於中澤]."라고 했다.

219 구새(九塞): 중국 고대의 아홉 곳의 극변을 말한다. 또는 명대 변경의 구진(九鎭)을 가리키기도 한다.

또 예부에서 다음과 같이 검토하여 논의했습니다.

살펴보건대, 왜노가 조선을 잔악하게 파괴하고서 몰래 중국을 침범하려고 도모했으니 그 죄가 죽음으로도 용서받을 수 없는 것입니다. 성무(聖武)가 환하게 펼쳐지고 천심(天心)이 순조롭게 도와 주시니 도추(島酋)가 패배하여 소굴을 버리고 몰래 돌아갔습니다. 비록 원흉은 운이 좋게 법망에서 달아났지만 남은 무리는 찾아서 즉시 생포했습니다. 7년 동안 쌓인 도적을 하루아침에 쓸어버리니, 속국의 강토는 모두 회복되고 중화의 번리는 영원토록 공고해졌습니다. 포로로 잡은 왜장 다이라노 히데마사 등 61명은 응당 제사를 지내 교묘(郊廟)에 아뢰고 시기가 되면 헌부함으로써 신과 인간의 분노를 풀고 천토(天討)의 위엄을 드러내야 합니다. 그 제사로 알리고 헌부하는 길일은 곧 흠천감(欽天監)에서 이달 25일을 선택했는데, 진시(辰時)에 교묘에 제사를 올리고 사시(巳時)에 헌부하겠습니다. 으레 행례대신(行禮大臣) 3원이 있어야 합니다.

엎드려 바라건대, 명령을 내리시어 본부에서 공문을 보내 한림원(翰林院)은 고문(告文)을 짓고 태상시(太常寺)에서는 제수품을 준비하여 시기가 되면 쓰도록 해 주십시오. 모든 헌부 의주(儀注)는 마땅히 합쳐서 첨부하여 열거하며 청을 올립니다.

성지를 받들었는데, "남교(南郊)에 제사하여 알리는 일은 공(公) 서문벽(徐文璧)을 보내고, 북교(北郊)는 후(侯) 진량필(陳良弼)[220]을, 태

....

220 진량필(陳良弼): ?~?. 명나라 사람이다. 정난(靖難)의 역에서 공을 세워 태녕후(泰寧侯)

묘(太廟)는 부마(駙馬) 허종성(許從誠)[221]을 보내 각각 행례하라. 문으로 행차하여 경하를 받는 것은 생략한다. 짐은 곧 루(樓)로 가겠다. 나머지는 논의한 대로 하라.”라고 하셨습니다.

첨부 목록

하나. 기일에 앞서 예부에서 고시하여 문무백관은 모두 조복(朝服)을 갖추고 오문(午門) 앞으로 가서 경하례(慶賀禮)를 행한다.

하나. 하루 전에 내관(內官)은 어좌를 오문루(午門樓) 앞 기둥의 정중앙에 설치한다. 당일 일찍 금의위(錦衣衛)는 의장(儀仗)을 오문 앞 어도(御道)의 동서에 설치한다. 교방사(敎坊司)에서는 대악(大樂)을 어도 동남에서 서북쪽으로 설치한다. 홍려시(鴻臚寺)에서는 찬례(讚禮) 2인을 오문 앞 동서에 서로를 향하여 서게 하고, 문무 관원 및 제번(諸番)의 사인(使人) 등의 시립위(侍立位)를 오루(午樓) 앞 어도 남쪽에 설치하되 문관은 동쪽으로 무관은 서쪽으로 서로 바라보게 하며, 형부에서는 헌부의 관위(官位)를 오문 앞 어도 동쪽에서 조금 남쪽에 서쪽을 향하게 설치한다. 헌부 장교위(將校位)는 오문 앞 어도의 서쪽에서 조금 남쪽에 북쪽을 향해서 설치한다. 인례(引禮)는 문무 관원을 인도하여 동서에 차례로 서게 한다. 헌부 장교는 포로를 이끌고 오문 앞 서쪽 가장자리의 무반(武班) 뒤에서 열을 지어 명령을 기다린다.

황상께서 상복(常服)을 갖추고 문화문(文華門)으로 이동한다. 종

───────

로 책봉된 진규(陳珪)의 후손으로 후작을 습봉했다.

221 허종성(許從誠): ?~?. 명나라 사람이다. 가정제의 5녀 가선공주(嘉善公主)의 부마이다.

소리가 그친다. 홍려시 당상관(堂上官) 1원이 무릎을 꿇고 황상께 여(興)를 타시라고 청한다. 음악이 시작된다. 오문루에 이르러 황상께서 어좌에 오르신다. 음악이 그친다. 명편(鳴鞭)을 한다. 홍려시 당상관이 중도(中道)를 함께 지나서 무릎을 꿇고 선(宣)한다. 아뢰기를 마치면, 찬례가 "헌부(獻俘)"라고 외친다. 장교가 포로를 데리고 헌부위(獻俘位)에 이르러 북쪽을 향하여 선다. 포로가 장교 앞에서 무릎을 꿇으면 형부 관원이 오루 앞 중도로 가서 무릎을 꿇고 아뢰길, "모 관 신 모가 아뢰길, '모 관은 모처에서 사로잡은 포로를 바치오니 소사(所司)에 보내기를 청합니다.'"라고 한다. 성지가 아래로 전해지면 형부 관원이 성지를 받들고 즉시 장교와 함께 데리고 나가 시행한다. 홍려시 명찬이 "배반(排班)"이라고 외치면 반열을 정돈하고 문무 백관이 반열로 들어와 북쪽을 향해서 선다. 홍려시 당상관 1원이 중도를 지나가서 무릎을 꿇고 글을 올리며 축하를 드린다. "국궁(鞠躬)"이라고 외치면 음악이 시작된다. 오배삼고두를 하고 일어나 몸을 바로 한다. 음악이 그친다. 홍려시에서 무릎을 꿇고 "예가 끝났습니다."라고 아뢴다. 음악이 시작된다. 어가가 출발한다. 음악이 그친다. 백관이 차례로 퇴장한다.

인명록

가토 기요마사(加藤淸正)　1562~1611. 일본 사람이다. 도요토미 히데요시
(豊臣秀吉)와 같은 지역 출신으로 어려서부터 히데요시를 주군으로 섬기며
여러 전투에서 활약했다. 1588년에 히고 국(肥後國)의 영주가 되었다. 임진
왜란이 발발하자 1만 명의 병사를 이끌고 출병하여 서울을 거쳐 함경도로
진격하여 조선의 왕자 임해군(臨海君)과 순화군(順和君)을 포로로 잡았다.
일본이 명과 강화 교섭을 시작하자 사로잡은 왕자를 돌려보냈다. 1596년
에는 히데요시로부터 귀환 명령을 받고 일본으로 돌아갔다가, 이듬해 정유
재란 때 왜선 300여 척을 이끌고 조선으로 다시 들어왔다. 기요마사가 이
끄는 부대는 울산성 전투에서 조명연합군에게 포위되어 대다수의 병사가
싸우지도 못하고 죽었고, 기요마사는 구사일생으로 일본에 귀국했다. 히데
요시가 사망한 이후 시치쇼(七將)의 일인으로 활동했다. 1600년에 벌어진
세키가하라 전투에서 도쿠가와 이에야스(德川家康)의 동군(東軍)에 가담하
여 전후에 히고 지역의 54만 석 영주가 되었다. 1611년에는 도요토미 히데
요리(豊臣秀頼)를 설득하여 이에야스와의 회담을 성사시켰다.

감사개(甘士介)　1545~1608. 명나라 사람이다. 강서 신풍현(信豊縣) 출신으
로 자는 유번(維藩), 호는 자정(紫亭)이다. 만력 5년(1577)에 진사가 되었고

이후 산동도어사(山東道御史), 대리시좌소경(大理寺左少卿), 양절순무(兩浙巡撫)를 역임했다. 甘士阶, 甘士价로도 표기된다.

게이테쓰 겐소(景轍玄蘇) 1537~1611. 일본 사람으로 가와즈(河津) 가문 출신이다. 하카다(博多) 세이후쿠사(聖福寺)에서 승려생활을 하던 중 대륙 침략의 야심을 품은 도요토미 히데요시의 부름을 받아 그 수하로 들어갔다. 1588년 조선을 드나들며 자국의 내부 사정을 설명하고 일본과 수호 관계를 맺고 통신사를 파견하라고 요청했다. 1590년 황윤길(黃允吉), 김성일(金誠一) 등의 통신사 일행이 일본의 실정과 히데요시의 저의를 살피기 위하여 일본에 왔을 때 동행했으며, 이듬해 조선에 들어가 국정을 살피고 히데요시의 명나라 침공을 위한 교섭 활동을 했다. 1592년 임진왜란이 일어나자 고니시 유키나가(小西行長)가 이끄는 선봉군에 국사(國使)와 역관 자격으로 종군했다. 이후 임진강을 사이에 두고 조명연합군과 대치할 때 유키나가의 제의로 이루어진 강화회담에 참여하는 등 일본의 전시 외교 활동에 종사했다.

계금(季金) ?~1598. 명나라 사람이다. 자는 장경(長庚)이며 절강 온령현(溫嶺縣) 송문위(松門衛) 출신으로 선조 대대로 무직을 지냈다. 융경 2년(1568) 무진사(武進士)가 되었고 다수의 무공을 세워 진강부총병(鎭江副總兵)으로 승진했다. 정유재란이 발발하자 흠차통령절직수병유격장군(欽差統領浙直水兵遊擊將軍)으로서 복건(福建)의 수병(水兵)을 이끌고 조선에 왔다. 총병 진린(陳璘)의 휘하에서 활동하면서 그를 도와 노량해전에서 왜군을 물리치는 데 큰 공을 세웠다. 사후 만력 28년(1600) 정유재란에서의 공적을 인정받아 일급선무공신(一級宣武功臣)에 봉해졌다. 충청도 보령에 그의 공덕비(지방유형문화재 제159호)가 있다.

고니시 유키나가(小西行長) 1555~1600. 일본 사람이다. 사카이(堺) 출신의 약재 무역상인 고니시 류우사(小西隆佐)의 아들로 그 자신도 상인이었다. 본명은 고니시 야구로(彌九郎)였으며 1559년생이라고도 한다. 오다 노부나가(織田信長)가 사망한 혼노지(本能寺)의 변란 이후로 도요토미 히데요시를 섬기면서 아버지 류우사와 함께 세토나이카이(瀬戸內海)의 군수물자를 운반하는 총책임을 맡았다. 1588년 히데요시의 신임을 얻어 히고 우토(宇土) 성의 영주가 되었으며, 1592년 임진왜란 때는 그의 사위인 대마도주(對馬島主) 소 요시토시(宗義智)와 함께 1만 8000명의 병력을 이끌고 제1진으로 부산진성을 공격했다. 이후 일본군의 선봉장이 되어 대동강까지 진격하여 평양성을 함락했다. 1597년 정유재란 때 다시 조선으로 쳐들어와 남원(南原)과 전주(全州) 일대를 장악했다가 조명연합군의 반격을 받고 순천왜성에 주둔했다. 이듬해 히데요시가 사망하고 철군 명령이 내려지자 노량해전이 벌어지는 틈을 이용해서 일본으로 돌아갔다. '기리시탄 다이묘(吉利支丹大名)'로서 대표적인 천주교도 다이묘였다.

고양겸(顧養謙) 1537~1604. 명나라 사람으로 남직례(南直隷) 통주(通州) 출신이다. 자는 익경(益卿)이다. 가정 44년(1565) 진사에 합격하여 공부주사(工部主事), 복건안찰첨사(福建按察僉事), 절강우참의(浙江右參議) 등을 거쳐 요동순무(遼東巡撫), 병부시랑(兵部侍郎), 계요총독(薊遼總督) 등을 역임했다. 만력 21년(1593) 말에 송응창(宋應昌)이 탄핵되어 본국으로 소환되자 계요총독 겸 경략조선군무(薊遼總督兼經略朝鮮軍務)로 임명되어 그를 대신해 경략부를 지휘했다. 송응창과 이여송(李如松) 등이 명 조정에 거짓 보고를 하고 일본과의 강화를 추진했던 사실 때문에 탄핵되었음에도 불구하고 그 역시 전쟁의 강화를 위해 노력했다. 그리고 조선 조정의 반대를 무시하고 명에 대한 일본의 조공과 일본군의 전면 철수를 지속적으로 요구했다. 특히 이 과정에서 조선 조정에 일본의 봉공(封貢)을 허락해줄 것을 요청하는 주본을 올리도록 강요해 자신의 뜻을 관철시키는 데 성공했다. 하지만 그 역시 강화 교섭을 추진하면서 일본군의 실상을 명 조정에 숨긴 일 등이 문제가 되어 탄핵을 받았고 관직에서 물러난 후 명나라로 돌아갔다.

고책(高策) ?~?. 명나라 사람이다. 산서 천성위(天城衛) 사람이며 호는 대정(對庭)이다. 만력 20년(1592) 12월에 흠차통령대동영병유격장군(欽差統領大同營兵遊擊將軍)으로 마병 2천을 거느리고 조선에 왔다가 이듬해 9월에 명나라로 돌아갔다. 만력 25년(1597)에 흠차계요군문관리중군사무통령중협 정왜병마부총병(欽差薊遼軍門管理中軍事務統領中協征倭兵馬副總兵)으로 형개(邢玠)의 군문을 따라 조선에 와서 계병(薊兵) 2500명을 거느리고 도산(島山) 전투에 참여했다.

곽대성(郭大誠) ?~?. 명나라 사람이다. 곽수건(郭守乾)의 아들로 가정 44년(1656) 아버지의 무정후(武定侯) 작위를 계승했다.

김수(金睟) 1547~1615. 조선 사람으로 본관은 안동이다. 자는 자앙(子盎), 호는 몽촌(夢村), 시호는 소의(昭懿)이다. 선조 6년(1573) 알성 문과에 병과로 급제했다. 선조 25년(1592) 경상도관찰사로 있을 때 임진왜란이 발발했고, 전라도관찰사 이광(李洸), 충청도관찰사 윤국형(尹國馨)과 함께 근왕병을 일으켰다. 선조 29년(1596) 호조판서에 임명되었고, 명나라 군사의 군량미를 충당하기 위해 전라도와 충청도에서 군량미 징수를 담당했다.

김여율(金汝嵂) 1551~1604. 조선 사람이다. 통훈대부(通訓大夫) 성현도찰방(省峴道察訪) 김훈(金燻)의 아들로 선조 22년(1589) 무과에 급제했다. 선조 25년(1592) 척후장(斥候將)이 되어 군사 800명을 거느리고 있었는데 임진강에서 유극량(劉克良)이 적과 전투를 벌이는 것을 보고서 도망쳤다. 그러나 전쟁 중에 장수를 나추(拿推)할 수는 없다 하여 죄를 용서받고 격려의 의미로 가자(加資)되었다가 후에 취소되었다. 장연현감(長淵縣監), 제주판관(濟州判官), 진주판관(晉州判官), 풍천부사(豊川府使), 진주목사(晉州牧師) 등을 역임했으나, 부임지에서 재물을 탐하고 출세만을 꾀한다는 등의 이유로 탄핵받아 번번이 파직되었다.

나급(羅級) 1552~1602. 조선 사람이다. 본관은 안정(安定)이며 자는 자승(子升), 호는 후곡(後谷)이다. 선조 9년(1576) 사마시(司馬試)에 합격했고, 선조 18년(1585) 식년 문과에 급제했다. 임진왜란 시기 한산군수(韓山郡守), 공주목사(公州牧使)를 지냈다. 선조 29년(1596) 명에서 일본과의 강화를 위해 유격(遊擊) 진운홍(陳雲鴻)을 부산으로 파견하자 그 접반관(接伴官)으로 임명되어 접반사(接伴使) 이항복(李恒福)과 함께 일본군 군영에 왕래했다. 선조 30년(1597) 동지사(冬至使) 김명원(金命元)의 서장관으로 명나라 북경에 다녀왔다. 사헌부 지평(持平), 사헌부 장령(掌令), 세자시강원 보덕(輔德) 등을 역임했다. 선조 31년(1600) 평산부사(平山府使)로서 아전의 죄를 지나치게 다스렸다는 죄로 탄핵되어 파직되었고, 이듬해 고향에서 향년 51세로 사망했다. 사후 임진왜란 때의 공로를 헤아려 도승지(都承旨)로 추증되었다. 아들 나만갑(羅萬甲)은 병자호란의 기록을 담은 『병자록(丙子錄)』을 저술한 것으로 유명하다.

나이토 조안(小西飛騨守) ?~1626. 일본 사람이다. 본명은 나이토 다다토시(內藤忠俊)이나 가정 43년(1564) 가톨릭에 귀의하여 요한이라는 세례명을 받은 후 이름을 나이토 조안(內藤如安, João)이라고 했다. 고니시 유키나가에게 등용된 후 고니시 히다노카미(小西飛騨守)라는 이름으로 불렸으며 중국과 조선 측 사료에서는 고니시 히(小西飛)라는 이름으로 자주 등장한다. 1565년 부친이 전사하자 나이토 가문의 당주가 되었다. 오다 노부나가(織田信長)와 대립한 쇼군 아시카가 요시아키(足利義昭)를 지지했으나 패배했고, 이후 근거지도 잃어버렸다. 1585년 고니시 유키나가의 가신이 되어 고니시 성을 칭하게 되었다. 유키나가에게 중신으로 대우받았으며 임진왜란 당시 명과의 강화 교섭을 담당하여 북경(北京)을 방문했다. 이후 세키가하라 전투에서 주군 유키나가와 함께 서군으로 참전하여 패배하고 피신하여 마에다(前田) 가를 섬기게 되었으나 에도 막부의 기독교인 추방령에 따라 1614년 필리핀 루손섬으로 추방되어 그곳에서 사망했다.

남방위(藍芳威) ?~?. 명나라 사람이다. 강서(江西) 요주부(饒州府) 강서현(江西縣) 출신이며 호는 운붕(雲鵬)이다. 만력 26년(1598) 흠차통령절병유격장군 서도지휘첨사(欽差統領浙兵遊擊將軍署都指揮僉事)로 남병(南兵) 3300명을 이끌고 조선에 왔다. 제독 유정(劉綎)의 휘하에서 직산(稷山), 남원 등지에 주둔했다. 만력 27년(1599) 총병(總兵) 이승훈(李承勳)과 함께 명나라로 돌아갔다. 조선에 주둔하는 동안 수집한 자료를 바탕으로『조선시선(朝鮮詩選)』을 편찬하여 조선의 시를 중국에 소개한 것으로 알려져 있다.

노계충(盧繼忠) ?~?. 명나라 사람이다. 절강 처주위(處州衛) 출신이며 호는 앙운(仰雲)이다. 만력 26년(1598) 흠차통령남북조병오군사영참장(欽差統領南北調兵五軍四營參將)으로 마병과 보병 2770명을 이끌고 조선에 왔다. 그러나 죄만 있고 공이 없다는 양호(楊鎬)의 탄핵을 받아 해임되어 만력 27년(1599)에 명나라로 돌아갔다.

노득공(盧得功) ?~1598. 명나라 사람이다. 만력 25년(1597) 흠차통령삼영둔병유격장군 도지휘첨사(欽差統領三營屯兵遊擊將軍都指揮僉事)로 마병 3000명을 이끌고 조선에 왔다. 이듬해 시월 사천(泗川)에서 동일원(董一元)의 휘하에서 싸우다가 총탄에 맞아 전사했다.

대연춘(戴延春) ?~?. 명나라 사람이다. 섬서 영강위(寧羌衛) 출신이며 호는 소천(小泉)이다. 만력 26년(1598) 중군도독첨사(中軍都督僉事)로 형개를 따라 조선에 왔다. 형개의 요청으로 표하 정왜협수부총병(征倭協守副總兵)으로 충임되었다. 이후 그와 함께 명나라에 돌아갔다.

데라자와 히로타카(寺澤廣高) 1563~1633. 일본 사람이다. 마사나리(正成)라는 이름으로도 불렸다. 아버지와 함께 일찍부터 도요토미 히데요시(豊臣秀吉)를 섬겼다. 히젠(肥前) 나고야성(名護屋城)의 건축을 담당하고 출전한 무장들과의 연락을 맡아 그 공으로 출세했다. 임진왜란 시에는 보급과 병력 수송 임무를 담당했다. 세키가하라 전투에서 동군에 소속되어 히젠 가라쓰 번(唐津藩)의 초대 번주가 되었다.

도양성(陶良性) ?~?. 명나라 사람으로 절강 처주부(處州府) 진운현(縉雲縣) 출신이다. 호는 양오(養吾)이다. 임진왜란이 발발하자 태학생(太學生)으로 송응창(宋應昌)을 따라 조선에 왔고, 만력 25년(1597)에 형개의 군문을 따라 다시 조선에 와서 행정 업무를 담당했다. 만력 28년(1600)에 군량을 잘 관리한 공을 인정받아 직례영평부난주지주(直隸永平府灤州知州)의 직을 얻었다.

도요토미 히데쓰구(豊臣秀次) 1568~1595. 도요토미 히데요시의 조카로 히데쓰구의 어머니가 히데요시의 친누나였다. 오다 노부나가가 사망하고 히데요시가 정권을 잡은 후 히데요시의 몇 안 되는 가까운 친척으로 중용되었다. 1591년 히데요시의 적장자가 어린 나이에 사망하자 히데쓰구는 히데요시의 양자로서 관백(關白)에 취임했다. 그러나 1593년 히데요시에게 아들 히데요리(秀賴)가 태어난 이후 히데요시와 갈등이 생겼고, 결국 히데쓰구는 관백 자리에서 해임되고 쫓겨나 자살을 명령받았다.

동명봉(佟鳴鳳) ?~?. 명나라 사람이다. 만력 26년(1598)에 천총 지휘(千總指揮)로서 요양 중군(遼陽中軍)의 일을 처리하고 있었다.

동유(董裕) 1537~1606. 명나라 사람이다. 강서 낙안현(樂安縣) 출신이며 자는 유익(惟益), 호는 확암(擴庵)이다. 융경 5년(1571) 진사가 되었다. 동완

현령(東莞縣令), 섬서순안어사(陝西巡按御史), 대리시소경(大理寺少卿), 운양제
독(鄖陽提督) 등을 역임했고 말년에는 형부상서(刑部尙書)에 이르렀다. 만력
25년(1597) 정유재란 발발 당시 형부우시랑(刑部右侍郎)이었다. 성품이 강
직하고 판결이 공정하여 민심을 얻었다고 하며, 사후 태자소보(太子少保)로
추증되었다.

동일원(董一元) ?~?. 명나라 사람이다. 하북 선부전위(宣府前衛) 출신으로
호는 소산(小山)이다. 아버지 동양(董暘)은 선부의 유격장군으로 알탄 칸과
의 전투에 참전했다가 전사했으며 형 동일규(董一奎)도 도독첨사(都督僉事)
를 지낸 유명한 무장이었다. 동일원 역시 몽골, 토만(土蠻) 등을 진압하는
데 여러 차례 군공을 세웠고, 고북구(古北口), 선부, 계주(薊州) 등지에서 활
약했다. 중군도독부첨사(中軍都督府僉書), 요동총병관(遼東總兵官) 등을 역임
했다. 만력 22년(1594) 몽골 파토아(把兔兒)의 침입을 진압하여 그 공으로
좌도독(左都督)으로 승진하고 태자태보(太子太保)에 제수되었다. 만력 25년
(1597) 흠차제독중로어왜총병 중군도독부좌도독 태자태보(欽差提督中路禦
倭總兵中軍都督府左都督太子太保)로 조선에 왔다. 이듬해 제독으로서 중로(中
路)의 병력을 이끌고 왜적과 맞섰으나 사천(泗川)에서 크게 패했다. 이 때
문에 태자태보 직을 삭탈당하고 관품이 강등되었으나 이후 회복했다. 만력
27년(1599) 명나라로 돌아갔다. 동일원의 차남 동대순(董大順)은 조선으로
귀화했다.

동한유(董漢儒) 1562~1628. 명나라 사람이다. 직례 대명부(大名府) 개주
(開州) 출신이다. 자는 학서(學舒), 호는 의대(誼臺)이다. 만력 17년(1589) 진
사가 되었고 호부주사(戶部主事), 산동순안사첨사(山東按察司僉事)를 지냈다.
만력 25년(1597) 정유재란이 발발하자 흠차관리비왜양향 호부산동청리사
낭중(欽差管理備倭糧餉戶部山東淸吏司郎中)으로 조선에 와서 원정군의 군량을
관장했다. 『선조실록(宣祖實錄)』의 평에 따르면 조선의 편의를 위해 힘써주

고 아랫사람을 잘 단속하여 민가에 피해를 끼치는 일이 없었기 때문에 조선 사람들이 칭송했다고 한다. 만력 27년(1599) 명나라로 돌아갔다. 이후 관직이 호광순무(湖廣巡撫), 병부상서(兵部尚書)에 이르렀다. 사후 소보(少保)로 추증되었으며 시호는 숙민(肅敏)이다.

등자룡(鄧子龍) 1528~1598. 명나라 사람이다. 강서 남창현(南昌縣) 풍성(豊城) 출신으로 자는 무교(武橋), 호는 대천(大千)이다. 가정 37년(1558) 무과에 급제했다. 복건과 광동 연해에서 왜구를 토벌하고 운남을 공격한 묘족(苗族) 목방부(木邦部)를 진압하는 등 여러 차례 무공을 세워 관직이 부총병에 이르렀다. 정유재란이 발발하자 만력 26년(1598) 비왜부총병 서도독첨사(備倭副總兵署都督僉事)로 조선에 파견되었다. 일흔이 넘은 나이에 진린(陳璘)을 보좌하여 노량해전에서 싸우다가 전사했다.

마귀(麻貴) ?~1618. 명나라 사람이다. 호는 소천(小川)이고 산서 대동우위(大同右衛) 출신이다. 선조는 회족(回族)이라고 하며 아버지 마록(麻綠) 역시 대동참장(大同參將)을 역임한 무장이었다. 대동·영하(寧夏)·선부(宣府) 등지에서 활약하며 여러 차례 무공을 세워 총병관(總兵官)이 되었다. 만력 20년(1592) 부장(副將)으로서 몽골 보바이[哱拜]의 반란을 진압했다. 만력 25년(1597) 정유재란이 발발하자 흠차제독남북관병어왜총병관 후군도독부도독동지(欽差提督南北官兵禦倭總兵官後軍都督府都督同知)로 대동·선부의 병사 1000명을 이끌고 조선에 왔다. 경리 양호, 조선 도원수 권율과 함께 울산 도산성의 왜군을 포위 공격했으나 크게 패하여 후퇴했다. 이듬해 재차 도산성을 공략했으나 왜군의 지원병 소식을 듣고 물러나 성공하지 못했다. 만력 27년(1599) 명나라로 돌아갔다. 이후 후군도독부우도독(後軍都督府右都督), 요동총병관을 역임했다.

마동(馬棟) ?~?. 명나라 사람이다. 만력 22년(1594)에 요동관전부총병(遼

東寬奠副總兵)으로 임명되었다.

마정문(馬呈文)　?~?. 명나라 사람이다. 선부우위(宣府右衛) 출신으로 자는 홍우(弘宇), 호는 자원(紫院)이다. 흠차통령하간영병유격장군 도지휘첨사(欽差統領河間營兵遊擊將軍都指揮僉事)로 선부구유병영(宣府舊遊兵營)의 계주(薊州) 입위(入衛) 병력 2000명을 이끌고 조선에 왔다. 만력 26년(1598) 사천(泗川) 전투 패전에 책임이 있다고 탄핵받았다. 참형에 해당했으나 실제 집행되지는 않은 것으로 보인다.

만방부(萬邦孚)　?~?. 명나라 사람이다. 절강 영파부(寧波府) 근현(鄞縣) 출신으로 호는 서암(瑞岩)이다. 만력 27년(1599) 흠차통령남병유격장군 서도지휘첨사(欽差統領南兵遊擊將軍署都指揮僉事)로 수병 2200명을 이끌고 조선에 나왔다. 만력 28년(1600) 명나라로 돌아갔다.

만상춘(萬象春)　?~1612. 명나라 사람이다. 남직례 상주부(常州府) 무석현(無錫縣) 출신이다. 자는 인보(仁甫), 호는 함태(涵台)이다. 만력 5년(1577) 진사가 되었다. 산동참정(山東參政), 섬서안찰사(陝西按察使), 산서좌우포정사(山西左右布政使) 등을 역임했다. 만력 25년(1597) 정유재란 발발 당시 산동순무(山東巡撫)로서 연해 지역의 민심을 수습하고 명군의 군량을 공급하는 역할을 수행했다. 사후 우도어사(右都御史)로 추증되었다.

만세덕(萬世德)　1547~1602. 명나라 사람이다. 자는 백수(伯修), 호는 구택(邱澤)이며 산서 편관현(偏關縣) 출신이다. 융경 5년(1571) 진사가 되었다. 천진순무(天津巡撫)이던 만력 26년(1598) 경리 양호(楊鎬)가 울산 도산성(島山城) 전투의 전공 보고를 조작한 죄로 명나라로 소환되자 그를 대신하여 조선에 파견되어 조선의 방비와 전후 후속처리 논의를 담당했다. 만력 28년(1600) 명나라로 돌아가 계요총독(薊遼總督)으로 임명되었다. 만력 30년

(1602) 재직 중 병사했고 태자태보병부상서(太子太保兵部尚書)로 추증되었다.

모국기(茅國器)　?~?. 명나라 사람이다. 호는 행오(行吾)이고 절강 소흥위(紹興衛) 출신이다. 만력 16년(1588) 무진사가 되었다. 만력 25년(1597) 흠차통령절승영병유격장군 도지휘동지(欽差統領浙勝營兵遊擊將軍都指揮同知)로 보병 3100명을 이끌고 조선에 왔다. 마귀(麻貴)가 울산의 왜군을 공격할 때 참여하여 600여 구의 수급을 얻었다. 이후 동일원의 중로군 휘하에서 활동하다가 사천(泗川)에서 패하면서 큰 전력 손실을 입었다. 이후 참모 사세용(史世用)을 내세워 왜군과 철수 교섭을 전개했고, 자신의 가정들을 인질로 보내 의심을 받기도 했다. 만력 27년(1599) 명나라로 돌아갔다. 경상북도 성주(星州)에 주둔하던 당시 관왕묘(關王廟)를 건립한 것으로 알려져 있다.

목천안(穆天顏)　?~?. 명나라 사람이다. 호부의 판사진사(辦事進士)로 은량을 이송하여 말을 구매하는 임무를 맡았다. 만력 36년(1608)에 섬서순안어사(陝西巡按御史)에 제수되었다.

박홍구(朴弘耉)　1552~1624. 조선 사람이다. 초명은 박홍로(朴弘老)이다. 본관은 죽산(竹山)이며 자는 응소(應邵), 호는 이호(梨湖)이다. 선조 9년(1576) 진사가 되었고 선조 15년(1582) 식년 문과에 급제했다. 사헌부 장령, 홍문관 교리를 지내다가 선조 26년(1593) 전라도에 군량미 납입을 단속하기 위한 조도어사(調度御史)로 파견되었다. 이후 충청도관찰사, 전라도관찰사, 병조참판, 도승지 등을 역임했다. 선조 34년(1601)에는 진하부사(進賀副使)로 명나라에 다녀왔으며 이듬해 홍문관 부제학을 제수받아 『황화집류(皇華集類)』를 편찬했다. 광해군이 즉위 후 우의정과 좌의정을 역임했으나 인조반정으로 삭직되었다. 인조 2년(1624) 이괄의 난 때 광해군의 복위를 기도했다는 혐의를 받아 사사(賜死)되었다. 숙종 17년(1691) 신원되었다.

백사청(白斯淸) ?~?. 명나라 사람이다. 자는 가상(可相), 호는 아징(我澄)이며 복건 천주위(泉州衛) 출신이다. 흠차통령복건수병어왜유격장군(欽差統領福建水兵禦倭遊擊將軍)으로 수병 1600명을 이끌고 만력 27년(1599)년에 조선에 왔다가 이듬해에 명나라로 돌아갔다.

백황(白潢) ?~?. 명나라 사람이다. 정료중위지휘첨사(定遼中衛指揮僉事)를 지냈으며 정유재란 시 군량 운송을 담당하고 있었다.

범윤(范崙) 1534~1608. 명나라 사람이다. 자는 자대(子大)이고 직례 진강부(鎭江府) 단도현(丹徒縣) 사람이다. 가정 44년(1565)에 과거에 합격하여 진사가 되었다. 사천우참의(四川右參議), 운남좌참정(雲南左參政), 태상시경(太常寺卿), 통정사사 통정사(通政使司通政使), 남경공부시랑(南京工部侍郎), 남경공부상서(南京工部尙書) 등을 역임했다. 사망 후 태자소보(太子少保)로 추증되었다.

보바이[哱拜] 1526~1592. 명나라 사람이다. 원래 몽고 달단부(韃靼部)의 추장이었다가 명에 투항하여 영하(寧夏) 지역에서 많은 전공을 쌓았다. 만력 20년(1592) 2월에 영하 순무 당형(黨馨)과 불화가 생기자 반란을 일으켰다. 반란 세력은 오르도스에 있던 몽골 세력과도 통하여 기세가 왕성했기 때문에, 당초 토벌에 나선 명 군대도 쉽게 제압하지 못하고 오히려 여러 차례 패배했다. 이에 어쩔 수 없이 동북 방면을 지키고 있던 최정예 부대를 멀리 요동으로부터 증원군으로 파견했으며, 지휘관 이여송의 활약에 힘입어 같은 해 9월에 겨우 성을 탈환하고 반란을 제압하는 데 성공했다.

복일승(福日升) ?~?. 명나라 사람이다. 직례 양주위(楊州衛) 출신이다. 만력

26년(1598)에 흠차통령산동직례수병유격장군(欽差統領山東直隷水兵遊擊將軍)으로 수병 1500명을 이끌고 조선으로 왔으나 9월에 작전 기한을 맞추어 오지 못했다는 이유로 논박을 받고 백의종군하게 되었다. 노량해전에서 직책을 돌려받았다. 만력 27년(1599)에 명나라로 돌아갔다. 원문에 福日昇이라고도 나온다.

부양교(傅良橋) ?~?. 명나라 사람이다. 자는 여제(汝濟), 호는 약소(約所)이며 강서 무주부(撫州府) 금계현(金谿縣) 중주향(中洲鄉) 사람이다. 만력 8년 (1580) 무진사가 되어 복건북로수비(福建北路守備)로 관직 생활을 시작했다. 만력 25년(1597) 총병 유정(劉綎)을 따라 조선에 가라는 명령을 받아 이듬해인 만력 26년(1598)에 흠차통령남장정소병유격장군(欽差統領南戇汀詔兵遊擊將軍)으로 보병 2000명을 이끌고 조선에 도착했다. 만력 27년(1599) 9월에 명나라로 돌아갔다.

사도립(師道立) ?~?. 명나라 사람이다. 자는 국화(國化), 호는 서원(西園)이며 대동우위(大同右衛) 출신이다. 대동수구보수비(大同守口堡守備)로 재직하다가 만력 26년(1598)에 형개 표하의 흠차통령우액병유격장군(欽差統領右掖兵遊擊將軍)으로 보병 2480명을 이끌고 조선에 왔다가 만력 27년(1599) 11월에 사천 전투에서 패배하여 달아난 것으로 인해 파직되어 명나라로 돌아갔다.

사무관(司懋官) ?~?. 명나라 사람이다. 호는 건암(建菴)이고 사천 기주위 (夔州衛) 출신이다. 무과(武科) 출신이며 흠차통령건창도사영병유격장군(欽差統領建昌都司營兵遊擊將軍)으로 보병 3100명을 이끌고 만력 26년(1598)에 조선에 왔다. 11월 예교(曳橋)에서 벌어진 전투에서 주장(主將)의 명령을 듣지 않고 달아나는 일이 있었다. 만력 27년(1599)에 명나라로 돌아갔다.

사세용(史世用)   ?~?. 명나라 사람이다. 일찍부터 일본에 왕래하던 자로 유격 모국기(茅國器)의 참모였다. 정유재란 시기 사쓰마 군을 철수시키기 위해 시마즈와 교섭하였다.

사용재(謝用梓)   ?~?. 명나라 사람이다. 절강(浙江) 출신의 문신으로 만력 21년(1593) 심유경(沈惟敬)이 고니시 유키나가와 강화 협상을 진행할 때, 서일관(徐一貫)과 함께 일본에 사신으로 파견되었다. 나고야에서 도요토미 히데요시에게 융숭한 대접을 받고 일본에 잡혀 있던 임해군(臨海君), 순화군(順和君)과 함께 조선에 들어왔다. 후에 강화 협상에서 공문을 위조한 사실이 발각되어 서일관과 함께 유배되었다.

사유(史儒)   ?~?. 명나라 사람이다. 임진왜란이 발발하자 총병(總兵) 조승훈(祖承訓)과 함께 파견되어 만력 20년(1592) 7월에 1차 평양성 전투에 참전했다가 전사했다.

서관란(徐觀瀾)   ?~?. 명나라 사람이다. 자는 함벽(涵碧)이고 산서 택주(澤州) 사람이다. 만력 17년(1589) 진사가 되었다. 만력 26년(1598) 9월, 병부주사(兵部主事) 정응태(丁應泰)가 도산 전투에 패배한 것을 승전으로 보고했다는 혐의로 경리 양호(楊鎬) 등을 탄핵한 사건을 재조사하라는 명을 받고 조선에 왔다. 부산과 울산 등의 군영을 두루 다니며 조사한 후 이듬해 2월에 명나라로 돌아갔다.

서문벽(徐文璧)   ?~1602. 명나라 사람이다. 남직례 풍양현(風陽縣) 출신으로 중산왕(中山王) 서달(徐達)의 8세손이다. 융경 2년(1568)에 정국공(定國公)에 습봉되었고 만력제 즉위 후에 후군도독부(後軍都督府)의 일을 관장했다. 만력제의 신임을 받은 인물이었으며 시호는 강혜(康惠)이다.

서문위(徐文緯) ?~1609. 명나라 사람이다. 정난(靖難)의 변에 공을 세워 영강후(永康侯)에 봉해졌던 서충(徐忠)의 7세손으로 만력 11년(1583)에 습봉되었다. 『명신종실록(明神宗實錄)』에는 徐文煒로 기재되어 있다.

서성(徐渻) 1558~1631. 조선 사람이다. 본관은 달성(達成)이며 자는 현기(玄紀), 호는 약봉(藥峯)이다. 선조 19년(1586) 알성 문과에 급제하여 예문관 검열(藝文館檢閱), 성균관전적(成均館典籍), 예조좌랑(禮曹佐郎) 등을 역임했다. 임진왜란 발발 후 황정욱(黃廷彧)의 종사관이 되어 함경도로 갔다가 임해군(臨海君)·순화군(順和君)과 함께 가토 기요마사의 포로가 되었으나 홀로 탈출했다. 선조 27년(1594)에 선조의 신임을 받아 병조정랑(兵曹正郎)에 임명되어 감군(監軍)의 역할을 했다. 누차 승진하여 선조 34년(1601)에 도승지(都承旨), 선조 36년(1603)에는 병조판서(兵曹判書)에 임명되었다. 이때 북방에 여진족이 침입하자 서성이 정벌을 주장하여 전투를 벌였으나 패배하여 그 책임을 지고 파직되었다가 곧 복귀했다. 선조가 사망할 때 서성을 비롯한 7명의 측근 신하를 불러 영창대군(永昌大君)을 부탁했다. 광해군(光海君) 대의 계축옥사(癸丑獄事)에서 선조의 유명을 받은 일곱 신하 중 하나로 혹독한 고초를 받은 후 유배되었다. 인조반정 후에 다시 기용되어 병조판서 등을 역임하고 관품이 숭록대부(崇祿大夫)에 이르렀다. 사망 후 영의정(領議政)에 추증되었고 시호는 충숙(忠肅)이다.

서중소(徐中素) ?~?. 명나라 사람이다. 강서 남강부(南康府) 건창현(建昌縣) 출신이며 호는 옥연(玉淵)이다. 만력 23년(1595)에 진사가 되었다. 병부주사(兵部主事)로 재직하다가 흠차어왜동로감군병비(欽差禦倭東路監軍兵備) 산동안찰사사첨사찬획주사(山東按察使司僉事贊畫主事)로 조선에 와서 정응태(丁應泰)를 대신하여 감군하다 부친상을 당해 만력 26년(1598) 7월에 명나라로 돌아갔다.

서휘조(徐輝祖) 1368~1407. 명나라 사람이다. 명나라 개국공신인 서달(徐達)의 장남으로 위국공(魏國公)의 작위를 이어받았다.

석성(石星) 1538~1599. 명나라 사람으로 대명부(大名府) 동명현(東明縣) 출신이다. 자는 공진(拱辰), 호는 동천(東泉)이다. 가정 38년(1559)에 진사가 되어 출사한 후 이과급사중(吏科給事中)으로 발탁되었다. 융경 연간에 직언을 올려 죄를 입었다가 만력제가 즉위한 이후 크게 기용되었고 누차 관직이 올라 병부상서(兵部尙書)가 되었다. 임진왜란이 발발하여 조선이 명에 원조를 요청하자 파병을 강력히 주장했다. 송응창(宋應昌)과 이여송(李如松)의 대군이 출병하여 평양을 수복하고 우세한 전황에서 명나라 국내의 어려운 상황을 감안하여 일본 측의 화의 요청을 받아들일 것을 건의했다. 그러나 일본군이 재차 침입하자 조지고(趙志皐) 등이 강화 실패의 책임을 그에게 돌려 만력제에 의해 옥사당했다.

설호신(薛虎臣) ?~?. 명나라 사람이다. 호는 평계(萍溪)이며 직례 보정부(保定府) 정흥위(定興衞) 사람이다. 만력 25년(1597) 흠차진정영좌관관(欽差眞定營坐管官)으로 마병 3000명을 이끌고 조선에 왔다. 마귀(麻貴) 휘하의 동로군에 편제되었다. 만력 27년(1599)에 명나라에 돌아갔다. 만력 26년(1598)에 안동에 관왕묘(關王廟)를 건립했다.

섭방영(葉邦榮) ?~?. 명나라 사람이다. 만력 21년(1593) 통령절병유격장군(統領浙兵遊擊將軍)으로 마병 1500명을 통솔했다. 만력 25년(1597)에 절강 군사 1500명을 이끌고 조선에 다시 왔다.

섭사충(葉思忠) ?~?. 명나라 사람이다. 호은 앙천(仰川)이고 절강 금화부(金華府) 의오현(義烏縣) 출신이다. 원임유격(原任遊擊)으로 형개를 따라 참전했다.

섭정국(葉靖國) ?~?. 명나라 사람이다. 천문과 지리에 능하여 송응창이 자신을 따라 종군하도록 했다. 만력 22년(1594) 선조는 섭정국이 술수에 능통하다는 소문을 듣고 그에게 궁궐터를 비롯한 도성 안의 풍수를 물어보게 했다. 의인왕후(懿仁王後)가 사망하자 장지(葬地)를 결정하는 일에도 참여했다.

성윤문(成允文) ?~?. 조선 사람이다. 본관은 창녕(昌寧)이다. 무관으로 임진왜란 시 함경남도병마절도사(咸鏡南道兵馬節度使), 경상우도병마절도사(慶尙右道兵馬節度使) 등을 지냈으며 정유재란 시에는 경상좌도병마절도사(慶尙左道兵馬節度使)로서 여러 전투에서 공을 세웠다. 도요토미 히데요시가 사망하여 일본군이 곧 철수한다는 첩보를 입수하여 조정에 알리는 공을 세우기도 했다. 제주목사(濟州牧使) 등을 역임했는데 군민에게 형벌을 가혹하게 내려 자주 탄핵을 받았다.

소대형(蕭大亨) 1532~1612. 명나라 사람으로 산동 태안주(泰安州) 출신이다. 자는 하경(夏卿), 호는 악봉(岳峰)이다. 가정 41년(1562)에 진사로 관직 생활을 시작했으며, 변경에서 몽골족의 침입을 막아내고 화의를 통해 몽골과의 관계를 안정시키는 데 공헌했다. 만력 17년(1589)에는 선대총독(宣大總督)으로 임명되어 조하(洮河)의 변과 출루게(撦力克)의 청해(靑海) 원정 등에 대처하는 데 주력했으며, 만력 20년(1592) 영하에서 보바이가 난을 일으켰을 때도 진압에 기여했다. 이후 형부상서·병부상서를 장기간 역임했으며, 몽골에 대처한 실무 경험을 토대로 『북로풍속(北虜風俗)』을 저술했다.

소 요시토시(宗義智) 1568~1615. 일본 사람으로 대마도의 도주이다. 초명은 아키카게(昭景)이다. 나중에 도요토미 히데요시로부터 히데요시의 예전 성이었던 하시바(羽柴)와 이름의 요시(吉)라는 한자를 받아 하시바 요시토시(羽柴吉智)로 개명했다. 1588년 대마도(對馬島)의 도주를 세습하여 대마도 후츄(府中) 성의 성주가 되었다. 1589년 조선으로 보내는 사절단의 부사로 파견되어 선조를 만나 조선 측 통신사 파견을 요청했고, 이에 1590년 11월에 정사 황윤길(黃允吉), 부사 김성일(金誠一), 서장관 허성(許筬)이 일본에 통신사로 파견되었다. 일본에서는 이들 통신사에게 명 정복 사업의 선도 역할을 요구했으나 결과적으로 교섭에 실패했다. 임진왜란 때 장인 고니시 유키나가의 제1대 부대에서 활약했다. 경상도, 충청도, 서울을 차례대로 정복하고 평양으로 진격했으며, 평양성 전투, 벽제관 전투 등에서 공적을 쌓았다. 정유재란 때 좌군에 소속되어 참전했다. 세키가하라 전투에서는 서군(西軍)에 가담했다가 패배했으나 대마도주 자리는 계속 유지했다.

소응궁(蕭應宮)　?~?. 명나라 사람이다. 자는 백화(伯和), 호는 관복(觀復)이고 남직례 소주부(蘇州府) 상숙현(常熟縣) 사람이다. 만력 2년(1574)에 진사가 되었다. 만력 25년(1597)에 흠차정칙요양등처해방병비 산동안찰사(欽差整飭遼陽等處海防兵備山東按察使)로서 감군(監軍)의 역할로 조선에 파견되었다. 당시 심유경(沈惟敬)이 일본군과 내통한다는 혐의로 체포되어 명나라 조정으로 압송되었는데, 소응궁은 심유경을 옹호하여 계속해서 심유경을 통해 일본과 강화 협상을 진행하자고 요청했다. 이에 소응궁은 요동순안어사(遼東巡按御史)의 탄핵을 받아 삭직되었다.

손광(孫鑛)　1543~1613. 명나라 사람으로 절강 소흥부(紹興府) 여요현(餘姚縣) 출신이다. 자는 문융(文融), 호는 월봉(月峯)이다. 임진왜란 발발 초기에는 산동순무(山東巡撫)를 맡아 병참을 지원했다. 병부우시랑(兵部右侍郞)에 재직하던 만력 22년(1594)에 고양겸(顧養謙)이 탄핵받아 소환되자 그를 대신하여 경략(經略)이 되어 일본과 강화를 추진했다. 강화 교섭이 실패하자 탄핵되어 파직되었다.

송응창(宋應昌)　1536~1606. 명나라 사람으로 항주(杭州) 인화현(仁和縣) 출신이다. 호는 동강(桐岡)이다. 가정 44년(1565)에 진사가 되었다. 임진왜란 때 1차로 파병된 조승훈이 평양성 전투에서 패배하고 요동으로 돌아가자, 명나라 조정은 병부시랑 송응창을 경략군문(經略軍門)으로, 도독동지(都督同知) 이여송을 제독군무(提督軍務)로 삼아 4만 3000명의 명군을 인솔하게 하여 조선으로 출병시켰다. 벽제관 전투에서 이여송이 일본군에 패배한 뒤, 송응창은 요동으로 돌아가 선조로 하여금 평양에 머물면서 서울을 수복하도록 자문을 보냈다. 그는 조선에 군사를 파견하거나 부상병을 돌려보내거나 군수물자를 수송하는 등의 지원을 했다. 송응창은 벽제관 전투 후 도요토미 히데요시를 일본 국왕으로 책봉하고 영파(寧波)를 통해 조공하도록 하는 봉공안(封貢案)을 주도했다. 일본과의 강화 교섭이 진행되는 동안 일본의 무리한 강화 요구가 알려지는 것을 우려하여 조선 사신의 중국 입경을 가로막기도 했다. 명나라는 일본군의 조선 주둔 상황 등을 명백히 보고하지 않았다는 이유로 송응창을 대신하여 시랑(侍郞) 고양겸(顧養謙)을 경략으로 삼았다.

시등과(柴登科) ?~?. 명나라 사람이다. 자는 앙원(仰元), 호는 급천(汲泉)이다. 흠차밀운전영유격장군 도지휘동지(欽差密雲前營遊擊將軍都指揮同知)로 마병 1350명을 이끌고 만력 25년(1597) 9월 조선에 왔다가 만력 27년(1599) 4월 명나라로 돌아갔다.

시마즈 요시히로(島津義弘) 1535~1619. 일본 사람이다. 시마즈(島津) 15대 당주의 차남으로 시마즈 가문의 규슈(九州) 통일에 큰 역할을 했다. 도요토미 히데요시가 규슈 정벌에 나서자 항전하다가 항복했으며, 임진왜란 당시에는 시마즈씨의 존속을 위해 가문을 대표해서 임진왜란과 정유재란에 참전했다. 정유재란 때는 사천 전투에서 공격해온 명군을 격파하기도 했다. 세키가하라 전투에서 서군 측에 가담해 패배했지만 본국으로 철수하는 데 성공했고, 도쿠가와 이에야스와의 화평 교섭 결과 살아남았다.

심무(沈茂) ?~?. 명나라 사람이다. 정유재란이 발발하자 절강의 수병 3000명을 이끌고 조선에 왔다.

심무시(沈懋時) ?~?. 명나라 사람이다. 일본과의 강화 협상을 주도했던 유격 심유경(沈惟敬)의 조카이다.

심사현(沈思賢) ?~?. 명나라 사람으로 절강 소흥부(紹興府) 여요현(餘姚縣) 출신이다. 자는 방달(邦達), 호는 사천(沙川)이다. 원임 통판(通判)으로 송응창(宋應昌)을 따라 조선에 와서 심유경(沈惟敬)과 함께 왜적의 진영에 들어갔다. 만력 25년(1597)에 어사 진효(陳效)의 표하관(標下官)으로 조선에 와서 군량 조달을 맡았다.

심유경(沈惟敬) ?~1599. 명나라 사람으로 절강 가흥현(嘉興縣) 출신이다. 명나라에서 상인으로 활동하다가 임진왜란 때 조승훈(祖承訓)이 이끄는 명나라 군대를 따라 조선에 들어왔다. 평양성 전투 이후 일본과 화평을 꾀하는 역할을 했다. 그러나 양측이 제시한 협상 조건은 타협이 불가능했고, 심유경은 조건을 조작하여 명의 만력제로부터 협상을 허락받았다. 심유경은 정사 양방형(楊方亨)과 함께 도요토미 히데요시에게 보내는 일본 국왕 책봉 국서를 가지고 일본으로 건너가 만력 24년(1596) 9월 2~3일 오사카(大阪) 성에서 그를 만났다. 그러나 국서를 받은 히데요시는 격분했고 명나라와 일본 양국 사이에 심각한 불신만 초래하는 결과를 낳았으며 이후 정유재란이 발발했다. 심유경은 감금되었다가 석방되었고 또다시 일본과 평화 교섭을 시도했으나 이것마저 실패로 돌아가자 일본으로 망명을 기도했다가 경상남도 의령(宜寧) 부근에서 명나라 장수 양원(楊元)에게 붙잡혀 처형되었다.

심일관(沈一貫) 1531~1617. 명나라 사람이다. 자(字)는 견오(肩吾), 불의(不疑), 자유(子唯)이고, 호(號)는 용강(龍江), 교문(蛟門)이다. 시호는 문공(文恭)

이다. 절강성 은현(鄞縣) 출신이다. 만력 연간 내각수보를 지냈다. 융경 2년 (1568) 진사(進士)에 급제했고 서길사(庶吉士)가 되었다. 남경예부상서(南京禮部尙書), 동각대학사(東閣大學士), 태자소보(太子少保), 호부상서(戶部尙書), 무영전대학사(武英殿大學士), 이부상서(吏部尙書) 등을 지냈다. 임진왜란 때 명나라의 조선 파병을 적극 건의하여 성사시켰다.

야나가와 시게노부(柳川調信) ?~1605. 일본 사람이다. 쓰시마(對馬島) 소(宗) 가문의 가신으로서 조선의 수직왜인(受職倭人)이기도 했으며, 도요토미 히데요시 및 도쿠가와 이에야스에게도 신임을 받았다. 소 요시토시(宗義智)를 보좌하여 임진왜란 전후의 대조선 교섭에서 중요한 역할을 수행했으며, 전후 강화 교섭에도 깊게 관여했다.

양등산(楊登山) ?~?. 명나라 사람이다. 자는 개명(愷明)이고 선부(宣府) 회안위(懷安衛) 출신이다. 무관직을 세습하고 무진사가 되었다. 흠차협수동로참장(欽差協守東路參將)으로 만력 25년(1597)년에 마병 1200명을 이끌고 조선에 왔다가 만력 27년(1599)에 명나라로 돌아갔다. 용맹함으로 이름이 높았으며 파귀(頗貴)·파새(擺賽)·해생(解生)과 함께 4장으로 일컬어졌다. 추후 관직이 총병(總兵)에 이르렀다.

양문(楊文) ?~?. 명나라 사람이다. 만력 25년(1597)에 형개의 건의에 따라 통령수병부총병(統領水兵副總兵)에 임명되었다.

양세계(楊世階) ?~?. 명나라 사람이다. 오이라트를 크게 격파한 공으로 창무백(彰武伯)에 책봉된 양신(楊信)의 후손으로 작위를 승습받았다.

양원(楊元) ?~1598. 명나라 사람으로 정요좌위(定遼左衛) 출신이다. 호는 국애(菊厓)이다. 임진왜란이 발발하자 좌협대장으로 임명되어, 왕유정(王維

禎), 이여매(李如梅), 사대수(査大受), 갈봉하(葛逢夏) 등 여러 명의 부총병과 참장, 유격 등을 인솔했다. 양원은 정유재란 시 남원성 전투에서 패배하여 탄핵된 후 명나라로 송환되었고, 이후 참형되었다.

양위(楊位) ?~?. 명나라 사람이다. 병부원외랑(兵部員外郞)으로서 총독 표하의 찬획(贊畫)이었는데 만력 25년(1597) 11월 17일에 형개의 상주에 따라 산동첨사영전병비도(山東僉事寧前兵備道)로 승진했다.

양일괴(楊一魁) 1535~1609. 명나라 사람이다. 자는 자선(子選), 호는 후산(後山)이며 산서 평양부(平陽府) 안읍현(安邑縣) 사람이다. 가정 44년(1565)에 진사가 되어 출사했고 병과급사중(兵科給事中), 절강안찰사(浙江按察使), 부도어사(副都御史), 남경태상시경(南京太常寺卿) 등을 거쳐 만력 23년(1595)에 공부상서(工部尙書)가 되었으며, 만력 26년(1598)에는 태자태보(太子太保)를 더했다.

양조령(梁祖齡) ?~1622. 명나라 사람이다. 자는 소수(紹首), 호는 경천(景泉)으로 사천 성도부(成都府) 온강현(溫江縣) 사람이다. 만력 14년(1586) 진사가 되어 응천부(應天府)의 강포현지현(江浦縣知縣)으로 관직 생활을 시작했다. 만력 17년(1589) 상주부(常州府) 무진현지현(武進縣知縣)이 되었다. 만력 20년(1592) 호부주사(戶部主事)로 승진했고 귀주사랑중(貴州司郞中)을 역임하면서 밀운 등의 양향(糧餉)을 관리했다. 만력 20년(1592) 호부주사(戶部主事)가 되었고 만력 25년(1597) 산동우참의겸첨사(山東右參議兼僉事)가 되었다. 만력 26년(1598)에 파직된 소응궁(蕭應宮)을 대신하여 흠차정칙요양관전등처해방병비겸리조선동중이로군무(欽差整飭遼陽寬奠等處海防兵備兼理朝鮮東中二路軍務)로 조선에 와서 군대를 감찰했다. 영남 지역을 돌아다녔는데 부하 군사들을 잘 단속했기에 그가 지나가는 곳마다 편히 여겼다고 한다. 전쟁 이후 절강안찰사(浙江按察使), 하남좌포정사 도찰원우첨도어사(河

南左布政使都察院右僉都御史) 등을 지내다 만력 45년(1617)에 치사했다.

양준민(楊俊民)　?~1599. 명나라 사람으로 산서 포주(蒲州) 출신이다. 초명은 양주민(楊州民)이고, 자는 백장(伯章)이다. 가정 41년(1562)에 진사가 되어 호부주사(戶部主事)를 제수 받고 예부낭중(禮部郎中) 등의 관직을 역임했다. 만력 17년(1589)에 호부상서 총독창장(戶部尙書總督倉場)에 임명되어 임진왜란 때 재정을 담당하여 군량 운송을 총괄했다.

양천윤(梁天胤)　?~?. 명나라 사람이다. 호는 염천(念泉)이고 직례 회안부(淮安府) 대하위(大河衛) 사람이다. 만력 26년(1598) 흠차통령남직수병유격장군(欽差統領南直水兵遊擊將軍)으로 수병 2000명을 이끌고 조선에 왔다가 이듬해에 명나라로 돌아갔다

양호(楊鎬)　?~1629. 명나라 사람으로 하남 귀덕부(歸德府) 상구현(商丘縣) 출신이다. 자는 경보(京甫), 호는 풍균(風筠)이다. 만력 8년(1580)에 진사가 되었다. 만력 25년(1597) 6월에 흠차경리조선군무 도찰원우첨도어사(欽差經理朝鮮軍務都察院右僉都御史)로 조선에 왔다. 울산에서 벌어진 도산성(島山城) 전투에서 크게 패했는데, 이를 승리로 보고했다가 들통이 나서 파면되었다. 조선에서는 선무사(宣武祠)를 세워 형개의 위패를 모시는 한편 양호의 공적을 기리는 흠차경리조선도어사양공거사비(欽差經理朝鮮都御史楊公去思碑)를 함께 세웠으며, 선조 37년(1604)에 선무사에 양호를 추가로 배향했다.

엄기주(嚴期周)　?~?. 명나라 사람이다. 어사 진효(陳效)의 의관(醫官)으로 경리 양호(楊鎬)의 아문에 있었다.

여계등(余繼登)　1544~1600. 명나라 사람이다. 자는 세용(世用), 호는 운구(雲衢)이며 직례 교하현(交河縣) 출신이다. 만력 5년(1577) 진사가 되어 한림

원 서길사(翰林院庶吉士)에 들어간 후 한림원의 관직을 누차 역임했다. 만력 26년(1598)에는 예부좌시랑(禮部左侍郎)이 되었고 다음 해에는 예부상서(禮部尙書)가 되었다. 시호는 문각(文恪)이다.

여민화(黎民化) ?~?. 명나라 사람이다. 정유재란이 종결된 이후 동로관량동지(東路管糧同知)로 세운 공로를 인정받아 직례연경주지주(直隸延慶州知州)에 임명되었다.

예상충(倪尙忠) 1550~1609. 명나라 사람이다. 만력 13년(1585)에 선부서로(宣府西路)의 좌참장(左參將)이 되어 장가구(張家口) 등의 지역을 방어했다. 만력 14년(1586) 선부부총병(宣府副總兵)이 되었으며, 만력 19년(1591) 정월에는 협수대동부총병(協守大同副總兵)에 임명되었다. 같은 해 10월에 진수보정총병(鎭守保定總兵)으로 승진했다.

오광(吳廣) ?~?. 명나라 사람이다. 호는 소무(少武)로 광동 소주부(韶州府) 영덕현(英德縣) 출신이다. 만력 26년(1598)에 흠차통령운귀광동한토관병부총병(欽差統領雲貴廣東漢土官兵副總兵)으로 낭토(狼土)의 군사 5500명을 이끌고 조선에 온 후 예교(曳橋) 전투에서 선봉으로 나섰다. 이듬해에 명나라로 돌아갔다.

오문재(吳文載) ?~?. 명나라 사람으로 남직례 휴녕현(休寧縣) 출신이다. 자는 자교(子喬)이다. 만력 5년(1577) 진사로 급제하여 출사했다. 정유재란 시기 요동도사 경력사경력(遼東都司經歷司經歷)으로 재직했다.

오서린(吳瑞麟) ?~?. 명나라 사람이다. 정유재란 발발 후 동로관량경력(東路管糧經歷)으로 2년간 임무를 수행했다.

오양새(吳良璽) ?~?. 명나라 사람이다. 만력 26년(1598)에 원임염운사동지(原任鹽運司同知)로 조선에 왔다가 이듬해에 명나라로 돌아갔다.

오유충(吳惟忠) ?~?. 명나라 사람으로 절강 금화부(金華府) 의오현(義烏縣) 출신이다. 호는 운봉(雲峯)이다. 척계광이 모집한 의오군으로 활동하며 왜구 토벌에 공을 세웠으며 몽골 방어를 위한 계주(薊州)의 성보(城堡) 수축에 참여했다. 만력 20년(1592)에 흠차통령절병유격장군(欽差統領浙兵遊擊將軍)으로 보병 1500명을 이끌고 조선에 와서 평양성 전투에 참여했고 만력 22년(1594)에 명나라로 돌아갔다. 만력 25년(1597) 흠차비왜중익부총병 원임도독첨사(欽差備倭中翼副總兵原任都督僉事)로 보병 3990명을 이끌고 다시 조선에 와서 충주에 주둔하고 영남을 왕래하면서 일본군을 토벌했다. 만력 27년(1599)에 명나라로 돌아갔다.

오종도(吳宗道) ?~?. 명나라 사람으로 절강 소흥부 산음현(山陰縣) 출신이다. 자는 여행(汝行), 호는 석루(石樓)이다. 만력 21년(1593)에 조선에 왔으며 만력 25년(1597)에는 형개의 군문(軍門)에 소속되어 잇따라 수군을 이끌고 나왔다. 조선에 파견되었던 초기에는 주로 병력을 인솔하고 여러 지역을 이동하면서 군사 업무를 수행했다. 하지만 점차 조선 조정과 전략과 정세에 대한 의견을 나눌 정도로 역할이 확대되었다. 아울러 조선 조정의 입장을 배려하고 몸가짐이 검소하며 선물 등을 좋아하지 않아 선조를 비롯한 신료들의 높은 평가를 받았다.

온순(溫純) 1539~1607. 명나라 사람이다. 자는 희문(希文)이고 호는 일재(一齋) 또는 역재(亦齋)이다. 섬서 삼원현(三原縣) 출신이다. 가정 44년(1565)에 진사가 되어 출사하여 이과급사중(吏科給事中), 호광참정(湖廣參政), 광록경(光祿卿) 등을 역임했다. 장거정(張居正)과 불화하여 관직을 내놓고 귀향했다가 장거정 사후 다시 관직에 올랐다. 호부우시랑(戶部右侍郎), 도찰원우도어사(都察院右都御史) 등을 거쳐 만력 21년(1593) 공부상서(工部尙書)가 되었고 만력 26년(1598)에는 좌도어사(左都御史)로 도찰원(都察院)을 관장하게 되었다. 만력 33년(1605) 수보(首補) 심일관(沈一貫)과 사이가 틀어져 곧 치사했다.

왕견빈(王見賓)   1536~1607. 명나라 사람이다. 자는 자리(子利) 또는 무흠(懋欽)이고 별호는 청우(晴宇)로 산동 제남위(濟南衛) 사람이다. 만력 2년(1574)에 진사가 되어 형부주사(刑部主事), 하남부사(河南副使) 등을 거쳐 밀운도 포정사(密雲道布政使)가 되었다. 변경 지역의 통치에 유능했다는 평가를 받았다. 만력 26년(1598) 도찰원우첨도어사 연수순무(都察院右僉都御史延綏巡撫)가 되었다가 만력 27년(1599) 해임되어 본적으로 돌아갔다.

왕관생(王觀生)   ?~?. 명나라 사람이다. 요해위경력(遼海衛經歷)이며 정유재란 시 관량위관(管糧委官)의 직책을 수행했다.

왕국동(王國棟)   ?~?. 명나라 사람이다. 호는 충암(忠菴)이고 섬서 연안부(延安府) 수덕위(綏德衛) 출신이다. 만력 26년(1598) 흠차통령연수전영참장(欽差統領延綏前營參將)으로 마병 2120명을 이끌고 조선에 왔다가 이듬해에 명나라로 돌아갔다.

왕국주(王國柱)   ?~?. 명나라 사람이다. 만력 26년(1598) 선부유격(宣府遊擊)으로 형개 표하의 정왜비장(征倭裨將)으로 충임되었다.

왕명세(王名世)   1567~1646. 명나라 사람이다. 자는 사가(史可), 호는 익우(翼宇)이며 절강 영가현(永嘉縣) 사람이다. 만력 25년(1597)의 무과에서 향시(鄕試), 회시(會試), 전시(殿試)에 모두 1등을 하여 삼원급제(三元及第)했다. 관직은 금의위 천호(錦衣衛千戶)에 이르렀고 명위장군(明威將軍)에 봉해졌다. 무예, 시사, 서법에 능하여 "삼절(三絶)"이라고 불렀다.

왕사기(王士琦) 1551~1618. 명나라 사람이다. 자는 규숙(圭叔), 호는 풍서(豊嶼)이고 절강 태주부(台州府) 임해현(臨海縣) 사람이다. 만력 11년(1583)에 진사가 되었다. 만력 26년(1598) 흠차어왜서로감군 산동포정사사우참정(欽差禦倭西路監軍山東布政使司右參政)으로 조선에 와서 유정(劉綎)과 진린(陳璘)의 군대를 모두 감독했다. 순천 예교(曳橋) 전투를 독려했는데, 조선 조정에 철군하겠다는 협박까지 하며 군량 운송을 재촉했다. 도요토미 히데요시의 사망이 전해진 후 고니시 유키나가와 협상을 하여 고니시가 철수한 후 예교성에 입성했다. 만력 27년(1599) 4월에 명나라로 돌아갔다. 이후 산동우포정(山東右布政), 산서좌포정(山西左布政) 등을 역임했고 만력 44년(1616) 우부도어사(右副都御史)로 대동순무(大同巡撫)가 되었다.

왕상건(王象乾) 1546~1630. 명나라 사람이다. 자는 자곽(子廓), 호는 제우(霽宇)이며 산동 신성현(新城縣) 사람이다. 융경 5년(1572)에 진사가 되었고 병부무선사주사(兵部武選司主事), 병부낭중(兵部郎中) 등을 거쳐 만력 20년(1592)에는 산서우포정사(山西右布政使), 만력 22년(1594)에는 선부순무 겸 우첨도어사(宣府巡撫兼右僉都御史)가 되었다. 병부우시랑(兵部右侍郎) 등을 거쳐 만력 40년(1612)에 병부상서(兵部尙書)에 이르렀다. 숭정 원년(1628) 83세의 나이로 선대총독(宣大總督)이 되었다가 이내 사망했다. 태사(太師)로 추증되었다.

왕원주(王元周) ?~?. 명나라 사람이다. 호는 경남(敬南)이고 소주부(蘇州府) 태창위(太倉衞) 출신이다. 진린(陳璘)의 표하유격(標下遊擊)으로 수병 2000명을 이끌고 만력 26년(1598)에 조선에 왔다. 고금도(古今島)에 머물다 이순신과 함께 순천 공격에 가담했다. 이듬해에 명나라로 돌아갔다.

왕응교(汪應蛟) 1550~1628. 명나라 사람이다. 남직례 휘주부(徽州府) 무원현(婺源縣) 출신이며 자는 잠부(潛夫), 호는 등원(登原 또는 澄源)이다. 만력 2년(1574) 진사가 되어 남경예부낭중(南京禮部郎中), 사천제학부사(四川提學副使), 산동분수제남도우참정(山東分守濟南道右參政), 산서안찰사(山西按察使) 등 여러 관직을 역임했다. 만력 25년(1597)에 천진순무(天津巡撫) 만세덕(萬世德)이 조선을 경략하기 위해 차출되자 왕응교를 우첨도어사(右僉都御史)로 임명하여 그를 대신하게 했다. 이후 보정순무(保定巡撫), 공부우시랑(工部右侍郎), 병부좌시랑(兵部左侍郎)으로 승진했다. 천계 원년(1621) 호부상서(戶部尚書)가 되었고 황제의 유모 객씨(客氏)의 무덤 조성을 둘러싼 논쟁에서 황제의 분노를 사 치사했다.

왕이길(王猤吉) ?~?. 명나라 사람이다. 자재주(自在州)의 사무를 관할하는 부(府)의 동지(同知)였다.

왕지한(王之翰) ?~?. 명나라 사람이다. 호는 석암(石岩)이고 사천 보안위(普安衞) 출신이다. 만력 26년(1598)에 흠차호북천동필랑영병유격장군(欽差湖北川東畢郎營兵遊擊將軍)으로 사천의 보병 4000명을 이끌고 조선에 왔다가 이듬해 4월에 명나라로 돌아갔다. 예교(曳橋) 전투에서 사무관(司懋官)과 함께 달아났다.

왕학례(王學禮) ?~?. 명나라 사람이다. 정통 연간 서남지역 녹천(麓川)의 전쟁에서 세운 공으로 정원백(靖遠伯)에 봉해진 왕기(王驥)의 후손으로 만력 4년(1576)에 습봉했다.

요문울(姚文蔚) ?~?. 명나라 사람이다. 자는 원소(元素), 양곡(養穀)이며 절강 전당(錢塘) 사람이다. 만력 20년(1592)에 진사가 되었고 관직은 남경태복시소경(南京太僕寺少卿)에 이르렀다.

요시라(要時羅) ?~1599. 일본 사람이다. 대마도(對馬島) 출신으로 고니시 유키나가와 소 요시토시 휘하에서 조선과 일본의 교섭을 담당했다. 강화 교섭 기간에는 김응서(金應瑞)를 통해 조선이 강화 교섭에 응하도록 설득했고, 명나라에서 책봉사가 파견되자 조선도 함께 통신사(通信使)를 보내도록 설득한 결과 황신(黃愼)이 통신사에 임명되어 일본에 방문했다. 요시라는 황신을 통해 많은 정보를 전달했고 조선은 요시라에게 벼슬을 주어 정보원을 유지하고자 했다. 도요토미 히데요시가 재침을 결정한 후 요시라는 고니시의 명령에 따라 가토 기요마사의 도해 위치와 시일을 알려주며 기습할 것을 권유했다. 선조는 이에 이순신에게 가토를 공격하도록 명했지만 이순신은 반간계일 것을 우려하여 명을 따르지 않았고 결국 파직되었다. 이후에도 요시라는 김응서를 통해 일본 내부의 정보를 전달했다. 1598년 5월에 요시라는 고니시의 명에 따라 강화 협상을 위해 조선 정부에 접촉했으나 명나라 군에 의해 한양으로 압송되어 양호(楊鎬)에게 심문을 받은 후 북경으로 끌려가 처형되었다.

우백영(牛伯英) ?~?. 명나라 사람이다. 호는 소천(少川)으로 보안위(保安衞) 출신이다. 만력 25년(1597) 흠차통령계진표하삼둔중우영유격장군(欽差統領薊鎭標下三屯中右營遊擊將軍)으로 마병 600명을 이끌고 조선에 왔다. 직산(稷山) 전투, 도산(島山) 전투 등에서 공을 세웠다. 유정(劉綎)의 휘하에서 예교(曳橋) 전투에 참여했는데 유정이 공격에 적극적이지 않은 것을 보고는 교전하지 말도록 권했고 유정은 이 말에 따라 군대를 물렸다. 만력 27년(1598) 12월에 누르하치가 몽골과 연합하여 요동을 공격한다는 소문이 돌자 형개는 우백영에게 요동으로 돌아가 방어하도록 했다. 이듬해 4월에 명나라에 돌아갔다.

우변룡(于變龍) ?~?. 명나라 사람이다. 금주영(金州營) 파총지휘(把總指揮)로 심유경(沈惟敬)을 수행하여 일본에 다녀왔다.

우승은(于承恩) ?~?. 명나라 사람이다. 파총(把總)으로 강원도와 경상도 등 동해에서의 선박 건조를 감독했다.

우준민(禹俊民) 1553~?. 조선 사람이다. 본관은 단양(丹陽)이고 자는 계양(季良), 호는 풍택(楓澤)이다. 선조 12년(1579)에 진사시에 합격하고 선조 15년(1582)에 급제하여 사헌부 지평, 장령, 사간원 헌납, 성균관 사성 등을 역임했다. 도승지까지 올랐으나 신병으로 체차되었고 다시 관직에 복귀하여 호조참의 등을 지냈다.

우키타 히데이에(宇喜多秀家) 1573~1655. 일본 사람이다. 오다 노부나가의 명으로 가문을 상속했고 이후 도요토미 히데요시의 군에 편입되었다. 노부나가가 사망한 이후에는 히데요시의 신임을 얻어 유시(猶子: 양자)의 연을 맺게 되었고, 1586년에는 히데요시의 양녀를 정실로 맞이했다. 히데요시의 신임이 두터워 오대로(五大老)가 되었다. 임진왜란과 정유재란 때는 일본군의 감군(監軍)으로 조선에 침입해왔다. 1592년에 왜군의 제8진 1만 명을 이끌고 침입하여 서울에 입성하고 왜군이 북진한 뒤의 서울 수비를 담당했다. 이듬해 행주성 전투에서 권율에게 패배했을 때 부상을 당하고 철군했다. 1597년 정유재란 때도 왜군의 제2진을 이끌고 내침하여 남원과 전주를 점령했으나 소사평(素沙坪)·명량(鳴梁) 전투에서 일본군이 대패하자 퇴각했다. 1600년의 세키가하라 전투에서 서군의 중심 전력으로 출전했다가 대패하여 1606년 하치조섬(八丈島)에 약 50년간 유폐되었다가 사망했다.

유계명(劉啓明) ?~?. 명나라 사람이다. 만력 26년(1598) 사천(四川)에서부터 묘족 병사들을 지휘해왔다.

유근(柳根) 1549~1627. 조선 사람으로 본관은 진주(晉州)이다. 자는 회부

(晦夫), 호는 서경(西坰)이다. 선조 5년(1572) 별시 문과에 장원으로 급제했다. 문재가 뛰어나 선조 20년(1587) 일본 승려 겐소(玄蘇)가 사신으로 오자 선위사(宣慰使)로 차출되었다. 선조 25년(1592) 임진왜란이 발발하자 선조를 호종했고 이듬해 사은부사(謝恩副使)로서 명나라에 다녀왔다. 선조 30년(1597) 해운검찰사(海運檢察使)가 되어 명나라 산동으로부터 군량 수백만 석을 운반해 오는 일을 책임졌으며, 임무를 성공적으로 완수하여 안팎의 신임을 얻었다. 선조 34년(1601) 동지진주사(冬至陳奏使)로 다시 명나라에 다녀왔으며 이후 수차례 명 사신을 영접하는 원접사로 임명되었다. 인조 5년(1627) 정묘호란이 발발하여 인조를 강화도로 호종하던 중 사망했다.

유원림(劉元霖) 1556~1614. 명나라 사람이다. 자는 원택(元澤), 호는 용재(用齋)이며 직례 임구현(任丘縣) 사람이다. 만력 8년(1580)에 진사가 되어 안양현지현(安陽縣知縣)을 처음 제수받은 후 이부주사(吏部主事), 태상시소경(太常寺少卿) 등을 거쳐 공부우시랑(工部右侍郎) 등을 역임했다. 만력제의 총애를 받던 셋째아들 복왕(福王)이 낙양(洛陽)에서 역사를 크게 벌이자 유원림이 상언하여 이를 중지시키는 일이 있었다. 관직은 공부상서(工部尙書)에 이르렀으며 사망 후에 태자태보(太子太保)를 추증받았다.

유정(劉綎) 1553~1619. 명나라 사람으로 강서 남창부(南昌府) 홍도현(洪都縣) 출신이다. 자는 자신(子紳), 호는 성오(省吾)이다. 도독(都督) 유현(劉顯)의 아들로, 음서로 지휘사(指揮使)의 관직을 받았다. 이후 누차 전공을 세우면서 사천총병(四川總兵)까지 승진했다. 임진왜란 때에는 어왜총병관(禦倭總兵官)으로 참전했으며 나중에 후금과의 전쟁에서 전사했다.

윤승훈(尹承勳) 1549~1611. 조선 사람이다. 본관은 해평(海平)이고 자는 자술(子述), 호는 청봉(晴峰)이다. 선조 6년(1573) 한 해에 사마시와 식년 문과에 급제했다. 임진왜란 발발 후 무유어사(撫諭御史), 선유사(宣諭使), 조도사(調度使)등의 임무를 맡아 활약했다. 선조 30년(1597)에는 형조판서, 선조 32년(1599)에는 이조판서가 되었으며, 같은 해에 함경도관찰사로 임명되어 여진족을 토벌했다. 선조 37년(1604)에 영의정에 제수되었으나 선조의 존호 제정 문제로 파직당했다가 곧 신원되었다.

윤응원(尹應元) 1551~1625. 명나라 사람이다. 자는 건태(乾泰), 호는 춘환(春寰)이고 호광 한양부(漢陽府) 한천현(漢川縣) 사람이다. 만력 2년(1574)에 진사가 되어 대명부지부(大名府知府), 진정부지부(眞定府知府) 등을 역임하고 도찰원우첨도어사(都察院右僉都御史)로 산동순무(山東巡撫)에 이르렀다.

이녕(李寧) ?~1598. 명나라 사람으로 요동 철령위(鐵嶺衛) 출신이다. 이성량의 가정 출신이며 용력(勇力)으로 이름났다. 만력 20년(1592) 이여송 휘하에서 참장으로 친병(親兵) 1000명을 통솔하여 평양성 전투에 참전했고 계속 공을 세워 부총병에 이르렀다. 만력 25년(1597)에 흠차통령보정영병비왜부총병 서도독첨사(欽差統領保定營兵備倭副總兵署都督僉事)로 마병 2000명을 이끌고 남하했는데 만력 26년(1598) 4월 거창(居昌) 지역에서 일본군과 전투하다 사망했다.

이대(李戴) ?~1607. 명나라 사람이다. 자는 인부(仁夫), 호는 대천(對泉)이며 하남 연진현(延津縣) 사람이다. 융경 2년(1568) 진사가 되어 흥화현지현(興化縣知縣)을 처음으로 제수받은 후 호과급사중(戶科給事中), 섬서안찰사(陝西按察使), 도찰원우부도어사(都察院右副都御史), 남경공부상서(南京工部尙書) 등을 거쳐 만력 23년(1595)에는 공부상서(工部尙書), 만력 26년(1598)에는 이부상서(吏部尙書)에 임명되었다. 만력 31년(1603) 국본(國本) 논쟁에 연루되어 관직에서 물러났다.

이대간(李大諫) ?~?. 명나라 사람으로 절강 가흥부(嘉興府) 수수현(秀水縣)

출신이다. 호는 북천(北泉)이다. 만력 20년(1592)에 조선에 와서 의주에 있었으며, 만력 25년(1597)에 형개를 따라 다시 왔다.

이덕형(李德馨) 1561~1613. 조선 사람이다. 본관은 광주(廣州)이며 자는 명보(明甫), 호는 한음(漢陰)·쌍송(雙松)·포옹산인(抱雍散人)이다. 선조 13년(1580) 별시 문과에 급제해 삼사(三司)의 관직을 두루 거쳤다. 선조 21년(1588)에 일본 사신 겐소(玄蘇) 등을 접대하는 임무를 맡았고 임진왜란 발발 직후 명에 사신으로 파견되어 원군 파병을 요청했다. 이후 이여송(李如松)의 접반관(接伴官)이 되어 평양 수복을 함께 했다. 정유재란 시에도 주로 명군과 동행하며 전투를 독려했다. 선조 35년(1602), 41세의 나이로 영의정에 올랐고 이후 2번 더 영의정을 역임했다. 광해군 5년(1613) 인목대비(仁穆大妃) 폐출에 반대하여 삭탈관직되었고 낙향 후 곧 사망했다. 포천의 용연서원(龍淵書院), 문경의 근암서원(近巖書院)에 배향되었다. 시호는 문익(文翼)이다.

이방춘(李芳春) ?~?. 명나라 사람으로 직례 대명부(大名府) 평로위(平虜衛) 출신이다. 자는 응시(應時), 호는 청강(晴岡)이다. 만력 20년(1592) 흠차통령계진준화참장(欽差統領薊鎭遵化參將)으로 마병 2000명을 이끌고 조선에 왔다. 만력 21년(1593)에 돌아갔다가 만력 25년(1597)에 총병으로 다시 왔다. 이방춘은 본래 이성량의 가정이었다. 낙상지·사대수와 함께 뛰어난 용맹으로 유명했다. 중협대장(中協大將) 이여백의 지휘를 받아 여러 전투에 참여했는데, 특히 평양성 전투에서 크게 활약해서 평양 수복에 중요한 역할을 했다.

이봉(李逢) ?~?. 조선 사람이다. 본관은 한양(漢陽)이고 자는 자운(子雲)이다. 문장가로 이름을 떨치던 인물로, 임진왜란이 발발하자 조헌(趙憲) 등과 함께 의병을 일으켰고 그 공으로 옥천군수(沃川郡守), 괴산군수(槐山郡守)에 임명되었다. 정유재란이 발발하자 요해처를 지켜 일본군의 침입을 저지했다. 가선대부 호조참판(嘉善大夫戶曹參判)으로 추증되었다.

이성록(李成祿) 1559~?. 조선 사람이다. 본관은 전주(全州)이고 자는 성지(成之)이다. 선조 24년(1591)에 식년문과에 급제하여 사간원정언(司諫院正言), 사헌부장령(司憲府掌令) 등을 역임했다. 광해군 원년(1609)『선조실록(宣祖實錄)』편찬에 참여했고 관직은 이조참의(吏曹參議)에 이르렀다.

이수일(李守一) 1554~1632. 조선 사람이다. 본관은 경주(慶州)이고 자는 계순(季純), 호는 은암(隱庵)이다. 선조 16년(1583)에 무과에 급제했다. 임진왜란이 발발하자 의병을 일으켰으나 큰 공을 세우지는 못했다. 밀양부사(密陽府使)에 임명되었으나 공도 없는데 가자(加資)되었다며 사헌부로부터 비판을 받았다. 선조 26년(1593)에 경상좌수사(慶尙左水使)가 되어 적선 4척을 나포하여 가선대부(嘉善大夫)로 가자되었다. 정유재란 시 성주목사(星州牧使)로 방어 임무를 맡았다. 선조 32년(1599)에는 함경북도병마절도사(咸鏡北道兵馬節度使)로 임명되어 여진족을 정벌했다. 인조 2년(1624)에 이괄이 반란을 일으키자 반란군을 무찌르고 서울을 수복하여 그 공으로 진무공신(振武功臣) 2등에 책록되고 계림부원군(鷄林府院君)으로 봉해졌다. 관직은 형조판서(刑曹判書)에 이르렀다. 시호는 충무(忠武)이다.

이순신(李舜臣) 1545~1598. 조선 사람이다. 본관은 덕수(德水)이다. 자는 여해(汝諧), 시호는 충무(忠武)이다. 선조 9년(1576) 식년 무과에 급제해 훈련원참군(訓鍊院參軍) 등을 역임했다. 선조 16년(1583) 부친상으로 관직에서 물러났다가 선조 19년(1586) 다시 관직에 들어섰다. 조산보만호(造山堡萬戶)로 임명되어 녹둔도(鹿屯島)의 둔전을 관리하던 중 여진족의 습격으로 피해를 입게 되었다. 이순신은 패전의 책임으로 문책당해 백의종군하게 되었다. 선조 22년(1589) 이산해(李山海)의 추천으로 다시 관직에 나섰고 선조

24년(1591)에는 전라좌도수군절도사(全羅左道水軍節度使)에 임명되었다. 이 듬해 임진왜란이 발발하자 경상도 해역으로 출동하여 옥포해전(玉浦海戰), 한산도대첩(閑山島大捷) 등 여러 차례 승리를 거두었다. 이듬해 이순신은 한 산도로 본영을 옮기고 9월에는 삼도수군통제사(三道水軍統制使)로 임명되 었다. 명나라와 일본 사이에 화의 교섭이 진행되어 전쟁이 소강상태로 접 어들자 군사훈련에 힘썼다. 선조 30년(1597) 고니시 유키나가의 부하가 가 토 기요마사가 어느날 바다를 건너올 것이라고 비밀히 알리자 조정에서는 이순신에게 출격을 명했다. 이순신이 일본의 간계를 의심하여 출동을 지 연하자 이순신을 파직하고 혹독하게 문초한 후 백의종군을 명했다. 곧 정 유재란이 발발했고 원균(元均)이 칠천량(漆川梁)에서 대패하자 이순신은 다 시 삼도수군통제사로 임명되었다. 이순신은 명량대첩(鳴梁大捷)에서 큰 승 리를 거두어 제해권을 다시 장악했다. 노량해전(露梁海戰)에서 철수하는 일 본군을 추격하여 큰 승리를 거두었으나 유탄에 맞아 사망했다. 선조 37년 (1604) 선무공신(宣武功臣) 1등으로 녹훈되고 좌의정으로 추증, 덕풍부원군 (德豊府院君)으로 추봉되었다.

이승훈(李承勛) ?~?. 명나라 사람이다. 왜구에 대한 방어가 긴요해지자 만 력 23년(1595)에 북방의 중요 수비지역이었던 산동총병관 겸 도독첨사(山 東總兵官兼都督僉事)에 추천되어 수륙의 관병을 제독했다. 이승훈은 군령을 매우 엄격히 하여 부하들이 민간에서 함부로 물품을 징발하는 것을 금했 다. 정유재란이 마무리될 무렵 명군 제독 총병관(總兵官)으로 조선에 파견 되어 서울에 머무르며 전쟁의 뒤처리를 담당했다. 만력 28년(1600) 10월에 명나라로 돌아갔다.

이시언(李時彦) 1535~1628. 조선 사람이다. 본관은 전주(全州)이다. 자는 군미(君美)이고 호는 추천(秋泉)이다. 선조 9년(1576) 문과에 급제하여 사헌 부 지평(持平), 사간원 사간(司諫), 수원부사(水原府使), 승정원 동부승지(同

副承旨), 경상도 관찰사, 대사헌, 형조판서 등을 역임했다. 시호는 정간(貞簡)
이다.

이여매(李如梅) ?~1612. 명나라 사람으로 요동 철령위(鐵嶺衛) 출신이다.
자는 자청(子淸), 호는 방성(方城)이다. 이여송(李如松)의 동생으로, 만력 20
년(1592)에 흠차의주위진수참장(欽差義州衛鎭守參將)으로 마병 1000명을 이
끌고 이여송을 따라 조선에 왔다. 일본과의 강화 교섭이 진행되고 전쟁이
고착화되자 이여송과 함께 요동으로 돌아갔다가 정유재란이 발발하자 다
시 참전했다. 울산성 전투에서 선봉으로 나서서 외성을 함락하는 등 큰 공
헌을 했다. 이여송이 광녕(廣寧)에서 죽자 형의 관직인 요동총병(遼東總兵)
을 승계하여 요동을 방어했다.

이여송(李如松) 1549~1598. 명나라 사람으로 요동 철령위 출신이다. 자는
자무(子茂), 호는 앙성(仰城)이다. 조선 출신인 이영(李英)의 후손이며 아버
지는 이성량(李成梁)으로, 전공을 세워 광녕총병(廣寧總兵)이 되었다. 이여
송의 동생은 이여백, 이여장, 이여매이며 모두 총병관에 임명되었다. 철령
위 지휘동지(指揮同知)를 세습하다가 만력 11년(1583)에 산서총병관(山西總
兵官)이 되었다. 만력 20년(1592) 감숙(甘肅) 영하(寧夏)에서 보바이[哱拜]의
난이 일어나자 제독으로 토벌군을 이끌고 참전하여 동생인 이여장과 함께
반란 진압에 큰 공을 세웠다. 그 공으로 도독(都督)으로 승진했으며, 임진왜
란이 일어나자 흠차제독계요보정산동등처방해어왜군무총병 중군도독부
도독동지(欽差提督薊遼保定山東等處防海禦倭軍務總兵中軍都督府都督同知)로 임
명되어 조선으로 파병되었다. 4만 명의 병력을 이끌고 압록강을 건넌 이여
송은 만력 21년(1593) 1월 조선의 승군, 관군과 연합하여 평양성을 함락시
키고 퇴각하는 일본군을 추격하며 평안도와 황해도, 개성 일대를 탈환했지
만, 서울 부근 벽제관에서 일본군에 패하여 개성으로 퇴각했다. 그 뒤에는
전투에 적극적으로 나서지 않고 화의 교섭에 주력하다가 명으로 철군했다.

조선 조정에서는 그의 공적을 기려 생사당(生祠堂)을 세웠다.

이여화(李汝華) ?~1621. 명나라 사람이다. 자는 무부(茂夫), 하남 귀덕부(歸德府) 수주(睢州) 사람이다. 만력 8년(1580) 진사가 되어 통정사사 공과급사중(通政使司工科給事中)의 직을 받았다. 이후 이부도급사중(吏科都給事中), 통정사사 우통정(通政使司右通政) 등을 거쳐 만력 23년(1595)에는 도찰원우첨도어사 남공순무(都察院右僉都御史南贛巡撫)가 되었고 만력 36년(1608)에 호부좌시랑(戶部左侍郎), 만력 44년(1616)에는 호부상서(戶部尙書)가 되었다. 이후 호부상서로서 이부, 공부의 업무를 함께 관장했다. 천계 원년(1621) 병으로 사직했고 얼마 지나지 않아 사망했다. 시호는 공민(恭敏)이다.

이원익(李元翼) 1547~1634. 조선 사람으로 본관은 전주(全州)이며 한성부(漢城府) 출신이다. 자는 공려(公勵), 호는 오리(梧里), 시호는 문충(文忠)이다. 선조 3년(1569) 문과에 급제하여 성균관전적(成均館典籍), 동부승지(同副承旨) 등 여러 관직을 역임했다. 임진왜란이 발발하자 평안도관찰사 겸 순찰사가 되어 왜병 토벌에 공을 세웠다. 선조 26년(1593) 이여송과 합세해 평양을 탈환한 공로로 숭정대부(崇政大夫)에 가자되었고, 선조가 환도한 뒤에도 평양에 남아서 군병을 관리했다. 선조 28년(1595)에는 변무사(辨誣使)로 명에 사행을 다녀왔으며, 선조 31년(1598) 영의정에 임명되었다. 선조 37년(1604)에는 충근정량효절협책호성공신 2등(忠勤貞亮効節協策扈聖功臣二等)에 녹훈되었고 완평부원군(完平府院君)에 봉작되었다. 또한 임진왜란 때의 공로로 선무원종공신 2등(宣武原從功臣二等)에 녹훈되었다. 원문에는 "이원익(李原翼)"으로 표기되어 있다.

이응시(李應試) ?~?. 명나라 사람이다. 이여송(李如松), 정응태(丁應泰)의 참모관으로 조선에 왔다.

이정귀(李廷龜) 1564~1635. 조선의 문신이다. 본관은 연안(延安)이다. 자
는 성징(聖徵)이고 호는 월사(月沙)·보만당(保晚堂)·치암(癡菴)·추애(秋崖)·
습정(習靜)이며 시호는 문충(文忠)이다. 윤근수의 문인이다. 어려서부터 문
장에 재능을 보여 14세 때 승보시(陞補試)에서 장원을 했으며 선조 23년
(1590) 증광 문과에 급제했다. 중국어에 능하여 임진왜란 때 어전통관(御前
通官)으로 중요한 역할을 했다. 행재소(行在所)에서 설서(設書)로 임명되었
고 선조 26년(1593)에는 송응창에게『대학(大學)』을 강론하여 좋은 평가를
받은 일도 있었다. 선조 31년(1598) 정응태(丁應泰)가 무고사건을 일으키자
이를 변무하는 글을 작성하여 진주사(陳奏使) 부사(副使)로 명나라에 파견
되었다. 이후에도 여러 차례 사신으로 명나라에 방문했으며 중국 문인들의
요청에 따라『조천기행록(朝天紀行錄)』을 간행하기도 했다. 관직은 좌의정
에 이르렀다. 문집으로『월사집(月沙集)』이 있다.

이천상(李天常) ?~?. 명나라 사람이다. 자는 유경(惟經) 호는 영봉(靈峯)이
며 절강 소흥부(紹興府) 산음현(山陰縣) 사람이다. 무진사(武進士) 출신이다.
정유재란 시 흠의천총(欽依千總)으로 수병 2700명을 이끌고 참전하여 진린
(陳璘)의 지휘를 받았다. 노량해전에서 공을 세워 유격으로 승진했고 만력
28년(1600)에 명으로 돌아갔다.

이항복(李恒福) 1556~1618. 조선의 문신으로 본관은 경주(慶州)이다. 자
는 자상(子常), 호는 필운(弼雲)·백사(白沙)·동강(東岡)이다. 권율(權慄)의 딸
과 혼인했다. 오성(鰲城)과 한음(漢陰) 일화로 잘 알려져 있다. 선조 13년
(1580) 알성(謁聖) 문과에 급제했고 언관직을 두루 거쳤다. 선조 23년(1590)
정여립(鄭汝立)의 옥사를 잘 수습한 공으로 평난공신(平難功臣) 3등에 책록
되었다. 임진왜란이 발발하자 도승지(都承旨)로 선조를 호종하여 의주로 갔
다. 이덕형(李德馨)과 함께 명나라에 원병을 청할 것을 건의했다. 명나라가
조선이 일본과 연합하여 명나라를 침공하려 하는 것이 아닌가 의심했으나

이항복이 일본에서 보내온 문서를 보이자 의혹을 풀고 구원병을 파견했다. 병조판서(兵曹判書)로 임명되어 근왕병 모집에 주력했으며 서울을 탈환한 후 광해군(光海君)이 분조(分朝)를 설치하여 경상도와 전라도의 군무를 맡아보게 되었을 때 세자를 보필했다. 선조 31년(1598) 명나라 사신 정응태(丁應泰)에 의한 무고 사건이 발생하자 진주변무사(陳奏辨誣使)로 명나라에 파견되었다. 선조 33년(1600)에 영의정에 임명되었고 선조 34년(1601)에 호종1등공신(扈從一等功臣)으로 녹훈되었다. 광해군 즉위 후 강경 대북파(大北派)가 주도한 폐모론(廢母論)에 반대하다가 이듬해 삭탈관직되고 북청(北靑)에 유배되어 그곳에서 사망했다.

이화룡(李化龍) ?~?. 명나라 사람이다. 호는 뇌문(雷門)이고 보정중위(保定中衞) 사람이다. 만력 25년(1597)에 흠차통령보정병유격장군(欽差統領保定兵遊擊將軍)으로 마병 2500명을 이끌고 참전했으나 도산(島山) 전투에서 적극적이지 않았다는 이유로 탄핵되어 혁직되었다.

장등운(張登雲) 1542~1639. 명나라 사람이다. 자는 반룡(攀龍)이고 산동 연주부(兗州府) 영양현(寧陽縣) 사람이다. 융경 5년(1571) 진사가 되어 출사했다. 봉양부지부(鳳陽府知府), 섬서부사(陝西副使) 등을 역임했으며 만력 25년(1597)에는 분수요해동녕도 하남포정사사우참의(分守遼海東寧道 河南布政使司右參議)로 재직했다.

장방(張榜) ?~?. 명나라 사람이다. 절강 출신이며 흠차통령절병비왜(欽差統領浙兵備倭)로 보병 4600명을 이끌고 만력 27년(1599)에 조선에 왔다가 이듬해 명나라로 돌아갔다.

장보지(張輔之) 1557~?. 명나라 사람이다. 자는 이찬(爾贊), 호는 용우(容宇)이고 남직례 소주부(蘇州府) 태창주(太倉州) 사람이다. 만력 14년(1586)에 진사가 되었다. 정유재란 시기 병과도급사중(兵科都給事中)에 재직했다.『태복주의(太僕奏議)』를 저술했다.

장사충(張思忠) 1536~?. 명나라 사람이다. 자는 자정(子貞)이고 직례 광평부(廣平府) 비향현(肥鄕縣) 사람이다. 가정 44년(1565) 진사가 되었다. 이과급사중(吏科給事中), 섬서우참의(陝西右參議), 호광부사(湖廣副使), 섬서우포정사 분수서녕도(陝西右布政使分守西寧道) 등을 역임했다. 만력 26년(1597)에는 순무요동지방찬리군무겸관비왜 도찰원우첨도어사(巡撫遼東地方贊理軍務兼管備倭都察院右僉都御史)에 임명되었다.

장세방(張世芳) ?~?. 명나라 사람이다. 군중 의관(醫官)이었다.

장시현(張時顯) 1556~?. 명나라 사람이다. 자는 인경(仁卿), 호는 신병(新屛)이고 강서 건창부(建昌府) 남성현(南城縣) 사람이다. 만력 14년(1586)에급제하여 진사가 되었다. 정유재란 시 산해관주사(山海關主事)에 재직했다.

장양상(張良相) ?~?. 명나라 사람이다. 호는 낙재(樂齋)이고 항주우위(杭州右衛) 사람이다. 만력 27년(1599)에 흠차통령절강수병어왜유격장군(欽差統領浙江水兵禦倭遊擊將軍)으로 수병 1500명을 이끌고 조선에 들어왔다. 남해에 진주하며 남해안에 숨어 있는 일본군 잔당을 소탕하고 부산으로 이동하여 일본군의 재침을 방비하는 업무를 맡았다. 이듬해에 명나라로 돌아갔다. 남해군 남해읍에 장양상이 세운「동정마애비(東征磨崖碑)」가 남아 있다.

장위(張位) 1534~1610. 명나라 사람으로 강서 남창(南昌) 신건(新建) 출신이다. 자는 명성(明成), 호는 홍양(洪陽)이다. 융경 2년(1568) 진사가 되었고, 만력 연간 초 수보대학사 장거정(張居正)과의 불화로 좌천되었다. 장거정사후 복권되어 여러 관직을 역임하다 만력 19년(1591)에 이부좌시랑 겸 동각대학사를 제수받았고, 곧 예부상서에 올랐다. 만력 26년(1598)에 탄핵을 당하여 관직이 삭탈되었다. 훗날 천계 연간에 복권되었고 태보(太保)로 추증되었다. 시호는 문장(文莊)이다.

저부(褚鈇) 1533~1600. 명나라 사람이다. 자는 민위(民威), 호는 애소(愛所)이며 산서 태원부(太原府) 유차현(榆次縣) 사람이다. 가정 44년(1565)에 진사가 되어 관직에 진출한 후 여러 관직을 역임하고 호부상서(戶部尚書)로 치사했다.

정기룡(鄭起龍) 1562~1622. 조선 사람이다. 본관은 진주(晉州)이다. 자는 경운(景雲)이고 호는 매헌(梅軒)이다. 선조 19년(1586) 무과에 급제했다. 임진왜란이 발발하자 거창, 금산 등에서 왜군과 교전했다. 유병별장(遊兵別將)으로 있다 전공을 인정받아 선조 26년(1593)에 회령부사로 승진했다. 정유재란 시 토왜대장(討倭大將)이 되어 고령 등지에서 전공을 세웠으며 경상우도병마절도사로 승진하여 울산 전투에 참여했다. 광해군 9년(1617) 삼도수군통제사 겸 경상우도수군절도사에 임명되었고 광해군 14년(1622) 진중에서 사망했다. 시호는 충의(忠毅)이다.

정문빈(鄭文彬) ?~?. 명나라 사람이다. 원임(原任) 하간부동지(河間府同知)로 군량을 관리했는데, 만력 20년(1592)에 조선에 왔다가 만력 21년(1593)에 명나라로 돌아갔다. 만력 25년(1597)에 다시 조선에 왔다.

정응태(丁應泰) 1553~?. 명나라 사람이다. 자는 원부(元父)이며 호광 무창 좌위(武昌左衛) 사람이다. 만력 11년(1583) 급제하여 진사가 되었다. 만력 26년(1598) 군문찬획(軍門贊畫)으로 형개를 따라 조선에 온 후 몇차례 명나라와 조선 사이를 왕래했다. 도산(島山) 전투가 끝난 후 경리 양호(楊鎬)를 탄핵했는데 조선이 양호를 비호하자 조선에 화살을 돌려 조선이 오랫동안 일본과 내통해왔다고 모함했으니 일명 '정응태 무고사건'이다. 조선은 세 차례에 걸쳐 사신을 파견하여 해명했다. 정응태는 결국 혁직되었다.

조사등(趙士登) ?~?. 명나라 사람이다. 자는 응용(應庸)이고 남직례 녕국부(寧國府) 경현(涇縣) 사람이다. 만력 8년(1580)에 진사가 되었다. 정유재란 시 절강등도감찰어사(浙江等道監察御史)에 재직했다.

조수절(組守節) ?~?. 명나라 사람이다. 정유재란 시 요양통판(遼陽通判)에 재직했다.

조승훈(祖承訓) ?~?. 명나라 사람으로 영원위(寧遠衛) 출신이다. 호는 쌍천 (雙泉)이다. 원래 이성량의 가정이었다가 부총병 우군도독부도독첨사(右軍 都督府都督僉事)가 되었다. 만력 20년(1592) 7월에 유격(遊擊) 사유(史儒)와 평양성 전투에서 패해 파직되었다. 그 후 이여송의 표하관으로 기용되어 평양성 공격에 참가해 공을 세웠다. 이에 따라 요양협수(遼陽協守)에 인임 되었지만 곧바로 또 파직되었다. 만력 25년(1597)에 다시 군문 형개를 따라 조선에 왔다.

조여매(趙汝梅) ?~?. 명나라 사람으로 요동 철령위 출신이다. 호는 초암(肖 菴)이다. 산서 노안부(潞安府) 호관현(壺關縣)의 지현으로 만력 20년(1592) 12월에 조선에 와서 군량을 관리했다. 적이 물러가자 이여송을 따라 서울 로 들어왔다가 얼마 뒤에 송응창의 탄핵을 받고 만력 21년(1593) 9월에 명 나라로 돌아갔다.

조완벽(趙完璧) ?~?. 명나라 사람이다. 정유재란 시 이과도급사중(吏科都給 事中)에 재직했다.

조용(趙庸) 명나라 사람이다. 하남강북등처행중서성(河南江北等處行中書省) 노주(廬州) 출신으로 일찍이 주원장에게 귀순하여 많은 군공을 세웠다. 그러나 개인 비리로 공작에 봉해지지 못하고 남웅후(南雄侯)에 봉해졌다.

조즙(趙濈) 1568~?. 조선 사람이다. 본관은 풍양(豊壤)이고 자는 덕화(德和), 호는 화천(花川)이다. 선조 24년(1591)에 생원시 및 증광문과에 급제했다. 여러 관직을 거쳐 인조 2년(1624)에는 동부승지가 되었다.『명종실록(明宗實錄)』의 개수에 참여했다.

조지고(趙志皐) 1524-1601. 명나라 사람이다. 절강 금화부(金華府) 난계현(蘭溪縣) 출신으로 자는 여매(汝邁), 호는 곡양(瀔陽)이다. 융경 2년(1568), 과거에 3등으로 급제한 후 한림원(翰林院)에서 여러 관직을 역임했다. 만력연간 초 실세였던 장거정(張居正)을 탄핵한 일에 연루되어 좌천되었다가 장거정 사후인 만력 11년(1583)에 복권되었다. 만력 19년(1591)에는 동각대학사(東閣大學士)로 임명되었고 곧 수보대학사(首輔大學士)가 되었다. 시호는 문의(文懿)이다.

조희빈(曹希彬) ?~?. 명나라 사람이다. 자는 자후(子厚) 호는 남회(南懷)이며 사천 성도후위(成都後衛) 사람이다. 만력 26년(1598)에 흠차통령천귀관병부총병(欽差統領川貴官兵副總兵)으로 보병 2890명을 이끌고 조선에 왔다가 이듬해에 명나라로 돌아갔다.

주세옹(朱世雍) ?~1599. 명나라 사람이다. 영락 연간 올량합(兀良哈) 정벌에 공로를 세워 무진백(武進伯)에 봉작된 주영(朱榮)의 후손이다. 만력 8년(1580)년 습봉되었다.

주우덕(周于德) ?~?. 명나라 사람이다. 천진(天津) 총병에 재임했다.

주폐(周陛) ?~?. 명나라 사람이다. 『선조실록(宣祖實錄)』에 따르면 진인(陳寅)의 중군 소속으로, 경리 양호(楊鎬)가 주폐를 가둔 것을 계기로 장수들 간에 다툼이 일어났다고 하며 주폐는 정응태(丁應泰)와 내통하여 양호 탄핵에 일조했던 것으로 보인다.

진등(陳登) ?~?. 명나라 사람이다. 관량원임동지(管糧原任同知)로 만력 25년(1597)에 조선에 왔다가 이듬해에 병으로 사직하고 명나라로 돌아갔다.

진량필(陳良弼) ?~?. 명나라 사람이다. 정난(靖難)의 역에서 공을 세워 태녕후(泰寧侯)로 책봉된 진규(陳珪)의 후손으로 후작을 습봉했다.

진린(陳璘) 1532~1607. 명나라 사람으로 광동 소주부(韶州府) 옹원현(翁源縣) 사람이다. 자는 조작(朝爵), 호는 용애(龍厓)이다. 가정 연간 말에 지휘첨사(指揮僉事)가 되었고, 영덕(英德)의 농민봉기를 진압한 공로로 광동수비(廣東守備)가 되었다. 광동(廣東)의 군사를 이끌고 부총병으로 임진왜란에 참전했으며, 정유재란 때 다시 파견되어 어왜총병관(禦倭總兵官)으로서 조선의 이순신과 함께 노량해전에서 전과를 올렸다. 이후에도 귀주(貴州)와 광동에서 무관으로 활동했다.

진왕정(陳王庭) 1543~1602. 명나라 사람이다. 자는 유헌(惟獻)이고 절강 항주부(杭州府) 인화현(仁和縣) 사람이다. 만력 2년(1574)에 진사가 되었다.

진운홍(陳雲鴻) ?~?. 명나라 사람이다. 흠차선유유격장군(欽差宣諭遊擊將軍)으로 만력 22년(1594) 10월 조선에 왔다. 이듬해 일본과의 강화를 위해 부산의 왜군 진영으로 파견되어 한동안 그곳에 머물렀고 만력 24년(1596)에 양방형(楊邦亨)을 따라 명나라로 돌아갔다.

진인(陳寅) ?~1621. 명나라 사람이다. 자는 빈양(賓陽)이고 절강 온주부(溫州府) 금향위(金鄕衛) 사람이다. 만력 25년(1597)에 흠차통령계진영평첨방남북관병유격장군(欽差統領薊鎭永平添防南北官兵遊擊將軍)으로 보병 3850명을 이끌고 조선에 와서 도산(島山) 전투에 참여했다. 만력 27년(1599)에 명나라로 돌아갔으며 곧바로 양응룡(楊應龍)의 난을 토벌하는 작전에 투입되었다. 만력 47년(1619) 여진족이 침입하여 요동지역을 방어하던 장수들이 전사하자 진인으로 하여금 산해관(山海關)에 진주하며 방어토록 했다.

진잠(陳蠶) ?~?. 명나라 사람이다. 호는 견당(見塘)이며, 절강 금화위(金華衛) 사람이다. 만력 26년(1598)에 흠차통령오군사관남병유격장군(欽差統領五軍四管南兵遊擊將軍)으로 조선에 와서 진린의 휘하에서 수군을 지휘했다. 이듬해에 명나라로 돌아갔다.

진효(陳效) 1552~1599. 명나라 사람이다. 자는 충보(忠甫)이며 사천 성도부(成都府) 정연현(井研縣) 사람이다. 만력 8년(1580) 진사가 되었다. 만력 25년(1597) 9월에 흠차어왜감찰요해조선등처군무감찰어사(欽差禦倭監察遼海朝鮮等處軍務監察御史)에 임명되어 동정중인 명나라 군사들의 공과 죄를 조사하기 위해 이해 12월에 조선에 파견되었다. 압록강을 건널 즈음에 경리 양호(楊鎬)가 도산(島山)에서 가토 기요마사를 포위했다는 말을 듣고 빠르게 이동하여 만력 26년(1598) 정월에 서울에 도착했으나 그사이 명나라 군사가 도산에서 후퇴한 까닭에 그대로 요동으로 돌아갔다. 9월에 다시 조선에 와서 도산, 부산, 남원 전주 등의 명군 주둔지를 돌아보며 공을 조사했다. 만력 27년(1599) 정월에 조사를 마무리하고 서울로 왔다가 2월에 갑자기 사망했다. 『난중잡록(亂中雜錄)』에 따르면 유정(劉綎)이 일본군에 뇌물을 받았는데 진효에 의해 죄를 얻을까 두려워 독살한 것이라고 한다. 3월 4일에 선조가 직접 진효의 상차(喪次)에 거둥하여 치제했다. 광록시경(光祿寺卿)에 추증되었다.

최산립(崔山立) 1558~1634. 조선 사람이다. 본관은 삭녕(朔寧)이고 자는
중망(重望), 호는 입암(立菴)이다. 선조 21년(1588) 음보(蔭補)로 관직에 진
출한 후 서흥도호부사(瑞興都護府使), 광주목사(廣州牧使), 성주목사(星州牧
使) 등 전국 각지의 수령직을 역임했다. 인조 대 호성원종공신(扈聖原從功
臣) 1등 및 정사원종공신(靖社原從功臣) 3등에 녹훈되었다. 사후 좌찬성(左贊
成)에 추증되었다.

탕화(湯和) 1326~1395. 명나라 사람이다. 홍무제와 같은 고향 출신으로
명나라의 개국공신이다. 사후에 동구왕(東甌王)으로 추봉되었다.

파귀(頗貴) ?~?. 명나라 사람이다. 자는 세걸(世傑), 호는 진천(晉川)이다.
선부우위(宣府右衛) 출신의 달장(㺚將)으로, 곧 몽골족 장수였다. 만력 25년
(1597)년에 흠차통령선대조병원임유격장군(欽差統領宣大調兵原任遊擊將軍)
으로 마병 2800명을 이끌고 조선에 왔다. 직산 전투에서 일본군을 크게 꺾
어 북상을 막았는데 이 전투에서 파귀가 가장 큰 공을 세웠다고 한다. 이후
도산 전투에 참전했고 예천, 상주, 의흥 등에 주둔하다가 만력 27년(1599) 3
월에 명나라로 돌아갔다. 용감하고 싸움을 잘하여 해생(解生)·양등산(楊登
山)·파새(擺賽)와 더불어 사장(四將)이라 불렸다.

파새(擺賽) ?~1598. 명나라 사람이다. 호는 서하(西河)이며 대동우위(大同
右衛) 출신의 달장(㺚將), 즉 몽골족 장수였다. 만력 25년(1597)년에 흠차통
령선대초모이병유격장군(欽差統領宣大招募夷兵遊擊將軍)으로 마병 3000명을
이끌고 조선에 와서 직산 전투, 도산 전투 등에 참여했다. 이듬해에 진중에
서 병사했다. 파새의 죽음이 조선 조정에 전해지자 이틀간 조시(朝市)를 정
지하고 선조가 직접 조제(弔祭)했다. 파귀(頗貴)·해생(解生)·양등산(楊登山)
과 더불어 사장(四將)이라고 불렸는데 그중 파새가 가장 용맹스러웠다고
한다.

팽신고(彭信古) ?~?. 명나라 사람이다. 절강 항주부(杭州府) 오강현(吳江縣) 출신으로 임진왜란에 참여한 장수 팽우덕(彭友德)의 아들이다. 호는 용양(龍陽)이다. 호남성(湖南省)의 도주(道州)에 수어(守禦)로 부임했다가 경주(瓊州)의 유격(遊擊)으로 임명되었다. 이후 승진하여 조선에 참전했고 일본군과의 전투에서 공을 세웠다. 만력 26년(1598) 동일원(董一元)의 부대에 소속되어 진주를 공략하여 일본군의 본영을 함락시켰다. 동일원은 보병과 기병으로 군대를 나누어 사천(泗川)의 신채(新寨)를 공격하게 했다. 당시 팽신고는 보병 유격으로서 일본군 진영에 큰 타격을 입히기도 했다. 그러나 갑자기 큰 폭발이 일어났고 그 틈을 타 일본군이 공격해오자 기마병이 먼저 도망했고 동일원 역시 보병을 따라 도망했다. 이에 따라 팽신고는 관직을 강등당했다.

팽우덕(彭友德) ?~?. 명나라 사람이다. 절강 항주부(杭州府) 오강현(吳江縣) 출신이다. 만력 25년(1597) 경리 양호(楊鎬)의 표하의 중군부총병(中軍副總兵)으로 조선에 왔다. 아들 팽신고(彭信古)와 함께 많은 전공을 세우고 명나라로 돌아갔다. 후에 손자 팽부산(彭釜山)이 조선에 망명하자 조부의 공을 기리는 뜻에서 진해(鎭海)의 토지를 하사했다. 이에 팽우덕은 한국 절강 팽씨의 시조가 되었다.

학삼빙(郝三聘) ?~?. 명나라 사람이다. 자는 여현(汝賢), 호는 용천(龍泉)이며 대동부(大同府) 평로위(平虜衛) 사람이다. 만력 26년(1598)에 흠차통령대령도사입위춘반유격장군(欽差統領大寧都司入衛春班遊擊將軍)으로 마병 1000명을 이끌고 조선에 왔는데 사천(泗川) 전투에서 도망쳤다는 이유로 탄핵을 받았다. 참형에 해당했으나 실제 집행되지는 않은 것으로 보인다.

한국번(韓國藩) ?~?. 명나라 사람이다. 자는 개인(价人)이고 하남 영보현(靈寶縣) 사람이다. 만력 26년(1598) 진사가 되었다. 여러 관직을 거쳐 통정사사 좌통정(通政使司左通政)에 이르렀으나 천계 6년(1626)에 삭탈되었다.

한초명(韓初命) ?~?. 명나라 사람이다. 자는 강후(康侯) 호는 견우(見宇)이며 산동 내주부(萊州府) 액현(掖縣) 사람이다. 만력 7년(1579)에 거인이 되었다. 만력 26년(1598)에 관량동지(管糧同知)로 조선을 방문했다가 만력 28년(1600)에 명나라로 돌아갔다. 사람됨이 탐욕스럽고 그가 폐를 끼치고 요구하는 일을 사람들이 감당하지 못했다는 평을 받았다.

한효순(韓孝純) 1543~1621. 조선 사람으로 본관은 청주(淸州)이다. 자는 면숙(勉叔), 호는 월탄(月灘)이다. 선조 9년(1576) 식년 문과에 급제했다. 선조 25년(1592) 임진왜란이 발발하자 영해부사(寧海府使)로서 일본군과 맞서 싸웠고, 곧 경상좌도관찰사로 임명되어 해안 방비와 군량 조달에 힘썼다. 선조 29년(1596)에는 체찰부사(體察副使)로 임명되어 통제사 이순신의 요청으로 한산도에서 병사를 모집하는 등 수군 양성을 꾀했다. 각 도 관찰사와 재경의 요직을 두루 거쳤으며 관직이 우의정·좌의정에 이르렀다가 광해군 13년(1621) 사망했다. 인조반정 이후 인목대비의 폐모(廢母)를 주도했다는 이유로 관직이 삭탈되었다가 순종 원년(1908) 회복되었다.

해생(解生) ?~?. 명나라 사람이다. 자는 문영(文英) 호는 순천(順泉)이며 선부전위(宣府前衛) 출신의 몽골족 장수이다. 만력 25년(1597) 흠차비왜좌익부총병(欽差備倭左翼副總兵)으로 마병 2500명을 이끌고 조선에 왔다. 용맹하기로 이름나서 파귀(頗貴)·파새(擺賽)·양등산(楊登山)과 더불어 사장(四將)이라고 불렸다. 직산 전투에서 일본군의 북상을 저지하는 데 큰 공을 세웠고 도산성 전투에서도 용맹을 떨쳤다. 성품이 공손했고 선조가 접대할 때마다 엎드려 술잔을 비운 뒤 절하고 일어나는 등 깍듯이 행동했기에 조선 조정의 후한 평가를 받았다. 이에 명군이 일부 장수를 남겨놓고 철군할 것을 논의할 때 선조는 해생이 잔류하기를 바랐으나 이루어지지 않았고 해생은 만력 27년(1599) 7월에 명나라로 돌아갔다.

허국위(許國威) ?~?. 명나라 사람이다. 호는 원진(元眞)이고 복건 진강현 (晉江縣) 출신이다. 만력 11년(1583)에 무진사(武進士)가 되었다. 만력 26년 (1598) 흠차통령복영유격장군(欽差統領福營遊擊將軍)으로 보병 1160명을 이 끌고 조선에 왔다. 경리 양호(楊鎬)와 친하여 정응태(丁應泰)가 양호를 탄핵 하자 장수들을 이끌고 주본을 올려 적극적으로 그를 변호했다. 만력 27년 (1599)에 명나라로 돌아갔다.

허수은(許守恩) ?~?. 명나라 사람이다. 자는 군사(君賜)이고 섬서 서안부 (西安府) 경양현(涇陽縣) 출신이다. 만력 8년(1580) 진사가 되었다.

허종성(許從誠) ?~?. 명나라 사람이다. 가정제의 5녀 가선공주(嘉善公主)의 부마이다.

홍이상(洪履祥) 1549~1615. 조선 사람이다. 본관은 풍산(豊山)이고 자는 군서(君瑞)·원례(元禮), 호는 모당(慕堂)이다. 초명은 인상(麟祥)이다. 선조 12년(1579) 식년문과에 장원급제하여 예조좌랑(禮曹佐郎), 정언(正言) 등을 거쳐 이조참의(吏曹參議)가 되었다. 선조 25년(1592) 임진왜란이 발발하자 선조를 호종하여 서행하다가 평양에서 어머니를 찾기 위해 어가를 떠났다. 곧 병조참의(兵曹參議)에 임명되었고 선조 27년(1594)에는 성절사(聖節使)로 사행을 다녀왔다. 호조참판(戶曹參判) 등을 거쳐 대사성(大司成)이 되었다. 광해군 즉위 후 북인(北人) 일파에 밀려나 좌천된 후 사망했다. 고양의 문봉 서원(文峯書院)에 제향되었다.

홍창세(洪昌世) ?~?. 조선 사람이다. 본관은 남양(南陽)이며 무관이다. 선 조 26년(1593) 연일현감(延日縣監)으로 재직 중 군공을 세운 바가 있고 선조

30년(1597) 금산군수(錦山郡守)로서 왜적이 경내에 들어오자 도망갔다가 관
아로 돌아온 죄로 탄핵을 받았다. 이후 여러 외관직을 두루 역임했으나 탐
욕스러운 성품으로 백성을 괴롭게 한다는 이유로 여러 차례 탄핵받았다.

황신(黃愼) 1560~1617. 조선 사람이다. 본관은 창원(昌原)이며 자는 사숙
(思叔), 호는 추포(秋浦), 시호는 문민(文敏)이다. 선조 21년(1588) 알성 문과
에 장원으로 급제하여 여러 관직을 역임했다. 임진왜란 발발 후 송응창의
접반사가 되었고 이후 광해군의 속관이 되어 함께 남하했다. 명나라 사신
이 도요토미 히데요시를 일본국왕으로 책봉하는 일로 일본에 갈 때 통신사
(通信使)로 차출되어 따라갔다. 임진왜란 때의 공으로 호성선무원종공신(扈
聖宣武原從功臣) 및 위성공신(衛聖功臣) 2등으로 책록되었다. 계축옥사(癸丑
獄事) 때 유배되어 사망했다.

황월(黃鉞) ?~?. 명나라 사람이다. 정호보수비(靖胡堡守備)로 재직하다 만
력 27년(1599)에 선부구유병영입위계진유격(宣府舊遊兵營入衛薊鎭遊擊)으로
승진하여 도사(都司) 마정문(馬呈文)이 이끌던 계주(薊州) 입위(入衛) 병력
2000명을 통솔하여 명나라로 돌아오는 임무를 맡았다.

황응벽(黃應璧) ?~?. 명나라 사람이다. 총병(總兵) 동일원(董一元)의 기고
관(旗鼓官)이었다.

후경원(侯慶遠) 1554~?. 명나라 사람이다. 산동 연주부(兗州府) 등현(滕縣)
출신이다. 자는 공선(公善), 호는 악암(樂庵)이다. 만력 11년(1583) 진사가
되었으며 병과우급사중(兵科右給事中), 형과도급사중(刑科都給事中), 태상시
소경(太常寺少卿) 등을 역임했다.

찾아보기

형개의 《경략어왜주의》 역주

명나라의 정유전쟁 2 반격과 종전

2024년 3월 26일 초판 1쇄 인쇄
2024년 3월 29일 초판 1쇄 발행

지은이   형개
역주   구범진 · 김창수 · 박민수 · 이재경 · 정동훈

총괄   장상훈(국립진주박물관장)
북디자인 김진운

발행   국립진주박물관
          경상남도 진주시 남강로 626-35
          055-742-5952
출판   사회평론아카데미
          서울특별시 마포구 월드컵북로6길 56
          02-326-1545
ISBN   979-11-6707-147-7 94910 / 979-11-6707-145-3(세트)